항쟁의 기억과 문화적 재현

이 책은 2003년 한국학술진흥재단 기초학문육성지원 연구비 (KRF-2003-073-BM1002)에 의해 연구되었음.

항쟁의 기억과 문화적 재현

초판 1쇄 발행 2006년 5월 25일

지은이 정근식 · 나간채 · 박찬식 외 공저
펴낸이 윤관백
편 집 이혜영
표 지 김지학
펴낸곳 선인

등 록 제5-77호(1998. 11. 4)
주 소 서울시 마포구 마포동 324-1 곶마루B/D 1층
전 화 02) 718-6252
팩 스 02) 718-6253
E-mail sunin72@chol.com

정가 · 24,000원
ISBN 89-5933-045-0 93900

· 저자와의 협의에 의해 인지 생략.
· 잘못된 책은 바꾸어 드립니다.

항쟁의 기억과
문화적 재현

책머리에

2006년 3월, 제주 4·3항쟁의 작가 강요배의 전시회가 서울에서 열렸다. 항상 그렇듯이 그의 그림들 속에는 항쟁의 상처가 어른거렸지만, 그것을 눈치 채기가 쉽지 않았다. 그림이 몰라보게 밝아지고 경쾌해졌기 때문이다. 무엇이 그의 그림을 바꾸게 했을까. 민주화, 희생자들의 명예회복, 아니면 개인적 환경.

4·3사건이나 5·18항쟁은 한국 현대사에서 잊을 수 없는 역사적 대사건들이다. 물론 이외에도 현대 한국사회를 모양지운 역사적 대사건들은 많지만, 국가권력이 휘두를 수 있는 거대한 폭력에 의해 인간들이 어떻게 희생되고 동시에 어떻게 맞설 수 있는지, 대중적 수준에서 민주주의나 공화주의가 어떻게 만들어질 수 있는지를 질문한다면, 이 두 가지 사건을 제외하고는 더 이상 논의가 불가능할 정도로 비중이 큰 봉우리들이다. 민주화운동과 유기적으로 결합되어 발전한 문화운동의 역사에서도 마찬가지이다. 5월 문화운동과 4·3문화운동은 문화예술적 상상력과 역사의식이 어떻게 결합할 수 있는가를 보여주며, 과거의 역사적 기억을 현재의 지평에서 어떻게 재현해야 하는가를 실험하는 현장이었다.

한국의 문화운동은 국가형성기의 대사건들이 남긴 거대한 중력의 장에서 자유롭지 못했다. 수 많은 사람들이 자신을 '살아남은 자'로 정의했고, '죽은 자'들에 대한 부채의식을 지녔으며, 국가적 수준의 지배담론과 지방적 수준의 공동체의식 사이에서 갈등하였다. 이는 과거의 기억을 재현하는 방식에 커다란 영향을 미쳤다. 문화적 재현은 역사의 상처 언저리를 늘 맴돌았고, 이로부터 자유로운 상상력을 허용하지 않았다.

문화적 재현은 단지 과거를 현재로 끌어 들이는 것으로 끝나는 것이 아니라 현재의 삶의 세계를 재구성하고 미래를 틀 지운다는 점에서 중요하다. 다양한 미디어를 통해 재현된 과거는 현재의 일상세계로 들어와 집단적 무의식과 감성을 구성한다. 따라서 각종 문화의 영역에서 과거가 어떤 시각에서 어떤 스타일로 재현되는가를 이해하는 것은 현재적 삶을 이해하는 핵심이라고 할 수 있다. 민주화 이행기를 넘어 선 오늘날, 과거의 문화운동을 검토하고, 새로운 재현의 원리를 모색하는 것은 어쩌면 당연한지도 모른다.

4·3문화운동의 경우 그 기원이 4·3사건 자체에 배태되어 있었는지는 확실하게 알 수 없으나 5월 문화운동의 경우 그 싹들은 확실히 1980년 5월의 사건 속에 이미 배태되어 있었다. 5월 문화운동은 매우 다양하게 전개되었지만, 크게 보면, 세 개의 시기, 즉 침묵과 탄식의 시대, 증언의 시대, 재현의 시대를 거치면서 시대정신을 담아내는 유력한 매체와 재현의 방식이 달라졌다. 침묵의 시대에는 시와 노래, 그리고 판화가 가장 중요한 장르였다면, 증언의 시대에는 문자, 사진, 영상 증언 외에 걸개그림, 연극과 소설이 중심적 장르였고, 재현의 시대에는 묘지나 기념탑, 기념공원의 조성이라는 건축과 공간계획이 주도적인 장르였다.

이 책은 전남대의 5·18연구소와 제주 4·3연구소의 공동연구의 산물이다. 이 공동연구는 '역사적 기억과 문화적 재현'이라는 주제로 2002년 11월부터 2년간 지속되었다. 우리는 1차 년도에는 제주와 광주를 중심으로 전개된 문화운동을 시기별로 개관하고, 2차 년도에는 이를 바탕으로 하여 여러 영역에서 문화적 재현의 방식을 탐구하기로 하였다. 그래서 1차 년도에는 문학, 미술, 음악, 연극, 다큐멘터리와 영화 등의 장르에서 문화운동의 전개과정을 검토하였고, 이 작업의 성과를 '기억투쟁과 문화운동의 전개'라는 제목으로 역사비평사(2004)에서 출간한 바 있다. 우리는 2차 년도에는 원래의 문제의식에 좀더 가깝게 다가가기 위하여 각각의 영역에서 구체적인 텍스트들 속에서 검토하기로 하였다. 총 15명의 연구원이 참여하여 장르를 증언, 의례, 의례음악, 문학, 연극과 다큐영상, 보도사진과 신문만평으로 나누어 연구를 분담하였다. 가급적 5월 문화운동 4·3문화운동을 대칭적으로 조합하여 연구하기로 했지만, 연구자가 한정된 관계로 매스컴 분야는 광주 쪽 연구만 진행하기로 했다.

우리는 광주와 제주를 번갈아가면서 발표와 토론을 하였으며, 이 과정에서 많은 문화운동가와 연구자들의 도움을 받았다. 2차 연구과제의 최초의 세미나는 2004년 6월 24일 제주에서 열렸으며, 박경훈 선생 이외에 제주 민예총 관계자 및 4·3연구소의 연구원들이 좋은 코멘트를 해주었다. 특히 이 세미나에서는 문화적 텍스트들의 생산 뿐 아니라 소비의 측면에 대하여, 그리고 재현의 공백, 탈락, 침묵에 대하여 언급이 미흡하다는 지적이 이루어졌다. 2차 토론회는 2004년 11월 12일 광주에서 열렸다. 여기에서는 이영석, 김성재, 김경학, 박중렬, 장미경, 정경운, 박문옥, 장윤식 선생 등 여러분이 토론을 통하여 연구를 수정 보완하는 데 도움을 주었다. 아울러 5월 문화운동과 4·3문화운동을 각각의 영역에서 비교하면서 어떤 차이와 공통점이 있는가를 논의하였다.

이 책을 마무리하면서 약간의 개인적인 소회를 밝히지 않을 수 없다. 이 공동연구의 마무리는 18년 남짓한 광주에서의 연구생활에서 내가 맡았던 마지막 몫이었다. 나는 1980년 5월의 항쟁의 끝자락을 서울에서 맞았지만, 광주와의 본격적인 인연은 1985년 전남대에 부임하면서 이루어졌다. 그 시기는 아직 항쟁이 남긴 상처가 짙게 깔려 있었고 하늘은 늘 음울했다. 지역사회에 침잠하던 어떤 욕망들은 1987년 전국적인 대투쟁에서 민주화를 추동하는 에너지로 되살아났다. 1988년에 시작된 광주항쟁 참여자 구술채록사업은 나를 5월운동에 관한 연구의 세계로 끌어들였다. 지역사회의 역동성은 때때로 나를 혼란스럽게 했지만, 그보다 더 중요한 것은 '5월'이 항상 나에게 여러 가지 학문적 자양분을 제공했다는 점이다. 증언, 기억투쟁, 기념, 축제, 꼼뮨 등의 개념들을 학문적 화두로 삼을 수 있었던 것은 모두 5월운동 덕분이었다.

제주와의 학문적 인연은 1998년 제주에서 열린 동아시아 평화인권 국제회의를 통해 소중하게 다가왔다. 국가폭력이라는 개념을 바탕으로 대만과 오키나와를 바라볼 수 있었다. 2000년 광주항쟁 20주년에 나는 '부산, 광주, 제주의 역사적 연대를 위하여'라는 글을 발표한 바가 있는데, 우리의 공동연구는 이런 생각의 작지만 구체적인 실천의 산물이라고 할 수 있다. 광주와 제주가 함께하는 공동연구의 구상을 실현시킬 수 있었던 것은 5·18연구소 소장이었던 나간채교수와 4·3연구소 소장이었던 강창일교수의 참여와 도움 덕택이었다. 두 분은 흔쾌히 공동연구에 동의하였고, 나간채교수는 이 공동연구의 책임을 맡아주었다.

공동연구원들은 각자의 논문을 일찍 완성했지만, 나의 개인적인 사정 때문에 원고검토가 지연되어 책 출간이 좀 지체되었다. 구엇보다 2년간 열과 성을 다하여 연구를 수행해준 동료들, 특히 격려보다는 질책에 가까운 비판을 견뎌준 전임연구원들에게 감사의 뜻을 전한다. 또한 5·18연구소에서 공동연구의 까다로운 행정실무를 도맡아 처리해준 김기곤 군의 수고를 잊을 수 없다.

여러 가지 사정상 2차 연구성과는 도서출판 선인에서 출간하게 되었는데, 어려운 상황에서 기꺼이 출판을 맡아준 윤관백 사장께 감사를 드린다.

2006년, 또 한번의 새로운 5월을 맞이하면서
공동연구팀을 대표하여 정근식 씀

책머리에 | 4

5·18항쟁의 기억과 증언 | 나간채 ··· 13
1. 증언과 역사쓰기 | 13
2. 기억과 증언의 사회적 구성 | 17
3. 증언프로젝트의 전체적 성격 | 20
4. 반복증언의 사례분석 | 31
5. 몇 가지 과제들 | 37

4·3증언 프레임과 제주민의 자치의식 | 박찬식 ··· 43
1. 머리말 | 43
2. 4·3증언자료의 유형과 성격 | 47
3. 4·3증언에 나타난 자치의식 | 59
4. 맺음말 | 74

항쟁기억의 의례적 재현 :
5월행사와 전야제를 중심으로 | 정근식 ··· 77
1. 문제의 제기 | 77
2. 이론적 맥락과 방법 | 80
3. 의례체제의 형성과 구조 | 86
4. 전야제의 텍스트와 실행 | 96
5. 맺음말 | 106

4·3기억의 굿을 통한 재현 :
정치적 사건과 문화적 장치 | 강창일·현혜경 ··· 111
1. 제주의 굿과 4·3 | 111
2. 일상의 저항에서 담론으로 | 114

3. 굿의 재현과 기억의 형성 | 117
　4. 새로운 역사를 위하여 | 130

5·18의례음악의 변화 | 정유하 … 135
　1. 항쟁음악과 의례음악 | 135
　2. 5·18의례음악 | 138
　3. 의례음악이 된 민중가요 | 168
　4. 맺음말 | 178

4·3의례와 음악 :
　　　제주4·3사건희생자범도민위령제를 중심으로 | 이은나 … 183
　1. 왜 의례음악인가 | 183
　2. 의례와 음악의 공명 | 185
　3. 4·3기억과 음악 | 189
　4. 4·3의례음악의 전망 | 206

4·3의 기억과 소설적 재현의 방식 | 김동윤 … 211
　1. 4·3담론과 기억의 문제 | 211
　2. 4·3의 소설적 재현, 그 담론의 세 양상 | 215
　3. 재현 방식의 차이와 집합기억의 상관성 | 242
　4. 요약과 전망 | 259

'5월'의 재구성과 의미화 방식 : 소설의 경우 | 정명중 … 265
　1. 사건, 재현, 재구성 | 265
　2. '부채의식'의 두 가지 형태 | 268
　3. '가족' : 비극적 정서의 원천 | 274
　4. 서사적 지평의 확장 | 284
　5. 트라우마와 그것의 극복 | 297
　6. '예술성'의 획득을 위하여 | 305

연극의 여성성 재현 : <모란꽃> 분석을 중심으로 | 강현아 … 309
　1. 5월 연극 속에서 재현되는 여성 이미지 | 309
　2. 텍스트 분석의 이론적 맥락과 방법론 | 311

3. 5·18항쟁과 연극 <모란꽃>의 배경 | 315
4. <모란꽃> 텍스트 분석 | 317
5. 여성성 재현의 의의와 한계 | 330

대량학살의 기억과 젠더 이미지 :
　　　　　　4·3 영상 다큐멘터리를 중심으로 | 권귀숙 ··· 337
1. 전쟁과 젠더 이미지 | 337
2. 젠더 이미지론 및 연구방법 | 339
3. 이미지와 기호 | 345
4. 스토리 구성 | 352
5. 4·3의 영상 재현과 젠더 | 362

5·18 신문사진의 의미구성 : 전국화와 국지화 사이에서 | 송정민·한선 ··· 371
1. 5·18담론과 보도사진 | 371
2. 사진영상의 사회적 현실구성 | 374
3. 연구문제 및 연구방법 | 379
4. 보도사진 프레임의 차이 | 384
5. 보도사진의 의미구성 변화와 경합 | 393
6. 결론 | 398

5·18의 역사적 기억과 신문만평 : 한겨레신문을 중심으로 | 김종헌 ··· 405
1. 5·18의 기억과 신문만평 | 405
2. 연구분석의 방법과 범위 | 407
3. 신문만평과 5월 기억의 서막 | 410
4. 5월 광주의 기억과 한겨레 만평 | 414
5. 만평의 또 다른 기억을 위해서 | 435

비교와 종합을 향하여 | 정근식 ··· 439

찾아보기 | 451

5·18항쟁의 기억과 증언

나간채

1. 증언과 역사쓰기

　한국사회에서 최근에 두드러진 하나의 흐름은 과거의 중요한 역사적 사건에 대한 증언을 수집하는 작업이 널리 수행되고 있다는 사실이다. 이는 아마도 20세기를 마무리하면서 아픔이 남아있는 역사를 위한 하나의 성찰, 또는 진실에 대한 인간의 집요한 의지의 표현 아닌가 한다. 여기에는 제2차 세계대전에서의 일본군위안부와 원폭피해자들을 비롯하여, 제주4·3항쟁, 그리고 5·18항쟁 관련 인사에 대한 증언수집작업이 포함된다. 국외에서도 이와 같은 증언채록 작업은 활발히 전개되고 있다. '아우슈비츠의 검은 태양' 아래서도 살아남은 유태인(Langer, 1991 ; Morris, 2001 ; Kocka, 2004)에 대한 증언, 러시아혁명기의 체험과 그 이후의 억압체제 하에서 형성된 집단기억에 대한 증언(Horsbrugh-Porter, 1993 ; Wertsch, 2002) 등이 그 사례이다.
　우리 사회에서 1990년대 이후에 이러한 흐름이 형성된 배경에는 다음과 같은 요인이 작용하고 있다. 첫째는 정치사회적 환경변화의 결과로서, 한 마디로 말하면 민주화운동의 성과와 관련된다. 1960년대 이후 군부독재정권에 저항해온 민주화운동은 1980년대를 '항쟁의 시대'로 만들었다. 부마항쟁(1979)에 뒤이은 5·18항쟁(1980)을 기점으로 하여 6·10항쟁(1987)으로 이어지는 이 시기는 우리 사회 민주화운동의 고양기였다. 이 기간에 장기간 지속적으로 축적되어 온 운동에너지를 기반으로 하여 전국적인 수준에서 광범한 연대가 이루어졌으며, 가장 강력한 투쟁이 실현되었던 '항쟁의 시대'였다. 이 '항쟁의 시대'를 거치면서 군사정권은 몰락하지 않을 수 없었고, 그들이 자행했던 독재와 억압, 그리고 폭력적 만행에 의해 묻혀진 역사의 진실을 알리는 90년대의 '증언의 시대'가 열린 것이다(정근식, 2003).

두 번째로, 역사쓰기에서 방법론적 반성과 관련된다. 증언을 중심으로 하는 구술사 연구는 문서기록 중심의 역사쓰기에 비판적인 입장을 갖는다. 공식적 문서기록에 근거한 역사는, 문헌의 대부분이 지배계층의 입장에서 기록된 것이어서 이들에 의해 특별히 선택된 종류의 역사만을 다루는, 한계가 뚜렷한 역사연구방법임이 지적되기도 한다(윤택림, 2004, 103). 또한 역사적 사건에 대한 증언의 재료가 되는 기억의 생산과 소비도 지배권력과 관계가 깊은 것이다(Morris, 2001, 15). 우리 사회의 군부독재시기에도 권력에 의한 역사적 사건의 은폐와 조작을 통해, 권력집단을 위한 권력층의 역사쓰기를 경험하였다. 우리 사회의 증언운동은 대다수가 사건의 피해자, 소외된 자, 사회적 약자와 소수자를 대상으로 하고 있다는 점에서 증언에 기초한 역사쓰기는 권력에 의해 배제되었던 민중의 소리를 담아낸다는 의미를 갖는다.

세 번째로 고려되어야 할 사실은 사건의 피해당사자들이 현재 생존해 있다는 점이다. 그들의 비극적 상흔이 아직도 아물지 않고, 이미 망가진 삶 속에서 수난의 세월을 보내고 있는 현실이 이 작업을 촉구하고 있는 것이다. 물론 기억을 되뇌는 작업 자체가 당사자에게는 혼란스럽고 또 한번의 아픔을 주는 것이지만, 다른 측면에서 보면 증언없이 세월이 흘러가면, 기억도 희미해지고 사실이 묻히고 왜곡되어 우리가 추구하는 진실과는 점점 거리가 멀어지게 된다(Langer, 1991).

증언수집작업은, 피해자 개인의 차원에서는, 폭력에 짓밟히고 강요된 망각에 대한 기억투쟁(김영범, 2004)이자 오명으로 덧칠해진 자아에 대한 명예회복이며, 파괴된 생존권에 대한 권리주장의 의미를 갖는다. 정치사회적 측면에서는 지배세력에 의해 배제되었던 민중이 역사의 주체로 성장하여, 지배층의 조작에 의해 망각되고 왜곡된 그들의 역사를 복원하는 운동의 성격을 갖는다. 이는 국가권력에 저항하는 민중적 삶과 역사를 재생산하는, 이른바 '대안적 역사만들기' 작업인 것이다.

이러한 맥락에서 현재까지 한국현대사의 중요 사건에 대하여 다양한 증언채록작업이 수행되었고, 그 결과 상당한 성과를 이룬 것이 사실이다. 그 중에서 5·18항쟁에 관한 증언채록은 1980년대 말 이후에 비교적 활발하게 이루어졌다. 그 이전까지는 5·18에 관하여 일체의 침묵이 강요되었던 시기였다. 사실, 80년대 말기에도 증언행위에 대하여 일부의 피해자들은 권력에 위협을 느낀 나머지 여러가지 우려를 표명하기도 했던 것이 사실이었다. 국가를 장악한 정치권력은 사건의 진실이 밝혀지는 것을 거부했다. 그 당시에는 강요된 침묵의 장벽을 분쇄하는 증언 그 자체가 저항과 도전의 한 형태였고, 그 증언들이 드러낸 진실은 민주화운동의 동력으로 작용하였던 바, 이는 결과적으로 우리 사회의 민주화를 진전시키는 효과를 갖는 것이었다. 이 증언들은 5·18항쟁의 진실을 밝혀내고 왜곡된 역사를 바로잡는 한편 피해자들에 대한 역사적 법적 평가와 명예회복 및 보상을 가능케 하는 데 중요하게 기여했다.

그러나 다른 한편으로 몇 가지 과제가 지적되기도 한다. 우선 이들 증언사업들이 다양한 주체들에 의해 다양한 관련자를 대상으로 하여 개별적으로 진전됨으로써, 그 증언자료들이 산만하게 분산되어 있는 바, 이에 대한 체계적 정리작업이 요구되고 있다. 항쟁과 관련된 방대한 모집단에서 어느 부분에 대한 증언채록이 어느 정도, 어떻게 이루어졌는가를 알아야만 후속작업의 방향이 정립될 수 있는 것이다. 두 번째는 5·18항쟁이 민주화운동으로 재평가되고 그에 따라 기념사업과 피해자에 대한 명예회복 및 보상이 이루어지는 과정에서 증언의 진실성에 관한 문제가 제기되기도 했다. 이는 증언과정에서 의식적으로 또는 무의식적으로 자기 자신의 활동을 미화하고 과장할 가능성을 배제할 수 없다는 점과 관련된다. 이러한 사실은 기존의 증언자료에 대한 재검토가 요구되는 근거가 되는 것이다. 세 번째로, 1980년대 말의 증언수집은, 증언행위 자체가 위험을 무릅쓴 운동적 성격을 갖는 상황이었기 때문에 증언채록에 관한 인적 물적 자원에 한계가 있었다. 이제는 10여 년 동안 진전된 그 작업들을 종합적으로 검토, 평가해서 앞으로의 발전가능성을 모색할 수 있다. 증언의 정치사회적 환경과 물적 토대에도 변화가 일어났고, 증언이 갖는 의미와 요구도 달라졌기 때문이다. 말하자면, 진상규명의 시대와 달리 제도화단계에 이르면 운동으로서의 증언행위 그 자체보다는 어떤 증언이 더 바람직한 것인가에 대한 질문이 제기될 필요가 있다(정근식, 2003)는 것이다.

　이 질문과 관련하여 증언의 형식과 내용이라는 두 가지 측면이 동시에 고려되어야 할 것이다. 한편으로는 증언의 제도적 물적 조건과 면접대상, 도구 등을 포함하는 방법론적 요인들이 포함되고, 다른 한편으로는 증언의 표현방식, 의미구성 등이 관련된다. 이와 같은 문제의식에서 본 연구는 5·18항쟁에 관한 기존의 증언사례를 체계적으로 정리하고, 상호 비교하여 그 차별성과 유사성을 검증할 것이다. 증언자료에 대한 이와 같은 검토와 비판적 성찰은 역사의 복원과 아울러 미래를 향한 방향과 내용을 규정하는 기초작업의 의미를 갖기 때문이다.

2. 기억과 증언의 사회적 구성

인간의 행위와 사회적 상호작용은 대부분 과거의 경험이나 학습된 내용을 토대로 하여 이루어진다. 새로운 행위라고 할지라도 기존 경험의 영향을 전적으로 배제하기는 어려운 것이다. 현재의 행위에 대한 기존 경험의 규정력은 다양한 정도로 차별성이 있겠지만, 이와 같은 규정력은 과거의 경험이 인간의 정신 속에 보존되어 인간의 사고와 행위에 작용하고 있기 때문이다. 여기에서 기억이란 과거의 것을 정신 속에 보존하는 일이며, 의식 속에 불러와 재생시키는 심리과정이라고 할 수 있다(김현진, 2003, 205~209).

기억은 기본적으로 심리적 과정에서 나타나는 현상이지만, 다음과 같은 점에서 그것은 동시에 사회적 측면을 갖는다. 첫째로 기억행위가 사회적 요인에 의해 크게 영향 받는다는 점이다. 예컨대 기억자의 사회경제적 성격, 정치적 입장에 따라 동일한 사건에 대한 기억내용과 과정에는 차이가 있을 수 있다는 것이다. 두 번째로, 기억은 사회적 결과를 갖는다. 예컨대 이라크 전쟁과 관련하여 그들이 무엇을 기억하고 있는가에 따라 파병반대운동에 대한 그들간에 사고와 행위는 차이가 날 수 있다. 세 번째로, 기억은 사회적 수준에서 다수의 개인들에 의해 공유된 집합기억의 형태로 존재한다. 물론, 집합기억은 개인기억들의 단순한 합과 같은 것일 수 없고, 또 어떤 계기에 의해서 공유되기에 이른 기억 부분들만이 집합기억의 내용으로 포섭되기 때문에 가변적이고 유동적이며, 또 선택적이고 인공적이며 아울러 도덕적 속성을 지닌다(김영범, 1998, 168~170). 따라서 집합기억은 개인기억들이 행위를 매개로 한 사회적 상호작용을 통해서 수렴된 하나의 사회적 실체가 된다. 이 과정에서 개인기억들 간에 전개되는 기억과 망각의 공동작용을 통해서 집합기억이 구성되며, 이를 토대로 하여 집단적 정체성이 확립되는 것이다(김영목, 2003, 168). 네 번째로 기억은 미디어를 매체로 하여 사람과 사람사이에서 또는 집합적으로 생산, 유통, 분배되고 소비된다는 사실이 사회적 성격을 직접적으로 드러내고 있다(Wertsch, 2002).

　기억의 생산과 기억들 간의 상호작용과정에는 다양한 양상, 즉 수렴, 경쟁, 갈등 등의 양상이 나타난다. 이와 관련하여 기억투쟁 개념은 중요한 의미를 갖는다. 기억투쟁은 두 가지 차원에서 이해될 수 있다. 그 하나는 개별 기억이 망각에 대항하여, 망각하지 않기 위해 벌리는 내면적 싸움이다. 기억은 단순한 '정신세계에서의 단순한 재생작업이나 창고에서 꺼내오거나 불러오기' 이상의 것이라는 의미이다. 이것이 내면적이면서도 동시에 사회적인 이유는 망각을 강요하는 권력에 대한 반항이고, 다른 한편으로는 망각을 유혹하는 문화에 대한 반항이기 때문이다. 저항하는 멕시코 농민들에게 이는 생각할 능력도 없고, 자신을 지킬 능력도 없고, 자기들 힘으로는 더 나은 미래를 건설할 수 없다는 것에 대한 투쟁인 것이다(박태호, 2004, 134).

　두 번째 차원은 기억들간의 관계에서 일어나는 싸움이다. 어떤 역사적 사건에 대한 기억들간의 경쟁과 갈등은 흔히 보아왔다. 예컨대 친일파에 대한 역사쓰기에서도 다양하게 드러난다. 이것은 기억행위 그 자체와 아울러 기억주체인 사회집단간에 전개된다는 점에서 더욱 현실적인 의미를 갖는다. 서로 이질적인 기억이 경합하고 있는 상태에서, 누구의 기억을 중심으로 역사를 쓸 것인가라는 문제가 제기되기 마련이다. 그 과정에서 헤게모니적 기억, 즉 지배적 기억과 그 기억을 토대로 한 담론이 정립되고 공식역사로 기록된다. 다른 한편에서는 기억투쟁에서 패배했던 대항기억이 성장하여 공식역사에 대한 도전이 성공한다면 그것은 말하자면, 기억혁명이 될 것이다. 사실 5·18항쟁이나 4·3항쟁에 관한 기억투쟁의 역사는 한국의 항쟁사에서 20세기 말에 대항기억의 도전이 승리한 혁명적 역사임을 상기할 필요가 있는 것이다(나간채, 2001 ; 김영범, 2004).

  기억된 것은 다양한 종류의 문화적 형태로 재현된다. 흔히 문학을 비롯하여 음악, 미술, 연극, 영상, 사진 등의 영역이 포함되어왔지만, 여기에서 주목하고 있는 증언 역시 문화적 형태, 그리고 문화운동의 한 영역으로 간주하여 취급한다. 증언은 기본적으로 기억의 언어적 표현으로서 면접자와의 상호작용과정에서 구술의 형태를 갖는다. 그러나 구술증언은 언어만으로 이루어지는 것이 아니라 몸짓이나 얼굴표정, 음성의 고저와 떨림 등 요소가 고려되어야 하며, 다른 한편으로 구술은 매우 상황적이고 연행적(performative)이기 때문에 언제, 어디서, 누가, 누구에게, 무엇을, 무엇 때문에 구술되고 있느냐에 따라 크게 영향을 받는다(김성례, 1991).

  따라서 하나의 구술증언은 증언자와 면접자, 증언이 이루어진 구체적인 상황, 그리고 거시적인 차원인 사회정치적 구조의 성격이 복합적으로 작용하여 생산되는 것, 즉 사회적 구성물인 것이다. 좀 더 구체적으로 설명하면, 구조적 조건은 증언이 수행되는 거시사회적 차원의 구조적 특성을 의미하는 바, 여기에는 정치권력의 성격과 주요 정치세력들의 분포에 따른 역학구조, 사회경제적 문화적 특성이 포함된다. 이 글에서는 정치권력의 기본적 성격, 지배의 안정성, 사회운동과 관련된 정치적 기회구조의 상태, 그리고 다른 한편으로는 다양한 사회운동세력의 성장과 운동의 활성화 등의 요인을 주목할 것이다. 상황적 조건에서는 구술증언을 위한 면접이 이루어지는 구체적 상황의 특성, 즉 시간과 장소, 지속시간, 면접자와의 접촉과정 및 친숙도 등이 포함된다. 주체적 조건과 관련해서는 증언자의 사회인구학적 특성과 항쟁관련성을 중점적으로 분석할 것이다. 특히 중복증언자의 경우에 동일한 사건이나 상황에 대한 증언내용을 상호 비교할 것이다. 또한 구술된 증언은 기록과 편집의 과정을 거쳐서 문자화된 자료로 되며, 이 과정에서도 일정한 재구성이 일어난다.

다음에는 이와 같은 배경요소들에 기초하여 구술증언의 방법과 진전과정을 분석적으로 검토하고자 한다. 여기에서는 표본선정, 접촉방식, 면접자와 증언자간의 상호성의 형태, 질의응답의 내용과 방식을 포함하는 증언의 형태에 주의한다. 증언의 형태는 우선 완전개방형의 생애사적 구술증언과 표준화된 질문에 의거한 구조화된 증언으로 구분한다. 두 번째로는 증언자와 면접자가 개인 간에 만나서 진행하는 사적 증언과 법정 및 청문회나 매스 미디어 등 공적 장소에서 행해지는 공적 증언 형태가 있다. 그리고 세 번째로는 녹음기를 매개로 하는 구술증언과 영상매체가 동원된 영상증언의 형태로 구분할 수 있다. 본 논문에서는 생애사적, 사적, 구술증언을 주요 대상으로 분석한다.

3. 증언프로젝트의 전체적 성격

5·18항쟁에 관한 증언은 다양한 형태로 이루어져 왔다. 첫째로, 신문이나 잡지 등 각종 대중매체에서 보도를 목적으로 수행된 간략한 인터뷰가 있는 데, 이 자료는 5·18광주민주화운동자료총서11권(광주광역시5·18사료편찬위원회, 1998)에 집중적으로 수록되어 있다.[1] 이

---

[1] 여기에는 『월간경향』, 『생활성서』, 『예향』, 『월간조선』, 『신동아』, 『주부생활』 등에서 취재한 증언물 53개 사례가 포함되어 있다. 그러나 이들은 분석대상에서 제외했다. 그 이유는 첫째, 방법론적으로 생애사적 구술이거나 심층면접의 형태라기보다는 보도목적의 간략한 인터뷰 성격이라는 점, 둘째, 상업적 성격을 갖는 출판물이어서 과학적 객관적 방법에 입각한 자료수집과 정리의 절차가 적절하게 준수되었는지를 확인하기 어렵고, 셋째, 대체로 기록된 증언의 량이 비교적 적었기 때문이다. 그리고 청문회 등 국가기구가 주관한 증언자료 역시 정치권력에 의해 자율성이 제한받을 수 있으므로 제외했다.

와 다른 형태로 영상매체를 이용하여 구술증언을 채록하는 방식이 있다. 「광주YMCA5·18영상기록특별위원회」가 수행한 이 프로젝트는 140여명의 영상증언을 300여개의 녹화테잎(9,600분)에 수록하고 있다(나간채, 1999). 세 번째로 정부나 공공기관의 행정적 업무수행의 과정에서 이루어진 공적 증언자료가 있다. 국회 「5·18진상규명특별위원회」가 수행한 청문회의 증언, 「피해자보상심의위원회」에서의 피해자 증언, 법정이나 각종 위원회에서의 증언자료, 등이 여기에 포함된다. 네 번째로, 과학적이고 객관적 관점에서 민간의 주도하에 체계적 기획을 토대로 하여 사실자료의 수집 자체를 목적으로 이루어진 증언프로젝트가 있다. 여기에서는 네 번째 항목인 증언프로젝트 가운데 출판된 증언자료를 중심으로 정리, 분석할 것이다.

〈표 1〉은 5·18항쟁관련 증언자료의 목록이다. 아래의 10개 자료집들 가운데 〈광주여 말하라〉는 〈광주5월민중항쟁사료전집〉(이하에서는 〈사료전집〉으로 약칭함)에 수록된 증언자들 가운데 핵심적 활동가 18인의 증언내용을 수정없이 전제하여 간행한 책이다. 그리고 〈광주민중항쟁과 여성〉과 〈5월여성의 이야기들〉에 수록된 증언내용의 일부도 위의 〈사료전집〉에 수록된 내용과 동일한 것이 확인되었다. 〈부서진 풍경〉은 부상자들 중에서 정신질환피해자들이 겪어 온 생활실태에 대한 증언을 담고 있는데 이 책은 편집과정에서 재구성과 가공정도가 높은 편이었다.[2] 〈5·18의료활동〉은 항쟁관련 의료백서를 제작하는 과

---

[2] 〈광주민중항쟁과 여성〉은 광주전남여성회가 주관하고 5월여성연구회가 수행한 자료집으로 항쟁과 관련한 여성활동을 연구한 전문가의 논문과 아울러 20여인의 여성피해자에 대한 증언을 수록하고 있다. 이 책은 '당시의 광주여성도 남성들만큼 느꼈고, 남자형제들이 한만큼 했으며, 희생자와 부상자도 많았고 실제로 여성이 항쟁의 주체로 적극 참여했음'을 증언하는 것이다. 여성의 증언을 채록한 다른 하나의 자료는 오월여성회가 펴낸 <오월여성의 이야기들>이다. 여성활동가 및 피해자 여성가족이 20여 년을 경과한 시점에서 피해에 대한 기억과 그간의 삶

정에서 항쟁 당시 의사와 간호사 17인의 활동경험을 간략한 분량 (1~3쪽)으로 구술한 것이다. 이러한 사정을 고려하면, 본 연구에서 집중적으로 분석할 대상은 〈광주5월민중항쟁사료전집〉(1990)과 〈5·18항쟁증언자료집〉(2003)으로 압축된다.

|표 1| 구술증언의 주요사례

순위	자료집	간행년도	증언자 속성	사례수	조사주체	목적
1	광주5월민중항쟁사료전집	1990	주요관련자	498	현대사 사료연구소	사료수집
2	광주여말하라	1990	핵심관련자	18	현대사 사료연구소	진상의 일반공개
3	광주민중항쟁과 여성	1991	핵심적 여성활동가	21	5월여성연구회	연구자료 및 일반공개
4	5·18의료활동	1996	치료했던 의료인	17(23)	광주광역시 의사회	진상의 공개
5	치유되지않은 5월	2000	부상자	6	변주나, 박원순 5·18부상자회	부상자 실태공개
6	5·18항쟁 증언자료집1	2003	시민군참여자	19	전남대학교 5·18연구소	연구자료수집
7	5·18항쟁 증언자료집2	2003	시민군 및 핵심활동가	16	전남대학교 5·18연구소	연구자료수집
8	5·18항쟁 증언자료집3	2003	핵심운동가	12	전남대학교 5·18연구소	연구자료수집
9	5월여성의 이야기들	2003	활동가, 피해자 여성가족	27	오월여성회	여성의 경험보고
10	부서진 풍경	2003	정신질환 피해자	25	문병란, 전용호 5·18기념재단	항쟁 이후의 생활 실태보고

* 이 밖에도 증언형태의 자료는 적지 않다. 예컨대 '증언'이라는 표제 하에 개인의 전기적 기록물 사례가 있으나 이는 구술증언이라고 볼 수 없기 때문에 제외했다. 인터넷 사이트에도 기록물이 있지만 여기에 포함되지 않았다.

을 증언한 자료집이다. 그리고 <5·18의료활동>은 항쟁 당시 의사와 간호사 등의 의료인들이 직접 체험한 내용을 구술받아 기록한 것이다. <치유되지 않은 5월>은 부상자들에 대한 치유와 복지대책에 관한 전문가의 논문과 아울러 부상자 6인의 증언을 수록하고 있다.

위 자료목록의 전체적 분포에서 드러나는 경향적 특징의 하나는 시기별로 볼 때 증언채록사업이 1990년과 2000년을 전후한 두 시기에 집중적으로 추진되었다는 점이다. 이를 좀 더 구체적으로 살펴보면, 다음과 같은 몇 가지 특징을 지적할 수 있다.

먼저, 5·18항쟁에 관한 증언채록사업은 1980년대 말에 시작되었다는 사실이다. 자료집의 출판년도가 1990년이지만 실제 조사시기는 80년대 말이기 때문이다. 그렇다면, 이 시기에 그와 증언의 생산을 가능케 했던 객관적 정치사회적 특성은 무엇인가? 정치적으로, 이 시기는 신군부정권의 폭력적 억압정치가 이완되는 국면에 해당한다. 12·12쿠테타와 80년 5월의 대량학살을 매개로 해서 태어난 신군부정권은 집권초기 언론, 출판 등 표현에 관한 최소한의 기본적 자유도 허용되지 않는 매우 가혹한 폭력적 억압정치를 단행했다. 보도지침, 삼청교육 등이 이 시기의 산물이다. 그러나 집권초기의 이와 같은 억압체제는 지속적이고도 강력한 전 국민적 저항에 직면하게 되었고, 그 사회적 결과가 1987년 노동자대투쟁과 이를 뒤 이은 6·10항쟁이었는 바, 이 항쟁은 한국에서 시민사회의 재생으로 평가되기도 한다. 특히 5월운동에서는 민주화운동의 고양기에 부응하여 저항에너지의 동원과 다양한 5월운동단체의 조직화가 가속화되였고, 이에 따라 더욱 공세적인 저항운동을 전개하였다.

이에 따른 정치적 결과는, 국민적 요구를 수용하겠다는 집권세력의 6·29후퇴성명과 그 이후에 시행된 선거에서 야당이 다수가 되는 의회구성으로 표현되었다. 전체적으로 보면, 이 시기는 신군부 지배권력의 정당성에 대한 비판과 도전이 강화되는 한편 권력집단의 통제능력은 약화되고, 사회운동의 기회구조와 허용공간이 급속히 확장되는 상황인 것이다. 확장된 운동공간, 선거정국, 5·18에 대한 민주화운동으로의 재평가 및 정부의 피해보상검토 등을 포함하는 일련의 상황은 5

월운동을 적극적으로 추동하는 요인으로 작용했다. 5·18증언운동은 이와 같은 정치사회적 구조의 산물인 측면이 있다. 이 운동은 5·18봉기가 좌절된 직후부터, 항쟁의 연속선상에서 치열하게 계속되었던 과격한 행동적 저항투쟁의 성과를 토대로 해서 형성된 운동의 한 형태인 것이다.[3] 즉, 이 증언운동은 5월운동의 성과이면서 동시에 5월운동의 한 측면인 것이다.

두 번째는 90년대 중반을 경과하여 2000년을 전후한 시기에 증언 채록작업이 다시 집중적으로 출판되었음을 알 수 있다. 그렇다면 증언사업을 재생시킨 90년대의 구조적, 상황적 요인은 무엇인가? 이 시기의 정치사회적 주요 특성은 민간정부의 수립, 사회운동의 활성화, 5·18항쟁의 정당성 인정으로 요약할 수 있다. 첫째로, 1992년 대통령선거를 통하여 이전의 군사정권 대신에, 형식적이기는 하지만, 민간정부가 수립되었다는 점이다. 여기에서 형식적이라는 근거는 그 당시 대통령은 민간인이었지만 그것이 토대하고 있는 세력기반은 상당한 수준이 군부라는 점에 있다. 그러나 민간인으로서 과거에 군부독재에 저항하며 민주화운동에 투신해 온 정치인으로서, 대통령의 항쟁에 대한 인식은 이전의 집권자들에 비해 현저하게 개선되고 적극적인 평가를 보여주었다. 두 번째로, 사회운동의 활성화는 80년대의 역동성에 탄력을 받아 형성된 시민운동의 광범한 발전 및 연대운동의 발전, 그리고 5월운동의 강력한 추진력을 특징으로 하고 있다. 여기에서 특별히 주목할

---

[3] 봉기가 좌절된 직후부터 장기간 지속된 항쟁의 연속적 이해는 다음 자료를 참조할 것. Na Kahn-chae, "A New Perspective on the Gwangju People's Resistance Struggle : 1980~1997", *New Political Science*, Vol. 23(4), pp.477~491. 여기에서는 5·18항쟁의 기간을 1980년 5월의 10일간으로 보는 것이 아니라 5·18재판이 끝나는 1997년까지 지속된 확장된 개념으로 규정하고 이에 대한 이론적 방법론적 논거를 제시하고 있다. 이는 1914년부터 1945년까지를 연속적으로 인식하여 20세기의 30년전쟁이라고 보는 것과 유사하다(Kocka, 2004).

지점은 5월운동이 새롭게 발전된 전국적 시민운동과 연대성을 강화하면서 전개하였다는 점이다. 5월운동의 결정적 승리를 전두환 등 가해자 처벌을 위한 특별법 제정과 그 법에 따른 재판에 있었다고 한다면, 이를 가능케 했던 배경에는 5월운동과 시민운동의 굳건한 연대에 있음을 나는 확인한 바 있다. 세 번째로, 정부의 정당성 인정은 앞서 말한 사회운동의 효과로 이해되어야 한다. 왜냐하면, 정당성을 인정하는 입법 및 정부의 조치들이 바로 운동세력이 요구했던 사항이기 때문이다. 여기에는 5월 18일을 국가기념일로 제정한 것, 희생자 묘역을 국립묘지로 규정한 것, 유가족과 부상자 및 구속자 등에 대한 거듭된 보상시행 및 민주화유공자로의 예우, 기념사업의 추진 등이 포함된다. 또한 항쟁피해자들이 결성한 제 단체들, 예를 들면, 유가족회, 부상자모임, 구속자회 등은 법인으로 전환되었고, 항쟁의 기념사업을 체계적으로 추진하기 위한 5·18기념재단도 설립되었다. 이러한 상황의 변화를 한 마디로 규정한다면, 5·18의 '제도화라 할 것이다. 다라서 2000년 초에 실행된 증언채록사업은 이와 같은 제 요인들이 복합적으로 작용하여 이루어진 정치사회적 제도화의 사회적 효과라 할 수 있다. 즉, 80년대의 증언채록사업이 군사정부 하에서 운동의 한 형태로 추진되었다면, 2000년의 증언사업은 민간정부 하에서 제도적으로 추진되었다고 규정할 수 있다.

이런 증언채록사업의 정치사회적 배경 이외에, 이제 구체적으로 두 시기의 증언채록의 추진주체, 목적, 대상과 방법, 성과 등을 포함하는 증언프로젝트의 전체적 성격을 검토해보자. 첫째로, 증언프로젝트의 주체를 보면, 두 시기 가운데 전기(80년대 말)에는 현대사사료연구소(이하에서 〈현사연〉으로 칭함)가 중심적인 활동을 수행했고, 후기(2000년 전후)에는 의사회, 부상자회, 전남대학교 5·18연구소(이하에서 〈전5연〉으로 칭함), 5·18기념재단 등 다양화되는 경향을 보이고 있다. 이 중에서 전남대학교 5·18연구소가 역시 중심적인 활동을 했음을 알 수 있다. 이 두 기관을 비교해보면, 〈현사연〉은 1988년에 순수민간기구로 창립되었다. 이 지역 진보적 지식인의 주도하에 전국적 민주인사들의 다수가 참여하는 조직기반을 토대로 하여 지역의 젊은 학자군이 활동하였다. 설립목적은, 연구소 명칭에서도 함축되어 있듯이, 5·18항쟁에 관한 자료수집과 항쟁연구를 지향함으로써 민주화의 진전과 민주사회의 건설에 기여하고자 함이었다. 사실, 당시에 항쟁 이후 5월운동이 장기화되는 상태에서 운동력의 약화를 염려하지 않을 수 없었으며, 특히 항쟁 당시 주역들의 항쟁에 대한 기억을 재생시켜 채록하는 일이 시급하다는 점이 중요하게 고려되었다. 왜냐하면, 당시 군부정권은 계획적이고 강압적으로 항쟁의 진실을 은폐, 왜곡하는 정책을 추진해왔고, 다른 한편으로 시일이 경과함에 따라 피해자들의 항쟁에 관한 기억도 망각되고 깊이 묻히고 분해되고 왜곡될 가능성이 대두되었기 때문이다. 이러한 배경에서 볼 때, 이 당시 〈현사연〉의 증언 채록사업은 지배권력에 대한 저항운동의 한 형태가 되며, 이와 아울러 오늘날 '증언의 시대'를 개막하는 선도적인 역할을 수행했던 것으로 해석될 수 있다. 한편, 〈전5연〉은 1998년에 전남대학교 부설 연구소로 출범하였다. 설립목적은 위와 유사하지만, 조직적 성격은 큰 차이가 있다. 전자와 달리 이 연구소는 국립대학의 부설연구소이기 때문에 국가기구의 제도 속에 포함되는 것이다.

약 10년의 차이를 두고 설립된 이 두 기관은 설립목적과 지향에 있어서 공히 5·18항쟁을 중심에 두고 있다. 또한 설립을 주도한 사람과 주요 참여인사가 동일인이며, 〈현사연〉이 종료되면서 곧이어 〈전5연〉이 문을 열었고 〈현사연〉이 소장하고 있던 주요 자료가 〈전5연〉으로 이관되었다는 사실에서 상호간에 연속성이 있음을 알 수 있다. 실제로 당시 〈현사연〉의 주요 관련자들은 〈전5연〉이 〈현사연〉을 승계한 것으로 인식하고 있다. 전자가 순수 민간기구로 출발하여 매우 어려운 정치적, 경제적 상황 아래서 활동을 전개했다면, 후자는 제도화된 국가기구의 부설기관으로 편성되어 있기 때문에 최소한의 법적, 경제적 자원에 대한 지원이 보장된 것이다. 이와 같은 변화는 운동적 의미를 갖고 출범했던 현대사사료연구소의 증언채록사업이 제도화의 방향으로 변화되어 왔음을 함의하는 것이다.

다음은 두 연구소가 추진했던 증언채록사업의 구체적 사례를 비교 검토한다. 우리 사회에서 항쟁관련 증언조사사업의 선구를 이루었던 〈현사연〉이 1988년에 추진하여 '광주5월민중항쟁사료전집(1990)'으로 출판한 사업은 민간자금을 재원으로 하여 진상규명과 사료수집이라는 일반적 목적으로 추진되었다. 증언자가 500인에 이르고 조사기간이 2년여에 걸친 방대한 조사사업이었다. 반면에, 2000년 전후에 시행한 증언채록사업들은 사업주체가 부상자회, 여성단체, 기념재단, 연구소 등으로 다양화되었듯이 증언채록의 목적도 자료수집이라는 보편적인 목적 이외에 단체특수적 기대도 잠재되어 있는 것처럼 보인다. 증언자의 사례수도 〈표 1〉에서 보듯이 소규모로 진행되었다. 예컨대 〈전5연〉의 증언자료집 1~3권은 정부지원의 연구과제를 수행하는 과정에서 관련자 면담조사를 통해 이루어졌다.

증언조사의 구체적 방법을 비교하면, 현사연의 조사는 먼저 증언채록준비를 위하여 교수의 주관하에 연구원 및 대학원생으로 준비팀을 구성하고 대학졸업자들 중에서 전문조사원을 모집하여 증언채록에 필요한 사항을 교육했다. 교육내용은 항쟁의 일반적 전개과정, 구술사적 조사방법 등을 포함하였으며, 이에 관한 토론을 전개하였다. 이를 토대로 하여 증언조사는 신상정보, 항쟁기의 활동내용, 사법처리상황, 피해정도, 현재의 건강상태, 단체활동 상황을 포함하는 공통의 표준화된 면접표를 활용하였으며, 조사원들로 하여금 표본을 선정하여 채록하도록

하고, 그 자료를 공동으로 읽으면서 문제점을 토론하였다. 질문은 6하 원칙에 따르도록 했고, 표준어를 사용하도록 했다. 조사과정에서는 대학원생들이 조사팀을 이끌었다(정근식, 2003). 한편, 5·18연구소에서 시행한 〈자료집 1·2권〉은 이와 비교하여 몇 가지 특징적인 측면이 있다. 우선 이 조사는 외국학자4가 주도하고 대상도 시민군 참여자라는 특정화된 집단을 중심으로 하였으며, 생애사적 질문방식보다는 심층면접의 형태로 진행되었다. 우선 조사팀은 외국학자 1인과 공동으로 참여하는 한국학자 1인, 훈련된 조교 1인, 증언대상자를 선정하는데 도움이 될 정보제공자 2인, 통역자 2인으로 구성하였다. 정보제공자를 통하여 접촉가능한 당시의 시민군 명단을 검토한 후에 전문가인 교수가 최종 대상자를 선정하였다. 조사일시와 장소는 증언자와 면접자가 합의하여 결정하였고, 통역은 주로 한국인 교수와 조교 또는 숙련된 대학원생이 맡았다. 표준화된 면접의 형태가 아니라 개방적 질문과 응답으로 진행했다.

표본선정과 증언자의 구성을 보면, 전자의 경우에는 증언대상을 특정한 인구집단으로 제한하지 않은 개방적인 모집단을 설정하고 있기 때문에 인구특성이 매우 광범한 분야를 포함하고 있지만, 90년대 말 이후에 생산된 여러 증언자료집에서는 여성, 시민군, 의료인, 부상자, 정신질환자 등의 특정화된 범주로 제한되는 경향을 띠었다. 표본 선정은 공히 임의적인 방식으로 수행되었으나, 앞의 사례는 봉기 자체의 다측면적 복합적 성격을 고려하여 일시와 상황에 따라 체계적으로 선정하였는데 반하여, 후자의 사례들은 제한된 모집단이지만 임의적인

---

4 이 학자는 G. Katsiaficas 박사이다. 미국 Wentworth Technology Institute의 사회학 교수로서 5·18항쟁에 관한 깊은 학문적 관심을 가지고 전남대학교 5·18연구소에 객원교수로 1년간 머무르면서 다양한 자료를 수집하고 이를 토대로 다수의 논문을 발표한 바 있다. 그 당시 New Political Science의 편집장이기도 했다.

선정방식이 그대로 적용되었다. 앞의 것이 생애사적 면접방식을 활용했다면, 뒤의 사례들은 이와 병행하여 심층면접방식도 도입되고 있다. 특기할만한 일은 순수 민간기구였던 〈현사연〉이 당시에 증언채록사업을 추진하는 과정에서 당면했던 어려움이 컸다는 점이다. 그 근원은 10년 동안이나 침묵과 망각을 강요했던 억압정권의 보복과 불이익에 대한 증언대상자들의 피해의식과 두려움으로 인한 기피경향, 증언사업에 대한 기관의 비협조와 방해 그리고 재정적인 결핍 등이 기본적인 것이었다. 이에 비하면 2000년대의 증언사업은, 증언자가 반복된 증언에 싫증을 느껴서 기피하는 문제를 제외하고는 상대적으로 우호적인 상황에서 전개된 것이 사실이다.

앞의 〈표 1〉에 제시된 자료에서 최소한의 배경정보가 주어진 증언자의 수는 전체가 555명인데 그 중에서 남자가 대다수(85.8%)를 점유하고 여성은 66명(11.7%)에 그치고 있다. 연령별 분포에서는, 항쟁당시의 연령으로 10대(19.8%)와 20대(41.1%)가 60%를 넘어서고 있다. 그리고 항쟁 당시 응답자의 직업 분포를 보면, 학생(26.1%), 생산기능직(17.3%), 자영업(13.3%), 서비스직(10.8%) 등의 비중이 상대적으로 높았고 현재의 직업에서는 무직과 무응답이 39.7%, 생산기능직 13.0%, 자영업 12.3%, 전문직 10.8%로써 증언자의 직업구조가 매우 불안정한 상태임을 보여주고 있다. 증언자의 항쟁관련성을 확인한 결과, 구속자(29.3%), 부상자(28.1%), 유가족(16.9%), 일반 참여(12.5%), 목격자 및 보도자(8.4%), 군인과 경찰(3.5%) 등으로 나타났다.

이어서 구술자료의 정리방식은 어떠한가. 90년의 〈현사연〉 자료에는 항쟁 전 기간 동안 증언자가 경험한 것이 압축된 형태로 서술되어 있다. 표현방식은 표준어와 문어체를 기본으로 하여 완결된 문장으로 되어 있고, 객관적 사실보고의 형태를 갖고 있다. 이에 비하여 〈전5연〉

의 자료는 특정 상황이나 사건 및 국면에 초점을 맞추어 집중적으로 탐구함으로써 보다 상세한 사실을 보여주는 경향을 보인다. 표현방식은 구어체와 토속어를 사용하였고 주관적 감정이 스며있는 표현이나 다소 불완전한 형태의 문장구성을 그대로 표기하여 증언자의 표현을 가능한 한 그대로 반영하도록 하고 있다. 그러나 〈전5연〉의 자료는 질문 문장의 비완결성, 비정확성으로 인하여 다소 엉뚱한 대답이 나오거나, 질문들의 비체계성으로 인하여 응답내용이 산만하고 앞뒤가 뒤엉키는 현상이 드러나기도 한다. 아울러 응답내용이 당시의 경험에 대한 객관적 보고의 수준을 넘어 이에 대한 해석까지 확장되는 경향이 발견된다.

다음으로 증언자료의 사회적 효과를 살펴보자. 현사연의 자료는 증언 자체의 무게가 제도화된 이후의 증언에 비하여 비교하기 어려울 만큼 크다. '증언 한 마디 한 마디는 글자가 아니라 선혈이다. 10년이 지난 지금도 두려움에 떨면서 증언을 고사하는 사람들의 입에서 한 줄의 목격담, 체험담을 얻어내기란 쉬운 일이 아니었다(이영희, 1990)'고 한다면, 90년대 말에 생산된 증언들은 적어도 이러한 어려움은 적었을 것이기 때문이다. 이 자료는 진실을 배반한 역사에 대한 준엄한 심판의 선구자 역할을 수행하고 있으며, 이러한 노력은 그 이후 다양한 증언채록사업이 활성화되는 계기를 마련하였다. 또한 이 자료들은 90년대 이후 광주항쟁의 연구에서 가장 풍부한 자료의 원천으로서 허다한 연구에 널리 활용되었다. 이에 비하여 5·18연구소에서 펴낸 자료는 특히 〈자료집 1~2〉와 관련해 볼 때, 외국인이 범세계적인 항쟁연구의 차원에서 수행한 면접증언이라는 특징을 갖는다. 따라서 면접시 통역과정에 다소의 문제점과 한계가 있음에도 불구하고, 이 자료를 근거로 하여 생산된 연구결과는 국외의 학계에 광주항쟁의 실상을 널리 알리고 이를 인류 항쟁사의 값진 유산으로 평가하게 하는 효과를 낳았다.[5]

4. 반복증언의 사례분석

5·18항쟁에 관한 증언분석작업에서 주목할 만한 현상의 하나는 반복증언에 관한 것이다. 즉, 한 사람이 때와 장소를 달리하여 동일한 사건이나 상황에 대해 두 번 이상 증언하는 것을 말한다. 이 자료는 동일인이 상호독립적인 상황에서 재현한 내용과 형태를 서로 비교할 수 있게 함으로써 항쟁의 기억과 증언에 관련해서 흥미있는 설명을 제공할 수 있다. 우선 동일한 사건에 대한 두 가지 재현에서 드러나는 차이의 유무를 확인할 수 있을 것이다. 이는 5·18항쟁의 증언채록작업에서 빈번히 제기되었던 증언의 사실성[6]과 정확성, 신뢰성, 더 나아가서는 진위문제까지도 규명하게 하는 자료가 될 수 있는 것이다. 비교의 결과, 중요한 차이가 발견되지 않는 경우에는, 그 자체도 자료적 가치가 확인되는 셈이다. 그러나 유의미한 차이가 발견된다면 차이의 정도, 차이에 영향을 준 요인, 영향을 주는 과정과 방식에 관한 설명이 필요하게 되며, 이는 바로 기억과 재현의 이론적 발전에 기여하게 될 것이다.

5·18항쟁에 대하여 동일인이 두 번 이상 제시한 증언내용을 서로 비교하는 일은 기술적으로 단순한 작업이 아니다. 우선 기본적으로 두

---

[5] 이 외국인 학자와의 공동사업의 결과로 2003년에는 5·18전문가의 논문을 모아서 미국 정치학회의 학술지 New Political Science, Vol. 25(2)를 5·18특집호로 간행한 바 있다. 그 표제는 Gwangju Uprising and the Creation of Korean Democracy이었다.

[6] 증언된 내용에 대하여 이의를 제기하는 경우가 실제로 발생하고 있다. 필자를 방문한 어느 항쟁관련자의 제보에 따르면, 한 증언자는 80년 5월에 집단으로 활동했던 일들을 자기 중심으로 증언함으로써 집단의 다수가 배제되고 혼자 한 것처럼 되어, 다른 구성원들에 의해 항의를 받기도 하였다. 이 일이 특히 민주화유공자선정, 보상 등의 문제와 관련하여 문제의 소지가 될 수 있다. 이 방문자는 나에게 불만을 토로하는 그들을 면담해주기를 요청했다.

번의 재현이 완전히 일치하기가 현실적으로 불가능한 측면이 있다. 기억과 증언이란 개인적, 사회적 조건의 변화에 따라 기억의 양과 질, 정확성, 그리고 표현방식 등에 변화가 수반되기 때문이다. 두 번째는 무엇을 비교할 것인가? 즉 비교의 준거 또는 단위가 문제로 된다. 가장 기본적인 비교의 단위는 요소적 의미단위인 개념이나 용어이지만 더 확장된 단위로서 문장이나 문단으로 표현되는 의미복합이 될 수 있다. 예를 들면, 최초발포의 상황, 술 마신 계엄군에 관한 증언내용 등이다. 세 번째의 비교단위는 인식틀에 관한 것이 될 수 있다. 5·18항쟁에 대한 전체적 인식틀이 '의거', '항쟁', '시민전쟁', '시민운동', '민주화운동' 등 다양한 관점에서 인식되는 것을 통해 확인할 수 있다. 네 번째로, 차이의 정도에 관한 측정의 문제가 있다.

주요 증언 프로젝트에서 반복증언의 사례를 선정하기 위하여 우선 위의 10개 자료집 중에서 〈광주여 말하라〉와 〈부서진 풍경〉, 그리고 〈5·18의료활동〉을 제외하였다. 전자는 〈사료전집〉의 증언내용을 수정없이 옮겨서 간행했으며, 그 다음의 것은 편집과정에서 내용의 가공 정도가 높았고, 〈의료활동〉의 자료는 중복사례가 전혀 없었기 때문이다. 나머지 7개 자료집을 교차비교한 결과 36개의 사례가 확인되었다. 이 중에서 동명이인이 한 사람 있었고, 〈광주민중항쟁과 여성〉의 증언에서 중복된 사례 11개 가운데 9개가 〈사료전집〉의 내용과 동일한 것이었고, 〈5월여성의 이야기들〉에서는 6개 중복사례 가운데 1개가 〈사료전집〉의 내용과 일치한 것으로 확인되었다. 그 결과 실제로 동일한 내용이 아닌 24개가 비교분석의 최종대상이 되었다. 구체적 사례를 보면, 〈사료전집〉에는 1개의 사례만 뺀 23개가 있고, 그 다음으로 전남대학교 5·18연구소에서 발행한 〈증언자료집 1~3〉에는 22개의 사례가 있으며, 〈광주민중항쟁과 여성〉에는 2개, 〈5월여성의 이야기들〉에 5개, 〈치유되지 않은 5월〉에 1개 사례가 포함되어 있다. 전체 사례수가 48개를 초과하는 이유는 3번 이상 반복된 증언사례가 포함되어 있기 때문이다.

동일한 상황을 증언한 사례들 중 인상적이었던 것은 가두방송을 시작하는 상황과 주남마을 학살사건에 대한 인용사례이다. 가두방송이 어떤 과정을 거쳐 이루어질 수 있었는가라는 질문에 대하여 두 가지 답 어느 하나도 틀린 것은 아니다. 이들은 가두방송이 가능하게 된 과정에 대하여 적절한 대답들이며 대강의 요지에 일치도가 높다. 주남마을 사건에 관한 증언내용에서도 결과는 비슷하다. 전체적인 요지에 핵심적인 사항에 대한 차이나 상충되는 사실은 드러나지 않는다.

사례1
… 실려 어디론가 가고 있는데 시민들은 그러한 상황을 모르고 있으므로 앰프를 구하여 알리자는 것이었다. 순식간에 모아진 돈이 45만원이나 됐다. 모금한 돈으로 학생들이 앰프를 구하기 위해 금남로에서 학운동사무소로 갔다. 그 곳에서는 앰프를 내주지 않았다. 나는 학생들에게 말했다. "내가 모두 책임질 테니까 앰프를 떼어라." 학생들이 달려들어 앰프를 떼내는 동안 호주머니를 터니까 7만원 정도 되었다. 나는 그 돈을 동사무소에 주었다. 남학생들은 스피커를 들고 명숙이는 옆에서 보조를 해주고 나는 마이크를 잡고 방송을 시작했다(ㅈ의 증언 : 현사연 1990, 908).

… 학생들이 모금을 했습니다. 마이크를 사기 위해서 모금을 했는데, 그 모금한 돈이 그 당시 45만원인가 모금을 해가지고 마이크를 샀는데, 그 마이크는 최루탄에 맞아서 단 한 시간도 사용을 못하고 그 마이크가 고장이 났습니다. 그 때 나는 순간내 머릿속에 떠올렸던 게 어떤 게 떠올렸었냐면은, 각 동사무소를 가게 되면은 마이크 앰프가 있다는 것을 제가 느끼고 남학생들 세 사람과 다른 여자분 한 분을 데리고 제가 학운동 동사무소를 제가 갔습니다. 가 가지고, 마이크를 달라고 엄포하고 달라고 하니까, 그 학운동 사무소 직원이 자기도 전대(전남대학)에 근무를 했었는데, 자기는 공무원이기 때문에 이 앰프를 내줄 수 없다고 거절했습니다. 저는 정말 반공갈 이상을, 갖은 애원을 하면서 돈 7만원을 그 동사무소 방에다 던져놓고 새벽 5시까지 이 앰프를 다시 되돌려주겠다고 하고, 남학생들한테 가서 스피커를 나무 위에 올라가서 띠게끔 하고, 저는 방안에 앰프를 들고 나와서, 남학생이 두 사람 팔로 앰프를 들

고, 딴 사람이 마이크를 들고, 거그서부터, 학운동 동사무소부터 제가 도청 앞까지, 그 때부터 제가 가두방송을, 5월 19일 밤 10시경부터 가두방송을 제가 시작했습니다 (ㅈ의 증언 : 전남대 5·18연구소, 2003, 84).

사례 2

5월 22일 나는 자꾸 밖에 나가는 아들들이 걱정되어 아들들을 피신시키기로 마음먹었다. 아침 일찍 밥을 먹이고 한도, 한길이와 함께 화순에 있는 외가로 가기 위해 집을 나섰다. 화순방면으로 가는 지원동의 도로에는 우리처럼 피신가는 사람이 많았다. 한참을 걸어 가는데 둘째 딸 향님이가 자전거를 타고 왔다. 광주로 돌아올 때 나를 자전거에 태우고 오려고 뒤따라온 것이다. 나, 한도, 한길, 향님이가 지원동 버스 종점을 지나 화순 쪽으로 100여 미터쯤 가고 있었다. 그때가 오전 아홉시 30분 정도 되었을 것이다. 10여명의 시위대가 유리창이 깨진 버스에 타고 우리들 옆을 지나가고 있었다. 그 때 갑자기 왼쪽 산에 잠복해 있던 계엄군들이 총부리를 들이대며 시위차를 향해 일제히 집중사격을 가하기 시작했다. 순간적인 일이었다. 총을 들고 있던 버스 안의 시위대는 계엄군을 향해 총부리를 겨눴으나 버스는 곧 도로 옆 전봇대 앞에서 멈춰버렸다. 아마 버스 안의 시위대는 거의 죽었을 것이다(ㄱ의 증언 : 현사연, 1990, 979).

22일 아침을 해서 먹이고 전날 늦게 들어온 두 아들에게 옷을 챙기라고 했다. 화순에 사는 이모 집으로 피난을 시켜야 안심이 될 것 같아서였다. 형은 학생들을 막고 있는데 동생들은 데모를 하러 다닌다는 것은 도저히 있어서는 안 될 일이라고 생각했기에 피신을 시킬려고 했다. 두 아들을 데리고 방림동 쪽으로 걸어서 갔다. 피난 가고 있는 많은 사람들을 보면서 안심을 했다. 1번 버스 종점 부근의 다리를 건너 화순 쪽으로 가고 있을 무렵이었다. 버스 한 대가 지나갔다. 얼핏 보니 유리창이 다 깨지고 총 짊어진 사람 둘과 그 외에도 많은 사람들이 탄 것 같았다. 한참 가다보니 뒤에서 누군가 '엄마'하고 부르는 소리가 들렸다. 돌아보니 둘째 딸이 자전거를 타고 나를 부르는 것이었다. 뭐하러 여기까지 왔느냐고 물었더니 다리 아플까봐 태우고 가려고 왔다는 것이었다. 그래서 우리 식구는 네명이 되었다. 걷는 우리와 앞선 버스와의 거리가 전봇대 한 구간이나 될까? 자전거를 탄 딸이 버스 뒤를 바짝 따르고 있었다. 큰 길 옆 산에 공수부대원들이 매복하고 있는 것이 보였다. 순간 그들이 버스를 향해 총구를 겨누는 것이 보였다. 버스를 향해 집중사격을 한 것이다. 얼른 뒤를 돌아보니 벌써 두 아들은 길 옆의 보리밭을 향해 뛰고 있었다(ㄱ의 증언 : 오월여성회, 2003, 68).

그럼에도 불구하고 두 사례에서 몇 가지 의미있는 차이가 발견된다. 가두방송증언과 관련하여, 첫째로 표현방식이 전자는 표준어를 사용하고 문장구조가 문어체인데, 후자는 방언과 토속적인 문장구성을 사용하는 구어체에 가깝다는 점이다. 앞의 것은 긴장감있고 딱딱한 느낌을 주는 데 반하여 후자에는 어느 정도 여유가 있고 정서적인 요소가 느껴진다. 두 번째로, 마이크와 앰프를 준비하는 과정에 대하여 후자의 증언사례가 더 상세하게 제시되어있다. 전자에서 생략된 사실에 대한 상세한 내용이 추가되어 있을 뿐만 아니라 행동의 과정에 대하여 구체적으로 기술되어 있다. 이와 같은 내용에서 의미있는 추가정보를 확보할 수도 있다. 가두방송이 체계적으로 시작된 시간은 항쟁의 설명에서 의미있는 요소가 된다.

두 번째 인용사례에서도 주남마을 집중사격 사건의 주요 사실과 상황에 대해서 높은 수준의 일치도를 보여주고 있음을 알 수 있다. 계엄군의 위치와 행동, 시민군의 동정과 피해상황 등에서 두드러진 불일치를 발견하기 어렵다. 그러나 몇 가지 차이도 확인할 수 있다. 첫째로 전자는 사실의 객관적 서술에 치중하고 후자는 서술과 아울러 설명이나 해석의 내용까지 포함하고 있다. "형은 막고 있는데 … 피신시킬려고 했다", "… 안심을 했다" 등이 이에 해당한다. 그에 다라 전자의 경우에 계량적 표현이 더 많고 상세하게 묘사되는 데 비하여, 후자는 사실에 대한 설명이나 주관적 해석 및 사적 감정이 포함되어 있다. 인용되지 않은 부분에서 이러한 경향은 더 쉽게 확인할 수 있다. 또한 전자에는 80년 5월의 봉기와 그 직후의 상황에 대한 것이 주요 내용을 구성하지만, 후자의 경우에는 최근의 상황에 이르기까지 증언의 범위가 확장되는 경향이 있다. 증언의 구성요소에서, 목적지가 외가와 이모집으로 일치하지 않는 것이 확인되지만, 의미있는 불일치는 아닌 것으로 보인다. 왜냐하면 다른 상황의 증언에서 능주에 외가가 있는 것으로 밝혀지는데 능주는 화순군의 관내지방이기 때문이다.

    나머지 반복증언의 사례들을 종합적으로 볼 때, 상호간에 불일치하는 부분은 주로 시공간적 요소와 행위자와 사건에 관한 것이다. 위와 같은 부분적인 불일치 현상은, 정도의 차이는 있지만, 거의 모든 사례들에서 발견된다. 그 가운데 특히 빈번히 드러나는 요소는 상황에 관한 날짜, 나이, 장소 등이다. 보안대에 연행되었던 날, 광주에 온 날, 신역 앞에 간 날, 교도소에 있었던 기간, 석방된 날, 삼청교육대에 잡혀간 기간, 무장차량을 탑승한 날짜, 수습위원회가 구성된 날, 수습대책위원회들이 통합된 날짜, 민주화합추진위원회 결성연도, 시민장례식 날짜, 해남으로 피신한 날 등인데, 그 차이는 대체로 하루 또는 이틀 차이가 많았다. 장소와 관련하여 차이가 있는 사례는 끌려간 장소(보안대와 안기부), 잠을 잔 장소(여인숙과 여관), 호출되어간 장소(식당, 식당 옆 강당), 피난 간 장소(외가, 친구집) 등에서 나타난다. 사람이름, 교회이름 등에서 차이를 보이기도 한다.

    1990년대의 증언과 달리 2000년대에 이루어진 증언에서는 80년 5월에 관한 기억뿐만 아니라 그 이후 5월운동에 관한 소회를 말하려 하는 경향이 두드러지게 나타난다. 그 증언은 그들의 현재의 사회적 존재와 밀접히 관련되어 말해진다. 나와 남의 것에 대한 구별도 소멸되고, 높낮이도 사라져버렸던 절대공동체(최정운, 1999)의 인상적이었던 기억과 그 후 20여년의 싸움에서 되찾은 명예와 항쟁승리의 기억, 이 꿈같은 기억과는 전혀 다르게 전개되는 오늘의 차가운 현실이 증언의 순간에 그의 마음속에서 교차되기 때문일 것이다. 그 과정에서 두 가지 역설적인 경향이 보인다. 그 하나는 승리한 항쟁의 역사적 의의를 인식하고, 명예와 자긍심에 토대하여 과거의 기억과 미래의 전망을 그려내는 부류다. 이들은 절제된 자세를 갖지만, 때로는 자기역할을 미화하려는 경향을 보인다. 주로 항쟁 이후 어느 정도 성공적이고 안정된 삶을 영위할 수 있는 집단에서 확인된다. 다른 하나는, 양지가 아닌 그 그늘 아래 경험하는 실패와 좌절, 그리고 불만 속에서 구성되는 항쟁의 기억과 아픈 현실 간의 모순, 그에 따른 어두운 전망을 그려낸다. 승리한 역사에도 빛과 그늘이 있게 되는 바, 이들은 주로 지금도 병상에 있을 수 밖에 없는 부상자, 그리고 항쟁 이후 생활조건이 좋지 않은 자와 실패한 집단 가운데서 확인된다. 5·18항쟁의 기억은 이와 같이 내적으로 상호 이질적이고 갈등적인 복합적 성격을 포함하고 있으며, 이들 사이의 관계구조 속에서 집단기억의 형태로 지배적 기억과 대항기억이 형성되는 것이다.

5. 몇 가지 과제들

이상의 논의에서 5·18항쟁에 관한 기존의 증언프로젝트를 전체적으로 검토하였다. 이 프로젝트는 1980년대 말에 시작되어 현재에 이르고 있으며, 약 10년의 기간이 경과하면서 내용과 형식에 일정한 차이가 드러남이 확인되었다. 여기에는 주체의 기획의도, 증언자의 태도, 정치권력의 성격, 그리고 생산물로서의 증언내용 등이 포함되었다. 프로젝트의 기획주체가 다양화되었으며, 목적 또한 특정화되는 경향을 보였다. 증언자들은 단순한 보고자로 그치는 것이 아니라 해석과 설명을 부가하는 경향이 드러났다. 증언내용에서도 최근에는 보다 유연하고 자연스러운 묘사와 수식이 두드러졌다. 특히 동일인의 반복증언에 대한 비교는 시기적 차이를 선명하게 보여주었다. 이러한 경향적 변화의 토대에는 군사정권의 퇴진과 민주화 진전이 자리잡고 있다. 종합적으로 볼 때, 전자가 '운동으로서의 증언'이었다면 후자는 '제도화된 증언'의 성격을 갖는 것으로 요약할 수 있을 것이다.

이와 같은 변화는 다음과 같은 함의를 갖는다. 하나는 항쟁에 대한 기억과 증언의 역동적 성격이다. 시간의 경과함에 따라 정치사회적 환경과 개인적 생활환경은 부단히 변화한다. 주체와 객체가 상호작용하는 과정에서 기억과 증언은 부단히 새롭게 재구성되는 것이다. 80년대가 추모와 저항의 증언이었다면, 10년 후의 증언에는 그 밖에도 기념과 미래 발전을 위한 성찰이 스며있다. 다른 하나는 기억 속에서 재구성된 항쟁이 갖는 역사적 의미의 중요성이다. 역사적 사건에 대한 진실은 결국 기억을 통해 현실화하는 것이다. 역사는 그와 같이 구성되는 것이며, 그것이 현재의 동력으로 된다. 따라서 증언수집 작업은 위대한 과거의 재생으로 그치는 것이 아니라 위대한 미래의 역사를 만드는 일이 되는 것이다. 이러한 함의는 증언프로젝트가 앞으로도 지속적으로 추진되고 발전되어야 할 필요성을 증명해주고 있다.

그렇다면, 위의 검토를 통해서 드러난 앞으로의 과제는 무엇인가? 첫째는 증언채록의 방법에 관련된 것이다. 여기에는 대상자 선정, 질문방식, 편집과 기록의 문제가 포함된다. 먼저 대상자 선정과 관련하여, 생애사적 구술증언이 표본조사에 비하여 모집단의 대표성 문제가 중요하게 고려되는 것은 아니라고 하더라도, 항쟁 전체의 재생산이라는 관점에서 다양한 대상에 대한 증언이 더 광범하게 이루어질 필요가 있다고 본다. 앞에서 보았듯이 현재 진행된 증언사업에서 주요 증언자의 구성을 보면, 우선 남성중심, 피해자 중심의 성격을 드러내고 있다. 따라서 여성, 가해자집단, 그리고 일반시민의 증언이 더 강조될 필요가 있다.

질문방식을 검토해 보면, 특히 5·18연구소의 〈증언자료집 1·2〉의 경우에 개방형 증언채록의 성격을 고려하더라도, 질문들이 일관성과 체계성이 낮고, 각각의 질문에서 그 의미가 애매하고 불완전한 형태로 제시됨으로써 정확한 의미전달에 한계를 수반할 수 있다. 질문과 직접 관련 없는 응답이 나오는 이유는 질문의 초점이 정확하게 전달되지 못한 점도 작용한 것으로 보인다. 세 번째는 편집과 기록에 관련된 부분이다. 우선, 생애사적 구술의 기본적 의미를 부각시키기 위해서는 가능한 한 구술의 의미가 충실하게 전달될 수 있도록 증언의 분위기, 증언자의 태도, 언어적 표현 이외의 내용도 포함될 수 있는 방안을 모색할 필요가 있다. 또한 증언내용에 대한 과도한 편집과 가공은 실재성과 현장의 자연스러운 내용이 소실되는 위험이 있다는 점도 고려되어야 할 것이다. 전체적으로 증언조사 방법과 절차에 대한 더욱 체계적이고 과학적인 검토와 준비가 필요하다고 본다.

다음에는 구술내용의 사실성과 객관성을 제고시키는 과제이다. 증언행위가 증언자의 현실적 존재와 무관할 수 없기 때문에 개인의 사적 이해관계에 의해 영향을 받거나 자기미화의 경향이 있을 수 있다. 또한 한 사건에 대한 증언내용이 복수의 증언자들 사이에 서로 차이가 있거나 모순되는 경우가 발생할 수도 있다. 또한 의도하지 않은 차이점도 발생할 수 있다. 이와 같은 요인에 의해 훼손되는 항쟁의 진실은 지속적인 보완조사와 교차비교를 통해서 제고시켜 나갈 필요가 있다. 앞에서도 본 바와 같이, 특히 반복증언의 경우에 이와 같은 사실을 직접적으로 확인할 수 있었다.

세 번째 과제는 새로운 역사쓰기와 관련된다. 증언채록의 일차적인 목적은 사실의 객관적인 보고지만, 그러나 한 걸음 더 나아가서, 그 사실에 대하여 증언자 자신이 부여하는 해석과 의미를 탐색하고 천착하는 일도 중요하다. 물론 객관적인 사실보고가 주관적인 해석과 평가와는 별개의 차원에서 이해되어야 할 것이지만, 증언에서 항쟁의 역사구성과정을 알려주는 자료를 얻을 수 있기 때문이다. 항쟁기억에서 몇몇 증언자들이 보여준 왜곡된 현재 모습에 대한 비판적인 평가와 문제의식은 '5·18항쟁의 역사만들기'가 지향하는 방향에 대한 하나의 지침이 될 수도 있을 것이다. 말하자면, 5·18항쟁은 미래역사에서 항쟁이 추구하고 실현했던 가치와 정체성을 새롭게 드높이는 꺼지지 않는 동력을 제공할 수 있어야 한다는 것이다.

참고문헌

광주광역시5·18사료편찬위원회, 『5·18광주민주화운동자료총서』 11·12권, 1998.
김영목, 「기억과 망각 사이의 역사드라마와 과거구성」, 『기억과 망각』(서울 : 책세상), 2003, 139~200쪽.
김영범, 「집합기억의 사회사적 지평과 동학」, 지승종 외 공저, 『사회사 연구의 이론과 실제』(서울 : 유성인쇄공사, 1998), 157~212쪽.
_____, 「기억투쟁으로서의 4·3문화운동 서설」, 『기억투쟁과 문화운동의 전개』(서울 : 역사비평사, 2004), 26~68쪽.
김성례, 「한국무속에 나타난 여성체험 : 구술생애사의 서사 분석」, 『한국여성학』 7집, 1991.
김현진, 「기억의 허구성과 서사적 진실」, 최문규 외, 『기억과 망각』(서울 : 책세상, 2003), 205~256쪽.
나간채 외, 『기억에서 영상으로』(서울 : 도서출판 금문서즈, 1997).
_____, 『기억투쟁과 문화운동의 전개』(서울 : 역사비평사, 2004), 26~68쪽.
박태호, 「기억에 반하는 기억을 위한, 전쟁에 반하는 전쟁 : 사파티스타의 탈근대적 변혁이론에 관하여」, 진보평론 19(봄), 2004, 128~154쪽.
윤택림, 「기억에서 역사로」, 『한국문화인류학』 제25집, 1994.
_____, 「구술증언과 역사적 기억의 재현」, 전남대 5·18연구소 제27회 학술집담회 발제문, 2004.
_____, 『문화와 역사연구를 위한 질적 연구방법론』(서울 : 아르케, 2004).
정근식, 「집단적 기억의 복원과 재현」, 제주4·3연구소 55주년 기념학술

발표회 발제문, 2003.
진 주, 「원폭피해자 증언의 사회적 구성과 내용분석」, 전남대학교 대학원 석사학위논문, 2004.
최정운, 『5월의 사회과학』(서울 : 풀빛, 1999)
Na Kahn-chae, "A New Perspective on the Gwangju People's Resistance Struggle : 1980~1997", *New Political Science*, Vol. 23(4), 2001, pp.477~491.
Halbwachs, M., *Collective Memory*, New York : Harper & Row, 1980.
Horsbrugh-Porter, *Memories of Revolution : Russian Women Remember*, London : Routlege, 1993.
Morris, M., *Curriculum and the Holocaust : Competing Sites of Memory and Representation*(eBook), Mahwah, N.J. lawrence Erlbaum, 2001.
Wertsch, J. W., *Voices of Collective Remembering*(eBook), Cambridge : Cambridge University Press, 2002.
Langer, L. L., *Holocaust Testimonies : the Ruins of Memory*, New Heaven : Yale University Press, 1991.
Kocka, J, "Collective Memories and the Politics of Commemoration in Germany, 1945~2004", 2004(집단적 기억과 기억만들기 : 1945~2004년 독일의 사례, 서울대학교 특별강의 논문).

4·3증언 프레임과 제주민의 자치의식

박찬식

1. 머리말

　1945년 해방 직후 제주지역 사회에서는 일제 식민지 권력을 대체할 신진 세력이 급속히 부상하였다. 이들은 인민위원회를 중심으로 민중들의 강력한 지지 속에 새로운 정치사회질서를 창출하고자 하였다. 그러나 미군정하에서 인민위원회 중심의 자치운동 움직임은 친미 정치인의 등장과 친일 행정관료·경찰간부의 재등장을 불러왔다. 1947년 3·1사건은 '민족 대 반민족'의 구도 속에서 새로운 체제를 지향하는 세력이 공권력에 의해 일선에서 후퇴하는 계기가 되었다. 이후 탄압과 저항을 거치면서 제주의 민족적이고 사회주의적인 청년급진세력이 무장봉기를 일으켰지만, 되려 강력한 진압에 부딪혀 제주도민 3만여 명이 희생되는 참화를 겪었다. 4·3 이후 극우반공체제의 권력구조가 급속히 자리잡으면서 제주도민들은 군·경 중심의 극우세력에 대한 공포심을 마음에 품고 살았다.
　4·3 당시 제주민들은 "낮에는 군·경 세상, 밤에는 폭도 세상",

"산이 세냐 아래가 세냐"를 저울질하며 살았다. "센 곳에 붙어야 살" 것이라는 생존 의식 앞에 어떤 이념이나 지향점도 가려져 버렸다. 그러나 죽고 죽이는 학살의 현실이 눈앞에 전개되기 전에 그들은 "진정 잘 사는 세상"을 추구하며 생활하였다. 그들은 위로부터 주어진 이념보다 자율과 자치를 토대로 한 공동체 사회를 추구하였다.

3·1사건의 중심에 있었던 고창무는 이러한 제주도민의 인식을 잘 드러내고 있다.

> 제주도민은 이조시대에는 先罰後啓의 특권을 장악한 목사의 전횡에, 일제시대에는 郡守와 警察署長과 檢事의 직권을 한 손에 잡고 갖은 횡포를 다하던 島司의 억압에 시달려 관의 명령이라면 무조건 복종하여야 한다는 체념과 생사의 판가름을 하여야할 궁지에 처하면 물불을 가리지 않고 猛進하는 성격, 이와 같은 도민의 이율배반의 심성은 方哥난, 이재수란, 일제시대의 해녀사건 등이 이를 여실히 증명하고 있다. 해방이 되자 건국준비위원회가 되고 이것이 발전적 해소되어 인민위원회가 조직되고 한국민주당이 조직되고 임시정부의 환국과 같이 한국독립당이 활동을 개시하고 이승만 박사의 환국과 독립촉성회의 결성, 이외에도 우후죽순격의 대소정당의 난립과 좌우익의 분열, 그 결사적 항쟁은 우리 민족의 쓰디쓴 과정이었다. 제주도에는 건준을 거쳐 인민위원회 간판과 민주청년동맹의 간판이 나붙고 후에 한독당, 독촉의 간판은 붙었으나 한민당 간판은 없었다. 이렇게 되고 보니 당시의 미군정이나 권력층에서는 타처에서는 못 보는 좌익계열의 간판이 버젓이 붙어있으니 눈에 가시였고 권력층에 아부하여 출세의 기회를 노리고 있는 小吏輩에게 針小棒大의 조작재료가 되기에는 안성맞춤이었다. 그러나 외부에서 선전하는 바와 같이 제주도민이 빨갱이는 아니었다. 분별 있는 분은 생각하여 보시라. 土豪도 없고 3정보 이상 농토를 가진 지주도 없는 이 고장에 당시 각 정당이 서로 떠들어대던 농토의 무상몰수 무상분배, 유상몰수 무상분배, 유상몰수 유상분배 등에 무슨 이해관계가 있어 헌신적 투쟁을 하였겠는가. 자고로 夜不閉門 道不遺拾의 미풍이 있다는 도민에게는 日出而作하고 日入而息 할 수 있는 자유만 보장되면 그만인 것이다.1

---

1 『조선일보』, 1960년 7월 16일, 한라산은 고발한다.

또한 4·3봉기 발발 당시 제주 주둔 국방경비대 제9연대장이던 김익렬도 그의 유고에서 아래와 같이 사건의 성격을 밝혔다.

> 제주도민 중에 중년 이상의 지식인들이나 이 사건에 관심을 가진 사람들은 대부분이 역사의 부정확과 허위성에 불만을 가지고 있을 것이다. 그들의 선조의 땅 제주도가 사상 최초로 공산반란을 일으켰다는 불명예로 더럽혀지고, 미군정의 경찰의 압정에 못 이겨 살기 위해 일어났던 폭동이 공산폭동으로 낙인찍히고, 또 그 당시 살해된 사람들의 후손들은 대대로 공비의 후손이라는 운명을 짊어지고 살아가야만 하는 불운에 있다. … 4·3사건 발생원인과 발생 시기에는 순수한 민중폭동이었다. … 나는 제주도 4·3사건을 미군정의 감독 부족과 실정으로 인해 도민과 경찰이 충돌한 사건이며, 관의 극도의 압정에 견디다 못한 민이 최후에 들고일어난 민중폭동이라고 본다.[2]

이들의 글은 모두 4·3을 제주민 공동체의 입장에서 바라보는 관점이 절실함을 일깨우고 있다. 제주도에서의 인민위원회의 활동, 항쟁시기의 인공기 게양·인공가 제창, 5·10선거 거부 등의 사례를 단순히 남한 정권의 거부나 북조선 정권의 지지로 파악하는 태도로서는 4·3의 진실을 보기 어렵다는 느낌이다.

그동안 4·3에 대한 우리 학계의 연구는 주로 항쟁과 학살의 진상을 규명하는 데 치중하여 왔다.[3] 이념대립 구도에 파묻혀 있던 민간인 학살의 실상을 드러내는 진상규명운동에 치중한 때문이다. 그리고 항

---

2 『제민일보』 4·3취재반, 『4·3은 말한다』 2(전예원, 1994).
3 양한권, 「제주도 4·3폭동의 배경에 관한 연구」(서울대 석사논문, 1988); 박명림, 「제주도 4·3민중항쟁에 관한 연구」(고려대 석사논문, 1988); 고창훈, 「4·3민중항쟁의 전개와 성격」, 『해방전후사의 인식』 4(한길사, 1989); 김창후, 「1948년 4·3항쟁 – 봉기와 학살의 전모」, 『역사비평』 20, 1993; 김종민, 「제주4·3항쟁 – 대규모 민중학살의 진상」, 『역사비평』 42, 1998; 양정심, 「주도세력을 통해서 본 제주4·3항쟁의 배경」, 『제주4·3연구』(역사비평사, 1999); 제주4·3사건진상규명및희생자명예회복위원회, 『제주4·3사건진상조사보고서』, 2003.

쟁의 성격을 둘러싼 논쟁만이 무성한 실정이었다.4

당시 제주민들의 삶과 의식세계를 정면으로 파고 들어간 분석의 글은 별로 찾을 수 없다. 인류학 방면에서 무속을 통해 4·3담론을 다룬 김성례의 글과 사회학 방법론과 제주민의 증언을 통해 4·3의 사회적 기억과 사회심리를 분석한 권귀숙의 연구 정도에 그치고 있다.5 김종민과 황상익의 글도 제주공동체의 의식 변화를 다룬 것으로서 권귀숙과 비슷한 내용을 다루고 있다.6 그러나 위 글들은 증언을 통해서 지역민들이 추구했던 미래와 새로운 체제에 대한 관념을 추적하지는 않았다. 주로 피해의식의 측면에서 접근한 것이지, 억압에 가려진 적극적인 체제 건설에 대한 관념을 끄집어낸 것은 아니다.

이 글은 4·3 체험자들의 증언을 통하여 제주민의 경험과 역사적 기억 속에 들어있는 자치의식을 드러내 보이고자 하는 시도이다.7 제

---

4 연구자의 시각에 따라 남로당의 무모한 투쟁노선에 따른 무장폭동과 미군정의 탄압에 저항한 민중항쟁 등으로 상반된 성격 규정이 이루어져 왔다[양정심,「제주4·3항쟁에 대한 연구동향」,『역사와 현실』 27, 1998 ; 김종민,「4·3 이후 50년」,『제주4·3연구』(역사비평사, 1999) ; 박찬식,「4·3연구의 추이와 전망」,『제주작가』 2(실천문학사, 1999)]. 4·3사건이 이데올로기로 점철된 한국현대사의 민감한 주제이기는 하지만, 남로당의 무장봉기, 도민들의 항쟁, 민간인 대학살이 종합된 총체적 사건으로 보는 데에는 이론의 여지가 없어 보인다[서중석,「제주 4·3의 역사적 의미」,『제주4·3연구』(역사비평사, 1999)].

5 김성례,「근대성과 폭력 : 제주4·3의 담론정치」,『제주4·3연구』(역사비평사, 1999) ; 권귀숙,「제주 4·3의 사회적 기억」,『한국사회학』 35권 5호, 2001 ; 권귀숙,「대량학살의 사회심리 : 제주 4·3사건의 학살 과정」,『한국사회학』 36권 5호, 2002.

6 김종민,「4·3 이후 50년」,『제주4·3연구』(역사비평사, 1999) ; 황상익,「의학사적 측면에서 본 '4·3'」, 같은 책.

7 지역자치의 입장에서 4·3을 바라본 글로는 고창훈의 글이 유일하다(위의「4·3민중항쟁의 전개와 성격」). 또한 박명림의 글에서 4·3을 지역자치·자율을 지향한 제주공동체에 대한 외부로부터의 파괴와 억압에 저항한 것으로 보는 시각을 내비치고 있다[「민주주의, 이성, 그리고 역사연구 : 제주 4·3과 한국현대사」,『제

주민들이 중앙·내륙지방과 떨어진 섬에서 해방 직후 새로운 체제 수립 과정을 어떻게 이해하고 있었는지, 그들이 가졌던 자치·자율의 경험이 탄압과 저항·봉기, 학살로 이어지는 4·3의 전 과정에서 어떻게 굴절되어 가는지 역사적 기억을 통해서 재구성해 보고자 한다. 또한 이 글을 통해 지금까지 이루어진 4·3증언자료에 대한 검토를 수행해 봄으로써 앞으로 구술사 연구에 보탬이 되었으면 다행이겠다.

2. 4·3증언자료의 유형과 성격

4·3증언은 1960년 4·19 직후에 터져 나오기 시작했다. 그러나 1년만에 5·16으로 말문은 다시 막혀버렸다. 일본에서는 4·3 때 피신한 제주민들의 증언을 바탕으로 1963년 김봉현·김민주가 『제주도인민들의 4·3무장투쟁사』를 출간했다.

제주 현지에서의 본격적인 증언 채록은 1987년 6월 항쟁 이후 민주화의 분위기가 진전된 상황에서 시작되었다. 현재까지 수행된 증언 채록은 주체별로 크게 4·3연구소와 제민일보 4·3취재반, 4·3진상규명위원회 등으로 나누어 볼 수 있다. 4·3연구소는 읍·면별 포괄 증언 조사를 시도하였다. 『이제사 말햄수다』에는 조천면과 애월면의 증언 녹취록을 그대로 수록하였지만, 한림면과 대정면의 경우에는 증언 내용을 문헌자료와 교차 검토, 재정리하여 읍·면 단위의 4·3 역사로 서술하여 놓았다. 4·3취재반은 신문 연재를 위한 취재에 주력하였다. 시기별로 개괄적인 전개 상황을 서술하면서, 학살시기에는 마을

주4·3연구』(역사비평사, 1999)]. 그러나 이 글들은 4·3증언과 역사적 기억을 토대로 한 본격적인 연구 성과는 아니다.

별 학살 실태를 집중적으로 조사·서술하는 방식을 채택하였다. 신문 연재 내용을 다시 『4·3은 말한다』 5권으로 재편집 출간하였다. 4·3위원회는 진상조사보고서 작성을 위해 증언조사를 수행하였다. 학살의 진상 규명에 근거가 되는 내용을 중심으로 제주도 내외 관련자의 증언을 채집하였다.

1) 4·3연구소의 증언채록

1980년대 이후 현기영·오성찬 등에 의해 개인적 작업으로 증언 채록이 이루어져 오던 것이 1988년부터 소수인력의 공동작업으로 수행되었다. 이 작업에 참여했던 사람들을 구심체로 하여 1989년 5월 4·3연구소가 문을 열었고, 개소 기념으로 『이제사 말햄수다』 2권이 발간되었다. 공동 작업에 의한 본격적인 제주 현지 증언채록은 4·3연구소에 의해 비로소 시작되었다.

1980년대 후반 4·3에 대한 논의가 밀도 있게 진행되었으나, 아직 현장의 증언이 수집되지 않았다. 당시 사회운동권 내에서 "4·3은 과거 모순의 뿌리이자 현재 모순의 출발"이라는 공통된 인식과 줄곧 왜곡되어 온 진실을 밝히기 위해서 지금 사라져 가는 현장 경험자들의 증언 채록이 시급하다고 인식하였고, 이것이 부족한 인력으로나마 증언 채록을 시작하게 된 동기가 되었다.

또한 4·3 진상 규명을 위해서는 우선 실증적인 작업이 선행되어야 하는데, 항쟁 주체들의 기록은 물론 경찰이나 미군정의 자료도 입수하기 힘들고, 1차자료가 거의 없는 상태에서 증언 채록은 시급한 과제일 수밖에 없었다. 단 증언 채록이 가지는 한계를 극복하기 위해서는 똑같은 사안을 두고도 상이하게 나오는 증언을 교차 확인하고, 신문이나 기타 자료가 있을 때는 증언과 대조하면서 사실성을 확보하는 등 철저한 검증작업을 거친다는 것을 전제로 하였다. 차록자(질문자)가 어떤 입장 내지 관점을 가지고 어떤 방법으로 채록했는가에 따라 똑같은 사건이 다르게 파악되기도 하므로, 사전 질문지 작성에도 토론을 거치는 등 신중을 기했다.

4・3연구소는 소수의 인력을 토대로 증언조사의 조직적인 틀을 갖추면서 면 단위(4・3 당시 제주는 1읍 12면)로 채록하기로 계획하였다. 3년여의 기간 동안(1988~1990) 4개 면을 채록하였다. 우선 4・3 당시 항쟁이 비교적 치열하게 전개된 조천면・애월면・대정면・한림면을 조사 대상으로 선정하였다.[8] 이들 지역은 일제 식민지시대부터 사회운동이 활발하게 전개되었고, 4・3봉기를 전후한 시기 민중운동의 핵심지역이었기 때문이다. 그러나 제주도청 소재지인 제주읍의 조사는 본격적으로 시도되지 못하고 증언조사가 중단되어 버림으로써 4・3을 총체적으로 드러내 보이지 못하였다.

4・3연구소가 수행한 4개 면 증언 채록의 전체 표본 수는 확인되지 않는다. 그러나 사료로서 가치가 있는 증언 내용은 녹취록으로 작성하였는데, 그 원본 및 녹음 테이프는 4・3연구소에 보관되어 있다. 『이제사 말햄수다』 1, 2권에 증언자를 익명으로 처리하여 수록해 놓은 것은 조천면과 애월면의 증언 내용이다. 한림면 증언은 『제주항쟁』 창간호에, 대정면 증언은 『4・3장정』 6호에 각각 인용되었다. 4・3연구소에 보관되어 있는 녹취록을 대상으로 4개 면 증언자 분포를 표로 정리하면 아래와 같다.

---

8 대정면의 경우 1992년 추가 조사를 실시하여 이듬해 『4・3장정』 6호에 그 결과를 정리 서술하였다.

| 표 1 | 4·3연구소 증언자 분포

항목 / 면	증언자 수	연령별 분포					남녀별 분포		출신성향별 분포					
		50대	60대	70대	80대	기타	남	여	무장대	군·경	좌익단체	우익단체	일반주민	기타
조천면	20	5	6	3	4	2	16	4	1		9	2	8	
애월면	22	3	7	7	1	4	19	3						
한림면	27	1	10	11	4	1	25	2						
대정면	24		8	5	5	6	21	3	1	1	1	4	5	13

* 연령은 증언 채록 당시 기준임. 조천·애월면 – 1988년, 한림면 – 1990년, 대정면 – 1992년.

조천·애월면의 증언 내용은 『이제사 말햄수다』에 수록되었는데, 증언자의 목소리를 그대로 담아내려는 뜻에서 4·3 체험세대들이 사용하는 제주말을 그대로 옮겼다. 4·3 당시 생동하는 제주민중의 정서를 손상시키지 않고 당시 의식 수준을 파악하는 데 도움이 되고자 하였으나, 그 댓가로 4·3에 대한 이해를 보편화하는 데 장애가 되었다. 신빙성의 문제점이 있음에도 불구하고 증언자를 익명으로 처리한 것은 불가피한 선택이었다. 진실을 규명함에 있어서 자칫하면 "누가 누구를 죽였다"는 식의 개인 원한 차원으로 전락할 수 있는 가능성을 줄이자는 의도였으며, "우리 모두는 피해자"라는 화해와 상생을 바라는 배려였음을 밝히고 있다.

또한 증언 채록 주체들은 구술사·생애사적 연구의 경험부족으로 채록 방법의 미숙함을 고백하고 있다. 한 증언자를 택했을 때 그 사람의 살아온 배경, 현재 위치, 가족들의 동향 등을 충분히 검토하고 그에 알맞은 다양한 방법들이 모색되어야 하겠으나 준비가 미흡하였다는 것이다. 증언자들은 40여 년 동안 강요된 반공이데올로기의 횡포 속에서 본능처럼 웅크리고 있었으며, 이야기하고 나서 본인보다는 가족들에게 미칠지도 모르는 피해를 두려워하였다. 1980년대 후반 증언 채록 과정에서는 침묵해 온 사람들의 닫힌 입을 열게 하는 것이 과제였다.

증언 대상의 한계점도 지적된다. 당시 경찰·군인, 미군정에 관여한 사람, 서청 등 우익단체원 등의 증언 채록에 어려움이 있었다. 반면 무장대로서 입산 후 최후까지 항쟁한 일부 경험자의 경우에는 소재 파악까지 했으나, 끝내 증언 자체를 거부하거나 녹음을 하지 못하게 하는 아쉬움도 있었다.

한림면 증언 채록은 1990년 7월부터 12월까지 6개월 동안 진행되었다. 증언을 시기별로 정리하는 과정(보충 취재)에서 1개월 이상이 더 걸렸다. 1991년 한림면 채록을 담당했던 주체들의 작업 후기를 보면, 한림 지역의 보수성 또는 3당 합당 이후 공안정국의 조성으로 인한 정치적 지형 때문에 조천·애월면보다 어려운 조건 속에서 증언 채록이 이루어졌다. 그러나 이전 채록이 마을 단위로 준비 없이 증언을 담아내는 데 급급하였던 데 반해 한림면의 경우 증언자에 대해 미리 분석을 하고 들어갔을 뿐 아니라, 내용 분석의 틀을 만들고 사안별·시기별로 나누어 작업을 진행함으로써 한 단계 진전된 모습을 보였다. 또한 증언자의 가계와 그 사람이 살아온 내력을 미리 알고 들어가는 방식을 채택함으로써 증언을 해석하는 데 도움이 되었다. 당시 발굴된 『제주신보』는 사전 작업에 커다란 지침 역할을 하였다.[9]

1992년에는 대정면 증언 채록에 나섰다. 대정면 채록은 이미 1988년에 1차 이루어졌으나, 당시 작업 결과는 연구소의 사정 때문에 활자화되지 못했다. 이후 『4·3장정』 2호와 3호를 통해 구억리와 가파리 상황을 소개했지만, 대정면 전체의 개괄적인 상황을 다루지는

---

9 양성자, 「한림지역 현장조사 사례」, 『4·3 43주기 '사월제' 학술세미나 발표요지』(제주4·3연구소, 1991).

못했다. 결국 1992년에 이루어진 증언 채록 결과와 1차 결과물을 재정리하여 1993년 『4·3장정』 6호에 대정면의 상황을 시기순으로 서술하게 되었다. 대정면 조사 서술에서는 증언을 그대로 옮기는 방식(조천·애월면), 증언 내용을 각종 자료를 토대로 재구성하는 방식(한림면) 등의 방식에서 탈피하여, 위 두 가지 방식을 혼합하고 증언의 내용을 타 자료와 대조하면서 각주를 달고 고증하기도 하여 증언에 과학적 객관성을 부여하는 데 주력하였다. 대정면의 경우 항일운동과 해방 직후 인민위원회 활동이 강력했던 지역적 특징과 더불어 문민정부 출범이라는 정치사회적 지형의 변화에 따라 증언 채록에 활기를 띠었다. 특히 대정면당 무장대원 김봉길의 증언을 발굴해낸 것은 큰 수확이었다.

1988년부터 1992년까지 수행된 4·3연구소의 증언 채록은 인력·재정의 부족 때문에 체계적인 준비를 거쳐 현장에 들어가지 못한 문제점을 안고 있었다. 열악한 작업 조건 때문에 작업 주체가 자주 교체되었고, 일관성이 결여되었다. 처음에 참가한 인력이 작업 결과물의 정리를 잘 해놓지 않음으로써 후속 작업자가 원점에서 시작하는 사례가 빈발하였다. 또한 '4·3연구소'라는 이름 때문에 군·경 및 우익단체 출신자들에 대한 접근이 힘들었고, 항상 공안기관의 감시로 인해 가는 곳마다 눈에 보이지 않는 장애를 느끼지 않을 수 없었다.

4·3연구소의 증언 채록은 1980년대 후반 민주화 열기와 함께 이루어진 정치사회적 지형에 따라 민중항쟁적 성격을 확인해 보려는 연구소 연구원들의 주관이 많이 개입되었다. 그러나 현장에 다가간 조사자들은 아직도 굳게 닫힌 체험자의 높은 벽을 실감할 수밖에 없었다. 다만 학살의 진상에 대해서는 서슴없이 고발하는 증언자들의 분위기에서 4·3의 성격을 대규모 학살사건으로 인식하였다는 성과 또한 있었다. 이런 점 때문에 이때의 증언 채록을 항쟁의 입장으로 다룰 것인

지, 학살의 입장에서 다룰 것인지 그 기준이 확실하지 않았다는 지적이 나오는 것이다.[10]

2) 4·3취재반의 증언채록

4·3연구소의 증언 채록과 비슷한 시기인 1988년 구성된 제주신문 '4·3특별취재반'은 대하기획물을 연재하는 데 초점을 맞추어 증언채록에 착수하였다. 이 결과는 「4·3의 증언」이라는 제목으로 1989년부터 연재되기 시작하여 제민일보의 「4·3은 말한다」로 이어지며 장기간에 걸친 취재가 이루어졌다. 단행본 『4·3은 말한다』 1, 2권이 출간된 1994년까지 제주도 내외에서 채록한 증언자는 3,000여 명이라고 취재반은 밝히고 있다. 이 숫자는 4권이 간행된 1997년에 5,000명으로, 취재 10주년이면서 5권이 나온 1998년에는 6,000명으로 불어났다. 일본어판으로만 출간된 6권까지 포함하면 그 수는 더욱 늘려 잡아야 할 것이다.

취재반원이 6명에서 2명으로 줄어드는 어려움 속에서도 "한국언론 사상 한 사건의 심층보도를 위해 이렇게 오랜 기간 취재반을 가동하는 것도 처음 있는 일이 아닌가 싶다"고 자평할 정도로 방대한 양의 자료 조사와 서술을 하였다. 취재반은 새로운 증언과 자료를 입수할 때마다 속단하지 않고 신중하게 검증의 과정을 거쳐 실증적인 내용들에 한해서 기획물로 다뤘다. 책으로 엮어내면서 신문 연재 때 생략했던 증언자와 인용 자료를 일일이 각주로 밝혀놓았다.

공개된 녹취록이 없기 때문에 4·3취재반의 6,000명에 달하는 증

---

10 정근식, 「집단적 기억의 복원과 재현」, 『제주4·3 제55주년 기념 국제학술대회 발표요지문 – 학살·기억·평화: 4·3의 기억을 넘어』, 2003, 74쪽.

언을 일일이 접할 수는 없는 노릇이다. 다만 『4·3은 말한다』에 인용된 증언 내용을 통해서 그 개략적인 상황을 파악해 볼 수 있다. 각주를 통해 밝혀놓은 증언자 수는 1권 92명, 2권 75명, 3권 151명, 4권 159명, 5권 366명, 6권 172명 등이다.

일단 책을 통해 공개된 증언자의 숫자만 해도 1,105명에 달한다. 정기(매주1~2회) 연재의 특성상 개개 사실의 확인을 위주로 했음에도 불구하고 상당한 증언 채록이 이루어졌음을 직감할 수 있다. 향후 증언 채록 방식에 대한 인터뷰, 증언자의 녹취록에 대한 접근을 통해서 증언자료의 성격을 규명할 필요가 있다. 현재 단행본을 통해서만 파악할 수 있는 4·3취재반 증언 채록은 대체로 각 마을 단위에서의 4·3 전개과정과 피해사례에 대한 '사실'을 밝히고 확인하기 위해 무장대나 토벌대 활동을 했던 사람, 조사 마을의 대표적 피해 사례를 말해 줄 사람을 주요 대상으로 하였다는 특징을 갖고 있다. 증언자들을 대상으로 실제 있었던 그대로의 과거를 밝힐 수 있는 질문만을 하였다는 것이다.[11]

3) 4·3위원회의 증언채록

4·3위원회는 진상조사보고서 작성이라는 확실한 목표를 위해 증언 조사에 나섰다. 정부가 법적 근거에 따라 시행하는 프로젝트이기 때문에 지금까지와는 다른 이유로 증언대상자 선정에서부터 어려움이 있었다. 그것은 사건의 현장에 가까이 있는 사람들을 우선 선정하되 균형성을 고려해야 한다는 고민이 있었기 때문이다.

우선 제주도의회 피해 신고자료와 신문, 방송의 자료, 증언집 등 기

---

11 정근식, 위와 같음.

존 자료에 언급된 증언자들의 리스트를 만들었다. 이어 증언대상자에 대한 기관 추천을 받았다. 그리고 진압작전 지휘관과 무장대 출신자 등에 대한 자체 발굴작업도 진행했다. 이런 과정을 거쳐 증언채록 대상자 모집단으로 2,870명의 명단을 작성했다. 이 명단을 중심으로 다시 500여 명을 추려내는 작업을 했다. 기준은 첫째, 평범한 사람보다는 특이한 사건의 경험자, 둘째 특정사건이 일어났거나 피해가 심한 마을 출신자, 셋째 기관 추천 및 자체발굴 대상자들이었다. 그리고 증언대상자의 나이 등 증언의 신뢰성과 능력을 고려했다. 증언대상자들 가운데 조사기간 중 사망했거나 본인의 고사로, 또 새토운 중요한 증언대상자의 발굴 등의 이유로 일부 교체 보완됐다.

증언채록 조사는 2001년 7월부터 2002년 10월까지 1년 4개월 동안 503명을 대상으로 추진됐다. 제주 현지에 조사요원 3명을 증언 채록 전담 인력으로 활용하여, "2인 1조 현장 채록, 1인 사무실 자료 준비 및 채록결과 정리"의 원칙을 세워서 작업을 수행하였다. 주요 증언자의 채록에는 진상조사 전문위원이 현지 출장 채록을 직접 수행하였다. 채록 결과 정리는 절대 인터뷰 후 1주일을 넘기지 말 것이며, 증언 채록자 본인이 정리하는 것을 원칙으로 하였다. 모든 증언은 녹음기로 녹취하고 캠코더로 녹화하였다. 녹취록에는 다음과 같은 사항을 일관되게 기재하였다(별첨 자료 참조).

번호/ 성명/ 성명(한자)/ 생년월일/ 나이(○○년)/ 성별/ 당시 직업/ 출신성향/ 당시 거주지/ 현 주소/ 출처/ 주요 내용(제목)/ 시기 구분/ 인명/ 단체명/ 주제어/ 성격 평가/ 관련 파일/ 증언 일자/ 녹음, 사진·비디오 촬영 여부/ 내용 요약

4·3위원회에서 채록·정리한 증언자의 출신성향별 분포는 아래 표와 같다.

| 표 2 | 4·3위원회 증언자 출신성향별 분포

계	농어업	군인	경찰	학생	주부	피난입산	우익단체
503	90	45	48	55	39	52	66
	좌익단체	공무원	회사원	교원	미국인	재일동포	기타
	20	9	10	13	3	35	18

조사는 제주, 서울, 그리고 일본, 미국에서도 진행됐다. 일본 증언조사는 도쿄와 오사카 지역 재일동포 35명을 대상으로 실시됐다. '4·3' 무장투쟁을 결정한 1948년 2월 '신촌회의'에 직접 참석했다는 한 재일동포를 통해 당시의 상황을 들을 수 있었던 것도 큰 소득이었다. 또한 미국 조사에서 4·3사건 기간에 제주에 근무했던 피쉬그룬드(Harold Fischgrund · 9연대 고문관) 웨솔로스키(Charles L. Wesolowsky · 11연대 고문관), 에드워드(Joseph Edward · 9연대 대대 고문관) 등 미군 장교 출신 3명을 만나 미군의 입장을 청취하였다.

제주 진압작전에 참여했던 군 장교 출신자 가운데는 증언을 거부하는 사람들도 있었다. 몇 차례 요청에도 응하지 않은 12명에게 위원회 명의의 협조공문을 발송하기도 했다. 이 가운데 2명이 나중에 증언채록 조사에 응했다.

조사팀은 사전에 증언대상자들의 기존 증언내용을 심층 분석하는 한편, 그 해당 증언자의 주변 사건에 대한 종합적인 자료를 준비하고, 기초적인 설문을 마련했다. 증언조사는 개인적인 체험담을 자유롭게 이야기하도록 한 뒤, 준비된 설문에 따라 질의 응답하는 식으로 진행됐다. 이 증언조사 결과는 모두 7권의 증언자료집(총 2,958쪽)으로 정리되었다.

이 증언조사는 50년 전의 사건을 증언자들의 입을 통해 생생히 드러냈다는 성과도 있었지만, 기억의 본질적 한계와 현재의 관점에서 과거를 보는데서 오는 기억의 선택성으로 혼선을 빚는 부분도 있었다. 특히 사건 발생 시점을 명확하게 기억하지 못해 오락가락하는 사례가 많았다. 따라서 어떠한 증언이든 철저한 검증과 분석이 필요했다.

증언자료를 진상조사보고서에 인용할 때에는 이 점에 유의했다. 가장 중요한 기준은 그 증언이 사실에 부합한가를 판단하는 문제였다. 이것은 단순히 한 증언자의 이야기로만 규명할 수 있는 것이 아니었다. 다른 증언자의 증언내용과 각종 문헌자료의 내용에 대한 비교 검토, 당시 시대상황에 대한 해석 등 종합적인 분석이 필요했다. 즉 교차검토(Cross Check) 검증 방식을 채택했다는 것이다. 이 뿐만 아니라 해당 증언자의 신뢰도에 대한 검증도 함께 실시했다.[12]

4·3위원회의 증언 채록은 학살의 진상을 밝히는 데 주력했으므로, 4·3연구소, 도의회 4·3피해신고실, 4·3취재반, 국방부 군사편찬연구실 등이 과거 채록한 결과물을 재확인하는 것을 기본 원칙으로 삼았다. 기존 증언자일지라도 증언 내용이 중요하다면 다시 해서라도 공식자료로 남긴다는 방침을 세웠기 때문에 조사자들이 이미 알고 있는 내용일지라도 기초적인 사항부터 다시 확인하여 기록화하는 데 주력하였다. 새로운 증언의 경우, 재조사 등 시간이 소요되므로 되도록 제외시켰다. 4·3특별법의 취지에 따라 '무력충돌과 희생'의 실태, 특히 학살의 전모를 충실하게 드러내는 데 주력하였다. 사료 가치를 높이기 위해 증언자의 기억을 그대로 채록할 수 있는 분위기를 조성하도록 하였고, 질문 내용에 주관적인 견해가 이입되는 경우를 최대한 억제하였다.

정부가 주도하는 사업이기 때문에 여타 기관에서 행한 작업에 비해서 군·경 출신자의 증언이 상대적으로 많았으나, 핵심 관련자들이 증

12　제주4·3사건진상규명및희생자명예회복위원회, 『제주4·3사건진상조사보고서』, 2003, 43~55쪽.

언을 거부하는 사례는 여전하였다. 또한 학살의 실태를 확인하는 데 치중했기 때문에 4·3의 항쟁적 성격을 드러내는 무장대 출신자의 증언 채록에는 한계를 드러내었다. 또한 "매달 30명씩(매주 7~8명) 채록하고 1주일 내 채록 결과 정리 완료"한다는 원칙 때문에 당시 체험자들의 생활과 의식세계를 구술하는 데 한계가 있었다. 구술사 자료가 아닌 사실 확인 근거 자료로서의 증언 채록에 치우쳤다는 것이다.

⟨증언채록의 주체, 정리·표본추출 방식⟩

① 채록 주체(조사원)
- 4·3연구소 : 연구소 연구원(주로 문학도, 교사, 대학졸업자로 구성)
- 4·3취재반 : 처음 6명의 기자로 출발, 1990년대 중반 이후 2명으로 축소 운영
- 4·3위원회 : 서울 주재 진상조사 전문위원 2명과 제주 주재 조사요원 3명
  - 대부분의 조사는 제주 조사요원이 전담
  - 조사요원은 4·3연구소 연구원 경력자 2명과 제주대학교 사회학과 대학원 재학생 경력자 1명으로 구성

② 정리·문자화 방식
- 4·3연구소 : 심층면접 방식, 『이제사 말햄수다』(제주도 방언 그대로 수록)
- 4·3취재반 : 심층면접 방식(개별적 사실에 대한 확인), 표준어로 정리
- 4·3위원회 : 심층면접 방식, 표준어로 정리

③ 표본 추출 방식
- 세 사업 주체 모두 제주도의회 발간 『4·3피해신고서』(1만4천명 수록)를 기본 자료로 삼았음. 4·3위원회의 경우, 4·3연구소, 도의회 4·3피해신고실, 4·3취재반, 국방부 군사편찬연구실 등이 과거 채록한 결과물을 재확인하는 과정을 거쳤다.

3. 4·3증언에 나타난 자치의식

1) 해방과 자치

8·15 해방으로 죽음의 구렁텅이에서 벗어난 제주도민들은 일제로부터 독립을 맞는 느낌이 남달랐다. 제주농업학교생 8백여 명은 곧바로 8월 16일 청년학도단을 결성하여 일본군에게 항복을 요구하고, 학교 구내에 있는 일본군사령부의 무기고를 점령하려고 대치하기도 하였다. 이어 각 지역별로 보안대·치안대·자위대 등을 결성하고 각 기관별로 복구위원회·관리위원회를 조직하였다.

자주독립적인 국가를 세우기 위한 건국준비위원회('건준')가 전국적으로 조직되자, 제주에서도 대정면 건준을 시작으로 9월 10일에는 제주도 건준이 결성되었다. 이어 건준은 인민위원회로 개편되었고, 제주도 인민위원회는 9월 22일 제주농업학교에서 각 읍·면 대표들이 참석한 가운데 결성되었다. 인민위원회 조직을 계기로 1945년 말에 이르기까지 청년동맹·부녀동맹·농민위원회·소비조합 등 각종 대중단체가 속속 조직되었다.

건준과 인민위원회 간부들은 일제강점기 항일운동으로 옥고를 치른 사람들이 많았다. 제주도 항일운동은 사회주의 성향이 두드러졌기 때문에 인민위원회는 좌익 성향 인물들이 주도하였지만, 일제 때 면장을 지냈던 사람들도 간부로 포용하는 등 대체로 좌우연합적 성격을 띠고 있었다.

제주도 인민위원회는 치안활동에 가장 주력하였다. 치안 업무는 주로 일본군 패잔병의 횡포를 막는 것과 토지·산업체 등 敵産이나 군수물자를 멋대로 처리하는 것을 감시하는 것이었다. 인민위원회는 각 면별로 국민학교·중학원 등을 설립하여 자치교육을 실시하기도 하였다.

인민위원회는 실질적으로 도내 각 면과 마을 행정을 주도하였다. 미군정에 의해 행정이 접수되었지만 여러 마을에서 인민위원장이 이장이 되었고, 어김없이 마을 향사를 인민위원회 사무실로 사용하였다.

미군정 당국에서도 제주도 인민위원회는 "도내의 유일한 정당으로서, 모든 면에서 정부나 다를 바 없는 유일한 조직체"라고 평가하였다. 또한 1946년 12월 동아일보는 "세간에서 제주는 좌익 일색이며 人委의 천하라는 말이 있으나, 제주의 인위는 건준 이래 양심적인 반일제 투쟁의 선봉이었던 지도층으로써 구성되어 있으며, 최근에 분립된 韓獨, 獨促國民會 등의 우익단체와도 격렬한 대립이 없이 무난히 자주적으로 도내를 지도하고 있다"고 기록하고 있다.

미군이 제주도에 진주한 것은 1945년 9월 28일이며, 실질적인 군정 업무를 담당할 제59군정중대가 도착한 것은 11월 10일이었다. 59군정중대는 인력 부족과 정보 부재로 원만한 통치 업무를 수행하지 못했다. 따라서 영향력이 강했던 인민위원회에 협조적일 수밖에 없었다.

그러나 미군정이 인민위원회를 공식적인 행정기관이나 통치기구로 인정한 것은 결코 아니었다. 미군정은 도청과 경찰의 요직에 일제 때의 관리를 그대로 앉혔으며, 서서히 우익인사들을 조직화시켜 인민위원회에 대항할 세력을 키워갔다. 1946년 8월 1일 濟州島의 道 승격은 우익의 입지를 강화시키는 결정적 계기가 되었다. 도 승격을 줄곧 주장하여 왔던 우익세력의 손을 미군정이 들어주었을 뿐만 아니라, 이후 도 수준에 맞게 경찰병력이 증강되고 조선경비대 9연대가 창설되는 등 물리력이 강화되었다. 이에 맞추어 1946년 말부터 인민위원회에 대한 미군정의 직접 탄압이 가해졌다.

1946년 12월 자유신문은 "제주도가 도로 승격하는 것에 관해 보수진영에서는 당국의 방침을 전적으로 지지하고 있으나, 人委를 위시하여 도민의 태반은 도로 승격한 것을 아직도 반대하고 있다"고 전하며,

그들이 반대하는 이유로 네 가지를 들었다. 첫째로 본토와 고립됨으로써 식량 등 물자교류가 힘들 것, 둘째 모든 행정구역의 개편은 미군정이 아닌 민족의 뜻에 의해 수립될 우리 정부에 맡기고 싶어하는 것, 셋째 도 승격 이후 기구가 확대되어 세금이 늘고 2백명이던 경관이 곱으로 느는 것, 넷째 제주도의 군사기지화에 대한 우려 등이었다.

이러한 미군정의 정책은 도민의 반대에 부딪혔고, 경제적인 어려움이 중첩되면서 도민들의 불만은 더욱 커져갔다. 미군정은 경제정책에서 현상유지에 급급하여 생필품 수급의 원활화와 물가 안정에 역점을 두었다. 그러나 해방 직후 식량 생산이 감소하여 양곡 부족 사태가 발생하고 양곡 가격이 폭등하였다. 식량난은 해방 직후 6만 명에 이르는 귀환인구 때문에 더욱 악화되었는데, 해결책으로 제시된 미곡수집정책의 실패로 도민들은 강하게 반발하였다.

제주도의 공업은 가내공업·수공업 수준에 머물러 있었고, 고구마를 원료로 하는 주정공장, 수산물 가공공장, 식료품 제조공장 등이 있었으나, 이나마도 해방 직후 원료 공급이 끊어져 가동이 중단되었다. 생산품이 거의 없어 생필품이 귀해지자 도민들은 일본으로부터 물자 도입에 의존할 수밖에 없었다. 더구나 일본에서 돌아오는 도민들 가운데는 고향에 필요한 물자를 구입해 들어오는 경우가 허다하였다. 그러나 미군정은 이를 '무허가 밀무역'으로 규정하여 금지하여 버렸다. 상황이 이렇게 되자 밀무역 상인들이 늘어났고, 밀무역 단속기관과 모리배의 결탁에 따라 물품이 빼돌려지는 일이 자주 발생하였다. 대표적인 사례가 1947년 1월 '福市丸 사건'으로서, 도민들이 이 사건에 연루된 미군정 당국과 경찰을 불신하는 결정적 계기가 되었다.

미군정의 실정에 대한 도민들의 불만이 고조되고 있음에도 불구하고 제주도 인민위원회는 섣불리 미군정을 공격하지 않았다. 1946년 말 전국을 강타한 '10월 항쟁'에도 가담하지 않은 것으로 보건대, 당시 제주도 인민위원회 세력 지도부는 온건노선을 걷고 있었다. 앞의 1946년 12월 동아일보는 "세간이나 군정이나 관청이 이구동성으로 제주의 정치계는 중간노선을 가지고 있다고 한다"고 지적하였음을 주목할 필요가 있다. 그러나 이듬해 발생한 3·1사건은 이러한 구도를 완전히 깨뜨려 버리는 결과를 가져왔다.

제주도 인민위원회는 1946년 8월 1일 제주도제 실시에 반발하여 '남로당 濟州島黨'이라 자칭하였다. 미군정 당국에서 도제 실시 문제를 들고 나왔을 때, 인민위원회에서는 평소 전남과 분리된 독자적인 노선을 견지하면서도 제주도 승격 문제는 미군정하에서가 아닌 정부 수립 이후에 추진할 사항이라고 반대 입장을 나타낸 것이다.

> "제주도의 자치 문제는 우리 정부가 수립되면 우리 정부의 손으로 해야지, 어째 미국인의 손으로 결정하느냐는 게 거부감의 이유였지. 그래서 당에서나 우리들의 활동 과정에서는 도제가 실시된 이후에도 '道'보다는 '島'를 그대로 사용했지."[13]

인민위원회 측에서는 경제적인 부담보다는 전자의 자존 문제에 더 비중을 둔 듯하다. 또한 당시 도제 실시 문제가 미군정과 우파진영 인사들의 주도 아래 추진된 점에 대해서 탐탁지 않게 여긴 이유의 하나이다. 혹자는 "미 제국주의가 제주도를 반공보루의 본보기로 삼기 위해 우선 제주를 전라남도에서 행정적으로 분리한 것이 아니냐"는 주장을 펼치기도 했다.[14]

제주도 인민위원회의 중앙의 방침과 다른 독자적인 판단을 했던 주요 사례로서 반탁운동 참여와 과도입법의원 선거 참여의 사실을 들 수 있다. 제주도 인민위원회는 1946년 중반까지도 신탁통치 반대운동을

---

13 이운방의 증언 ;『4·3은 말한다』1, 167쪽 재인용.
14 『이제사 말햄수다』2, 31쪽.

전개하였다. 제주읍에서는 2만이라는 인파가 모여 '신탁통치 절대반대'라는 슬로건으로 시위하였다. 대정면 대정국민학교 집회에서는 미군이 직접 출동하여 대정면 인민위 위원장, 부위원장을 잡아가는 일이 발생하였다.

당시를 증언하는 사람들은 '신착 가르착'이란 유행어를 기억한다. 민중들이 문제의 내용에 대한 이해는 없었을지 모르나 정치권이 주체성 없게 시류에 편성, '이래착 저래착'하여 자기들과 유리되는 측면을 신발의 깔창에 빗대어 날카롭게 풍자하고 있는 것이다.

모스크바 삼상회의 결정에 대하여 좌익세력이 제대로 방향을 설정하지 못함으로써 대중들의 열망을 제때 수용하지 못해 혼란이 오자 그때까지 기를 못 펴던 극우세력들이 이런 점을 십분 활용 신탁내용의 본질을 왜곡하여 선전함으로써 어느 정도 기반을 구축할 수 있는 절호의 기회가 되었다. 제주도의 경우에는 당시 찬탁·반탁에 대한 정보가 어두웠기 때문에 민중들은 자기들과 인간적으로 더 호감 있게 생각되는 사람들의 흐름에 동참하였다.

독자적인 행보를 보였던 또 하나의 사례는 1946년 10월 29일 남조선 과도입법의원 선거에 참여한 것이었다. 제주도당은 중앙의 방침을 어기면서까지 순수한 동기로 '선거 투쟁'에 돌입하였다. 투쟁 과정에서 도당의 지도력이 미약했음이 폭로되고 선거 전략의 치졸함과 그의 반동성으로 말미암아 위험하고 아슬아슬한 고비를 간신히 넘겼다. 이 사례는 중앙당의 입장에 얽매이지 않고 과도입법의원 선거 투쟁을 자발적으로 결정한 것으로서, 조선공산당 제주읍당의 건의를 받아들여 도당에서 추인하였다.

2) 탄압과 저항

1947년 3월 1일은 해방 후 두 번째 맞이하는 3·1절로서 제주도 좌익진영은 이 날 기념식을 전도민적인 행사로 치르기로 준비하였다. 2월 17일 관공서를 비롯한 사회단체·교육계·유교계·학교단체 등 각계각층을 망라하여 '3·1투쟁기념준비위원회'가 결성되었다. 이어서 2월 23일 제주도 민전이 결성되자 3·1기념행사 준비는 민전이 주도하게 되었다.

이에 미군정 당국은 2월 23일 충남·북 응원경찰 100명을 제주에 급히 파견하여 비상경계에 돌입하였다. 한편 미군정은 3·1절 행사 때 시위는 절대 불허한다는 방침과 집회 사전 허가 원칙을 정하였다. 민전 의장단과 미군정 당국은 몇 차례 만나 협의하였으나 합의점을 찾지 못하고, 3·1절 행사는 당초 계획대로 강행되었다.

3·1절 기념대회는 각 읍·면별로 치러졌고, 제주 북국민학교에는 제주읍·애월면·조천면 주민 3만여명이 모였다. 제주읍에서는 북국민학교 행사가 오후 2시에 끝나자 곧바로 가두시위가 벌어졌다. 관덕정을 거쳐서 서문통으로 시위대가 빠져나간 뒤 관덕정 부근에 있던 기마경찰의 말굽에 어린아이가 다치는 사태가 일어났다. 흥분한 관람 군중들이 돌을 던지며 항의하자 곧바로 관덕정 부근에 포진하던 무장경찰이 총격을 가했다. 눈 깜짝할 사이에 구경나온 민간인 6명이 사망했다. 이들 가운데는 15세 국민학(교)생과 젖먹이 아이를 가슴에 안은 채 피살된 여인도 있었다.

이 발포사건으로 제주도내 민심은 극도로 악화되었다. 그러나 미군정과 경찰은 사태 수습보다는 시위 주동자를 검거하는 일에 주력하였다. 3·1절 준비위원회 간부들을 검속하는가 하면 학생들을 마구 잡아들였다. 이에 좌익진영은 대책위원회를 조직하고, 미군정과 경찰의 만행을 폭로하며 희생자 구호금 모집에 돌입했다. 그리고 3월 10일 제주도청을 시발로 총파업이 이어졌다. 도청 등 관공서는 물론 은행·회사·학교·운수업체·통신기관 등 도내 156개 단체 직원이 파업에 들어갔고, 현직 경찰관까지 파업에 동참했다.

47년 3·1사건으로 제주도민은 원하지 않던 국면을 맞이하게 하였다. 전 도민의 공동체적인 3·1집회 참여와 3·10총파업 동참은 미군정으로 하여금 제주도를 '빨갱이 섬'으로 인식하게 하였으며, 이후 제주는 일방적인 탄압의 대상이 되었다. 4·3으로 가는 길목에서 제주사람들은 고립된 작은 섬에서 세계냉전구도가 빚어낸 엄청난 희생을 강요당하는 처지에 놓이게 되었다.

1947년 3·1사건과 총파업을 증언자들은 공통적으로 '3·1운동'이라고 부르고 있다. "3·1운동에 가서 만세 불렀다"고 기억하고 있다. 이는 "실질적으로 아직 해방되지 않은 민족이 해방을 위해 계속 싸워나가야 한다"는 당시 제주도 민중의 정서가 담긴 역사적 기억이라 할 수 있다.

1947년 3·1시위를 계기로 제주도 민중과 좌익 민족운동세력은 제주도 자치정부를 탄압하는 미군정과 정면으로 대결하였다. 자치투쟁과 생존권투쟁에서 반제자주화 평화항쟁으로 전환한 것이다.[15]

제주북국민학교에는 제주읍·조천면·애월면 공동으로 기념식이 개최되었는데, 3만 명의 인파가 모였다. 대정국민학교 6천 명 등 전도적으로 4만여 명이 참석한 유례없는 행사였다. 한 행사에 이렇게 엄청난 대중동원력을 보인 것은 아마 제주역사에 전무후무한 일일 것이다. 조천·애월면 지역에서의 증언에 의하면, 이 기념식에 가기 위해서 아

---

15 고창훈, 「4·3민중항쟁의 전개와 성격」, 『해방전후사의 인식』 4(한길사, 1989), 260쪽.

침 일찍부터 준비해 마을별로 모여서 15km가 넘는 길을 걸어서 참가하였다고 한다. 8·15 이후 진정한 '해방'을 염원하는 민중들의 열기가 느껴진다.

3·1집회는 제주도에서 8·15 해방 이후 인민위원회 대신, 미군이 행정권을 접수하고 군정을 실시하면서 생긴 대립과 모순이 지속되는 상황 속에서 진행된 대회였다. 4·3으로 가는 길목에서 발생한 3·1사건은 미군정이 친일파를 등용하면서 억압통치를 한 것이 배경을 이루었다. 제주도에서는 일찍부터 조속한 민족국가의 수립을 열망하였고, 그것의 연장으로서 단선단정 반대가 지속되었으며 이것이 4·3사건발생의 중요 요인을 이루었다. 제주읍에 역사상 최대 인파가 모인 1947년 3·1기념식에서 도민들은 3·1정신을 계승하고 발양할 것을 다짐하며, 외군 철퇴, 외세의 간섭 배제, 미소공동위원회의 조속 개최, 조국의 신속한 통일독립의 전취 등을 외쳤다.

3·10관민총파업 때에도 "감찰청장을 즉시 파면하고 발포 책임자를 엄중 처벌하라! 무장응원대를 즉시 철수하라! 미군 책임자는 사죄하라"는 요구와 함께, "미소공위는 즉시 재개하라! 조국의 분단 음모를 분쇄하자"라는 주장이 씌어있는 삐라가 도처에 붙었다.

중앙 미군정청은 3월 8일 합동조사반을 파견하여 사건의 진상을 조사했으나, 공식적인 진상 발표는 전혀 없이 13일 돌아갔다. 이어 3월 14일 미군정 경무부장 조병옥이 내도하여 총파업을 분쇄하여갔다. 미군정은 3월 15일 전남·북 응원경찰 222명, 3월 18일 경기도 응원경찰 99명을 증파해 총파업에 강경 대응하였다. 또한 3월 15일부터 파업 주모 혐의로 민전 간부들을 연행하기 시작하여 4월 10일까지 500명을 검속했다. 검속된 자들은 5월말까지 328명이 재판에 회부되었고, 52명이 실형을 언도받아 목포형무소에서 복역하였다.

조병옥은 총파업이 어느 정도 진정되자 3월 19일 담화문을 발표했다. 그러나 경찰의 발포를 정당방위로 선언하고, 북조선과의 통모로 사건이 발생했다고 하여 제주도를 '빨갱이 섬'으로 조작하였다. 이 사건 직후 미군정은 "제주도는 70%가 좌익정당에 동조적이거나 좌익정당에 가입해 있을 정도로 좌익의 본거지"라고 보고서에 기록하였다.

미군정은 3·1사건이 마무리되어가자 제주도 군정장관 등 고위관리들을 극우 성향의 인물들로 교체하였다. 3월 31일 제주경찰감찰청장에 김영배를 임명하고, 4월 2일에 도 군정장관을 강성으로 알려진 베로스 중령으로 교체했으며, 또한 4월 10일 자로 박경훈 도지사의 후임에 극우 인물 유해진을 임명하였다. 미군정은 관공리와 교육계에 대한 숙청 작업에 착수하여 총파업에 가담한 사람들을 파직시켰다. 파업에 동참한 경찰관 66명도 파면되었다. 또한 철도경찰 245명을 모집하여 제주도에 배치시켰다. 4월말 제주도의 경찰 병력은 500명에 이르게 되었다. 서북청년회원이 대거 제주도에 들어와 만행을 저지른 것도 이때 이후의 일이었다.

한편 미군정은 47년 5월 16일 행정명령 제2호로 조선민주청년동맹을 불법단체로 지목하고 해산명령을 내렸다. 구좌면 종달리에서는 6월 6일 마을 민청대회가 열렸는데, 경찰이 이를 불법집회로 간주하고 참가자들을 체포하려고 하였다. 그 과정에서 민청원들과 경찰간에 몸싸움이 벌어지자, 경찰은 이를 빌미로 43명을 검거하였다.

8월에 접어들자 미군정은 대대적인 탄압에 나섰다. 도지사 사임 후 제주도 민전 의장으로 추대된 박경훈씨를 비롯한 민전 간부 30여명을 구속하였다. 많은 청년들이 검거를 피해 도외로 혹은 일본으로 빠져나갔고, 일부는 한라산의 동굴 등에 은신처를 마련해야 했다. 주민들의 불만도 커져갔다. 그 과정에서 47년 8월 안덕면 동광리에서 하곡수집 담당 공무원 폭행사건이 발생하였다.

3·1사건은 제주지방사의 관점에서 다시금 조명될 필요가 있다.

첫째, 3·1사건은 전통시대 제주도 민란과 항일운동의 전통을 이은 민중운동사의 절정이라고 할 수 있다. 전도적(지역)·거도적(계층)으로 참여했으며, 3·10총파업에서 그것은 최고조에 달했다. 둘째, 제주지역의 이념과 지배엘리트가 변화하는 계기점이 되었다. 일제시대로부터 해방직후, 4·3으로 이어지는 과정에서 그 중간에 놓여있는 3·1사건을 정점으로 새로운 이념과 세력이 실현되었고, 그것은 4·3을 통해서 좌절되는 격변의 흐름을 거쳤기 때문이다. 셋째, 거시적으로 '중앙과 지방'의 역학관계가 변화할 수 있는 계기가 주어졌지만, 꺾여버리는 결과를 가져오기도 했다. 3·1사건을 전후하여 지역 자치에 대한 열렬한 기대감이 표출되었는데, 이는 일제하 도외 유출에 따른 새로운 세계관의 형성에 따른 당연한 기대감이었다. 그러나 결과적으로 3·1사건 이후 조선시대의 제주에 대한 중앙의 '변방관'이 부활하였고, 4·3을 거치며 중앙의 변방 제주에 대한 압살이 이루어졌다. 제주 민중의 자치와 자율을 철저히 짓눌러버린 것이다. 이러한 지점에 3·1사건은 있는 것이다.

3·1사건 이후 4·3 무장봉기 때까지 제주도민의 외부세력에 대한 반감은 커져갔다. '섬놈들'로 규정된 제주민들은 진압 경찰과 서북청년회를 '육지것들'로 경원시했다. 3·10총파업 때 제주출신 중문지서 양경한 주임이 반발하여 파업에 가담한 사례는 대표적이다. 이는 4·3봉기 이후 미군정과 이승만의 지시를 받아 타도에서 들어온 서청·응원경찰대 등 토벌대에 대한 반감으로 이어졌다.

4·3봉기에 가담했던 증언자들은 봉기의 원인으로 육지 경찰과 서청의 횡포와 만행, 관공리들의 부정을 공통적으로 구술하고 있다. 남로당원들은 상당수가 지시 때문이 아니라, 자신의 진정한 마음으로 단독선거를 반대했다고 말한다. 이운방은 "주도자는 '빨갱이'로 봐야지. 최종 목적은 공산주의니까. 그들의 우선 목적은 통일조국 건설이고, 그

과정에서 잘못을 저지르기도 했지. 그러나 그들의 정신만큼은 비난할 수가 없어"라고 항변하였다.

> "금반 사건의 직접 원인이 청년단체와 일부 악질 경찰관의 악행에 있다는 것이 분명한 이상, 도민의 거의 전부가 참가할 것은 과거의 전통으로 보아 의심할 여지가 없다. 더구나 그 원인을 조성한 것이 외부(육지)에서 들어온 자들에 의한 것이 분명하여진 이상 더 말할 것 없다."[16]

위 기사에서 보듯이, 제주도를 취재하러 온 기자 홍한표는 4·3 발발의 원인으로 ① 경찰의 가혹한 행동 ② 사설 청년단체원들의 경찰 이상의 경찰권 행사 ③ 관공리가 모리에만 열중하고 사무를 등한히 한 것 ④ 외부세력의 침입에 대한 도민들의 감정 악화 등을 들었다.

이러한 상황은 19세기말 20세기 초 제주민란, 특히 1901년 '이재수란' 때 외세인 천주교와 결탁한 봉세관과 이재수로 대표되는 제주민중의 대결 국면과 비슷하다. 하효리 주민 오신락이 교당에 끌려가서 죽은 사건이 1901년 민란을 유발했던 것과 비슷하게 1948년 3월 세 건의 고문치사 사건이 터지면서 4·3봉기를 촉발시켰다. 이러한 정황은 여러 가지 증언으로 뒷받침된다.

4·3봉기 발발 당시 제9연대장 김익렬이 당시 남긴 참전기에 아래와 같이 봉기의 원인을 밝히고 있다.

> "사건의 발단은 소위 4·28파업사건과 3·1기념행사 관계로 제주도내에서 약 2,500명의 청년이 경찰에 구금되었고, 이 구금으로 3명의 拷問致死者가 생기고 3월 15일 치사자 李모라는 청년의 시체를 投江하려다가 그 가족들에게 발견된 것이 극도로 민심에 큰 충격을 준 것이라고 한다."[17]

---

16 홍한표, 「동란의 제주도 이모저모」, 『신천지』 1948년 8월호, 60~61쪽.
17 「동족의 피로 물드린 濟州參戰記, 전 제9연대장 金益烈 중령 記」, 『국제신문』

4·3 당시 남로당 제주도당 정치위원 자격으로 1948년 2월 무장투쟁을 결정한 신촌회의에 직접 참석했던 이삼룡도 고문치사 사건이 봉기를 정당화시키는 결과를 낳았다고 증언하고 있다.

"그런데 우린 당초 악질경관과 서청을 공격대상으로 삼았지 경비대는 아니었다. 미군에게도 맞대응할 생각이 없었다. 미군에 대해 다소 감정은 있었지만 그들은 신종무기가 많은데 …. 우리가 공격한 후 미군이 대응할 것이라는 것을 예상하지 못했다. 우선 시위를 하면 어느 정도 효과가 있을 것이라는 정도의 생각이었다. 장기전은 생각하지 않았다. 그래서 김익렬과도 회담을 한 것이다. 더 이상 끌면 피해가 많겠다는 생각에서 회담한 것이다. 김달삼이 '5·10단선 거부, 통일정부' 슬로건을 내세웠지만 김익렬은 '5·10선거는 내 선에서 해결될 문제가 아니다'라고 했다. 아무튼 우리의 지식과 수준이 그 정도 밖에 되지 않았다. 아무튼 우리가 정세파악을 못하고 신중하지 못한 채 이승진의 바람에 휩쓸린 것이다. 그러나 봉기가 결정된 후 고문치사 사건이 발생하니까 '우리의 결정이 정당한 것 아닌가'라는 분위기였다."[18]

또한 1948년 8월 해주 인민대표자 대회에 참석한 무장대 총사령관 김달삼의 연설 내용도 이러한 정황을 엿보게 한다.

"그러나 인민은 눌리면 눌릴수록 더욱 단결하며 더욱 강한 힘으로써 반항하고야 마는 것입니다. 드디어 제주도 인민들은 지난 2월 7일을 기하여 남조선 전지역에 걸쳐서 蘇美양군의 즉시 동시철퇴, 유엔위원단의 퇴거, 단선반대 등의 표어를 내걸고 일어선 2·7총파업투쟁에 호응하여 용감히 일어섰으며 이 투쟁에서 제주도 4만 농민들은 시위로써 인민항쟁의 막을 열어놓았습니다.
이같은 제주도 인민의 정당하고도 평화적인 항거에 놀란 미제국주의의 그 주구 반동경찰은 그 탄압정책을 더욱 잔인한 학살정책으로 강화시켰습니다. 남로당을 비롯한 민전 산하의 민주주의적 애국단체에 대한 폭압은 더욱 악랄해졌으며 민주주의 애국자와 일반 인민들에 대한 살인 방화 강도 파괴는 공공연히 자행되었습니다. 놈들의

1948.8.6 ; 「동란의 이모저모」, 『신천지』 1948년 8월호에 재인용.
18 이삼룡의 증언(2002.7.11 채록 ; 4·3위원회 증언집).

비인간적인 만행과 폭압이 얼마나 잔인무도하였는가는 다음과 같은 실례들이 충분히 말하여 줍니다.
3월 4일 조천면에 사는 김용철이라는 22세밖에 안된 중학생을 잡아다가 반동살인 경찰은 빨갱이라고 서내에서 구타 고문한 후 화침질을 하며 공공연히 학살하고 말았습니다. 그러나 김용철 동무는 최후의 순간까지 '박헌영선생 절대 지지'와 '인민공화국 사수'를 외치면서 그놈들에게 항거하였던 것입니다. 사건은 이것만이 아닙니다. 연달아 3월 14일 대정면에서 양은하라는 27세된 농민을 잡아다가 전신의 뼈를 하나 남김없이 산산이 부시어 죽여버렸으며 18일에는 제주읍 도두리에 사는 박모라는 한 농민을 잡아다가 고문하여 빈사의 경에 이르게 한 후 죽을 직전에 가족을 불러다가 살아 있는 때 석방했다는 증명을 그 가족으로부터 받은 일이 있었는데 결국 그 농민은 그 경찰서 문을 나와 5분 만에 죽어버렸던 것입니다. 20일에는 애월면에서 송○○라는 지서장놈이 애월리 거주 농촌 부인에게 폭행을 한 후 산에 데리고 가서 일본도로 난자하여 24개소의 상처를 입힌 일이 있고 조천면 선흘리에서는 빨갱이 근거지라는 구실로 가옥 5호에 방화하고 가축 20두 이상을 총살하였으며 심지어는 삼림에까지 방화한 사실이 있습니다. 이와 같은 것은 사실의 특징적인 것을 몇 가지 예를 들어 말한 것에 불과한 것이며 그 당시의 제주도 정세는 '생지옥'이라는 한마디로써 충분히 표현할 수 있는 것입니다."[19]

증언자들은 4·3봉기에 대한 평가를 정부의 공식 입장과는 다르게 하고 있다. 무장대의 호칭에 대해서도 당시 언론 및 정부문서와는 달리 부르고 있다. 증언자들은 이들을 산군, 산사람, 산활동가, 인민군, 해방군, 산군, 폭도, 빨갱이 등으로 부른다. 가장 흔한 것이 '산사람'이다. '산사람'에 대한 평은 일반적으로 좋았으며, "시대가 좋았으면 큰 일을 할 사람"이라고 하였다.

와흘리의 인민유격대 최후사령관 김의봉은 마을 사람들에 의해 거의 신화적 존재로 기억되었다. 당시 그가 매우 날쌔었다고 증언한다. 어릴 때 그는 학교 가다가 꿩이 나는 것을 보면, "날아가는 꿩을 꼭 잡

---

[19] 『남조선 인민대표자대회 중요문헌집』; 제주4·3사건위원회, 『제주4·3사건자료집』 12에서 재인용.

고 학교에 갔다"고 하였다. 제2대 무장대 총사령관 이덕구는 유아 시절에 몇 달 안 되어 초가지붕을 올라가고 내려오고 할 정도로 날랜 행동을 했다는 증언도 있다. 함덕리에서는 김양근이 신화적인 인물로 평가되는데, "조몽구 꼬임에 빠져서 훌륭한 우리 함덕 김양근이 죽었다"고 증언하였다. 입산 항쟁자에 대해서 제주도 '장두정신'의 전통으로 해석되고 있는 것이다.

'산사람'도 일부 몇 사람이 조직 활동에 치중하거나 어떤 사상으로 무장되어 있었지, 거의 대부분의 사람들은 인간적인 생존의 문제, 민족해방의 문제에 대해 고민하였다고 보고 있다. 바로 그러한 문제들이 응집된 것이 4·3이라고 생각하는 것이다.

1948년 5·10단선 거부투쟁은 3·1사건과 비교해 중요하게 평가된다. 두 사건 모두 엄청난 대중동원력을 보여주었다는 공통점이 있다. 3·1사건에서는 마을의 똑똑한 청년들 중심으로 진행된 3·1기념 집회에 참여하지 않으면 안 되는 마을 분위기가 있었다. 5·10단선 거부투쟁은 "5·10단선으로 이루어지는 정부는 우리 정부가 아니다"라고 이야기할 정도로 고양된 의식의 확산이 있었다. 이는 증언 채록 과정에서 뚜렷하게 느껴지는 바이다.

5·10 거부투쟁에서는 각 해변마을마다 마을 사람들이 남녀노소 할 것 없이 전부 투표를 거부하기 위해 중산간 마을이나 산으로 잠시 피신했다가 내려왔다. 4·3 초기에 대중들의 선택이 어느 쪽에 있었는가 충분히 짐작된다. 증언자들은 산에 있던 사람이나, 중산간 마을에 있던 사람이나 똑같이(당시 송당목장에 주둔 중인 9연대 1개 대대가 입산할 때) 산쪽이 이길 것으로 믿었다. 당시 항쟁파들이 믿었던 것은 제주민중들이었다. 그러한 자신감이 정세를 낙관적으로 판단케 한 것으로 보인다. 1948년 소개 후에도 "산에 피난 가 있다가 두 달만 있으면 금년 명절을 발 뻗어앉앙 먹어진댄 허영" 올라갔다고 한다.

'산사람'이 내걸었던 '반제' 슬로건은 우리끼리 잘 살아보려는, 삶을 차단시키는 외부의 규정력을 거부하는 데서 온 것이다. 이데올로기는 민중에게 주어지는 것이 아니라, 민중들이 자기 열망을 더 잘 담아낼 수 있는 것으로 선택하고 만들어 가는 것이다. 일제치하의 고통을 겪은 민중들이 반민족세력을 척결하면서 세워나가려 했던 자주적 국가는 미국의 간섭이 아니라면 자연적으로 이 땅에서 건설될 수 있는 정부 형태였을지도 모른다.

4·3의 기본적 대립구도는 제주민중과 미군정을 정점으로 한 외부세력으로 보아야 할 것이다. 제주공동체 내부의 싸움이 아니었다. 1947년 2월 22일 충남북 소속 경찰 200여명이 내도할 때 이 내용을 제주경찰서장도 몰랐다. 함덕해수욕장에 있던 수용소에서 며칠을 지낸 아주머니가 제주도 출신 경찰은 육지 경찰들과 밥도 같이 못 먹었다는 증언도 있다. 4·3봉기 때 무장대가 도민에게 보낸 호소문에는 "매국 단선단정을 결사적으로 반대하고 조국의 통일 독립과 완전한 민족해방을 위하여!"가 궐기한 첫 번째 이유로 내걸어졌다.

4·3은 결코 제주도라는 작은 갇혀진 공간에서 발생한 우연한 사건이 아니다. 4·3은 "거대한 외압에 대한 지역민의 정의로운 저항"이었고, 제주도민의 공동체적 특수성이 저변에 깔려있는 사건이다. 4·3 당시 제주도민들은 좌우가 무엇인지 모르는 상태에서 낮에는 해안으로 밤에는 산으로 피해 다녔다는 식의 얘기는 당시의 시대성을 반영한다기보다는 후대의 피해인식의 소산이다. 자칫 이런 주장은 제주도민의 교육수준이 낮았고 중앙에서 멀리 떨어져 정세의 추이를 잘 몰랐으므로 좌익세력들의 선전 선동에 쉽게 휩쓸려 들어갔다고 봄으로써, 당시 제주도민을 비하하는 결과를 초래하게 된다. 일제치하 제주도민의 강력한 항일투쟁, 해방직후 자율적인 사회운동 결사체의 조직, 높은 교육열, 일본·한반도 내륙과의 잦은 교류를 통한 정보의 유입 등 타지역

에 비해 결코 뒤떨어지지 않는 조건을 구비하고 있었다. 더구나 타지역에서는 찾아보기 힘든 공동체적 연대감, 어려운 자연 조건을 개척해 나가는 강인함 등으로 해방공간기 한반도에서 가장 이상적인 민족공동체를 형성해 나갈 수 있는 대표적인 지역이었다.[20] 이러한 공동체성이 친일파와 우익청년단에 의해 파괴되어 나가는 지점에서 4·3이 발발하였다는 점을 결코 놓쳐서는 안될 것이다. 이런 점에서 4·3은 제주도의 특수성과 제주도민의 자존심이 담긴 역사적 사건으로서 민중사적 역사인식의 본보기로 자리잡아야 한다.

4. 맺음말

4·3 당시 제주 민중의 지향점은 주변부에 처해 있는 독자적인 단위로서의 제주도에 미친 세계냉전체제, 한반도 중앙권력의 물리력에서 벗어나고자 하는 데 두어졌다고 보아야 할 것이다. 여기에는 국가

---

[20] 4·3봉기가 한창 진행 중이던 1948년 8월 제주도 현지를 취재한 『신천지』 기자 홍한표가 기술한 다음의 기사는 이러한 제주도의 지역성을 대변한다고 보인다. "금반의 사건에 참가한 사람들은 직접과 간접의 반란群측과 監警과의 두 개의 세력이며 그 대립이다. 이에 대하여 혹자는 부인하는 편도 있으나 첫째 도민의 역사적 전통, 둘째 도민은 누구나 친척관계에 있다는 것, 셋째 배타적이라는 것, 넷째 과거부터 육지사람이라면 걸인쯤으로 생각하여 도대체 상대를 잘 하지 않는다는 것, 다섯째 도민의 자존심은 실질적으로 그 수준에 있고 없음을 막론하고 아무튼 자기들의 수준이란 조선의 어느 곳보다도 뒤떨어진 것이라고는 생각지 않고 있다는 것, 여섯째 중간층이라는 것은 제주에서는 거의 없다는 것, 일곱째 도민의 전통적 용맹성, 여덟째 이기심이 발달되지 않아서 정의나 공동의 이익에 대하여는 언제나 동일보조를 취한다는 것, 아홉째 생활력의 강성, 열째 전투에 대한 자연조건의 우위성 등으로 보아 과거에 반대측과 행동을 같이하던 그런 사람들을 제외하고는 도민의 주요세력과 행동을 달리 할 수는 없다"(「동란의 제주도 이모저모」, 『신천지』 1948년 8월호).

주의적 이념이 개입할 여지가 없다. 과거 독립된 단위로서 자율성을 나름대로 추구하던 섬 공동체에 가해진 외부로부터의 압박은 자연스레 섬사람들을 하나로 뭉치게 하였을 것이며, 이때 이들을 조직해낸 것은 지도부의 사회주의 이념이었을 것이다. 이런 의미에서 제주도 남로당의 사회주의 이념은 섬사람들을 조직화시켜낸 사상적 외피에 불과하다.

1949년 4월 4·3사태가 어느정도 진정된 후 작성된 미국 정보보고서에는 당시 제주민들의 기질을 "천성적으로 정직하고 독립적이며 육지에서 온 관료들과 이주해온 사람들과 결부되는 간섭과 도둑질과 독직 등에 대해서 대단히 분개한다"고 하였다. 실제로 인민위원회의 자치활동, 3·1시위 사건, 총파업 등으로 이어지는 일련의 과정은 제주민의 자치 의식을 그대로 표현한 것이었다.

이러한 제주도민의 자치 의식에 대해서 우익인사인 제주 출신 국회의원 오용국은 다음과 같이 발언하고 있다.

> "여러 가지 정치면을 통해서 불평불만을 느낀 제주도민은 반드시 으리가 事由를 부르짖고 조금도 우리가 원하는 대로 완전한 지방자치를 원한다는 의미에서 자연히 무슨 자유경향에 가까운 이와 같은 동향이 생겼던 것도 사실입니다. 그것을 이용해서 북조선에서 모든 정치공작을 하던 사람들이 처음에는 무슨 사람을 죽이는 도수장에 다니는 사람, 이와 같은 데에 다니는 사람을 돈을 많이 주어서 죽이게 하고 또 과격한 청년들을 돈을 많이 주어서 죽이게 하고 해서 도민은 자기의 생명이 무서워서 죄다 반란부대에 협력한 것 같은 경향이 있는 것만은 사실입니다. 절대로 좌익사상이 있어 가지고 이와 같이 한 것은 아닙니다."[21]

한편 미국측에서도, 이런 제주도민의 정서를 적고 있다. "4월 제주도에서 발생한 소요는 단지 부분적으로 공산주의자들의 활동 때문으로

---

21 『제헌국회 속기록』, 제1회 제8호, 1948년 6월 11일.

보입니다. 군정장관 윌리엄 딘 소장이 제주도를 방문하고, 주로 이북 출신들인 경찰과 최근 제주도에 들어온 청년단체 회원 – 이들 또한 주로 이북 출신으로 구성된 서북청년회원으로 – 에 대한 제주도민들의 원한이 많다는 것을 알았습니다. 제주도민들은 분명히 모든 육지사람들을 싫어하며 남한사람들이 싫어하듯이 북한사람들에 대해 특별한 반감을 갖고 있습니다. 바꿔 말해 제주도민들은 역사적 견지에 비춰 이방인들에게 치안을 맡기거나 방해받는 것을 원하지 않습니다. 즉 그들은 그들 자신의 치안을 원하고 있습니다. 분명히 공산주의 선동가들은 이 원한을 간파하고 자신들의 대의명분을 위해 나쁜 상황을 최대한 이용하기 위해 제주도에 왔습니다"라고 하였다.[22]

그러나 3·1사건 이후 미군정의 강력한 탄압, 육지로부터 들어온 서북청년회의 행패에 직면하여 제주민들은 강력하게 저항하였고, 그 결과는 대량 학살로 나타났다.

---

[22] 1948.5.4 <항공우편> A-58, 서울 주재 미 정치고문관이 미 국무성에 보낸 우편.

항쟁기억의 의례적 재현 : 5월행사와 전야제를 중심으로

정근식

1. 문제의 제기

해마다 5월이 되면 광주에서는 '5월행사'가 열린다. '5월행사'는 1980년대와 1990년대 중반기까지의 '5월투쟁'이 의례화된 것으로, 정치적으로 각성된 시민 공동체의 민주화 열망과 이를 억압하려는 국가권력이 주기적으로 부딪친 운동의 현장이자, '1980년 5월'에 대한 집합적 기억의 재생산의 장이다. 이것은 밑으로부터 형성된 시민적 '의례'이다. 역사적 공동체로서의 '광주'는 이를 통해 주기적으로 재현되었는데, 그것은 한편으로는 한국정치의 민주화를 추동한 정신적 에너지를 생산해낸 발전소였으며, 다른 한편으로는 각종 문화적 장르에서 고통과 열망을 미학적으로 승화시키는 실험장이었다. 이를 통해 다양한 집회와 시위의 양식 뿐 아니라 기념의례와 기억의 재현, '혁명축제'에 대한 이론적 사고들이 발전하였다.

'5월행사'는 희생자에 대한 추모, 국가폭력에 대한 비판, 현재의 정치적 열망이 다양하게 표출되는 공간이자, 한국 민주화운동이 도달한 지점을 나타내는 계기판이었다. 그 안에는 수많은 개별행사가 배치되어 있다. 각각의 행사들은 광주의 시민사회를 구성하는 단체들이 자발적으로 조직한 것이거나 '5·18 행사위원회'가 직접 기획한 것들이다. 이 '5월행사'의 중심에는 20여년간 지속적인 투쟁을 통해 성장한 5월 17일의 전야제가 있고, 5월 18이 국가기념일로 정해진 후 정부가 주관하는 기념식이 있다. 특히 전야제는 1988년의 추모집회로부터 1990년 도청 앞 광장에서 열린 '5·18 계승대회'를 거쳐 야외 이벤트로 자리잡은 이래, 지금까지 한 해도 거르지 않고 계속되어 온 것이다. 시민들은 이 행사에서 스스로 참여자이면서 관객인 위치에서 5·18기억을 재생산한다. 전야제는 독특한 아우라를 뿜어내며 공동체 성원임을 확인하는 계기를 제공한다. 여기에서의 시민참여도는 시민공동체의 활성화를 재는 지표였다. 이 집회는 민주화 이행의 시기에는 국가권력에 대한 비판과 과거청산을 위한 수단으로서의 효과를 발휘하다가 민주화의 진전과 더불어 점차 표출적 의미를 갖는 것으로 이행하였다. 책임자처벌이 이루어지기 이전까지 이 전야제는 국가권력에 저항적이거나 비판적인 지형을 가시화하는 에너지를 제공했다면, 이런 구조적 반사효과의 여지가 사라진 이후, 지난 시기에 만들어진 코뮤니타스로서의 시민공동체의 유지와 보존 자체에 더 많은 관심이 두어지기 시작했다.

전야제를 포함하여 5월행사를 바라보는 시각은 운동론적 패러다임과 기념론적 패러다임간의 경쟁, 5월 정신 계승에서의 반미투쟁론 대 인권평화론 간의 긴장, 5·18재단 중심 행사론과 이에 대한 비판 등 매우 다양하게 나타나지만, 어느 것이나 공통적으로 시민참여도를 중시하는 입장을 취해왔다. 2000년의 20주년 행사를 제외하면, 이 5월행사는 1990년대 중반이후 시민참여도가 떨어지는 경향을 보이고 있으며, 따라서 행사의 기획자들은 시민적 참여를 높일 수 있는 레퍼토리를 찾는 것을 최우선의 목표로 삼게 되었고, 행사 후의 평가에서도 참여 시민의 규모를 행사평가의 제1기준으로 삼았다. 이들은 시민참여를 제고시키는 방안을 생각하면서, 과거의 항쟁기억의 재현의 중요성을 인식하기 시작하였다. 어떻게 과거의 기억을 생생하게 재현할 것인가가 시민적 참여에 큰 영향을 미치는 요인으로 간주되었기 때문이다.

5·18 행사는 추모, 기념, 계승 등 다양한 동기에 의해 추동되는데, 그 바탕에는 5·18 기억의 의례적 재현이 놓여 있다. 5·18 행사에서 가장 재현의 욕구가 잘 드러나는 장은 전야제와 민주기사의 날에 이루어지는 차량시위 재현이벤트이다.

이 글에서 나는 1980년의 기억이 '5월행사'와 전야제에서 어떻게 나타나는가를 보고, 과거의 집합적 경험의 재현의 유형과 이에 영향을 미치는 변수들은 무엇이었는가를 고찰하려고 한다. 나는 '5·18행사'를 하나의 의례체체로 파악하려고 하는데, 이는 그것이 단순히 개별 이벤트들의 집합이라는 규정을 넘어서서, 이들 전반에 대한 기획, 조정, 평가가 존재하며, 의례적 시공간의 배분원리, 그리고 시민 개개인의 행동양식을 규율하는 집단적 감수성이 존재한다는 것을 뜻한다. 이 집단적 감수성은 의례의 형식적 대본을 풍부한 내용을 가진 것으로 만든다. 이런 틀에서 5·18행사의 핵심이벤트인 전야제를 대본과 퍼포먼스의 측면에서 분석하면서 어떻게 집단적 감수성이 변화하고 있는가를 살펴볼 것이다.

지금까지의 5월행사에 관한 연구는 주로 역사적 전개과정에 관한 것으로, 2000년을 전후한 시기에 정리되기 시작하여 최근에는 정호기(2004)나 이광일(2004)에 의해 검토되었다. 나는 5월운동이나 4·3 복원운동을 사례로 하여 집단적 기억의 복원과 재현의 문제를 언어적 차원의 증언프로젝트, 물질적 차원의 기념물 조성 프로젝트를 통하여 검토한 바 있는데(정근식, 2003), 행위적 차원에서의 의례와 이벤트에 관한 연구는 별로 주목되지 않았으므로 이 글에서는 이를 시도할 것이다.

2. 이론적 맥락과 방법

1) 정치적 현실의 의례적 구성

믿음과 의례의 관계에 관한 전통적인 견해에 따르면, 믿음이 일차적이며, 의례는 기존의 믿음을 공적으로 표현한 것에 불과한 것이지만, 뒬께임적 전통에 따른다면, 의례에 참여하는 것 자체가 사회적으로 중요한데, 그것은 의례가 생각의 획일화 없이도 연대의 끈을 창출하기 때문이다. 의례는 이성적 판단보다는 집합적 감정을 더 많이 포획하며, 때때로 '동의없는 연대'를 만들어내기도 한다(Kertzer, 1988, 67).

모든 의례는 정치적 욕망을 담고 있지만, 정치적 의식과 욕망이 어떻게 의례적으로 구성되는가는 흥미로운 질문이다. 벨은 의례화를 '보다 평범한 행위들과는 대조적으로 행해진 것을 구별하고 특권화하기 위하여 기획된 특정의 행동양식(1992, 74)'이라고 정의하였다. 의례에는 상징들이 많이 활용되는데, 사실 이 상징들은 매우 모호한 의미를 갖고 있다. 그러나 하나의 상징물이 다른 의미를 동시에 가질 수 있다는 점 때문에 항상 여러 목소리를 내야하는 국면의 저항 의례에 많은 상징들이 사용되고 있다. 상징적 행위로서의 의례는 우리의 경험을 구조화한다. 우리의 감각과 해석을 특정한 방향으로 유도한다. 의례가 만들어내는 정서적 분위기는 믿음과 인지방식을 강력하게 주조한다(Kertzer, 1988, 85). 우리는 상징의 모호성이 갖는 장점을 주목할 필요가 있다. 의례 속에서 일련의 상징적 형식을 통해 과거의 역사적 사건은 생생하게 체험된다. 의례는 인지방식을 구조화할 뿐 아니라 우리의 경험을 특정한 방식으로 해석하게 한다. 그것은 공동성을 창출할 뿐 아니라 특정의 정치적 이해를 만들어낸다(Kertzer, 1988, 87).

의례에 관한 사회학적 인류학적 연구는, 의례를 통과의례, 세시의례, 교환증여 의례, 수난의례, 축제의례, 정치의례 등으로 구분하는데(Bell, 1997, 91~135), 축제의례는 특히 종교문화적 감성의 공공적 전시를 강조한다. 여기에서는 공동체의 구성원에게 의례가 어떤 의미를 지니는가가 중요하게 다루어진다. 과거의 집합적 기억이 어떻게 의례를 통하여 재현되는가는 그것이 공동체의 내부나 외부에 대하여 어떠한 기능을 하는가와 연결되는 질문이다.

공공 의례는 특정한 공간에서 이루어지는 참여자들의 집합적 행위들이다. 의례의 참여자들은 공동의 기억을 불러내거나 상상된 공동의 경험을 확인하는 것이다. 의례는 과거의 공통의 기억을 주기적으로 불러내 과거와 현재를 결합시키는 정치적 장이다. 의례에는 추모와 계승의 의미가 복합적으로 담겨있다. 추모가 과거의 기억을 불러내 현재의 지평에서 그것의 의미를 공동으로 되새기는 집합적 행위라면 그것은 대체로 특정의 시공간적 틀을 통해 과거를 재현하는 방식으로 이루어지는데, 주기적인 상기를 통해 재현된 기억은 새롭게 현실을 규정한다. 계승은 재현된 기억의 재생산을 통해 이루어지는 집합적 의지의 확인이다. 의례를 지배관계라는 맥락으로 파악한다면, 공공의례는 헤게모니를 상징화하고 지속적으로 재창출하는 수단이다. 그러나 공공의례는 이런 동의의 창출 뿐 아니라 갈등의 자극제로도 기능한다. 의례는 지배 뿐 아니라 저항의 영역에도 널리 뻗어 있다(Beezley 외 1994).

집합적 의례는 공동의 언어와 몸짓을 통한 서로 다른 것의 하나되기이다. 집합적 의례는 문화적 공간에서 의미를 생산하는 장이다. 집합적 기념의례는 과거의 어떤 사건의 의미를 현재적 지평에서 재생산하며 그렇게 생산된 의미를 공유하는 과정이다. 그런 재생산과정에는 의례 참여자들이 과거의 사건을 재해석하는 해석틀이 중요하다.

의미는 사물이나 기호 자체에 내장되어 있는 것이 아니라 사회적 문화적 언어적 실천행위의 산물이다. 언어작업을 통해 의미를 어떻게 나타내는가를 설명하는 방식은 반영론적(reflective) 접근, 의도론적(intentional) 접근, 구성주의적(constructionist) 접근으로 구분되는데, 홀(Hall, 1997)은 사물 그 자체가 의미를 전달하는 것이 아니라, 재현체계를 사용하여 의미를 구성하는 것이며, 여기에 문화적 코드가 작동한다고 보았다. 문화적 코드는 실제로 시민들이 공통적으로 겪었던 경험을 나타내는 방식이다.

근대이후 의례는 주로 국민국가의 형성과정에서 새롭게 만들어졌다. 한국의 경우에도 국민의례가 1948년부터 1950년대까지의 기간에 제도화되었다. 1970년대 이른바 유신체제에 이르면, 국가권력은 대중들의 일상생활을 보다 강력하게 통제하고 '총력안보'라는 이름 하에 인적 물적 자원을 동원하기 위하여 여러 가지 의례를 국민의례라는 이름으로 강요했다. 국기에 대한 경례나 순국선열에 대한 묵념, 애국가 제창 등의 국민의례에다 국기에 대한 맹세나 국민교육헌장의 낭독, 국기강하식, 애국가 4절까지 부르기 등 보다 복잡한 의례들을 추가하였다. 새롭게 추가된 의례들은 식민지시대 총동원체제에서 일제가 강요한 의례들과 유사한 것들이 많았다. 이들은 대중들의 일상생활에 침투하여 '국민의식'을 만들어내는 장치로 기능하였고, 특히 학생이나 어린이들에게 많이 작용하였다. 그러나 이것이 가진 국가주의적, 권위주의적 성격에 대한 반발이 커지면서 이를 무시하거나 어기는 '소소한' 저항들이 빈발하였다.

1980년 광주항쟁을 거치면서 국민의례는 보다 명시적인 반발의 대상이 되었다. 민주화운동은 이런 국민의례를 통한 국가권력에의 복종을 거부하도록 고무하였다. 1980년대에는 국민의례와 대립되는 '민중의례'의 개념이 형성되었다. 사회운동권의 집회에서는 국민의례 대신 민중의례가 행해졌다. 순국선열 대신 민족민주열사에 대한 묵념이 행해졌고, 국기에 대한 경례나 애국가봉창은 공공연하게 생략되었다. 민주화이행기에는 국민의례와 민중의례의 이분화가 뚜렷해졌다. 민중의례는 소규모 비공식집회에서 성장하여 점차 대규모 공식집회로 확산되었다. 이런 변화의 중요한 사례가 5월의례이다. 이것은 1980년 5·18에 대한 국가의 기억과는 다른 기억을 재현하는 장이자 새로운 투쟁의 에너지를 만들어가는 저항의례의 근거지였다. 이런 저항의례는 1997년 5·18 묘지가 국립묘지가 되고, 5·18이 국가기념일이 되면서 다시 국민의례의 일부로 편입되거나 사라졌다.

    5월행사를 구성하는 개별 이벤트들은 모두 1980년 5월에 실현되었던 '역사적 공동체'를 지속적으로 재생산하려는 의도를 가진 것이지만, 그것이 기억의 재현을 얼마나 지향하는가는 사례들마다 편차가 있다. 이벤트들은 텍스트와 퍼포먼스의 결합물이지만, 이들의 기획이나 평가에서 어느 것을 강조하느냐는 입장에 따라 달라진다. 통상적으로 기억의 재현을 중심으로 하는 의례나 이벤트에서는 텍스트를 강조한다. 이와 달리 퍼포먼스를 중시하는 입장은 참여자들의 공동체적이고 상호주관적인 행위에 초점을 맞춘다. 이 경우 상징의 구조보다 몸짓의 관행을 중시하며, 명제정립적(propositional)이기보다는 발화수반적(illocutionary) 힘을 강조하고, 현실의 재현보다는 사회적 구성을 주로 다룬다(Schieffelin, 1998, 194). 퍼포먼스가 의례적이건 드라마적이건 관계없이 현존하는 현실의 생생함을 창출하는 측면, 이런 현존재성을 통해 무드나 사회관계, 신체적 성향, 마음상태를 바꾼다는 점에 주목하는 것이다. 원래 사회과학에서 퍼포먼스는 특정의 장르에서의 의도적 표현의 산물로 특수한 상징적, 미적 행위를 말하기도 하고, 고프만의 전략적인 인상관리론에서 나타나듯이 수행성 그 자체를 나타내는 말이기도 하다. 또한 퍼포먼스는 부르디외(1977)가 말하는 '실천'과도 구별된다. 퍼포먼스는 실천의 전략적 정교화의 표현적 차원을 체화하는 것이다(Schieffelin, 1998, 199). 퍼포먼스의 중심 쟁점은 인간세계의 상상적 창조(imaginative creation)이다.

2) 방법과 자료

5월의례와 전야제에 관한 연구는 문헌분석과 참여관찰, 영상자료에 대한 시각적 분석 등을 다양하게 활용하여야 한다. 의례의 전체구조는 매년 행사위원회에서 발간하는 행사결과보고서의 분석을 통해 밝힐 수 있다. 행사위원회는 행사가 끝나면 전체 계획의 윤곽과 개별 이벤트들을 평가하고 이를 자료집으로 발간하여 왔다. 전야제에 관한 연구는 대본과 당시의 광경을 촬영한 영상기록을 통해 분석할 수 있다. 전야제의 대본은 2000년과 2003년, 2004년에 작성되었다. 이것은 이 글의 관심주제인 재현의 문제에 관한 제한된 정보를 담고 있다. 문제는 실제 수행된 이벤트에 관한 자료와 이에 대한 분석방법이다. 문헌과 대본에 대한 내용분석은 시간적 제약을 받지 않으나 수행성에 관한 정보는 사건이 발생하는 시점에서 자료를 확보하지 않으면 사라진다. 이벤트가 일회적이라는 점에서 시공간적 제한을 많이 받는다. 따라서 이에 대한 연구는 이벤트가 이루어지기 전에 사전 정보를 얻고 연구의도가 형성되어 참여관찰을 할 수 있을 때 가능하다.

여기서 사용하는 참여관찰은 사후적으로 정의될 수 있다. 연구자가 특정 이벤트에 참여하는 경우, 언제나 처음부터 연구 계획을 가지고 사건에 개입하는 것은 아니며, 연구계획을 가진 경우에도 이벤트의 전 과정에 자유롭게 개입할 수 있는 것이 아니다. 연구자로써가 아니라 기획자나 행위자, 또는 관객으로 참여할 수 있는데, 사후에 자신의 경험을 연구자료로 활용하는 경우, 참여관찰이라기보다는 회고적 방법이라고 하는 편이 나을 것이다. 만약 기획자로 참여했다면 최소 실험의 상황이 가능하다. 즉 자신의 의도가 실제 퍼포먼스에서 어떻게 실현되

었는가를 사후적으로 검증할 수 있다.1

퍼포먼스과정에 대한 참여관찰의 시간적 제약성을 넘어서기 위한 대안으로 다양한 영상자료를 활용할 수 있다. 5·18에 관한 다큐멘터리 비디오 자료는 풍부한 편이나 실제 5월행사 장면을 찍은 영상자료는 매우 드물어서 연구에 활용할 수 있는 여지가 적다. 다만 2000년의 전야제 장면을 5·18재단에서 찍은 영상자료가 존재한다. 영상자료의 한계는 카메라의 시선에 따라 장면이 결정되므로 참여관찰에 비해 정보를 제한적으로밖에 얻을 수 없다는 점이다. 무대를 찍는다면 관객에 관련된 정보가 사라지며, 반대로 관객의 행동이나 반응에 관심을 갖는다면 자극원에 관한 정보가 사라진다. 이런 약점을 극복하려면 사전에 카메라를 많이 준비하여 여러 각도에서 영상자료를 만들어야 한다.

참여관찰의 항목이나 텍스트 분석의 항목은 연구자에 따라 달라지겠지만, 재현의 경우, 그 텍스트의 장소구속성, 서사성, 의도성, 매체성 등이 중요한 것으로 보인다. 여기서 장소성은 그 텍스트가 광주라는 지역적 맥락에 종속적인가 아니면 독립적인가의 문제를 나타내는 것으로 규정한다. 서사성은 텍스트에 하나의 이야기 줄거리가 확실하게 존재하는가, 상징적 구성에 치중하는가의 문제이다. 의도성은 텍스트의 정치적 의도를 명시적으로 드러내고 있는가, 과거 사전의 전개에 충실한가의 문제이며, 매체성은 언어로 의사를 전달하려고 하는가 몸을 통해 의사를 표현하려고 하는가의 문제이다. 서사적 설명을 지향하는가, 체험을 통한 느끼기를 지향하는가의 문제는 재현의 유형을 구별하는 중요한 기준이 된다.

---

1 1999년의 19주년 행사와 2000년의 20주년 행사에는 필자가 행사의 기획에 관여하였기 때문에 부분적으로 이런 최소실험과 참여관찰을 통한 자료의 확보가 이루어졌다. 특히 축제기간의 재조직과 전야제에서의 재현원리의 적용 등에 많은 관심을 가졌다.

3. 의례체제의 형성과 구조

1) 추모투쟁의 의례화

　1980년대에 '5월행사'는 집합적인 '행사'라기보다는 개별적이고 산발적인 '투쟁'이었다. 그것의 출발은 1980년대 초반의 망월동 참배투쟁이었다. 이들은 점차 5·18 기억이 깃든 핵심처소인 도청 앞 광장의 점거를 지향하는 거리투쟁으로 옮겨갔고, 그것은 국가권력의 5월기억의 망각화에 저항하는 기억투쟁의 양상을 띠고 전개되었다. 이 광장의 점유는 1988년 5월 18일 국민대회라는 이름으로 열린 집회에서 기원한다. 5월투쟁의 핵심이었던 전야제는 1980년 5월의 경험을 재현하는 가장 중요한 장인데, 이것은 1990년 실내 체육관에서 열린 5·18 10주년 기념행사로부터 시작되었다. 전야제는 이후 항상 도청 앞 광장에서 열리게 되었다.

　1990년대의 '半합법'시기에 '5월행사'라는 용어가 자리 잡았다. 그것은 5월 18일을 전후로 한 투쟁의 반복과 주기성에 바탕을 두고 성립한 집단적 실천의 산물로, 이런 투쟁과 이벤트를 의례라는 관점에서 포착하고 있었음을 보여준다. 집회의 정치적 공간이 넓어지면서 '5월행사'는 하나의 의례가 아니라 여러 가지 의례들의 세트가 되었다. 1994년 5·18재단이 설립된 후, 여러 의례와 문화행사를 이끌어가는 중심으로 자리잡으면서 5월행사가 체계화되기 시작했다. 행사체제는 5월 단체들이 요구하는 개별 행사들을 수용하고 또 여러 시민단체들의 기획 이벤트들을 선별하여 지원하며, 5·18재단이 직접 핵심 이벤트를 구상하거나 집행하는 등 세 가지 흐름을 조정하는 내부적 과정, 그리고 이에 필요한 예산을 확보하기 위하여 시정부와 협상하는 외부적 과정을 통해 형성되었다.

5·18의 기념일 투쟁은 1997년 5월 9일, 5·18이 법정 기념일로 제정되면서 새로운 단계로 들어섰다. 5·18의 기념일 제정움직임은 1993년 김영삼 대통령의 5·13 담화가 발표되면서 광주시에서 시 기념일로 제정하도록 희망하자 광주광역시 의회에서 이를 수용하여 국가기념일로 지정하도록 요구한 것으로부터 시작된다. 1995년 말에 여당과 야당이 5·18을 민주화운동기념일로 제정할 것을 정치적으로 합의하였고, 1996년 2월 광주광역시에서 법정 기념일로 제정할 것을 다시 요구하였다. 1997년 4~5월에 이런 움직임이 결실을 맺었다. 5·18의 국가기념일화로 인해 기념일의 문제가 완전히 종료된 것은 아니다. '시민의 날' 문제가 있기 때문이다. 광주시의 시민의 날은 광주시가 광역시로 바뀐 날을 따라 11월 1일이지만, 이를 5월 18일이나 5·18 기간 중의 특정한 날로 옮겨야 한다는 주장이 꾸준히 제기되었다.[2]

　기념의례가 민주화운동과 기억투쟁의 축적에 의해 그 틀을 형성해 갔다면, 보다 적극적으로 그의 성격을 규정하고 의미를 전환시키려는 축제공학적 관점은 정치적 전환기인 1997~1998년 기간에 나타났다.[3] 이것은 축제의 기간, 자원의 집약화, 의례의 예술적 형상화, 이벤트의 텍스트화, 기념공간의 활성화 등을 위한 계획으로 구성된다.

　5월행사가 하나의 기억투쟁으로 출발했다면, 이것의 본질적 구성요소인 추모와 기념은 과거청산의 중요한 원칙의 하나인 명예회복과 정신계승의 영역에 속하는 것으로, 표출적 목적이자 보다 큰 상위목표인

---

[2] 시민의 날을 재지정하는 경우 발생할 수 있는 기념산업의 변화, 즉 기존의 이해당사자들의 반발이나 5월단체들의 이익단체화 추세를 어떻게 관리하는가가 쟁점으로 부상할 것이다.

[3] 나는 1998년에 5·18 행사, 특히 전야제를 '혁명축제'로 보고, 의례다듬기가 필요하다고 주장했다(정근식, 1999, 99~104). 여기에는 축제의 이념, 주체, 내용, 자원동원의 방식, 축제기간, 시공간적 재규정, 예술적 형상화 등이 포함되었다.

민주화를 달성하기 위한 도구적 수단으로서의 의미를 획득하게 된다. 여기에서 드러나는 핵심적 과제는 무엇을 재현하는가와 함께 어떻게 재현하는가이다.

1970년대 이후 사회운동의 연구가 자원동원모델로부터 정체성을 중심으로 하는 문화적 접근모델 강조로 이행하고 있지만, 이론적으로나 실천적으로 더 중요한 것은 운동의 레파토리, 즉 사회운동의 의제는 어떻게 선택되는가, 또는 어떤 의제가 운동을 성공으로 이끄는가이다. 사회운동의 주체들에게 운동의 전략보다 더 일차적인 것은 운동의 의제이다. 사회운동의 형성과정을 분석해보면, 운동주체가 운동의 의제를 선택하지만, 동시에 사회운동의 의제가 운동주체를 규정하기도 한다.

기념행사의 규모나 성격에 영향을 미치는 요인들은 정치지형, 주기성, 자원 또는 예산, 기획주체의 의지나 능력, 선행모델 등이다. 정치지형과 여기에서 구조적으로 배태되는 정치적 이슈는 기억투쟁의 운동성을 결정한다. 5월의례는 주기적 성격을 지닌다. 이것은 매년마다 이루어지는 연례행사이면서, 5년 또는 10년의 주기성이 행사의 규모나 방향을 결정하는데 작용한다. 이것은 시민이나 지방정부의 관심도에 큰 영향을 미치는 요인이다. 이와 밀접하게 연관되는 것으로 재정(수입과 지출)문제가 있다. 5월행사의 경우, 필요한 자원은 주로 시의 보조금에 의존하였으며, 시민들의 성금이나 행사주체의 자원이 차지하는 비중은 매우 적다.

5월행사는 실제로 시작되기 수 개월전에 기획단이 조직되고 여기에서 운동의 방향, 전략 등을 결정한다. 기획주체는 5·18재단 기획단이다. 이 행사는 매년 주기적으로 치루어지므로 기획의 노하우는 지속적으로 누적된다. 이 때문에 행사기획에서 선행모델은 중요한 참고가 된다. 각 행사의 버전은 2000년 모델과 2001~2004년 모델로 구분된다.

　참여와 동원의 범위는 대체로 광주시에 국한되지만, 2000년부터 점차 이 범위를 넘어서는 경향이 생겼다. 5·18의 전국화라는 합의된 열망에 따라 광주시 밖의 단체들이 행사를 기획하고 지원을 요청하는 경우 적극적으로 지원이 고려되어왔다. 개별 행사들은 '공모'의 형식을 거쳐 지원이 결정된다. 이것은 행사 참여자들로 하여금 상당기간의 준비를 거치게 하는 기능을 한다. 그러나 유가족이나 부상자, 구속자등 이른바 당사자단체의 행사는 반복적인 성격을 갖게 되는데, 행사의 기획조정자들은 이런 반복적이고 당연시되는 행사를 가급적 억제하려 시도하므로, 이들과 5·18재단의 기획책임자들은 상당한 긴장관계 속에 놓이는 경우가 많았다. 자원의 분배에서 '나누어 먹기'는 회피되지만, 정치적 현안이 발생할 때 이를 돌파할 수 있는 도덕적 명분과 동원력을 이들이 갖고 있어서 이들의 요구를 무시할 수 없다.

　기억의 재현은 시공간적 속성을 가진다. 기념일과 기념장소의 선택, 기념물 조성은 모두 재현프로젝트의 중요한 구성항목들이면서, 동시에 일단 제도화되면, 이후의 기념행사의 외부적 환경이 된다. 사건이나 이벤트적인 기억재현의 중심 장은 전야제이다. 전야제는 초기의 정치투쟁의 국면에서는 기획의 수준이 낮았지만, 점차 제도화되면서 기획의 수준이 높아지고 있다. 즉 전야제는 임의적이고 즉흥적으로 진행되는 것이 아니라 대본을 작성하여 연출하는 방식을 도입하였다. 전야제를 만들어가는 과정은 일종의 정치사회적 시민교육과정이고 지역사회의 진보적 문화역량이 제고되는 훈련장이기도 하다.

　1990년대의 5월운동은 5·18항쟁의 합법화, 정당화를 지향해왔는데, 이는 구체적으로 5·18묘지의 국립묘지화, 5·18의 국가기념일화로 나타났다. 이런 조치에 따라 이들을 관리하는 부처가 지방정부에서 중앙정부로 옮겨가게 되었다. 이런 변화는 그동안의 5월운동의 진전에 따른 결과이지만, 동시에 이런 조치에 따라 기념의 방식이 달라진 측면도 있다.4 그러나 이런 조치가 과거에 비해 시민참여가 활성화된다는 것을 의미하는 것은 아니다.

주지하듯이 오늘날 이 '5월행사'는 합법적인 공공의례이자 정치사회적 민주화를 추동하는 일종의 혁명축제이지만, 이를 의례체제의 시각에서 분석할 수 있다. 이는 상징이나 이념, 조직, 자원, 실천행위 등으로 구성되며, 동시에 이들이 결합하여 작동하는 방식을 포함한다. 상징이나 이념은 매년 행사에서 제시되는 명시적 비전이나 구호로 표현된다. 조직은 보통 행사위원회라고 하는 명목적인 조직과 실제로 기획과 활동을 동원하는 실무조직의 이중적 구성원리에 의해 이루어진다. 행사위원회는 전국적 명망성을 가진 인사들로 구성되며, 그 중심에 5·18재단 이사장이 있다. 실무조직은 기획기능과 자원동원 및 집행기능으로 구분된다. 기획기능은 5·18재단의 기획위원회가, 집행기능은 5·18재단의 상근인력이 담당한다. 5·18재단의 업무가 5월행사 기간에 집중되므로 상근인력만으로는 감당할 수 없으므로 다양한 자원봉사자들을 필요로 한다. 상근인력의 일이 5월행사기간과 기타 기간에 너무 큰 불균형을 보이므로 점차 5월행사 기간이외의 다른 기간에 항상적으로 수행할 수 있는 사업들을 계발할 필요가 있다. 이것은 보다 큰 규모의 재정을 필요로 한다.

5·18행사의 규모는 개별 단체들의 자발적 자기표현욕구에 기초하는 것이면서, 행사위원회와 그 핵심구성인 5·18재단의 자원동원능력에 의존하지만, 이것은 보다 큰 거시적 요인으로서의 정치적 지형, 그리고 주기성의 종속변수이기도 하다. 5·18 행사에 참여하는 각 단체

---

4 이와 유사한 현상은 노라가 편집한 "기억의 터전"에 실려 있는 아말비의 "7월 14일 – 분노의 날에서 축제의 날로"를 참조할 수 있다.

들은 서로 다른 방식으로 추모와 재현, 정치적 요구를 표현하지만, 이들을 하나의 체제 속으로 끌어 들이는 것은 민주화에 대한 공통의 인식과 자원분배에의 참여의지이다.

5월항쟁의 기억을 어떻게 재현하는가에 있어서 핵심적인 쟁점은 '5월정신'의 해석문제이다. '5월정신'은 5월행사(축제)의 기본 이념을 이룬다. 그러나 5월정신에 관한 합의된 규정이 없다. 5월정신의 해석에서 '자치와 나눔'을 강조하는 대동정신/꼼뮨론, 국가폭력과 인간존엄성을 강조하는 평화/인권론, 그리고 1980년 5월의 국가폭력의 배후에서 드리워진 미국의 책임을 강조하는 민족자주론이 경쟁하고 있으며, 경쟁의 양상에 따라 재현이 양상이 달라진다. 1997년 이후 '민주에서 통일로'라는 구호가 핵심적 표현으로 등장하였는데, 시민들은 이에는 찬동하지만, 미국책임론이나 이의 슬로건화에 있어서는 미묘한 차이를 보여준다.

2000년의 행사를 집약하는 주제는 〈천년의 빛 5·18〉이었고, 부제는 〈평화, 통일, 인권의 세상으로〉였다. 의례체제는 행사위원회와 집행위원회, 행사 기획단 등으로 구성되었다. 행사위원회가 명목상의 대외적 조직이라면, 집행위원회는 실질적인 대내적 조직이었다. 행사의 주제나 기본방향은 기획단에서 구상하였다. 2004년의 행사를 집약하는 주제는 〈평화와 연대〉였고, 주제어로 〈5월, 인류는 평화를 꿈꾼다〉를 내세웠다. 즉 2000년 이후 5·18 행사는 '평화'라는 주제가 명시적으로 부각되었다. 그러나 이를 하나의 관념으로써가 아니라 실제의 운동으로 추동하는 조직적 요소는 별로 실현되지 않았다.

의례체제는 행사위원회와 그 아래에 집행위원회, 상설기획단 등으로 구성되었다. 2000년과 다른 것은 기획단의 상설화에 따른 활동기간의 장기화였다. 이들은 광주의 시민사회단체연대모임에서 1인씩 파견하는 방식으로 총 7명으로 구성되었고 기획단장은 5·18재단의 사무처장이 맡았다. 이로 인해 2004년의 행사들은 공모가 아니라 행사위원회의 기획을 통해서만 가능하였다. 2000년의 행사위원회가 전국적인 명망성에 의존하였다면, 2004년의 행사위원회는 지역인사를 중심으로 구성되어 실질화를 기했다. 또한 기획과 실무가 모두 재단내로 흡수되는 경향이 강화되었다.

2) 의례체제의 시공간적 배치

2000년의 경우, 의례체제를 구성하는 행사들은 기본행사, 전국화행사, 국제행사, 계승행사, 단체행사, 5·18단체 주관행사, 종교행사, 민중문화예술제 등 8개 범주로 구분되었으며, 모두 64개 행사가 이루어졌고, 이중 5·18재단의 지원을 받은, 즉 의례체제에 포섭된 행사는 53개였다. 이 때의 기본행사는 전야제, 추모제, 폐막제로, 폐막제의 내용은 록 페스티발이었다.

2004년의 경우, 행사의 편성원칙을 시민참여형으로 하였다. 이때의 행사는 기념, 정신계승, 문화예술, 시민참여, 청소년, 국제연대, 타지역, 기타 행사로 구성되었는데, 이들의 분류기준이 모호하거나 여러 가지 기준에 의한 것이다. 2000년의 '기본행사'는 2004년에는 기념행사와 정신계승행사로 구분되었다. 기념행사는 추모제, 부활제, 민주기사의 날로, 정신계승행사는 정신계승국민대회, 전야제, 해원상생 한마당으로 구성되었다. 이들은 각각 5·18민중항쟁 유족회, 5·18민주유공자 항쟁동지회, 5·18 민주기사동지회, 민중연대, 그리고 전야제 연출단에 의해 주관되었다.

2004년의 경우 기념행사는 광주와 전남 이외에 서울, 부산, 대구, 대전, 전주 등지에서 열렸다. 기념행사는 일정별로 관리되는데, 광주에서의 일차적인 기념행사는 5월 17일 혼맞이 굿으로부터 이어지는 전야제로부터 시작하여 5월 27일 부활제로 폐막되며, 이 기간에 각종 문화예술행사가 배치된다. 이 가운데 오랫동안 지켜온 5월 20일의 민주기사의 날이 있다. 추모제, 전야제, 기념식, 민주기사의 날, 부활제, 정신계승 국민대회가 기념행사를 구성하는 핵심 내용이다. 의례체제에 포함된 행사의 공간은 망월동-금남로-5·18 자유공원 및 기념공원이라는 삼각구조를 가졌다. 이것은 1995년에 마련된 5·18 기념을 위한 기본계획의 구상이 명확히 실현된 것을 의미한다.

누구의 기념일인가라는 시각에서 행사체제를 분석하면, 거기에는 유족과 '민주기사', 의식적 활동가 등의 특수한 이해들이 얽혀 있고, 그것은 5월 17일이나 18일, 21일, 27일 등 특별히 기념해야 할 날들로 분화되고 있다. 축제는 성과 속의 분리에 기초하므로 성스러운 공간, 그리고 성스러운 시간에 이루어진다. 이런 시공간적 구획에서 축제가 시작되는 의례가 전야제이고, 끝나는 의례가 부활제이다.

5월행사를 의례공간의 측면에서 보면, 전남도청 앞 5·18 민주광장을 중심지로 하여 5·18묘지, 5·18자유공원과 5·18기념공원, 전남대 5·18광장이 가장 많이 활용된다. 공적 의례나 축제의 공간은 '성스러운 공간'으로, 닫혀진 공간이기보다는 열려진 공간이기가 쉽고, 역사적 현장성을 가진다. 광주에는 5·18을 기념하는 장소가 많은데 이들은 대부분 5·18의 기억이 배어있는 '현장'이지만, 모두 '5·18'이라는 이름이 붙어 있는 것에서 알 수 있듯이 사후적으로 구성된 공간이다. 이 성스러운 의례공간은 단초공간과 중심공간, 그리고 주변공간으로 위계화된다. 단초공간이 5·18묘지라면, 중심공간은 도청앞 5·18광장이다. 5·18 기념공원과 자유공원은 구속자들의 공간으로 인식되고 있는데, 이는 상징적 기념지도에서 주변에 위치하고 있지만, 근래에 5월행사의 전시 및 퍼포먼스의 공간으로 자주 활용되고 있다.

단초공간인 5·18묘지는 삶과 죽음의 경계이고, 또 죽음과 부활의 경계이다. 이를 통해 삶-죽음-새로운 삶의 연쇄가 가능해진다. 이는 '1980년 5월'의 최후의 공간이자 '5월운동'의 최초의 공간이며, 죽음이 현존하는 공간이자 항상 의례가 시작되는 출발점이다. 이곳에서는 추모제와 기념식이 열린다. 이에 비해 도청앞 5·18광장은 1980년 당시 시민들의 집회가 열렸던 장소로 5·18 기억의 중심공간이다. 이 곳은 1990년 이후 각종 기억투쟁에서 시민들이 점유해야 하는 공간으로 욕구되었으며, 실제로 매년 5·18전야제가 열리는 곳이었다. 1년 중 오직 한번 시민들에게 개방되는 공간이자 시민들이 점유하여 새로운 기억을 만들어내는 기억의 재생산공간이다. 시민들은 이 공간의 점유를 당연시하면서 이를 통해 1980년 5월의 시민들과 합일되는 경험을 반복하지만, 이것이 시민들에게 특별히 의식되지는 않는다. 공간 점유가 국가권력과 시민권력의 타협이 만들어낸 지점에 위치하고 있다.

그렇다면 단초공간과 중심공간은 아무런 연관 없이 양립하고 있는가. 그것은 아니다. 이들은 서로 연결되어야 할 내적 필연성이 있고, 이를 실현하는 것이 의례적 실천이다. 오래 전부터 실시된 자전거 대회가 이들을 잇는 노선에서 이루어졌고, 최근에 시작된 5·18기념 마라톤 또한 이 두 지점을 잇는 상징적인 집합행위이다. 2001년부터 만들어진 전야제의 상징인 '혼 불러오기'도 이 선분적 도로를 따라 행해진다. 2004년의 경우 기념행사는 광주와 전남 이외에 서울, 부산, 대구, 대전, 전주 등지에서 열렸다. 이들은 기념행사의 공간적 장에서 '주변'을 구성하고 있지만, 5·18정신의 전국화라는 패러다임에서 보면, 매우 중요한 점으로서의 의미를 갖게 된다.

5·18 기념행사를 시간의 측면에서 보면 어떤가. 기념행사는 일정별로 관리되는데, 중심적인 기념행사는 5월 17일 혼맞이 굿과 전야제를 거쳐 5월 27일의 부활제로 폐막되며, 이 기간에 각종 문화예술행사가 배치된다. 이 기간에 오랫동안 지켜온 5월 20일의 민주기사의 날이

자리잡고 있다. 추모제, 전야제, 기념식, 민주기사의 날, 부활제, 정신계승 국민대회가 기념행사를 구성하는 핵심 항목들이다. 이런 핵심항목들은 1980년대의 추모투쟁기간에는 분화되지 않은 채 한두개의 이벤트 속에 섞여 있다가 1990년대 후반에 이르러 시공간적으로 분화되어 현재의 모습을 갖추었다. 의례의 시공간적 분화는 개별 이벤트들을 주도하는 집단의 자기정체성을 뚜렷이 드러내고 싶은 욕구의 산물이다. 5·18을 국가기념일로 인정받으려는 노력도 이런 분화와 체계화에 작용한 요인이지만, 이런 항목들의 분화, 즉 의례체제의 형성은 1980년 5월의 사건의 충실한 재현을 원리로 한다. 즉 전야제가 사건의 시작과 상응한다면, 민주기사의 날은 사건의 전환, 부활제는 사건의 종료와 대응하고 있다.

의례체제의 시공간적 배분은 '시장질서'와 의도적 기획의 함수이기도 하다. 개념상 시작으로서의 전야제는 끝으로서의 부활제가 없으면 사실상 전야제가 아니지만, 이 전야제는 일찍부터 '전야제'였다. 그것이 출현할 때의 의미는 5월 18일에 대한 것이었지만, 점차 의례체제의 형식적 완성이라는 요구에 따라 전체 행사에 대한 것으로 의미가 전환되었다. 그러나 개별 이벤트의 조직화가 '시장 질서'에 따르기 때문에, 전야제 이전에 수많은 이벤트들이 시간적으로 선행하는 것을 억제하기 힘들다. 기획자들의 재정지원능력이 행사의 시간적 배치에 영향을 미친다. 모든 행사가 지원에 따른 통제의 영역 속에 위치하는 것은 아니므로 전야제 이전에 열리는 행사가 만들어진다.

2004년에 이르면, 축제의 끝으로서의 폐막제가 '해원상생 한마당'으로 열렸는데, 이것은 거리행렬굿, 고풀이와 씻김, 시민군들의 당부, 보내는 소리, 솟대모시기, 뒷전 등으로 구성되었고, 이것은 전야제 연출단이 기획한 것이다. 그러나 축제의 또 하나의 폐막의례로서의 부활제가 5·18 민중항쟁동지회의 주관으로 열려 중복되는 측면이 있었다.

4. 전야제의 텍스트와 실행

　전야제는 사건이 발발한 날을 맞이하고, 또 5·18주간을 여는 성스러운 도입의례이다. 속세의 시간에서 벗어나 성스러운 시간으로 진입하는 과정은 과거를 현재로 끌어옴으로써 이루어지는데, 그 방식은 항상 시민들의 집합적 경험, 또는 기억에 바탕을 두고 구성되어야 했다. 5월의례에서 전야제는 매우 중요한 비중을 차지한다. 전야제는 과거를 반복적으로 주기적으로 호명하는 것이지만, 동시에 그런 호명이 독특한 정치지형에서 이루어진다는 점을 주목해야 한다. 지금까지 연출된 전야제에서 가장 전형적인 모델은 2000년 전야제와 2003년, 2004년 전야제이다. 여기에서는 그 이벤트의 대본 및 비디오를 분석하여 서로 다른 두 유형의 특징을 확인할 것이다.

1) 2000년 전야제의 구조

　축제로서의 전야제는 죽은 자와 산 자가 만나는 장이며, 현재의 열망을 과거의 기억에 기대어 표현하는 장이다. 이것은 시민들의 집단적 염원이나 열망을 반영할 뿐 아니라 보다 직접 언어로 표현하며 기호나 상징을 통해 현재의 열망을 구성하는 장이다. 전야제는 죽은 자를 불러내는 의례, 과거의 경험을 재현하는 의례, 그리고 현재의 열망을 투입시키는 의례로 구성된다. 축제로서의 전야제는 '성스러운 장소' 또는 '성스러운 공간'에서 이루어진다. 역사적 희생의 현장은 의례를 통해 '성스러운 장소'로 되는 경향이 있고, 또 이후의 반복되는 의례의 장소적 출발점이 된다. 성소는 그에 합당한 독특한 경관을 가지고 있다. '성'이라는 개념은 인간행위에서 제한이나 금지를 함축하고 있는 것으로, 일상적 사물이나 장소와 멀리 떨어져 있는 것이어서, 그것의 특별한 중요성이 인정되고, 그에 관련된 규칙이 준수되어야 하는 것이다. 즉 성스러움은 분리, 경의, 행위규칙 등을 수반하고 있다(Hubert, 1994, 11).

5·18 기억의 의례적 재현으로서의 전야제는 두 개의 모델이 있다. 이들의 비교는 텍스트의 차원과 퍼포먼스의 차원으로 구별된다. 전야제는 아무런 준비없이 즉흥적으로 이루어지는 것이 아니라 대본에 의해 이루어진다. 이에 따라 사회자와 청중의 관계, 집합적 기억의 재현방식이 규정된다.

2000년의 전야제는 형식상, 제의, 집회, 행진의 요소를 결합하였고, 기억재현의 요소는 횃불, 꽃상여, 장갑차 등이었다. 재현은 단지 5월운동가 뿐 아니라 1980년 당시의 항쟁에 참여한 바가 있는 시민들의 욕구에 의한 것이기도 하다. 2000년의 행사기획소위원회는 전야제 행사를 하나의 작품으로 보고 총감독제를 채택했으며, 광주 MBC의 오창규 프로듀서를 총감독으로 선임하였다. 그는 공식 다큐멘터리인 '5·18광주항쟁'을 5·18재단의 요청으로 제작하였고, 2000년 5월에 방영하였다. 총감독은 의례적 재현의 방법에 관하여 숙고하였다. 재현의 관한 관심은 1990년대 후반기에 증폭되었다. 그는 1999년 오키나와의 제3회 동아시아 평화인권국제회의에 참가하여 이듬해인 2000년 제4회 국제회의가 광주에서 열린다는 것을 알고 있었기 때문에 해외에서 온 이 대회의 참여자들로 하여금 전야제에 참가하여 5월의 상징인 횃불행진을 할 수 있도록 하고, 동시에 참여자 자신의 현재적 요구를 표현하게 함으로써, 1980년과 2000년이라는 과거와 현재, 그리고 지역성과 국제성이 어우러지도록 기획하였다.

2000년 전야제 대본은 하나의 흐름으로 구성되어 있고 각각의 장면을 구분하는 장치가 설정되어 있지 않다. 두 명의 사회가 서로 대사를 주고받으며 동시에 상황에 반응한다. 이들은 상황을 도입하고 설명한다. 과거의 기억을 재현하는 방식은 독특하다. 전야제는 해가 지는 시각에 시작된다. 퍼레이드 형식으로 이루어진 재현은, 맨 앞에 대형 태극기와 꽃상여가 선도하고 이들의 뒤를 따라 차량시위대가 행진하는 것으로 시작된다. 이들은 1980년 5월 14~16일의 민족민주성회와 20일의 차량시위의 기억을 결합한 것이다. 행렬은 과거의 시위로를 따라 무등경기장을 출발하여 초점장소인 도청 앞 광장으로 들어오는 형식을 취하는데, 버스, 트럭, 택시 등 70대로 구성되었다. 1980년의 차량시위가 사건의 운명을 바꾼 결정적인 시위였다면, 이들의 행렬은 과거를 기억하도록 하는 퍼레이드이다. 이의 뒤를 따라 인근 광주공원에서 출발한 295개의 횃불을 든 사람들과 나름대로의 정치적 구호가 쓰여진 20개의 만장을 든 사람들, 모두 합하여 600명의 시민들이 뒤따른다. 횃불의 수는 1980년부터 20년간 5·18과 관련하여 사망한 사람들의 수를 상징하며, 이를 들고 행진한 사람들은 동아시아 평화와 인권을 주제로 모인 외국인이나 동남아시아 민주화과정에서 희생된 사람의 유가족, 그리고 제주나 그 밖의 지방에서 온 사람들, 자원봉사자들이었다. 꽃상여는 과거와 현재의 거리를 확인하고 이들을 합치시키는 매체이다. 이 행렬은 희생자들이 뒤늦게 명예를 회복하고 살아남은 자들에 의해 '꽃상여'로 모셔지는 것을 상징한다.

 꽃상여와 함께 과거를 재현하는 매체는 시위에 참여한 버스 한대로, 여기에는 당시의 플래카드, 태극기를 흔드는 청년이 구성요소로 설정되며 김밥으로 상징되는 광주 공동체와의 대화장면이 이어졌다. 이어 당시 광주의 인구 70만을 상징하는 70만개의 꽃가루가 뿌려지고, 계엄군의 위협을 가시화하기 위하여 헬리콥터가 동원되었다. 또한 당시의 치열한 대치상황을 표현하기 위하여 계엄군을 상징하는 모형장갑차가 등장하며 이들이 꽃상여와 옥신각신하는 장면, 시민들에 대한 발포를 상징하는 총소리, 그리고 풍물패가 몰려와 꽃상여를 지원하여 승리를 획득하는 장면이 설정되었다. 계엄군 퇴각과 함께 차량시위대가 빠져 나가고 횃불을 든 사람들은 무대 앞에 정좌하면서 '사랑도 명예도 남김없이'로 시작되는 〈임을 위한 행진곡〉과 '꽃잎처럼 금남로에 뿌려진 너의 붉은 넋'으로 시작되는 〈5월의 노래〉를 부름으로써 새로운 장면으로 전환된다. 새로운 장은 행사위원회 위원장의 환영 메시지 낭독과 정치적인 이유로 한국방문이 금지되었던 재일 한국인 2세의 방문 인사로 시작되며, 항쟁 판소리와 함께 록 콘서트로 이어진다. 이 록 콘서트에는 전야제의 역사에서 최초로 오키나와의 평화주의 밴드, 대만의 소수민족 밴드, 그리고 한국의 유명 밴드 등이 출연하여 광주의 국제성과 자유 및 평화를 향한 의지를 드러내려고 하였다.

전야제 참여자들은 항상 금남로 쪽에서 도청을 바라보는 방향으로 운집하며, 앞부분에는 연좌하는 방식으로 집회가 이루어진다. 참여자들은 개인들도 많지만 학생들이나 노동조합 등 민중운동 조직이 집단적으로 참여한다. 이들은 인근의 공원에 모여서 출발하거나 자신들이 소속한 대학이나 직장에서 행진하여 자연적인 시위행렬을 이루면서 집회장소에 도착한다. 깃발을 앞세우고 행진하며, 때때로 횃불을 들고 행진한다. 이들이 전야제 군중의 핵심을 구성한다. 시간적으로 보면 대체로 오후 6시나 7시에 전야제가 시작되며, 행사는 2부로 구성되거나 3부로 구성된다. 대체로 1부는 행사의 도입부이며 모이기에 해당하고, 또 제의의 형식을 차용하고 있다. 모이는 과정은 때때로 5·18 기억의 재현과정과 겹친다. 이 재현에서는 횃불, 장갑차, 몽둥이를 든 병사, 상여, 차량, 그리고 주먹밥 등이 상징적 구현물로 사용된다.

횃불행진은 1980년 5·18이 발발하기 직전인 5월 16일의 민족민주화 대성회라는 집회에서 유래한 것으로 민주주의에의 희망을 나타낸다. 이 횃불행진은 1980년대의 홍성담의 판화에서 재현되었고, 2000년에 이벤트로 재현되었다. 이 재현이벤트에서 횃불은 295개가 사용되었으며, 그 수는 1980년 이후 2000년까지의 희생자를 상징한다. 횃불행진에서 중요한 점은 이를 외국인들이 들었다는 점이다.

횃불행진과 함께 대형 태극기의 행진 또한 1980년 시위의 재현이자 현재의 행사가 갖는 '국민의례'적 상징물이다. 1980년 5월, 희생자들의 주검을 상무관에 안치했을 때 태극기로 이들을 감쌌으며, 망월동에 매장하였다. 1997년 망월동 묘지에서 5·18묘지로 이장할 때 이 태극기가 발굴되어 기념관에 전시되었다. 5·18 투쟁기간에 시민적 상징으로 사용된 태극기는 상황에 따라 그 의미가 달라지지만 전반적으로는 항쟁의 공화주의적 의미를 구현하는 것이었다.

2000년의 전야제에서 등장한 장갑차는 계엄군의 진주나 잔혹한 탄압을 상징하는데, 종종 몽둥이를 든 병사와 함께 재현된다. 최초의 전야제 기획에서는 군의 협조를 얻어 실제 장갑차를 사용할 것을 고려했으나 결국 모형을 사용하였다. 계엄군의 또 다른 상징으로 2000년의 전야제에서는 군의 협조를 얻어 헬기를 띄우려는 시도를 하였다. 모형 장갑차에 대응하는 상징요소가 꽃상여이다. 이는 죽음을 뜻하는 것으로 한국의 시위문화에서 자주 민주주의의 사망을 의미하는 것으로 사용되어 왔다. 5·18의 과정에서 시민들의 승리의 중요한 계기였던 차량시위도 자주 재현된다. 차량시위는 전야제에서의 기억의 재현의 한 요소이지만, 이와는 별도로 실제로 차량시위가 있었던 5월 20일은 민주기사동지회에서 보다 큰 규모의 차량시위를 재현하고 있다.

전야제에서 공동체적 단결의 상징은 주먹밥 나누기이다. 이런 5·18의 재현은 '거리굿'이라는 이름으로 이루어졌다. 전야제는 1980년 5월 22일부터 26일까지 진행된 국민대회의 재현이기도 하다. 전야제의 장소와 형식, 내용은 큰 틀에서 국민대회의 재현이다. 전야제에서 가장 재현하기 어려운 부분이 27일의 마지막 도청전투와 희생자들에 대한 의미부여이다. 시민군들의 부활을 표현하기가 매우 어렵기 때문에 종종 이것의 재현은 생략되고 3부의 노래공연으로 이어진다. 당연히 이 노래들은 이른바 5월 노래들, 즉 임을 위한 행진곡, 광주출정가들을 중심으로 하여 초청된 가수들의 노래들이 덧붙여 불려졌다. 3부가 노래공연으로 이루어지는 것은 이튿날이 시작되는 시간까지의 빈틈 메꾸기의 의미도 없지 않으나 부활의 기원, 또는 축제로 전환시키는 의례적 진행의 의미도 있다.

전야제에서의 재현극은 1980년 5월의 연속된 사건들이 놓여 있는 시간을 절단하여 핵심적 요소들을 분리하여 추출한 다음 이를 몇 개의 상징적 행위로 전환시켜 재구성한 것이다. 이는 원래의 사건에 최대한 가깝게 다가가기 위하여 사건이 발생한 핵심적 장소를 재점유하게 된다. 이런 점유가 원래의 사건에서처럼 '적'과의 대립과 격렬한 투쟁 속에서 이루어지면 더욱 재현의 의미가 살아난다. 1988년 도청앞 광장에 대한 최초의 점유가 발생한 이래 1991년부터 1992년까지의 도청앞 광장의 점유는 이런 모델에 가까웠다. 그러나 1993년 전야제가 합법화된 이후에는 점유는 아무런 충돌없이 '당연하게' 이루어졌기 때문에 투쟁을 통한 장소의 점유의 의미는 사라졌다.

전야제의 입장 행렬은 항상 일정한 방향을 가진다. 시민들의 인지지도에서 금남로는 항상 도청을 향해 있지 도청을 등지고 있지 않다. 길은 쌍방향적이나 입장행렬은 일방향적이다. 즉 무대가 되는 장소에 접근하는 입구와 출구가 정해져 있는 셈이다. 커처가 지적했듯이 극적 요소는 종종 의례를 매우 효과적인 것으로, 그리고 오랫동안 기억하도록 만드는 요소이다(Kertzer, 88~89). 횃불행진은 두 가지 측면에서 드라마적 요소이다. 민주주의가 확립된 나라이거나 아직 횃불행진을 할 자유가 없는 나라의 외국인들은 횃불행진을 할 수 있는 기회가 없고, 또 광주의 시민들은 외국인들이 횃불을 들고 행진하는 것을 볼 기회가 없다. 이것은 민주화 이행기에 나타나는 한국의 시민들이 가지는 독특한 경험이다.

2) 2004년 전야제의 구조

2000년의 전야제가 5·18의 경험을 구성하는 요소들을 추출하여 이를 조합하는 구성모델에 가까웠다면, 2003년과 2004년의 전야제는 전통적 초혼모델, 또는 빙의모델에 기대고 있다고 할 수 있다. 2000년 모델에서의 재현의 방식은 서술적이며, 시각적이고, 사실주의적이라는 특징을 갖는데, 2003년과 2004년의 모델에서의 재현의 방식은 이와 달랐다. 2003년의 전야제를 보면, 크게 4부로 구성된다. 이보다 좀더 세련된 것이 2004년의 전야제이다. 2004년의 전야제는 마당극 형식을 빌어 치루어졌으며, 체험이 강조되었다.

2004년 전야제 대본에 따르면, 앞마당을 제외하고 5개의 마당으로 구성되어 있다. 앞 마당은 망월동 묘지와 5·18묘지에서의 혼맞이굿이며, 1마당이 거리행렬굿, 2마당이 혼불모심, 3마당이 '대동의 신명'이라는 이름의 '5월중싸움', 4마당이 체험마당-5월 그날의 함성으로, 5마당이 '평화를 위하여'이다. 이벤트가 이루어지는 장소는 5·19 묘지, 도청앞 광장과 금남로, 그리고 전자로부터 후자로 이어지는 도로이며, 이벤트의 시간은 오후부터 밤까지이다. 과거의 재현은 앞마당의 신묘역에서 한번 이루어지고, 4마당인 체험마당에서 다시 한번 이루어진다. 전자에서 서사는 '역사의 문'에서부터 시작하여 계엄군 도착, 쓰러지는 5·18영령들, 시 '학살' 낭송, 미군등장, 다시 쓰러지는 영령, 어머니 등장, 씻김, 길베 가르기, 종천맥이로 나타난다. 이 서사의 흐름에서 미군의제는 매우 중요한 주제이다. 후자에서의 재현은 차량시위 체험, 주먹밥 체험으로 구성되어 있는데, 참여자는 현장에서 신청자를 받아 실시한다. 여기에서 알 수 있듯이 2004년의 전야제 구성의 특징은 시각적 재현에서 신체적 체험으로 초점이 이동하고, 즉흥성, 임시성, 상황적 창조성이 미리 전제되어 있는 텍스트이다. 또한 '미군문제'가 강조되어 있다. 이것은 사건의 배후에 있는 구조적 권력의 문제를 가시화하는 방식을 나타내는데, 직접 사건을 경험하지 않은 젊은 세대에게 이 체험은 현실로 재구성된다. 이 텍스트는 2000년의 '의례체제' 외부의 요소들이 체제내화 되었음을 보여주는 것이다. 현실에서의 해결불가능성이 축제라는 가상현실에서 표현되어 있지만, 동시에 현실의 모순들을 하나의 요인으로 귀인시키는 측면이 있다.

2004년의 대본에서 1980년 5월의 경험은 다섯번째 마당 〈평화를 위하여〉라는 부분에 배치되어 있다. 이 마당은 세부분으로 구성되어 있는데, 첫째는 〈전쟁과 파괴〉, 둘째는 항쟁, 셋째는 〈우리가 함께 만드는 평화〉이다. 여기에서 둘째 마당이 1980년 5월을 재현한 것이다. 이것은 5월의 노래, 진군의 북소리, 끝나지 않은 투쟁이라는 제목의 운동가요(희망새), 그리고 메시지 낭독의 순서로 진행되었다. 과거의 기억에 대한 재현은 대부분 노래로 처리되었고, 북 연주를 통해 과거를 회상하는 매우 간략한 방식이었다.

2000년 모델과 사뭇 다른 전야제 모델이 왜 2001년 이후 성립했는가. 우선 기획 주체의 교체를 지적할 수 있다. 2000년의 전야제에는 5·18재단이 주도하는 전야제와 이에 반대하고 민중운동지향적 집단의 전야제가 분리된 채 병렬적으로 이루어졌다. 2001년부터 5월행사의 주체는 통합되었다. 정확히 말하면 전야제 기획에 민중운동 집단이 더 많이 참여하면서 실제로 이를 주도적으로 구상할 수 있게 되었다. 이것이 가능할 정도로 정치지형이 많이 민주화되었고, 6·15 정상회담이후 분열된 입장의 거리가 크게 좁혀졌다는 점, 행사위원회의 수용이 폭이 커졌다고 표현하거나 그만큼 기존의 민중운동진영이 의례체제 안으로 편입되었다고 말할 수 있을 것이다. 그러나 역사적 경험의 사실주의적 재현의 의지는 많이 약화되었다. 2004년의 전야제는 민예총과 '민중연대'를 핵심으로 하여, 노동문화운동이나 놀이패 신명 등으로 구성된 연출단에 의해 기획되었다.

3) 텍스트와 퍼포먼스

우리는 여기에서 대본과 수행의 차이에 관해 언급할 필요가 있다. 실제로 이루어지는 퍼포먼스는 대본에 완전히 종속되지는 않는다. 대본은 실제로 전개된 관객의 수와 이들이 연출하는 독특한 분위기, 그리고 스펙타클을 통한 일체감을 포함하고 있지 않다. 그것은 임시적이고 출현적이며, 상황의존적이다. 퍼포먼스에 참여하는 행위자와 관객의 관계도 상황에 영향을 받는다. 2000년 모델의 대본은 1990년대 전야제 연출의 경험이 누적된 것으로, 20주년이라는 주기성이 크게 작용하였고, 텍스트 작성에 전제가 되는 자원동원의 가능성이 어느 때보다 높았다. 국내외에서 광주를 방문한 외국인이나 타지인의 방문계획이 존재하고 있어서 이들을 적극적으로 이벤트에 참여시킬 수 있었다. 2000년 전야제를 담당한 오창규의 증언(2004.3.22)에 따르면, 사건 자체의 재현 불가능성을 인식하면서, 사건의 이미지나 상징성을 재현하는 것을 테마로 삼았는데, 이 때 사건이 가진 '깨지고 터지는 이미지' 보다는 '흐뭇함, 승리와 환희, 사랑' 등의 이미지를 재현하는데 주력하였다고 회고하였다. 이런 의도는 실제로 대본을 수행할 수 있다고 생각되는 시민청중이나 자원봉사자들의 사회정치적으로 훈련되고 교육된 몸짓의 존재를 전제로 실현가능하다.

2000년의 퍼포먼스는 관객이 6만명으로 추산된 장엄한 스펙타클을 연출했다. 그러나 김밥을 나누는 장면이나 헬기 동원장면, 발포소리 등은 대본대로 연출되지 않았거나 기대한 효과가 나타나지 않았다. 오키나와의 민중가수인 기나 쇼기치나 대만 원주민들의 밴드에 의한 음악공연의 경우, 이들의 음악과 몸짓의 분위기는 전달되었지만, 일본어나 중국어로 된 노래의 가사가 갖는 의미는 전달되지 않았다.

　실제 퍼포먼스는 텍스트 외부에 존재하는 이벤트가 가진 정치적 환경에 의해서도 많은 영향을 받는다. 2000년의 경우 행사전체, 그리고 전야제는 1980년 5월 정치적 희생자의 상징인 김대중이 역경을 딛고 대통령이 되었다는 사실, 그리고 그가 광주시민을 대변한다는 믿음을 증명하고 싶은 욕망에 의해 지배되었다. 이와는 달리 축제로서의 전야제의 형식에 반대하면서 1980년의 문제가 아직 해결되지 않았기 때문에 사회운동과 정치투쟁이 지속되어야 한다는 입장을 가진 단체들이 의례체제의 밖에 위치했다. 이들의 중심에는 '민주주의 민족통일 광주전남연합'과 '민주노총'이 있었는데, 이들은 전야제가 이루어지던 시각에 별도의 집회를 금남로에서 열었다. 이들은 1980년 5월에서의 미국책임의 문제와 김대중정권 하에서 해결되지 않은 민중생존권의 문제를 부각시켰다. 이들은 기억의 재현보다는 항쟁정신의 계승을 중시했고 의례나 축제보다는 운동을 강조하는 모델을 만들었다. 2000년까지 5월을 기념하고 계승하는 흐름은 이처럼 두 가지로 나뉘어져 있었다.

　2003년이나 2004년의 경우 하나의 서사에 의해 전야제가 움직이기보다는 동일한 시공간에서의 다양한 소규모 이벤트들이 가능하도록 배치함으로써, 무대와 객석, 주인공과 관객이라는 구분을 희석시키고, 대본보다는 수행성에 더 많이 의존하는 방식으로 전환되었다. 이러한 변화는 2000년 당시의 축제체제의 외부에 존재하던 운동단체로 하여금 기획의 주체로 하도록 함으로써, 그리고 그들이 전통적 굿 형식을 채용함으로써 가능하게 되었다. 그러나 1980년의 기억에 대한 서사가 사라짐으로써, 재현의 비중이 크게 감소되었다.

5. 맺음말

　전야제를 포함한 5월행사는 1997년 5·18의 법적 위상이 바뀌고, 1998년 정권교체가 이루어지면서 정치적 저항의 의미보다는 축제적 상상력의 실현이라는 의미를 더 많이 가지게 되었다. 5월행사를 주관한 행사위원회나 전야제의 책임자들의 가장 큰 고민은 어떻게 하면 보다 많은 시민들이 참여할 수 있도록 기획할 것인가였다. 그러나 5월행사에서 시민적 참여도는 기획능력보다는 정치적 지형, 즉 정권과 시민의 대립의 정도, 주기성 등에 의해 더 많이 영향을 받았다.

　첫째 쟁점은 시민참여와 기획의 관계이다. 즉, 시민참여를 결정하는 요인이 기획의 문제인가, 아니면 기획의 외부에 존재하는 요인들에 의해 규정되는가이다. 시민참여도는 외부 요인들의 변수이며, 충실한 기획은 참여도보다는 코뮤니타스로서의 공동체의 재생산에 기여하는 것으로 보아야 한다. 그럼에도 불구하고 오랫동안 시민참여도에 관한 강박적 관심이 행사조직자들에게 존재하고 있는데, 이는 역사적 공동체의 재생산의 위기를 반영하는 것이다.

　둘째 쟁점은 의례체제의 형성과 변동의 추세이다. 이것은 사건의 재현원리를 따른다. 초기 5월행사가 정치투쟁의 성격을 많이 가지고 있었을 때 의례투쟁은 주로 전야제 중심으로 진행되었다. 민주화로의 이행은 의례체제의 변화를 가져왔다. 문화적 이벤트의 확대와 함께 전야제 중심구조로부터 분산형 구조로 전환되고, 또한 전야제에 상응하는 또 하나의 의례, 즉 부활제가 도입되어 자기완결성을 높였다. 전야제와 부활제는 1980년 5·18의 사건의 시작과 끝에 상응하는 것으로, 이런 형성과정은 원초적 사건의 반복적 재현원리가 작동하는 것을 보여준다.

　셋째, 5·18행사로 표현되는 의례체제에는 과거의 사건에 대한 기억의 재생산과 당면하고 있는 현실적인 운동과제들의 공존, 결합, 경쟁이 존재한다. 구체적인 양상은 '5월의 체제내화'의 점진적 과정과 함께 행사의 실질적 주체에 따라 미묘하게 변화해왔다. 2000년의 상황이 좀더 경쟁적이었다면, 2004년의 상황은 좀더 공존에 비중이 두어졌다. 과거와 현재적 요구의 유기적 결합은 지속적으로 남아 있는 과제이다.

넷째 쟁점은 집단적 기억의 재현에 관한 문제이다. 전야제에서 전형적으로 드러나는 기억의 재현방식은 두 개의 상이한 유형이 있다. 하나는 서술적이고 수행자와 관객의 구분에 기초하여 관객의 가시성을 중시하는 반면, 다른 하나는 전통극의 형식에 기대며 수행자와 관객의 구분이 약하다. 전자는 재현을, 후자는 체험을 중시한다. 2000년의 전야제가 전자였다면, 2003년과 2004년의 전야제는 후자였다. 전자에서 후자로의 이행은 기획주체의 교체의 결과이며 시민참여도가 떨어지는 것에 대한 대응이기도 하다.

다섯째, 재현의 텍스트는 실제의 퍼포먼스와는 차이가 있다. 광주에서의 전야제는 오랫동안의 관행적 실천의 축적으로 인해 높은 수행성을 가지지만, 재현의 유형 중 후자에서 수행성이 더 강하게 나타난다. 재현유형의 전환은 이벤트가 보여주기 위한 것보다 자기표현과 자기만족이 더 중요한 것임을 인식한 결과일 뿐 아니라 원인이기도 하다.

참고문헌

윤기봉, 「5·18기념행사의 발전과정과 문제점」, 전남대 석사학위논문, 2000.
이광일, 「5·18민중항쟁, '과거청산'과 재구성의 정치」, 『민주주의와 인권』 4-2(전남대 5·18연구소, 2004).
정근식, 「사회운동과 5월 의례, 그리고 5월 축제」, 『축제, 민주주의, 지역 활성화』(새길, 1999).
_____, 「5월운동과 혁명적 축제」, 김진균 편, 『저항, 연대, 기억의 정치』 2(문화과학사, 2003a).
_____, 「집단적 기억의 복원과 재현」, 『4·3과 역사』 3호, 각, 2003b.
정문영, 「광주 '오월 행사'의 사회적 기원 : 의례를 통한 지방의 역사 읽기」, 서울대 석사논문, 1999.
정호기, 「5·18기념행사와 기념사업」, 『5·18 민중항쟁사』(고령, 2001).
정호기, 「5월행사와 주체로 본 '5월운동'연구」, 『민주주의와 인권』 4-2(전남대 5·18연구소, 2004).
5·18민중항쟁 기념행사위원회, 『기념행사 자료모음집』, 1998·1999·2000.
5·18민중항쟁 기념행사위원회, 『행사결과보고서』, 2000·2001·2002·2003·2004.
5·18민중항쟁 제20주년 기념행사위원회, 5·18민중항쟁 제20주년 전야제 영상테이프.
Beezley, W.H., Martin, C.E. & French, W.E., *Rituals of Rule, Rituals of Resistance*, SR Books, 1994.
Bell, C., *Ritual : Perspectives and Dimensions*, Oxford University Press, 1997.

Bourdieu, P., *Outline of a Theory of Practice*, Cambridge University Press, 1977.
Hall, S. ed. *Representation : Cultural Representations and Signifying Practices*, Sage, 1997.
Hubert, J., "sacred belief and beliefs of sacredness", *Sacred Sites, Sacred Places*, Routledge, 1994.
Hughes-Freeland, F., *Ritual, Performance, Media*, Routledge, 1998.
Kertzer, D.I., *Ritual, Politics and Power*, Yale University Press, 1988.
Mosse, G.L., *The Nationalization of the Masses*, Cornell University Press, 1975.
Nichols, Bill, *Representing Reality : Issues and Concepts in Documentary*, Indiana University Press, 1991.
Nora, P. ed., *Realms of Memory*, I・II・III, Columbia University Press, 1997.
Pile, S. & Keith, M., *geographies of resistance*, Routledge, 1997.
Schieffelin, E.L., "Problematizing performance", in Hughes-Freeland ed. *Ritual, Performance, Media*, Routledge, 1998.
Winter, J., *Sites of Memory, Sites of Mourning : The Great War in European cultural history*, Cambridge University Press, 1995.
芦田徹郎, 『祭りと宗敎の現代社會學』(世界思想社, 2001).
松平 誠, 『都市祝祭の社會學』(有斐閣, 1990).

4·3기억의 굿을 통한 재현 :
정치적 사건과 문화적 장치

강창일 · 현혜경

1. 제주의 굿과 4·3

제주지역에서 '굿'은 제주민중들의 삶을 제대로 이해하는 데 있어 중요한 문화적 의례 장치이다. 제주지역에서 굿은 조선시대에 지배계급의 문화적 장치인 유교이념과 자주 갈등을 빚거나(이상철, 2000), 국가 의례가 유교화 된 시기에도 제주목사나 현감 주관으로 유교의례에 무속의례가 접맥되어 의례가 수행된 예들을 다수 찾아 볼 수 있다. 대정현에서는 뱀신을 모신 당을 성황당으로 간주하고 지방관의 주도하에 공식 성황제를 올렸다는 기록이 남아있다(조성윤, 1998). 개항 이후 서구의 천주교와 개신교가 전파되는 과정에서도 이전에 존재했던 전통종교(유교 및 무속)와 큰 갈등을 빚었다.

굿은 근대화의 명목 아래 탄압되어질 때에도 사라지기보다는 숨어드는 형태로 지속되곤 했다. 제주에서 전통신앙과 종교의 영향이 강하기 때문에 기독교인의 비율이 타 지역에 비해 낮으며(이상철, 2000), 오늘날까지도 광범위하게 굿 의례가 행해지고 있다. 제주민중들이 굿을 포함한 무속에 대하여 강하게 의존했던 것은 생산성이 낮은 척박한 토지, 위험한 어로 행위, 중앙기구의 수탈, 외적 침략 등의 여건 등이 작용했기 때문이다.

확실히 굿은 제주민중들이 일상적으로 부딪치는 고통을 잊게 하고 초월적인 존재에 의지하는데 도움을 주었다. 그것을 가능하게 한 것은 마을 내의 본향당과 심방의 존재, 그리고 이들과 마을 주민들과의 친밀한 관계 때문으로 볼 수 있다. 제주지역에는 각 마을마다 그 공동체를 묶어주는 신당(神堂)이 존재한다. 신당은 마을 안에 여러 개가 존재할 수 있지만, 그 중에 주인이 되는 신당이 본향당(本鄕堂)이다. 이 본향당은 자연마을을 기준으로 존재하며 매년 정기적인 굿과 모임이 이곳에서 이루어진다. 이때 굿을 하고 모임을 주도하는 사람이 본향당에 매여 있는 심방(무당)인데, 이들 심방은 세습무의 형태로 존재한다. 이들은 마을 사람들과 깊은 단골 관계를 형성하고 있다. 심방은 단골들의 일상생활 전반에 대해 알고 있으며, 단골들도 심방에 대해 많은 정보를 갖고 있어 이들의 관계는 쉽게 깨지지 않는다. 또한 심방이 연행하는 굿 사설(본풀이)에는 단골들이 의뢰한 많은 치부 내용이 내포되어 있어 이들 간에는 암암리에 고해성사를 한 신자와 신부와 같은 관계가 성립된다.

이런 제주민중의 문화적 장치는 공공연하게 누설할 수 없는 정치적 사건을 감싸안아 오랜 시간 잉태하여 오다가 정치적 지형의 변화가 도래했을 때 분출하면서 그 정치적 사건의 전모를 드러내는 토대가 되어 주었다.[1] 이런 점에서 굿의례는 제주민중의 역사보존 방식의 하나로 자리매김할 수 있는데, 특히 4·3관련 굿은 이러한 특징을 더욱 선명하게 드러낸다.

---

[1] 한국사회에서 이런 현상에 대한 연구는 아직 많이 이뤄지지 못했다.

4·3 이후 가족단위 치병굿들은 사건의 잔학성과 폭력성을 담아 구성되었고, 이후 발설금지와 침묵을 강요당했던 4·3의 기억을 재구성하는데 있어 민중적 언설을 대변하는 장치로 인식되었다. 심방과 여러 단골로 구성되는 공동체들은 이 잉태에 대한 비밀공유자가 되었다. 이 비밀스런 연대는 정치적 지형의 변화에 따라 공동체의 굿으로 생산되기 시작했으며, 이는 공공연하게 4·3의 피해에 대하여 언급하는 계기를 마련해 나갔다. 더 나아가 4·3의 진상규명에 대한 보편적 당위성을 끌어내도록 원초적 사건을 재현하고 있었다.

이 글은 어떻게 제주민중의 문화적 장치인 굿이 4·3이라는 정치적 사건속에 숨어있는 비밀스런 이야기들을 잉태하여 정치적 탄압기에 그 원초적 사건에 대한 기억을 보존하고, 정치적 지형의 변화가 도래했을 때 분출되어 집단 기억을 형성시키고 기억투쟁의 전개가 가능하게 했는가에 대한 관심에서 출발한다. 즉 4·3이라는 정치적 사건에서 비롯된 가족단위의 치병굿에서 공동체 단위의 추모굿으로 이행하면서 형성된 4·3에 대한 공동체적 기억과 담론의 형성과정, 그리고 국가담론에 대한 기억투쟁, 공동체적 치유 등에 굿이 어떻게 관여하는지를 살펴보고자 하였다. 다만 4·3관련 굿을 수집하는데 있어 부딪치는 많은 환경적 제약은 이 글의 한계이기도 하다.[2]

---

[2] 현재 4·3관련 치병굿이 많이 열리지 않아 현장조사가 어렵다. 현장조사는 1980년대 초반에 많이 이뤄졌다고 하나, 그와 관련한 연구가 거의 없으며, 당시의 현지조사지를 구하기가 어렵다. 치병굿이 시행되던 시기의 굿 자료를 습득하기가 어려울 뿐 아니라 최근의 굿 자료도 심방의 구송 전부를 완전히 독해하는데 어려움이 있다. 제주의 굿을 제대로 이해하려면 상당히 전문적인 언어학적 지식을 요구하는데, 특히 심방의 사설은 제주방언으로 이루어져 있고, 거기에 고어가 많이 섞여 있어서 지역 출신자라 하더라도 이해하기 어렵다. 심방의 4·3에 대한 경험의 차이에서도 굿 재현은 다르게 나타날 수 있는데, 이러한 부분도 다음 연구 과제로 남겨두었다.

2. 일상의 저항에서 담론으로

굿이 4·3의 조각난 기억을 재구성하는 장치였다고 보았던 연구는 한국에서 김성례의 몇 편의 글(1989·1991·1998a·1998b·1999)이 유일하다. 그녀는 4·3사건에 대한 언설이 침묵당하는 억압적 상황에서 비록 접신상태이지만 무고한 죽음을 영혼의 울음으로 재현하는 제주의 굿은 4·3의 참상을 말할 수 있고 들을 수 있는 유일한 공간임을 발견하였다. 더 나아가 그녀는 지라르(Girard, 1977)의 논의를 빌어 4·3의 폭력을 희생자의 입장에서 폭력의 부당성을 고발하며 희생의 고통 그 자체를 증언함으로서 폭력에 저항하는 담론구조로서 무속적 중요성 및 저항의 적극성을 해석하려 한다.

지금까지의 4·3에 대한 담론이 공산폭동론 및 민중항쟁론이라는 폭력적 행위자(agent) 담론에 의해 지배되어왔던 것에 비해, 그녀의 일련의 연구들은 권력의 주변으로 내몰린 사람들 즉 희생자(victim)의 목소리를 문화적 장치인 무속의례를 통해 증언함으로써 저항적 담론의 형태로 구현하고자 했다는 점에서 의미 있는 작업이었다. 다만 모든 4·3관련 굿이 희생자의 고통의 증언으로서 동일수준의 저항담론을 형성하고 있는지에 대해서는 재고의 여지가 있다. 4·3은 개인과 지역에 따라 그에 대한 인식과 경험이 다르게 나타난다. 또한 4·3관련 굿을 의뢰했던 사람들이나 연행자, 연행시기와 형태 등에 따라 담론의 저항성의 수준은 좀더 다양해질 수 있다.3 예컨대 4·3연구소에서 출

---

3 김석준(1998)은 4·3 이후 제주도민의 투표행위 연구에서 제주민중들이 4·3 이후 '적응형 정체성'을 보여주고 있다고 지적하면서 4·3의 공간에서 저항과 도전은 죽음을 의미했으며 어떤 방식으로든 순응하는 것만이 생명을 온전히 보전할 수 있는 길이었고, 그러한 권력 행사에 대한 침묵과 순종이 확실한 삶의 전략의 하나로 받아들여질 수밖에 없었다고 보았다. 따라서 4·3은 우익세력 즉 막강한 무력을 지닌 권력 집단에 대한 좌익의 변혁적 도전이 철두철미하게 진압되는 과

판한 증언보고서 『이제사 말햄수다(4·3증언자료집Ⅰ)』를 보면, 1980년대 이전 굿에서 심방은 경찰관 가족과 무장대쪽, 혹은 이도 저도 아니었던 사람들의 굿 모두를 연행했던 것을 증언하고 있다.

> "… 어떤 집에 어떤 굿을 가드라도(가더라도) 4·3내력이 나오지. 집안에 관, 경찰관이 있는 집은 가족들이 산에서 당한 집이 많고, 저쪽(산)에서 활약하다 죽은 사람들은 이쪽에서 죽여분(죽여버린) 디가(곳이) 많고, 꼭 좌익 쪽이 아니고도 집안 원한관계로도 죽고, 심지어는 산에서 활약한 사돈끼리 원한으로 죽은 데도 있어 놓으니, 들어보면 기가 막히지 … 나 심정도 그때는 괴로웠다고 … 말을 졸바로(똑바로) 못했주, 81년 이후 풀어지기 전에는, 당당히 본주(굿의 제주) 앞에 말해주고 사실대로 말해야 할 건데 말할 수가 없어, 그러니까 영혼이나 잘 안정시켜 가지고 좋은 곳으로 보내주는 거지. 잘못해서 통티 나면 큰일이니까. 사태에 대한 말은 80년 전까지 해보질 못했어 …(『이제사 말햄수다(4·3증언자료집Ⅰ』1989, 21)."

이 증언에 따르면 경찰관 가족이나, 무장대 가족, 민간학살을 당한 가족 등 모두가 굿을 했다. 가해자와 희생자가 한 가족이나 친척 내에 혹은 마을 내에 혼재해 있는 상황에서 누가 희생자인지 누가 가해자인지 가려내는 것은 어렵다. 또한 4·3이외의 상황도 복잡하게 얽혀 있어, 동일 수준의 저항담론이 4·3직후의 모든 시기에 적용되었다고 보기도 어렵다.

정을 주민들에게 잘 각인시켜 놓았으며, 이런 상황에서 국가와 그러한 정치권력에 대한 제주 지역 주민들의 정체성은 도전을 허용하지 않는 막강한 정치권력에 대한 침묵, 순종, 그러한 권력의 요구에 적합하도록 자신을 변용시켜 나가는 순응적 적응의 정체성이 대표적 유형이라고 분석하고 있다. 특히 이는 4·3에서 경험된 폭력적 권력에 대한 두려움과 자신의 운명에 대한 불확실함이 권력관계의 정당성을 따질 겨를도 없이 그 권력관계의 철저한 종속자로서 자신을 위치지우게 했다고 보고 있다. 물론 이렇게 굳혀진 정치적 정체성이라 하더라도 중심부 정치권력의 성격이 어떻게 변화하느냐에 따라 그리고 지역 사회의 상황에 따라 다른 유형으로 전환될 수 있다. 이에 비추어 모든 4·3굿이 모두 동일수준의 저항을 위한 내적 역량을 가지고 있었다고 보기는 어렵다.

이덕구와 관련된 굿의 구조와 사설이 흥미롭다. 무장대의 상징적 인물이었던 이덕구에 대한 굿이 49년 말~50년 초(이덕구 굿을 했던 심방의 기억)에 그의 친척들의 의뢰로 행해졌다. 이덕구의 굿을 의뢰한 이는 이덕구의 사촌누이였다. 사촌누이는 우익계파에서 열성 활동가였다. 사촌누이는 치병을 위해 굿을 하게 되었는데, 굿에서 질치기만 50위가 이뤄졌다. 그것은 이덕구로 인한 가족들의 피해와 사망이 많았음을 의미한다. 이 사례는 충분히 민중항쟁론적 담론 또는 공산폭동론의 담론적 자원으로 이용될 수 있다.

4·3직후 '치병굿'이 많았다는 것은 제주사회가 겪은 엄청난 충격과 사건을 보여주며, 또한 폭력의 행위자이든 희생자이든 제주민중이라면 그 기억을 굿이라는 장치를 통해 담아두려고 했다는 점을 보여준다. 4·3에 대한 경험과 인식이 폭동이든, 항쟁이든, 학살이든 관계없이 그 충격에서 벗어나고자 했던 공통적인 열망이 있었다.

치병굿이 4·3의 고통을 증언하고 있다는 사실을 국가가 인식했을 때 국가는 대한승공경신연합회라는 조직을 정비하고 굿에 대한 검열을 행하였다. 1980년대 초반이 되어 경신연합회에 대한 통제가 풀리면서[4] 4·3관련 굿이 봇물 터지듯 쏟아져 나올 때,[5] 이 시기의 굿 사설은 '시국'이란 단어를 내뱉음으로써 해방공간에서 일어난 대량학살 가운데 가장 폭력적 사건에 대한 냉소적 반응을 형성해간다. 이런 반응은 제주지역 주민들에게 하나의 자전적 기억을 형성해 나가기 시작했고, 개별적 기억들은 상호 교차하면서 이후 세대에게 4·3담론을 재구

---

4 경신연합회에 대한 조사가 전반적으로 미진하다. 특히 1981년 경신연합회에 가해졌던 통제가 풀리게 된 배경에 대한 조사가 미흡하다.
5 심방들은 81년 4·3관련 굿이 쏟아져 나왔을 때 한 심방이 굿만 500집 이상 실시했다고 증언을 하고 있다. 80년대 말 90년대 초는 거의 막바지 분위기였다고 한다.

성하도록 자극하였다. 온정적인 권력행사를 하는 시점에서 그 억눌림에 대한 반작용으로 억압적 권력의 실체를 망각하지 않는 상태에서의 풍자, 조롱의 냉소적 자세로 나타났던 것이다(김석준, 1998 ; 이창기, 1992).

이 지점에서 제임스 스콧(James C. Scott 1985)의 논지는 의미 있는 이론적 토대가 될 것이다. 스콧은 말레시아 농촌마을에서 농민들이 일상생활에서 행하고 있는 저항의 측면들을 분석하면서 일상 생활에서 행해지고 있는 작은 저항들이 정치적, 경제적 방벽을 창조하면서 얼마나 효과적인 투쟁방식을 끌어오는지를 보여주었다. 제주민들의 치병굿 또한 4·3에 대한 효과적인 일상의 저항방식이었다. 그렇다면 그것이 어떻게 사회운동의 담론으로까지 형성되어 갈 수 있었는가.

3. 굿의 재현과 기억의 형성

1) 치병굿과 가족적 기억

제주지역에서 4·3과 관련한 굿의례는 4·3을 통해 가족해체를 경험한 유족들에 의해 시작되었다. '폭도', '빨갱이'로 몰려 어디서 처형되었는지 알 수 없는 가족의 시신을 드러내놓고 찾는다는 것은 쉽지가 않았다. 또한 4·3으로 인한 엄청난 충격을 벗어나는 것도 쉽지 않았다. 따라서 4·3의 피해자들은 상당부분 무속에 의존해 시신을 찾고 신경병 증세를 치료할 수밖에 없었다. 그 과정에서 죽은 자에 대한 원혼굿이 형성되기도 했다. 산 자와 죽은 자 모두의 해원과 치유를 모색하는 것이다.[6]

사례 1

"환자는 39세 남자로 신제주에서 나이트 클럽 가수로 일하는 사람이었다. 환자는 병원에 입원하고 있고 환자 고모가 미조 심방을 찾아왔다. 그 전날 심방은 꿈을 꾸었는데, 꿈에 흰옷을 입은 젊은 부부가 말없이 서 있었다. 그 입과 가슴은 칼에 찔려 피가 막 솟구치는 것이었다. 바로 그 다음날 새벽 환자고모가 와서 지금 병원에 입원해 있는 조카가 병원에서도 '병명을 모른다' 하고 해서 급하게 그 증세를 가라 앉혀 달라고 사정했다. 미조 심방은 이번 경우와 같이 굿해달라는 부탁을 받기 전날, 맡을 환자의 조상 영혼이 나타나 문제를 암시해 주는 꿈을 곧잘 꾸었던 경험이 있기 때문에, 혹시나 해서 지난 밤 꿈 얘기를 환자고모에게 했다. 고모는 흠칫 놀라며 환자의 부모가 '시국에 폭도로부터 죽창과 총으로 맞아 죽었다'고 말했다 미조 심방은 동제 대신 그 영혼을 위로하는 질침의 굿을 해주어야 한다고 강력히 권고했다. 그래서 그날 오후 즉시 큰 굿을 했다. 명부를 관할하는 시왕에게 청하여 이승과 저승사이 허공에서 떠돌고 있는 환자 부모의 영혼들을 저승 좋은 곳으로 인도해 주도록 길을 닦는 굿을 했다. (중략) 이 굿을 한 다음 환자는 완전히 병을 낫지는 않았지만 그 전보다 더 좋아졌다고 한다(김성례 교수 미조심방 인터뷰 내용, 1989, 72)."

사례 2

6 4·3을 둘러싼 굿의 명칭에는 치병굿, 내력굿, 무혼굿, 원혼굿, 진혼굿, 추모굿, 해원상생굿 등이 존재한다. 똑같은 굿이라 하더라도 어떤 절차에 중심을 두고 있느냐에 따라 각기 불러지고 있다. 이중 진혼굿, 추모굿, 해원상생굿이란 말은 민주화운동단체에 의해 보편적으로 쓰여진 명칭이며, 여기에는 명백히 '항쟁', '저항' 상징기호와 의미를 내포하고 있고, 세대계승의 의지를 함축하고 있다. 보통 유족들은 치병굿, 내력굿, 무혼굿 등의 명칭을 사용하였다. 제주의 굿 연행에서 가장 중요한 것은 사설의 연행인데, 사설의 길이가 곧 굿의 크기를 알 수 있을 정도라고 할만큼 발달되어 있다. 굿 사설의 내용은 굿의 절차와 밀접한 관계가 있다. 굿의 절차는 대개 신을 청해 들이고 신을 청해 들인 이유와 기원, 신을 보내드리는 절차 등으로 이루어져 있다. 이때 이용되는 모든 사설을 완벽하게 다 할 수 있을 때에만 큰 심방으로 인정이 된다. 이 사설은 큰 심방을 통해 다음 세대로 세습되어진다. 특히 심방이 굿 사설을 할 때 가장 중요한 부분은 신을 청해들인 이유를 말할 때의 사설이다. 이 부분에서 굿을 의뢰한 단골 집안의 가족사가 다 드러나기 때문이다. 이것은 굿에 참가했던 단골들과 심방들 사이의 깊은 연대의식을 낳게 한다. 때문에 제주의 굿은 쉽게 파기될 수 없었으며, 오늘날까지도 그 명맥을 활발히 유지하고 있다. 현존하는 신당만도 300개가 넘는다.

"성산읍 온평리 동네에서 순덕 어머니라 불리는 분이 아들이 너무 아파 수산리 심방에게 굿을 의뢰했다. 안 가본 병원이 없을 정도로 많은 병원을 찾아다녔지만, 병이 쉬이 낫지 않아, 심방에게 굿을 의뢰하게 되었다. 단순히 병굿을 위한 굿이었다. 그러나 굿을 연행하는 동안 심방은 4·3에 죽은 집안의 원혼이 순덕이 오빠를 괴롭히고 있다며, 심방은 온 집안을 돌아다니며 토벌대가 들이닥칠 때의 상황을 재현했다. 잠시 후 심방은 빙의가 된 채 4·3원혼의 억울한 죽음을 울음과 사설, 죽을 당시의 행동들을 통해 보여주었다. 심방은 토벌대에 의해 총과 칼로 찔림을 당해 죽은 원혼의 모습을 재현했다. 가족들은 빙의된 심방을 4·3때 죽은 가족 대하듯이, '이제 다 알암시메(이제 다 알았다), 너 억울한 거 다 알암시메(알았다) … 좋은 길로 가라 … 순덕이 오라방도(오빠도) 이제랑 풀어주라(병에서 낫게 해달라) …' 며 4·3의 원혼을 달랜다. 그 순간 모든 가족들과 이웃들은 비통한 표정과 행동으로 빙의된 심방을 4·3의 원혼을 대하듯 하며 심방을 매개로 죽은 자와 산 자 간의 대화를 나누었다 (성산읍 온평리 사례 조사 1998년 5월)."

위 사례들에서도 보여지듯이 유족들의 집에서 행해졌던 굿의 시작은 산 자의 치병을 위한 굿에서 시작되었다. 그 병은 세속사회에서는 '알 수 없는 병'으로 통하였고, 치유는 굿을 통해 병을 일으키고 있는 원혼의 해원을 통해서만 가능함을 보여주었다. 굿은 죽은 자와 산 자간의 의사소통 통로였다. 이런 의사소통을 통해 산 자의 병이 치유되었다는 것은 제주사회가 4·3으로 인해 얼마나 많은 신경병적 증세를 앓고 있었는지를 보여주는 것이었다.[7]

여기서 보여주는 영상은 죽은 자가 산 자를 끊임없이 괴롭힌다는 점이다. 이는 산 자에게 어떤 의무를 부여하고 있으며 그 과제는 조상들의 원통한 죽음을 완전한 죽음으로 돌려놓아야 한다는 것, 그것이 후손들의 완전한 삶을 보장해 줄 수 있다는 것을 제시하고 있는 것이다.

---

[7] 이 사례 외에도 제주사회에서 '넋들임'이 중요한 무속의례의 하나로 지적되고 있음도 눈여겨 볼 일이다. 증언자들에 따르면 4·3 이후 초토화된 마을에서 살아남은 자들의 자녀들에 대한 '넋들임'이 줄곧 행해져 왔음을 볼 수 있다.

〈사례 1〉에서는 시국에 폭도로부터 죽창과 총으로 맞아 죽었다는 영상을, 〈사례 2〉에서는 토벌대에 의해 총과 칼로 찔림을 당해 죽은 영상을 심방의 몸을 빌어 구체적으로 재현하고 있다. 이 굿은 각기 1989년과 1998년에 시행된 굿이다. 이 두 사례를 가지고 일반화 할 수 없지만, 〈사례 1〉은 반공이데올로기에 순응하는 모습을 보여주면서도 '시국'이란 언어를 사용함으로써 '인정할 수 없는 사태'에 대한 냉소적 반응을 보여주고 있다. 〈사례 2〉는 시기적으로 보았을 때 한국의 민주화가 상당부분 진전된 시기였으며, 토벌대에 의해 총과 칼로 찔림을 당해 죽은 영상을 좀더 구체적으로 언급하고 있다. 이는 심방의 증언을 따르자면 1980년대 이전의 굿에서 볼 수 없는 현상들이라고 한다. '치병'이란 주제를 통해 몸에 각인된 4·3의 기억을 끄집어내고 '굿'을 통해 4·3 당시의 역사를 다시 재현하는 것이야말로 일상의 저항이 본격적으로 가동된 지점이라고 보여진다.

이 치병굿의 절차는 크게 초감제, 질치기, 도진으로 이뤄지는데, 초감제 안에 있는 연유닦음과 영게울림이 중요하다. 연유닦음은 누가 어떤 사연으로 굿을 하여 신들을 청하게 되었는가를 올리는 대목으로 심방이 굿을 의뢰한 본주의 현재 사연을 눈물로써 읊노라면 유족들도 현재의 고통스런 삶에 덩달아 눈물을 터뜨리는 과정으로 산 자의 현재적 비극성이 드러나는 절차이다. 이러한 비극성은 영게울림의 절차로 넘어가면서 최고조에 이른다.

영게울림은 죽은 영혼의 이야기를 심방이 죽은 영혼에 빙의되어 자신의 이야기를 하는 절차로, 심방의 입을 빌어 영혼의 생전의 심회, 죽어갈 때의 서러움, 저승에서의 생활, 근친들에게 부탁의 말을 울면서 말하는 절차이다(현용준, 1986). 이 부분은 '산 받아 분부사룀'의 일부로, 굿 중에 점을 치는 것을 '산받음'이라 하고 그 결과를 알리는 것을 '분부사룀'이라 한다. 이때 심방은 눈물로써 영혼의 뜻을 본주에게 전하는데, 이 대목을 영게울림이라 한다.

이 과정에서 심방의 빙의가 나타나며, 그 근친은 영혼이 직접 이야기하는 것으로 이해하고 그 사연을 들으면서 울음을 터뜨리게 된다. 이때 근친들은 심방의 빙의와 사설을 통해 죽은 자의 영상과 구체적으로 접하게 되며, 죽은 자의 비극적 죽음과 마주하게 된다. 그리고 그때 살아남은 자로서의 죄의식과 부채의식, 조상을 잃은 후 겪었던 지독한 가난과 고생을 서로 대화하면서 북받치는 설움에 눈물을 흘린다.

때문에 이 영게울림은 굿에 있어 최고조의 비통함을 만들어내는 절차이기도 하다. 이 과정에서 산 자의 병을 일으키고 있는 죽은 원혼의 억울함이 드러난다. 4·3의 원혼이 심방의 입을 빌어 산 자를 괴롭힐 수밖에 없었던 억울한 자신의 죽음을 내뱉는 절차도 바로 이 영게울림의 절차에서이다. 산 자와 죽은 자는 심방의 목소리와 의례를 매개로 개인적 불행의 이야기와 역사적 비극을 이야기한다. 이러한 절차는 바로 국가폭력을 폭로할 뿐 아니라 제주민들의 가슴에 맺힌 원한의 정서를 동시에 반영한다고 볼 수 있다(김성례, 1989). 따라서 영게울림의 비탄조의 사설은 역사적 폭력을 기억하고 현재적으로 재해석하는 문화적 텍스트이다.

이 영게울림의 과정이 끝나면, 굿은 억울한 죽음을 당했던 조상들의 부정적 죽음을 완전한 죽음으로 전향하려는 절차로 넘어가며, 그것이 질치기이다. 질치기는 신이 내림하는 길을 치워 닦는 의식이나 사령(死靈)을 불러들여 그의 이야기를 듣고 위무하여 저승으로 보내는 길을 치워 닦을 때의 그 소로과정(掃路)을 춤으로 실연하는 절차이다(현용준, 1980). 이 질치기를 어떻게 하느냐에 따라 산 자의 병에 대한 치유가 결정된다. 따라서 심방과 근친들은 질치기에 온 정성을 쏟는데, 결국 이 과정은 부정적 죽음을 맞이한 조상들의 완전한 해원과 고통스런 현재를 살고 있는 후손들의 치병과 연결된다.

이 질치기는 보통 굿과 달라서 보통 굿은 차사(저승차사)만 모셔다가 축원을 드리고 질을 쳐주는 것에 비해 4·3내력굿은 제명에 못 죽은 사람들이기 때문에 염라대왕을 모셔다 기원을 한다. 염라대왕이 죽은 사람의 명을 보존해 가지고 있다가 원명이 되면 저승에 완전히 보내달라는 기원을 한다. 이 질치기는 죽은 원혼이 나이가 얼마인가에 따라 그 길이가 결정된다.

여기서 우리는 죽은 자와 산 자 모두 굿이란 매개를 통해 완전한 죽음과 완전한 삶으로의 복귀를 담은 상생의 상징화를 찾아 볼 수 있다. 이는 4·3에 대해 망각을 요구했기 때문에 나타났던 질병, 불행, 죽음까지도 초래할 수 있었던 신경병적 증세의 탈출구로써 성립되었다. 그것은 국가폭력에 의해 강요된 4·3에 관한 침묵을 깨고, 국가폭력을 고발하고 완전하고 사실적인 기억을 복원하는 장치로 선택되어졌다. 따라서 이러한 굿은 국가권력이 양민에게 자행한 폭력의 경험에 대한 피해 당사자들의 역사구성 작업으로 볼 수 있다(문옥표, 1989). 4·3에 대한 말을 꺼내는 것조차 금지된 상황에서 산 자가 죽은 자의 입을 빌어 4·3의 비극을 재현하는 제주민들의 유일한 방법이었다. 이는 굿이 단순히 치유기술방식을 넘어선 새로운 역사적 진리를 창출해내는 일상의 대체공간이 되고 있음을 보여주었다.

2) 무혼굿과 유족공동체

원동마을의 4·3희생자를 위한 마을 굿은 '굿'을 통한 역사 재구성이 개인을 넘어 유족공동체로 확대되는 모습을 보여주었다.[8] 1990년

---

8 Maurice Hallbwachs(1992)은 개인적인 기억은 본질적으로 파편적이고 무의식 상태에 머물러 있지만 그 기억이 가족, 사회, 국가와 같은 특정 집단 차원의 이익과

9월 22일부터 24일까지 3일간 원동마을 학살터에서 4·3희생자 유가족들이 4·3영혼을 위로하기 위한 집단 무혼굿을 치루었다. 이 굿은 1948년 11월 13일(음력 10월 13일) 마을 주민 27명이 군인들에게 집단 학살당하고, 학살 현장에서 살아남은 유가족들이 해안 마을이나 고아원에 흩어져 살다가 함께 모여 4·3에 비명횡사한 다을 사람들을 위해 어려운 살림에도 힘을 모아 무혼굿 형식으로 지낸 굿이었다.

1990년 9월 23일 원동마을에서 원동 4·3희생자 무혼굿을 벌이고 있는 장면

"무자년 난리에 한날 한시에 총 맞아 죽고 칼 맞아 죽고 … 억울ㅎ게 돌아가신 부모 영령들이시여! 이제사(이제야) 조상님들의 넋을 달래려고 간절한 추원 원정 올립니다 … 군인들이 올라왕(올라와서) 한 밭으로 모이렌 허영(모이라고 ㅎ여서) … 총에 맞앙 죽고(맞아 죽고) 불에 탕 죽고(타 죽고) … 살려줍서(살려주십시오) … 살려줍서(살려주십시오) … 아이고 석희야 고맙다 … 아무 죄도 없이 총에 맞앙(맞아) 온몸에 피 묻은 채로, 온 몸이 불에 탄 채로 이승도 못 오곡(못 오고), 저승도 못 가곡(못 가고) … 구천을 헤매이당(헤메이다) … 칭원허고(원통하고) 칭원허ㄷ(원통하다)."(『4·3장정』 3호 1990.11에 실린 심방의 사설)

당시 원동마을 추모굿을 조사한 『4·3장정』에 의하면 '40여년 동

목적의식에 부합됨으로써 사회적 의미를 갖게 되면 그것은 집단기억(collective memory) 혹은 사회기억(social memory)으로 기능하게 된다고 한다.

안 조상님 넋을 달래보지 못한 한스러움과 가슴 조이며 살아왔던 한의 응어리 때문에 참석한 유족 모두 가슴에 얼굴을 파묻고 울음을 떠트렸다'고 기록하고 있다. 특히 '주민들은 군경합동 토벌대가 무장대와 주민을 분리시키고 근거지를 빼앗기 위한 작전으로 마을을 깡그리 불태우고, 주민들이 집단 학살당하는 고통스런 장면이 재현되자 심방도 울고, 유족도 울고, 굿판이 온통 울음바다가 되었다'고 기록하고 있다.

당시 비디오를 살펴보면 이 굿은 사회극적인 사건들로부터 의미가 발생하도록 하려는 시도였다. 마을굿이 행해지는 동안 한 집단의 정서적 분위기는 천둥과 번개, 변화무쌍한 분위기의 흐름으로 가득찼다 (Schechner, Richard 1979). 그리고 그 과정에서 공공연한 위반이 일어났다. 그것은 자신들을 위해한 대상에 대한 '원망'으로 나타났다. 종극에 가서 심방은 '땅을 찾기 위한 재판이 지금은 힘들지만 유족들이 단결만 하면 꼭 이길 것이다'라는 점궤를 보아줌으로써 당시 원동마을굿에서 나타난 공공연한 위반은 사라져 버린 '땅'에 대한 주민들의 실질적 실력행사를 위한 정당성을 확보해 나가는 과정이었다. 이는 냉소적 반응에서 점차 구체적인 행동을 실천하기 위한 하나의 결집장치로써 굿을 이용하고 있는 모습을 보여주고 있다.

피해상황에 따라 다르겠지만 4·3으로 인해 초토화되었던 마을의 경우 마을 사람들은 같은 날 제사인 경우들이 많아 명절 제사를 같이 지내는 경우도 있다. 의례공동체로서의 성격도 중첩적으로 가지고 있다. 이렇듯 4·3관련 굿은 개인적 차원을 넘어 공동체의 영역으로 확대되어 나간다. 이러한 의례공간의 확대는 이제 민주화운동 세력에 의해 공공의 장소에 이르고, 공공연하게 '저항', '항쟁'이란 담론을 형성하기 시작한다.

3) 추모굿과 지역공동체의 기억

1989년 4월 3일 제1회 4·3추모 및 진상규명촉구대회에서 추모굿을 하는 제주문화운동협의회 대표 정공철

　1987년 첫 추모의례가 민주화운동 단체에 의해 기획되었지만, 정부의 탄압 때문에 제주에서는 열리지 못하고 서울과 일본 등지에서만 열렸다. 2년간의 투쟁 끝에 1989년 제주땅에서 처음으로 제주민중들을 위한 4·3추모제가 제주시 시민회관에서 열렸다. 당시 추모제에는 4·3원혼들을 추모하기 위한 굿이 기획되었는데, 굿 연구가였던 문무병씨와 제주문화운동협의회 회장이자, 굿 세습을 받고 있던 정공철씨에 의해서 연행되었다. 이 추모제의 굿은 기본적으로 유족들이 행하던 굿 모형을 따서 초감제 형식의 굿으로 연행되었으나 '4·3이 무고한 학살'이라는 점과 '제주민중의 항쟁' 이라는 뚜렷한 목적성을 드러냈다.
　이 굿은 1994년 반공유족회와 민주화운동세력의 합의에 의한 범도민 위령제가 성사되기 전까지, 민주화운동세력이 4·3의 학살, 항쟁과정 중 일어났던 인권유린과 비극성을 고발하는 중요한 의례장치였다. 그러나 범도민 합동위령제 성사과정에서 유족회의 요구에 따라 굿은 합동위령제의 장소를 떠나 한국민예총 제주지회(이하 제주민예총)의 예술제 일부로 편성되었다. 뿐만 아니라, 합동위령제에서 '용서'와 '화합'이 강조되면서 일전의 저항, 항쟁, 학살과 같은 집단 기억은 약화의 위기를 맞는다.

매년 3월말이 되면 제주민예총은 제주도 문예회관이나 제주시 탑동해변공연장에서 4·3예술제 전야제를 개최하였는데, 이때 전야제 공연의 일환으로 4·3원혼을 위로한 심방의 굿 시연이 이루어졌다. 하지만, 예술제의 일부로 갇히게 된 굿은 집단 기억을 형성할 수 없었다. 따라서 1998년에 이르러 민주화운동세력이 주축이 된 '4·3 50주년 기념 학술문화사업추진위원회'에서 '제대로 된 굿'을 해보자는 제안이 이루어졌다.

1998년 4월 1일 저녁부터 다음날 새벽까지 12시간 동안 제주시 한라체육관에서는 '(범)도민 해원상생굿'이 열렸다. 이 굿은 사가(私家)에서 치러지던 굿 형태에 충실히 입각하여 연행했던 굿이었다. 이날 굿은 제주칠머리당굿 보존회와 중요무형문화재 제71호 제주칠머리당굿 기능보유자 김윤수 심방이 수심방이 되어 치러졌다. 이때의 굿 재현에 전통적인 세습무가 등장했다는 점, 특히 제주의 큰 심방이 등장했다는 점은 많은 유족들을 한 자리에 모이게 하는 장치가 되었다. 또한 이제 4·3의 비극성을 드러내놓고 해원하자는 것, 그리고 제주민중 모두가 해원과 상생해야 할 대상이라는 점이 굿의 기획을 통해 나타나고 있었다. 당시 한 신문의 사설은 '도민해원상생굿'에 대하여 이렇게 적고 있다.

"한 심방이 있었다. 모친이 심방이었던 그는 심방이 되기 전 운전수 조수로 일하다 열일곱살에 4·3을 맞는다. 와중에 서북청년단의 운전수가 된 그는 중산간 마을 초토화 직전으로 불타는 자신의 집에 들어가 신칼과 산판을 안고 나오다 총맞고 절명한 어머니의 주검을 뒤늦게 거둔다. 오랜 무(巫)병을 앓고는 어머니의 무덤에서 신칼과 산판을 파내고 그 원혼을 달래는 귀양풀이굿을 벌이며 4·3원혼굿을 한다."

"심방은 신경치료로도 낫지 않는다고 호소한 고2남학생을 위한 굿을 해주다가 4·3 원귀가 씌어진 것임을 알고 조부가 서청출신이었던 것도 밝혀낸다. 큰 원혼굿을 치르고 40여년 만에 가해자가 피해자 앞에 무릎을 꿇게 만든다. 심방은 말한다. 4·3의 넋들은 억울한 죽음이기에 결코 우리 곁을 떠날 수 없다. 억울한 죽음이기에 결코 눈감을 수 없어 허공 중에 살아 있는 것이다."

"한날, 한시에 죽은 원혼을 진혼하려면 온 마을 사람들이 아닌 온 섬 백성이 한 자손 되어 한날 한시에 합동으로 공개적으로 큰 굿을 벌여야 옳다. (중략) (『제민일보』 사설, 1998, 4월 3일자)."

도민해원상생굿의 내용은 이전의 저항, 항쟁, 학살이라는 집단기억보다는 '해원'과 '상생'이라는 집단 기억 창출에 더 많은 비중을 두고 있었다. 이는 유족들의 굿에서 드러났던 산 자와 죽은 자의 해원과 상생이라는 원초적 상징성을 다시 재구성하여 그 비극성을 드러내고 4·3 운동의 대중적 기반을 확보하려 했던 기획이기도 했다. '해원'과 '상생'은 이후 4·3을 이야기할 때마다 중요한 상징 기호가 되었다. 하지만 정치적 지형에서 4·3은 저항, 항쟁, 학살에서 '우리 모두는 희생자'라는 슬로건으로 모아지고 있었다. 해원과 상생의 의미를 변용한 위령제가 '용서'와 '화합'이라는 담론을 형성하기 시작하면서 4·3에 대한 논쟁을 서둘러 종결지으려 하는 모습을 보여주었다. 따라서 '용서'와 '화합'이라는 명분 아래 위령제를 국가가 주관하고, 유족들의 애도의례를 변형시키고, 국가자체를 역사적 실패의 희생자로 만드는 흐름이 형성되기 시작했다. '해원'과 '상생'이 '용서'와 '화합'의 모드로 변용되었던 것이다. 위령의례의 '용서'와 '화합'은 다시 망각을 요구하는 국가주도의 획일적인 역사인식과 구성을 요구하는 행위로 나아갔다. 대체로 위령위례는 국가권력의 정당성을 인정하는 방향으로 재현되었다.[9]

---

[9] 국가의례에 대한 국가효과에 대해서는 조현범(2000), 한석정(1998)을 참조.

'해원'과 '상생'을 형성시키는 재현과정에도 몇 가지 한계가 나타났다. 첫째로 추모제의 굿 때부터 지속적으로 나타나고 있던 민중문화운동과 4·3굿의 조화문제였다. 4·3굿이 민주화세력에 의해 기획되다 보니, 굿 연행 사이사이 새롭게 기획된 살림굿이란 이름의 민중문화예술공연은 이 영게울림의 비극성을 단절시키는 결과를 낳았다(현혜경, 2000). 4·3굿에서 중요한 것이 4·3의 비극성을 최고조로 고발하는 영게울림인데, 이러한 단절은 4·3의 비극성을 기억해야 하는지, 민주화 운동의 성공을 기억해야 하는지 혼란을 주었다. 그러나 이러한 결과에 대한 반성에 따라 1999년과 2000년도에는 위령제 부대행사로 4·3희생자를 위한 김윤수 심방의 차사영맞이 굿이 온전한 절차로 시연되었다.10

둘째로 굿 과정에서 나타났던 문제는 '열명'이었다. '열명'은 '예명 올리기'라고도 하는데, 죽은 자와 산 자의 이름을 각각 불러주는 대목으로 누가 누구를 해원시키기 위해 굿을 하고 있는지를 보여주는 절차이다. 그러나 추모굿에서 도민해원상생굿에 이르기까지 굿은 그 열명 수가 너무 많은 탓인지, 각각의 이름을 부르지 못하고, 마을 및 유족 단위 아니면, 그냥 일반적으로 "4·3에 억울하게 죽은 영신님네"라는 식으로 불려졌다. 이는 열명의 기능을 축소시켜 직접적이고 구체적인 해원의 기능을 약화시키는 결과를 초래하기도 했다.11 더욱이 4·3의 다양한 목소리, 다양한 역사구성을 위해서도 이 대목은 매우 중요하다.

셋째로 굿 재현 공간의 문제였다. 매년 굿을 할 때마다 재현공간이 달라져 공간의 상징성을 일관되게 확보하기 어려웠고, 특히 제장으로

---

10 2001년 위령제가 제주도 주관 봉행위원회로 넘어가면서 위령제에는 굿 대신 제주도 도립예술단의 4·3진혼무가 시연되었고, 굿은 더 이상 위령제의 의례에서 찾아볼 수 없게 되었다.

11 강소전(2004)은 열명과 해원의 관계가 비례적인 관계라고 언급하였다.

마련된 곳을 침범하는 일련의 무리들 때문에 굿 시연의 집중성이 떨어지기도 했다.

그러나 2001년부터 위령제에서 굿이 사라지면서 굿은 새로운 방향 모색을 하게 되는데, 그 과정에서 출현한 것이 제주민예총의 '찾아가는 위령제'로, 사건 및 유족단위의 '해원상생굿'이었다. 이 굿은 2002년에 시작되어 다랑쉬굴, 북제주군 북촌리, 제주시 화북곤을동 등에서 치러졌는데, 이전 굿에서 나타나고 있었던 재현의 한계를 극복하려는 노력들이 나타났다. 이는 다양한 목소리를 들을 수 있는 시도였다. 다랑쉬굴은 '찾아가는 위령제'의 추모굿 중에서 성공 사례로 꼽히고 있는 장소이다. 다랑쉬굴 현장에서 진행된 해원굿은 상징공간, 열명, 연유닦음, 영게울림, 질치기 등에서 좋은 선례를 보여주었다. 사실 이 굿의 성공은 이후 '찾아가는 위령제'를 기획하게 된 계기가 되었다고 볼 수 있다.

민주화운동세력은 1989년부터 또 다른 장치의 굿을 기획하는데, 그것은 당시 제주문화운동협의회 산하였던 극단 한라산의 마당굿 혹은 사월굿이란 이름으로 진행된 일련의 마당극이었다. 이 마당굿은 추모제에서의 굿과는 달리 배우들이 원초적 사건과 현재 제주민의 삶을 사실적 표현에 입각하여 극으로 재현하면서 '학살', '항쟁', '진상규명'이라는 명백한 목적성을 드러냈다.[12] 이 마당굿은 반복적인 공연을 통해 비극적 감정을 재현해낼 수 있었으며, 이는 학살로 인한 제주사회의 상처와 항쟁할 수밖에 없었던 당시의 비참한 상황을 명확히 드러내면서 4·3의 또 다른 역사를 구성하고 거기에 운동성을 부여하고 있다. 이는 추모굿과는 다른 방향으로 재현되면서 4·3을 '용서'와 '화합'으로

---

[12] 박찬식은(2004) 마당굿은 옛날 그대로의 모방이나 답습이 아니라 우리시대 마당극을 함께 포괄하면서도 이를 넘어서는 새로운 형태이며, 일상적인 생활과 놀이를 공유화하여 삶을 집대성하는 총체적인 예술운동이며 문화운동이며 사회운동이라고 언급하고 있다.

몰아가는 또 다른 망각의 형태에 대해 4·3의 고통스런 경험과 비극성을 사실 그대로 재현한 기억들을 산출해내고 있다.

4. 새로운 역사를 위하여

4·3관련 굿은 다양한 층위들과 복잡한 구조를 보여준다. 4·3을 경험한 개인이나 집단은 그들이 처한 위치에 따라 4·3에 대한 서로 다른 인식과 경험을 가질 수밖에 없다. 그러므로 이런 굿은 제주도민을 모두 동일한 4·3의 피해자로 전제하여 개인이나 집단간의 경험의 차이를 덮어버리고 4·3의 경험을 일반화 시켜가는 역사 구성에 대하여 비판적 함의를 드러내며, 다양한 층위의 역사 구성을 모색할 수 있는 가능성을 열어준다. 또한 굿을 통해 구체적으로 체험된 4·3의 경험은 '문자를 통해 기록되지 못한 역사'의 존재를 일깨우도록 해준다.

제주 굿에서 중요한 절차 중의 하나인 열명은 진상규명을 넘어서서 화해를 위해 무엇이 필요한지를 제시하는 장치로 작동할 수 있다. 대량학살의 가해자가 누구인지를 밝히지 않은 채 '시대를 잘못 만난 역사의 희생'이라는 식으로 희생자의 문제를 처리하는 것은 피해자의 희생을 단지 역사적 우연으로 평가하도록 만든다. 화합의 거대 담론의 그늘 아래 대량학살의 책임문제를 교묘하게 회피하는 이러한 정치적 수사는 실제 폭력의 가해자인 국가의 법적 도덕적 책임을 회피하는 하나의 전략이라 할 수 있다.

화합의 주체는 4·3의 가해자가 아니라, 피해자여야 한다. 가해자와 피해자가 구별됨이 없이 하나의 몸으로 통합하려는 '화합'의 위령제는 국가권력이 제주민중 개개인의 몸을 국가에 예속시켜 하나의 통합된 국가공동체를 만드는 정치적 기술이다. 4·3위령제가 재현하는 용서와 화합의 담론은 4·3생존자들의 말로 표현할 수 없는 고통을 성공적으로 언어화함으로써 폭력의 행위자가 도덕적 행위자로 변신할 수 있는 여지를 만들었다(김성례, 1999).

그것은 진상규명보고서의 출판이 곧 4·3의 진상규명의 완료라는 착각을 불러온다. 그러나 아직 4·3은 그 하나 하나에 대해 열명과 연유닦음, 영게울림을 다 하지 못하였다. 진상보고서를 바탕으로 오히려 더욱 다양한 목소리를 들을 수 있어야 한다. 그 목소리를 통해 더 많은 민중적 담론들을 형성해 내야 한다. 그것이 역사를 새롭게 재구성할 수 있는 방안이다. 그 다양한 목소리를 들을 수 있는 지점에서 '굿'을 통한 새롭고 다양한 역사구성의 가능성을 기대해보는 것이다. 굿은 민중들의 다양한 목소리를 담고 있기 때문이다.

참고문헌

강소전, 「제주4·3해원상생굿의 재조명을 위한 시론적 접근」, 『제주문화예술』 여름호(제주민예총, 2004).
권숙인, 『현대 일본사회와 지방의 아이덴티티』(서울대학교 출판부, 1996).
김석준, 「4·3이 제주도 정치문화에 미친 영향 : 제주도민의 투표행위(1948~1997)를 중심으로」, 제주학회 창립 20주년 제14차 전국학술대회, 제2부 4·3의 경험과 제주지역공동체의 변화, 『제주학, 세계와 미래로』, 1998, 35~41쪽.
김성례, 「원혼의 통곡 : 역사적 담론으로서의 제주무속」, 『제주도연구』 6집(제주학회, 1989), 71~75쪽.
_____, 「제주무속 : 폭력의 역사적 담론」, 『종교신학연구』 4집(서강대 종교신학연구소, 1991)
_____, 「4·3의 경험과 종교의례의 변화」, 제주학회 창립 20주년 제14차 전국학술대회, 제2부 4·3의 경험과 제주지역공동체의 변화, 『제주학, 세계와 미래로』, 1998a, 35~41쪽.
_____, 「근대성과 폭력 : 제주 4·3의 담론 정치」, 『4·3과 역사』 통권 제31호(제주4·3연구소, 1998b), 80~94쪽.
_____, 「근대성과 폭력 : 제주4·3의 담론정치」, 『제주4·3연구』(역사비평사, 1999), 242~267쪽.
문옥표, 「원혼의 통곡 : 논평」, 『제주도 연구』 6집(제주학회, 1989) 76~78쪽.
박찬식, 「4·3극과 역사적 기억」, 『기억투쟁과 문화운동의 전개』(역사비평사, 2004), 137~155쪽.
이상철, 「20세기 제주도의 사회 변동과 발전」, 제주학회 창립 22주년 16

차 전국학술대회, 『새 천년 제주인의 삶의 질-분야별 실태와 주요과제』, 2000, 116~117쪽.

이정주, 「'4·3'에 관한 생애사로 엮은 제주 '호미마을의 역사'」, 『제주도연구』 17집(제주학회, 2000), 51~93쪽.

이창기, 「제주도의 사회문화적 특성 : 도전, 적응, 초월의 메카니즘」, 『제주도 연구』 9집, 1992, 17~35쪽.

정은주, 『향토축제와 '전통'의 현대적 의미』, 서울대 인류학과 석사논문, 1993.

『제민일보』 1998년 4월 3일자 사설.

제주4·3연구소, '머리말', 『4·3장정』 3, 1990, 11쪽.

_____, 『이제사 말햄수다(4·3증언자료집 Ⅰ)』(한울, 1989), 21~33쪽.

_____, 『제주 4·3신문자료집 Ⅲ(1995~1996)』.

_____, 「4·3소식 : 4·3항쟁 희생자 추모를 위한 원동 마을굿 열려」, 『4·3장정』 3, 1990.

조성윤, 「정치와 종교 : 조선시대 유교의례」, 한국사회사학회 『사회와 역사』 제53집(문학과 지성사, 1998).

조현범, 「현대 한국의 국가의례에 대한 시론적 연구」, 『종교연구』 vol 19 (한국종교학회, 2000).

한석정, 「만주국의 국가효과와 의례에 대한 연구」, 『일본역사연구』 제8집 (일본사학회, 1998).

현용준, 『제주도 무속자료 사전』(신구문화사, 1980).

_____, 『제주도 무속 연구』(집문당, 1986).

현혜경, 「제주농촌마을의 기제사 의례 연구」, 『제주도연구』 제16집(제주학회, 1999).

_____, 「의례, 공연, 그리고 연대의 문제 : 50주년 기념 4·3도민 해원상생굿을 중심으로」, 『제주도연구』 18집(제주학회, 2000).

Girard. Rene, *Violence and the Sacred*, trans. by Patrick

Gregory, Baltimore : Johns Hopkins University Press, 1977.

Hallbwachs, Maurice, *On Collective Memory*, ed. and trans. by Lewis Coser. Chicago : University of Chicago Press, 1992(1952).

Hobsbawm, Eric J. & Terence Ranger, eds., 1983, *The Invention of Tradition*, Cambridge niversity Press.

James C. Scott, *Weapons of the Weak*, by Yale University, 1985.

빅터 터너 저, 이기우·김익두 역, 『제의에서 연극으로』(현대미학사, 1996).

5·18의례음악의 변화

정유하

1. 항쟁음악과 의례음악

　1879년 프랑스의 국가(國歌)가 된 "라 마르세예즈(La Marsceillse)"는 1792년 4월 25일 밤 프랑스의 공병대위 루제 드 릴(Rouget de Lisle, 1760~1836)이 스트라스부르의 숙소에서 쓴 군가(軍歌)였다. 1792년 4월 20일, 프랑스는 혁명에 간섭하는 오스트리아와 프로이센에 선전포고를 하였고 선전포고령을 가지고 파리를 떠난 전령은 4월 25일, 스트라스부르에 도착하였다. 스트라스부르 시장 프레데리크 디트리슈는 루제대위에게 이튿날 라인강을 건너 적진을 향해 떠날 군대를 위해 군가를 지어달라는 부탁을 하였고, 대위는 그날 밤 단숨에 노래를 작곡했다. 이와 같이 처음에 군가로 작곡되었던 이 노래가 "마르세유 군대의 노래"로 불린 것은 그 해 전국에서 파리로 모여든 의용군 중 마르세유로부터 온 5백 명의 지원병이 7월 2일 이 노래를 부르며 파리근교를 지날 때 파리시민들이 이를 듣고 감동해 "라 마르세예즈"라고 부르기 시작했기 때문이다. 대략의 뜻은 '일어서라, 조국의 젊은이들, 영광의 날은 왔다. 자, 진군이다. 적들의 더러운 피를 밭에다 뿌리자'는 것이다. 가사는 라인강변으로 출정하는 군인들의 심경을 그린 것으로 호전적이나 선율은 밝고 힘차 곧 도처에서 불리게 되었다. 그 뒤 이 노래는 프랑스군과 함께 유럽 구석구석을 누비며 혁명의 이상을 뿌렸다. 결국 "라 마르세예즈"와 함께했던 프랑스혁명은 프랑스내부에서 끝나지 않았고 유럽제국의 민족의식과 혁명에 초석을 마련하였다. "라 마르세예즈"는 왕정복고시기에 얼마동안 금지되었다가 1830년 7월 혁명 때 다시 불리기 시작했고 제 3공화국 시절인 1879년 마침내 프랑스의 국가가 되었다.

1946년 작곡가 김순남은 임화(1908~1953)의 시에 곡을 붙여 "인민항쟁가"를 완성했다. 가사는 '원수와 더불어 싸우다 죽은 동무의 죽음을 슬퍼하지 말고 그 원수를 찾아 조국의 자유를 위해 싸우자'는 내용이다. 노동은의 해석(1992)에 따르면, 김순남은 이 노래에 노래 부르는 사람을 긴장시키며 혈맹적 결의를 다지게 만드는 이상한 힘을 느끼게 하는 비교(秘敎)를 쏟아 놓았다. 해방가요로 분류되는 이 '노래운동작품'은 국내에서는 제주에서 만주까지, 국외로는 일본에서 소련까지 알려져 대중적으로 불려졌다. 6·25 이후에도 남부군 소속의 문화공작대에 의해 계속 남한에서도 불려졌고 제주도의 4·3항쟁동안 무장대들의 노래가 되었으며, 북한은 한때 이 노래의 가사일부를 수정하여 국가로 삼기도 했다.

1980년의 광주민중항쟁이 남긴 역사적 유산은 항쟁이 실패로 끝난 직후부터 시작된 '5월운동'으로 계승되었다(정근식, 2001). 1980년대 초반 운동권 진영에서 노래는 운동의 중요한 수단이었다. '5월운동' 안에는 항상 "님을 위한 행진곡", "오월의 노래 2"와 "광주출정가"가 있었다. 이들은 전국 대학의 캠퍼스에서는 물론이고 노동현장과 모든 시위의 현장에서 가장 많이 불려졌다. 이들은 기념식 뿐만 아니라 추모제, 전야제, 그리고 5·18을 기념하는 많은 행사에 단골로 등장하여 의례음악이 되었다.

'오월운동'의 중요한 장으로서 추모제, 전야제, 그리고 항쟁을 기념하는 모든 음악관련 행사들에서는 위의 두 민중가요 외에도 오월을 표현하거나 기념하기 위해서 많은 음악들이 생산되고 연주되었다. 이 음악작품들은 80년 5월이라는 과거를 기억시키며, 5월 영령들을 위령하는 역할을 해냈고, 공동체의식을 강화시키며, 오월운동의 나아가야할 방향을 제시하고 유도하는 기능을 수행했다.

이런 사례들에서 우리는 음악이 혁명이나 항쟁에서 갖는 긴밀하고도 복합적인 관계를 확인할 수 있다. 첫째로 투쟁을 직접적으로 표현하거나 은유적으로 상징화하여 집단적 정서와 공동체의식을 강화하고 투쟁의식을 고취시키는 항쟁음악은 참여하는 대중들에게 저항의식을 불러일으키고 투쟁의 에너지를 공급해준다. 둘째로 이 항쟁음악은 항쟁이 종료된 후에도 살아남아 의례음악으로 자리를 잡고 그 항쟁의 정신을 지속시키며 항쟁을 재생산해내기도 한다. 이와 같이 광주항쟁과 그 이후 20여년 지속된 '오월운동'과정에서 생산된 음악 혹은 노래가 의례와 갖는 관계는 매우 복합적이면서도 인상적인 역사를 만들어왔다.

그럼에도 불구하고 광주항쟁과 오월운동에 관련된 음악을 의례음악 관점에서 체계적으로 조명한 학술적 시도는 발견하기 어렵다. 이러한 배경에서 이 논문은 오월운동의 전개과정에서 연주되거나 불려진 음악에 주목하고자 한다. 구체적으로 5·18항쟁과 관련된 추모식과 기념식, 전야제, 거리음악제, 기념음악회 속에서 실연된 음악들의 종류와 특성 혹은 배경들을 체계적으로 정리해보고 이 의례들의 음악적인 변화를 밝혀보고자 한다.[1]

오월의례에 사용된 음악들은 다음과 같은 과정을 거쳐 수집되고 분석되었다. 우선 각종 5·18의례들을 신문, 비디오와 오디오 테이프, 프로그램과 포스터, 인터뷰 등을 통해 조사하였다. 5·18연구소의 홈페이지 자료은행의 '추모 및 기념사업'과 '음악'부분에 정리되어있는 신문기사 자료와 함께 MBC 광주방송국의 자료실, 광주 KBS의 영상자료실과 5·18기념재단의 자료실에 보관되어있는 미디어자료들을 참고하였다. 또 프로그램과 포스터, 그리고 매년 발간되는 5·18민중항쟁 기념행사위원회의 결과보고 자료집들과 각종 논문과 저서의 정보를 참고하였다.

이 자료들을 근거로 하여 첫째, 음악관련 의례를 다섯 종류로 분류하고 각 의례의 주관처와 장소, 일시 등의 변화와 그 배경 등을 설명하였다. 또 의례의 기본형태를 살펴보기 위해 이미 치러진 행사를 보기로 제시하였다. 둘째, 시간의 흐름과 정치적 지형에 따라 기획과 내용의 차이를 보이는 의례들, 즉 전야제, 거리음악회, 기념음악회 등의 변화를 기술하고 이에 사용된 음악작품을 제시하였다. 셋째, 특히 우리나라의 다른 의례들과 차이를 보이면서 두드러지게 나타나는 두곡의 5·18의례음악이 어떻게 생산되었고 5·18의례에서 어떤 역할을 하고 있으며 또 어떻게 변화되고 있는지 심층분석하였다.

2. 5·18의례음악

'5월행사'는 1981년부터 광주항쟁 당시에 숨진 사람들에 대한 추모와 진상규명투쟁에서 비롯되어 매년 5월 광주에서 행해지는 주기적인

---

1 추모제와 기념식, 전야제, 거리음악제, 추모 및 기념음악회의 프로그램 및 주최·주관, 참여범위 등은 본고의 부록에 기록되어 있다.

의례이다(정문영, 1999). 1981년 첫 약식추모제로 시작된 오월의례가 지금은 그 종류가 다양해졌고 5월 한달 동안 축제화되어 계속되고 있다. 많은 행사들 중에서도 5·18을 기념하는 대표적인 음악관련 의례로는 추모제, 기념식, 추모예배 및 천도제, 전야제, 거리음악제, 각종 추모음악회 혹은 기념음악회 등을 들 수 있겠다. 이러한 의례에 있어서 추모제나 기념식은 형식을 갖춘 '의식'이 중요한 행사로서 음악은 의례를 치르기 위해서 보조적인 수단으로 사용되나, 전야제, 거리음악제, 기념음악회 등의 행사에서는 음악 자체가 행사의 중요한 부분을 이루고 있다는 차이를 보인다. 따라서 각종 의례에 쓰이는 음악의 종류와 연주형식에도 차이를 보인다. 이와 같은 의례들은 시대적, 정치적, 사회적 상황에 따라 약간의 시간적 차이를 두며 시작되었는데 다음은 각종 의례들의 시작과 그 진행을 나타내는 표이다.2

| 표 1 |

	'80	'80	81	82	83	84	85	86	87	88	89	90	91	92	93	94	95	96	97	98	99	00	01	02	03	04
추모제			○																							→
기념식																			○							→
전야제										○																→
거리음악제											○															→
기념음악회											○															→

---

2 여기서는 종교와 관련 있는 추모예배와 천도제 등은 제외시켰다. 많은 교회와 사찰에서 예배와 제를 드리기는 했지만 매우 산발이어서 규칙성이나 일관성이 부족하게 보인다. 또 작은 교회 또는 사찰의 행사에 대한 정보수집에 어려움이 있기도 하다.

1) 추모제에 사용된 가요와 음악

80년대 민주화 운동의 중심쟁점은 5·18광주민중항쟁의 진상규명이었고 그 안에 포함되어 주기적으로 반복되는 '5월운동'의례의 구심점에는 추모제가 있다. 1980년 광주항쟁 기간인 5월 18일부터 5월 27일 새벽까지 계엄군에 의해 학살된 희생자의 시신을 29일 망월동 공원묘지로 옮겨 장례식을 치렀다. 이때 처음으로 유족회가 구성되었고 이후로 추모제는 지금까지 유족회를 중심으로 개최되어왔다.

1981년 유족회는 제1주기 추모식을 계획했으나 정부당국의 방해와 회유로 돌연 취소되었다. 그러나 유족회 일부 회원들과 목사, 학생, 시민 등 200여명이 약식추모제를 개최함으로써 5·18민중항쟁 희생자를 위한 추모제는 시작되었다. 정수만씨(현 유족회 회장)가 즉석에서 추도사를 작성하여 낭독하였는데 반미내용이 담겼다하여 구속·수감되었다. 이 후로도 끊임없는 회유와 방해, 망월동 주변의 완전 봉쇄에도 불구하고 지속되어온 5·18추모제는 광주항쟁 희생영령에 대한 위령제인 동시에 독재와 불의, 학살과 반민주에 대한 저항의 시작점이며 계속되는 광주항쟁의 투쟁현장이었다.

5·18추모제는 초기 유가족들이 중심이 되어 치러졌던 네 번의 추모제 이후 5·18광주의거기념사업 및 위령탑건립추진위원회(이하 오추위)에 의하여 반합법적으로 치러졌다. 다음은 제5주기 광주사태희생자합동추모제의 식순인데 이때까지는 음악에 관한 기록을 찾아볼 수 없다.

1985년 5월 18일 제5주기 광주사태희생자합동추모제
주최 : 5·18광주의거기념사업 및 위령탑건립추진위원회
장소 : 망월동 묘역
인사말씀

추모사
　　　성명서낭독
　　　결의문낭독
　　　추모시
　　　참석인사 : 유가족 150여명, 정계 인사, 학생, 시민 등 500 여명

　제6공화국이 성립한 1988년에야 당국의 허가를 받아 처음으로 합법적인 행사를 치르면서 '분향 및 헌화'의 순서와 '화형식'이 추가되는 등 추모제가 형식을 갖춰나가기 시작했다. 1989년에는 츠모식에 광주국악관현악단이 초대되면서 음악이 5·18의례에 정식으로 자리 잡았다. 또 1990년에는 제3부 순서에 씻김굿이 진행되었다. 1996년 16주기 추념식은 마침내 광주민중항쟁 16주년 행사위원회와 유족회, 그리고 광주시가 공동 주관하여 민관합동으로 치러졌다. 이처럼 지속적인 변화를 보여준 추모제는 제례를 중심으로 한 전형적인 의례지만 점차 일반적인 기념식의 수순과 추모시와 추모곡, 합창 등의 순서가 더해지면서 문화적 의례의 모습을 갖춰나가기 시작했다.

　우리나라의 많은 국가의례들이 일제식민지문화의 영향으로 50 여년 동안 서양음악을 연주하는 군악대의 도움으로 진행되고 있는데 반해 5·18추모제의 경우는 독특하게 국악단의 보조를 받으면서 진행하였다. 오월운동의 현장에서도 양악기 보다는 북과 꽹과리로 민중가요를 부르고 있었는데 추모제가 우리나라의 전통의례인 유교적 제례를 중심으로 진행되고 있어서 자연스럽게 국악단이 등장하게 된 것이다. 1989년의 추모제 이래로 1996년의 16주년 추념식까지 전남대 국악과의 김광복교수가 이끄는 국악관현악단이 초청되어 추모제의 진행을 도왔다. 국악단이라고 하더라도 국악곡 만을 연주했던 것은 아니었고 1989년의 경우, 제례가 진행되는 동안 헌주음악으로 "오월의 노래 2"와 "님을 위한 행진곡"을 계속 연주하였다. 1990년 기념행사에서는 추

모음악순서가 포함되어 첫 번째 순서에서 김광복작곡의 "추모곡"을 합주하였고 두 번째 순서에서는 "태평소 시나위"를,3 1995년에도 "추모곡"을 연주하였다.

추모식에서는 1999년까지 매년 민중가요합창의 식순이 포함되어 있었는데 예를 들어 89·92·95·96년에는 "님을 위한 행진곡"을 90·91·93·94·99년에는 "오월의 노래 2"를 합창하였다. 또 한 곡이 합창되면 제례가 진행되는 동안이나 분향과 헌화의 시간에 나머지 한 곡을 국악단이 연주하곤 했다. 특히 1992년의 추모제에서는 제2부 기념식에서 '국민의례'대신 '민중의례'가 진행되면서 애국가 대신 "님을 위한 행진곡"을 합창하였다. 이는 1990년대 초반 추모제의 분위기와 그 정체성을 보여주는 노래의 선택이라 할 수 있으며 이 노래가 이미 민중들을 위한 의례음악으로 자리 잡았음을 단적으로 보여주는 예라 할 수 있겠다.

특별히 1996년 16주기에는 기념행사위원회, 유족회, 그리고 광주시가 민관합동으로 공동 주관하여 '추념식'이라는 이름아래 추모제와 기념식이 통합된 의례를 거행했다. 광주시립 국악관현악단의 도움으로 진행된 추념식에서는 개식선언 후 국민의례에서 민중애국가가 된 "님을 위한 행진곡"대신 기존의 애국가제창이 있었고 묵념식순에는 군인신분으로 이교숙씨가 작곡했던 묵념음악이 사용되었다. 그리고 대회사, 제례, 추념사, 유가족 대표인사순서가 끝난 후 "님을 위한 행진곡"

---

3 시나위란 본래 전라도와 충청도의 단골무당의 굿판에서 여러 악기로 합주되는 음악의 총칭이다. 주로 젓대, 피리, 해금, 장고, 징 등의 악기편성으로 합주되는 음악이었는데 연주형태는 산조의 원형과 같은 가락을 살풀이, 자진살풀이, 도살풀이, 모리, 발뻐드리 등의 장단에 맞추어 악기연주자들이 즉흥적으로 연주함으로써 헤테로포니의 효과를 내면서 조화를 이루던 합주이다. 90년 추모제의 경우 태평소를 주악기로 삼아 살풀이장단을 연주하였다.

을 합창하였다. 이 추념식을 끝으로 추모제와 기념식은 분리, 진행되어 오고 있다. 1999년의 19주년 추모제에서 "오월의 노래 2"를 합창되었는데 이후로 추모제에서는 민중가요합창의 순서가 사라졌고 2000년부터는 문화행사를 포함하여 진행해오고 있다. 다음은 2000년부터의 문화행사이다.

2000년 : 제2부 – "넋풀이(강혜숙 춤패)"
2001년 : 제3부 – "진혼무(양길순 한국여성국글협회 부이사장 외 4 명)"
2002년 : 없음(우천관계로 영정봉헌소에서 추모식을 진행하였다)
2003년 : 3부 – "진도씻김굿(인간문화재 박병천, 박병원 외 10명)"
2004년 : 3부 – "천수바라춤(법운 스님 외 4명)"

이와 같이 공식적으로 문화행사가 결합되어 진행되면서 민중가요합창의 순서가 빠지고 무용 혹은 굿 등이 추가되어 '항쟁' 또는 '운동'의 성격에서 벗어나 좀더 문화적인 의례가 되어가고 있다.

광주항쟁이 민주화운동으로 자리매김 되고 1997년 5월 18일이 법정기념일이 되면서 추모제와 기념식은 분리되어 거행되기 시작했고 추모제는 항쟁과 운동으로서의 힘을 잃어갔으며 그 규모도 매우 축소되었다. 1996년 민관합동으로 거행된 추념식에는 1만 여명의 관계자와 학생, 시민들이 참석한데 반해 1997년에 거행된 추모제는 유족회 주최로 거행되었고 관계자와 학생, 시민 등 1천 여 명이 참석하는데 그쳤다.

2) 기념식과 민중가요, 그리고 새로운 노래

추모제가 죽은 자들을 추모하고 위령하는 과거지향적인 의례라면 관주도의 기념식은 현재의 사회현실에서 광주항쟁에 대한 이해에 합법성을 부여함으로써 사회적 의식(意識)을 형성하는 현재적 의례라 할 수 있겠다. 이미 1989년부터 망월동 묘역에서 유족회와 오추위의 주관으로 추모제의 제2부에서 기념식(추모행사)과 같은 형태의 행사가 진행되고 있었고 도청 앞 혹은 금남로에서 여러 민중단체들이 주관하여 '5·18광주민중항쟁 기념식 및 5월 학살원흉처단과 진상규명을 위한 시민궐기대회(1988)', '5·18광주민중항쟁 10주년 기념식 및 5월 항쟁 계승대회(1990)', '5·18민중항쟁 15주년 기념식과 5월 정신 및 광주학살 책임자 기소촉구 국민대회(1995)' 등의 국민대회에서, 또 추모제에서 기념식이 치러져 왔으나 공식적 기념식은 문민정부인 김영삼 정권의 말기에 해당하는 1997년에 5월 18일이 「5·18민주화운동기념일」로 확정되면서 정부주도하에 거행되기 시작했다.

처음으로 정부당국이 주도하여 치른 제17주기 기념식은 내무부가 주관이 되고 정부대표자로 국무총리가 참석하였다. 장소는 5·18 신묘역의 위령탑을 중심으로 한 참배공간이 되었다. 17주기의 기념식은 기존의 국가기념식과 비교했을 때 형식에 있어서는 크게 다를 바 없었으나 문화적으로 성숙된 의례로서의 면모를 갖추지는 못했다. 다음 〈표 2〉는 제 17주기 기념식과 광복절 경축식의 식순을 비교한 것이다.

두 의례를 비교해보면 17주기의 기념식에는 광복절 경축식의 기념식에 있었던 개식 팡파레, 축가, 포상, 경축사, 기념노래, 만세삼창, 폐식 팡파레 등이 빠져 있다.

| 표 1 | 제17주년 5·18기념식과 광복절 경축식 |

	제17주년 5·18광주민주화운동 기념식	광복절 경축식[4]
주관	내무부	총무처
장소	운정동 5·18묘지	독립기념관 겨레의 집
일시	5월 18일 오전 10:00시	8월 15일 오전 10:00시
입장	음악 없음	개식 – 팡파레
국민의례	국기에 대한 경례/ 애국가/ 묵념	국기에 대한 경례/ 애국가/ 묵념
헌화 및 분향	국무총리 외 각계 대표	없음
경과보고	유족회장	없음
기념사	국무총리	광복회장
축가	없음	독창 및 합창
포상	없음	참석주빈
경축사	없음	참석주빈
기념노래제창	없음	광복절 노래 제창
만세삼창	없음	국회의장 선창
퇴장	음악 없음	폐식 – 팡파레

　　1999년의 기념식에서 처음으로 입장음악이 연주되었고 헌시 낭송 순서가 첨가되었다. 또 2003년부터 기념노래제창 혹은 기념공연순서가 포함되었다. 광복절 경축식은 제도화되어 표준화되고 세련된 의례 형식을 갖추고 있는 반면, 5·18기념식은 새롭게 형성되어져가는 의례로서 아직 틀에 사로잡히지 않아 더 유연하게 진행되고 있음을 알 수 있다. 또 공적 기념식이 국가기관에 의해서 거행되기 시작하자 80년대가 가졌던 저항성을 내포하고 있는 오월 의례가 형식적으로 제도화된 의례로 바뀌면서 저항성과 투쟁성이 약화되고 일상적인 의례로

4　의정과, 『정부의전편람』, 1994.

변화되었다.

1997년 첫 정부주관의 기념식을 시작으로 2004년 현재까지 여덟 차례의 기념식이 거행되었다. 다음은 이들을 비교한 것이다.

| 표 3 | 5·18기념식의 변화[5]

년도 식순	1999	2000	2001	2003	2004
주최	행자부	행자부	행자부, 광주광역시	국가보훈처	국가보훈처
정부참석 대표	김종필 국무총리서리	김대중 대통령	이한동 국무총리	노무현 대통령	노무현 대통령
연주 단체	경북도립국악단· 광주시립국악 관현악단 광주시립합창단	경북도립국악단 전남도립국악단 광주시립합창단 어린이합창단	전남지방경찰청 악대, 광주시립합창단	국방부 군악대 광주시립합창단	국방부 군악대 광주시립합창단
입·퇴장 음악	취타	취타	없음	대관식 행진곡 중	대관식 행진곡 중
헌화 및 분향	오월의 노래 2 님을 위한 행진곡	님을 위한 행진곡	님을 위한 행진곡 오제의 죽음 고향생각	God be with You 오제의 죽음	God be with You 오제의 죽음
기념 음악	님을 위한 행진곡 참석자 합창	없음	없음	님을 위한 행진곡 (박미애, 최덕식 교수)	선생님, 광주의 오월을 아세요? 금남로 (마산 아름나라 어린이 예술단)

17, 18, 22주년의 기념식에서는 전남지방경찰청 악대, 19주년과 20주년 기념식에서는 경북도립 국악단과 광주시립 국악관현악단, 23주년과 24주년의 기념식은 국방부 군악대가 행사음악을 맡아 진행하였다. 위에서 보는 바와 같이 주관처 혹은 연주단체에 따라 기념식을 위해 선택하는 음악의 종류와 곡이 달라졌다. 19주년과 20주년의 기

---

5 1998년과 2002년의 기념식자료를 구하지 못해 두 해의 자료는 누락되었다.

념식에서는 경북도립국악단이 이 지방 국악단과 함께 진혼음악을 연주했는데 19주년의 김종필 국무총리서리와 20주년의 김대중 대통령이 입장식순에 "취타"를 연주하였다.6 또 헌화 및 분향의 시간에 국악단에서는 "님을 위한 행진곡"과 "오월의 노래 2"를, 경찰악대는 두 민중가요와 더불어 "고향의 노래"를 연주하였다. 그러나 국가보훈처에서 기념식을 주관하면서 국방부 군악대에서 행사음악을 맡아 진행하였는데 의례의 성격을 고려하지 않고 입·퇴장, 묵념, 헌화 및 분향 시에 다른 국가기념식에서 쓰는 음악을 사용하였다.

추모식과 기념식에서 가장 많이 쓰인 "님을 위한 행진곡"과 "오월의 노래 2"는 뒤에서 자세히 분석할 것이므로 여기서는 두 노래를 제외한 나머지 음악을 소개하고자 한다.

(1) 입장과 퇴장 음악

1989년의 추모제부터 광주국악관현악단이 추모제의 행사음악을 담당하면서 시작된 5·18과 국악단과의 인연은 19주기와 20주기 기념식에 초대됨으로써 계속되었다. 국무총리와 대통령이 입장할 때 연주된 "취타"는 국악관현악협주곡으로 "만파정식지곡(萬波停息之曲)"이라고도 한다.7 이 곡은 고려시대부터 전해져오던 음악으로 임금의 거동 때, 군대의 행진 및 진문(陣門)의 열고 닫음, 또는 통신사의 행렬

---

6 1999년 개천절 경축식에서는 여타 국경일 기념행사에서 양악기로 연주하던 국민의례용 음악과 기념 노래 반주를 모두 국군 취타대와 국악연주단이 연주하였다 (조현범, 2000). 그러나 연주매체만 국악단이었고 음악은 그대로 서양음악작품이었다.

7 이성천 외 3인, 『국악개론』(서울: 도서출판 풍남, 1999), 123~125쪽.
취타의 종류에는 대취타(大吹打), 취타, 길군악, 길타령, 별우조타령(別羽調打令), 군악(軍樂) 등이 있다.

때 취타대들이 연주하였다. 장중하며 호쾌한 분위기를 가진 음악으로 우리나라국가 기념식에서 대통령의 입장과 퇴장 시에 연주할 수 있는 적절한 음악이다.

그러나 23주기와 24주기 기념식에서는 노무현 대통령의 입장음악으로 유명한 엘가(Edward Elgar, 1857~1934)의 "대관식 행진곡(Coronation Ode)" 작품 44의 제 7곡 「희망과 영광의 나라」(Land of Hope and Glory)가 연주되었다. 이 작품은 5곡이 한 세트인 군대 행진곡으로서 "위풍당당 행진곡(Pomp and Circumstance)"에 속한 선율이었다. 영국 국왕 에드워드 7세가 이 선율을 듣고 극찬하였다하여 엘가는 그의 대관식을 축하하는 작품 "대관식 송가(Coronation Ode)"에 이를 사용하였다. 다시 이 선율에 벤슨(Arthur Christopher Benson)의 시를 붙여 오케스트라, 합창, 엘토 독창을 위한 작품으로 편곡하였다. 또 독립된 가곡으로도 편곡하여 영국국가와 더불어 국민적인 애창곡이 되었다(명곡해설전집, 1986). 이 작품은 영국뿐만 아니라 세계의 여러 나라의 각종 국가경축기념식과 졸업식, 미인선발대회 등 다양한 의례에 사용되는 행사음악이 되었다. 그러나 5·18의 의미를 되새겨볼 때 우리나라 전통음악인 "취타" 혹은 "군길악" 등 훌륭한 행진음악을 입장음악으로 연주하는 것이 더 바람직하다고 하겠다.

(2) 분향 및 헌화에 사용된 음악

2001년 이 후 분향 및 헌화에 "님을 위한 행진곡", "오월의 노래 2", "오제의 죽음(Åses død)", "고향생각", "우리 다시 만날 때까지(God Be with You)" 등이 연주되었다. "오제의 죽음"은 노르웨이 작곡가 그리그(Edvard Hagerup Grieg, 1824~1907)가 작곡한 음악극 「페르 귄트」의 3막에 나오는 기악곡이다. 원래 「페르 귄트」는 노르웨이 작가 입센(Henrik Ibsen, 1828~1906)이 민요채집에서 얻은 전설적 인물을 주인공으로 한 노르웨이 판 「파우스트」이다. 입센은 이 작품을 위해 극음악 작곡을 의뢰하였고, 그리그는 민족적인 제재에 작곡하는 것이 의미있는 일이라 생각하고 작곡에 착수하게 되었다. "오제의 죽음"은 제3막에 나오는 12번째 음악이다. 아들 페르를 심히 사랑하는 늙은 어머니는 오랜만에 그의 모습을 보고 아들이 들려주는 허무맹랑한 공상이야기에 만족하면서 숨을 거두는 장면에서 연주되는 음악이다. 음악극 「페르 귄트」는 노르웨이의 대표적인 민족주의 음악으로도 잘 알려져 있지만 그 중에서도 "오제의 죽음"은 장례음악으로 가장 많이 쓰이는 작품이기도 하다. 1974년 고 육영수여사 국민장(國民葬) 기간동안 장례음악으로 사용되었다.

에스파냐의 민요 "고향생각"은 우리나라 중학교 교과서에 실려 있어서 우리에게 익숙한 곡이다. 영어제목은 "Free as a Bird"로 번역되어 있는 단조 곡이다. 고향을 떠나온 이가 고향과 부모님에 대한 사무치는 그리움을 그리는 가사내용으로 단조선율이 그려내는 정서와 잘 어울린다. 그러나 이 노래는 장례식이나 기념식과는 아무런 관계가 없는 곡이다.

"우리 다시 만날 때까지"는 랭킨(J. E. Rankin)이 워싱턴 D.C.의 제일 회중교회목사로 있을 때 쓴 찬송시이다. 랭킨은 헤어질 때 인사말인 "Good Bye!"를 연구하다가 어원이 'God Be with You'에서 유래된 것임을 알게 되었고 이를 설명하려고 이 시를 쓰게 되었다고 한다. 랭킨은 성도들이 헤어지게 될 때 부르는 찬송가로 만들기 위해 토머(W. G. Tomer)에게 작곡을 요청하였다. 이 노래는 현재 우리나라 개신교의 찬송가 524장이며 교회의 장례예배에서 많이 불리는 찬송가이다.[8]

분향과 헌화의 순서에 연주된 다섯 곡의 작품들 중 "님을 위한 행진곡"과 "오월의 노래 2"를 제외한 세 곡은 서양음악이었다. 오월항쟁과는 전혀 관련이 없는 작품으로서 기념식을 통해서 오월항쟁의 의의를 기리자는 맥락에서 보면 잘못된 선곡이었다.

(3) 기념음악

1999년 19주기 기념식에서 "님을 위한 행진곡"을 참석한 모든 이들이 합창을 하였으나 기념음악순서는 아니었다. 그러다 23주년과 24주년의 기념식에는 기념음악 순서가 더해졌다. 23주년의 기념식에는 광주대학교의 박미애 교수와 최덕식 교수의 이중창무대가 있었는데 두 사람은 기념식에 참석한 이들에게 함께 부를 것을 권유하면서 민중가요 "님을 위한 행진곡"을 제창하였다. 24주년 기념식에는 광주 어린이 노래패 '아름나라'가 창작동요 "선생님, 광주의 오월을 아세요?"와 새로운 민중가요 "금남로"를 불러 깊은 감동을 주었다.9

"선생님, 광주의 오월을 아세요?"의 가사는 창원 용지초등학교 2학년 이예슬 어린이가 쓴 시이다. 어린아이가 이해하고 있는 광주의 오월을 노래하고 있다. 작곡가는 '아름나라'라고만 알려져 있다. 점점 무관심속으로 사라져가는 오월항쟁을 세상 사람들에게 직설적으로 상기시켜주고 있다.

또 다른 노래 "금남로"는 김준태 시인의 시 "금남로 사랑"을 노래에

---

8 "님을 위한 행진곡"과 "오월의 노래 2"는 여러 행사에 사용되므로 "오월의 노래 2"와 함께 따로 분석했다.
9 어린이노래패 '아름나라'는 1989년 민중가요 작곡가로 알려져 있는 고승하씨가 마산의 작은 마을에서 만들어 시작한 단체로 지금은 전국 여러 도시에 '아름나라'가 만들어져 활동하고 있다. 아이들이 직접 세상을 바라보는 눈을 키우고 주변과 사회를 글로 표현하고 노래할 수 있도록 하는 것이 이 단체의 취지라고 한다. 광주 '아름나라'는 1999년 결성되어 활동 중이다.

맞게 수정한 가사에 우리나라 오음음계를 가지고 선율을 붙인 창작민요로서 밝고 명쾌한 분위기를 지니고 있다. '민주공간'으로 상징화된 도청 앞 광장과 연결되어 있는 금남로를 '민주를 부르짖을 수 있는 봄날의 언덕이며, 연초록 강언덕이며, 억세디 억센 고향이며, 성스러운 어머니 거리'라고 노래하고 있다.

오월항쟁 직후에 만들어진 민중가요는 비장함, 투쟁, 격렬함, 희생, 억압, 학살 등을 내용으로 하는 단조행진곡이 많았다. 이어 80년대 중반에는 민요운동이 시작되어 "광주천"이나 "꽃아, 꽃아"같은 민요조의 민중가요가 등장하였고 장조 서정가요가 창작되기 시작했다. 시간이 흘러 격정적인 감정이 절제되고 이성적인 태도가 담긴 서정가요가 탄생하면서 민중가요는 대중들의 인기를 얻기 시작했다. 대중가요분야에서도 오월을 주제로 하는 노래가 창작되어지고 록(Rock)음악에까지 그 범위를 넓혔다. 이제는 동요로 오월을 노래하고 있다. "선생님, -"은 서정적인 장조의 노래이고 "금남로"는 추임새까지 곁들인 밝고 신나는 창작민요이다. 특히 "금남로"는 오월노래가 앞으로 나아가야 할 방향을 제시하는 노래라고 생각된다. 5·18기념식공연에서 어린이노래패가 초대되어 이러한 노래들을 공연한다는 것이 신선한 충격이 되었다. 이 공연은 기념식의 오월항쟁의 독특한 정체성을 만들어가고 유지해가는 좋은 기획이었다.

3) 전야제

전야제는 일상적인 시간으로부터 성스러운 시간으로 들어가는, 그리고 외부로부터 성스러운 공간으로 들어가는 의식이며 시간적·공간적으로 성과 속을 가르는 선이다(정근식, 1998). 5·18민주항쟁의 기간을 5월 18일에서 27일까지의 열흘간으로 생각하여 전야제는 17일

저녁에 개최되고 있다.

    1988년 5월 17일 최초의 전야제는 광주 구동 실내체육관에서 치러졌다. 당시 5월행사의 집행위원회(위원장 정수만)의 주도로 판소리, 진혼굿, 노래극, 연극 등이 첫선을 보였고 도청 앞 광장과 금남로가 시민들에 의하여 일시적으로 점거되어 행사가 진행되기도 했다. 1990년, 광주기독교 교회협의회 광주기독교방송과 광주·전남민주연합 등이 공동으로 진행한 전야제는 실내체육관에서 치러졌고 1992년부터 본격적으로 도청 앞 광장과 금남로를 중심으로 거행하게 되었다. 1996년에는 5·18특별법 제정 이후 처음으로 광주시와 전남도의 공식주관행사로 치러졌다.

    전야제는 17일 저녁에 거행되고 있으나 최근에 와서 많은 5월행사들이 전야제보다 훨씬 이전에 시작되고 있다. 예를 들어 제19주년 의 행사를 살펴보면 5·18체험학교는 1~2일, '오월에서 통일로!(목포)'는 8~18일, '오월의 노래(거리음악제)'는 13~14일, '5월 기획사진전'은 14~20일, '노동문화제'는 14일에, 시민걷기대회는 16일, '사진전시회 및 오색 띠 잇기'는 13~27일에 치러졌다. 또 24주년의 기념행사도 5월 6일에 열린 전남대학교 5·18연구소의 5월 학술대회를 시작으로 27종류의 행사가 전야제 이전에 개최되었다. 시장적 경쟁 상황에서 보다 많은 주의를 끌기 위하여 많은 단체들이 5월 17일 이전에 자신들의 행사를 치르기 위한 경쟁을 한 결과, 정작 5월 17일의 전야제는 전야제가 아니라 본 축제의 기능을 하게 되었다(정근식, 1998).

    더 나아가 전야제는 모든 행사의 최절정의 역할을 하고 있다. 5월이 시작되면서 술렁거리기 시작한 광주의 5월행사들이 계속되다가 17일 오전 추모제를 치르면서 경건한 가운데 오월영령에 대한 추모의 예를 드리고는 5월 항쟁의 승리를 축하하는 축제분위기로 돌입하여 전야제에서 축제의 절정에 이른다. 전야제라는 명칭은 다음에 올 본 행사에 대한 팡파레로서 본 행사에 대한 기대를 상승시키는 역할을 하는 것인데도 불구하고 전야제는 오히려 축제의 절정과 같은 느낌이 들면서 이 후의 행사는 점차 맥이 빠져가는 느낌을 갖게 된다. 내용과 구성에 있어서도 무대예술의 지선인 종합예술의 장이면서, 비용면에 있어서도 행사위원회가 가장 역점을 두는 행사이다. 주기성이 강조되어 다른 해에 비해 훨씬 큰 규모로 치러졌던 20주년의 기념행사를 제외하고는 매년 가장 높은 비율의 사업비가 투자 되어 그 중요성을 나타내주고 있다. 다음 표는 각 행사(19~23주년)의 정산내역 중 총수입과 전야제에 사용된 비용, 그리고 그 백분율을 나타내는 표이다(19·20·21·22·23주년 행사결과보고서).

|표 2|

행사	행사수	총수입액	전야제 행사비용	백분율
제19주년	32개	204,892,334	60,000,000	≒29.2
제20주년	39개	1,413,286,770	151,491,501	≒10.7
제21주년	23개	210,352,550	57,000,080	≒27.0
제22주년	25개	188,900,466	50,036,740	≒26.4
제23주년	23개	200,650,000	43,000,960	≒21.4

그러나 전야제의 가장 중요한 요소는 무엇보다도 전야제에 참석인원과 그 내용에 있다. 동시에 가장 많은 시민들이 신성시되는 도청 앞 광장에 모이는 행사로서 이 모임을 통해서 5월 항쟁과 자신이 속한 광주시민의 신성함을 확인한다. 다양한 형태로 폭력적이고 억압적이었던 오월을 재현해내는 공연을 관람하면서 시민들은 기득권적 권력, 불평등적 모순, 억압과 갈등, 어두움과 희미함을 걷어내는데 동참한다.10

또 행사기획단에서는 주제를 정하여 방향이 있는 행사, 시민들의 참여지향적인 행사를 기획하여 시민들에게 보고, 듣고, 느끼고, 주체적으로 참여하면서 재미를 느끼도록 유도하는 가장 축제적인 의미를 가지고 있는 행사를 만들고 있다. 1994년 이래로 매년 전야제에는 2만에서 5만 명 이상의 시민들이 모이고 있으며 20주년 전야제에는 6만의 인파가 행사에 참여하였다.

전야제를 포함한 모든 행사는 매년 기념행사위원회를 구성하여 행사를 주관하고 있다. 행사위원단의 구성은 매년 약간의 변화가 있으나 상임위원장은 5·18기념재단 이사장이 맡고 있으며 고문, 명예위원장, 행사위원장, 집행위원회, 상설기획단, 사무처장 등 약 300명의 위원들이 참여하여 행사를 기획, 진행하고 있다. 특히 전야제는 문화이벤트 회사나 전문가에게 용역을 주어 행사를 진행했었는데 그 결과 때로는 이벤트성 행사 혹은 유흥적인 요소가 강조된 행사가 되어가는 인상을 주기도 했다. 그러나 최근의 전야제는 오월정신의 과거와 현재 미래 등을 적절히 제시하면서 발전적 계승을 일구어내고 있다.

90년대 초반의 전야제는 아직 항쟁의 연속이었고 투쟁의 장이었다. 처음으로 집회허가를 얻어 오추위에서 주최했던 1992년의 전야제도 마찬가지였다. "항쟁의 도시"라는 주제로 구성된 전야제는 3부로 나뉘어져 기념식, 음악제, 집체극으로 진행되었고, 여기 참가한 시민들은

---

10 '축제는 폭력으로부터 축제참가자들을 벗어나게 하기 위해서만 폭력적 패러디를 사용하며, 이 잘 규율된 이반의 기능은 그것이 사회적 폭력으로 흘러 넘치는 것을 막는 것이다. 축제는 폭력을 더 잘 포섭하기 위해서 그것과 유희를 벌인다. 흉내낸 폭력의 상연-그러므로 종결될 수 있는 폭력-은 실연되고, 그것은 종식되지 않는 폭력을 종식시키는 방식이다.(김종엽, 1998 ; Hunt, 1988, 103 재인용)'
'축제는 인간의 기본적 속성의 흐름을 차단하는 것을 파괴하는 것에서부터 시작한다고 볼 수 있다. 기득권적 권력, 불평등적 모순, 억압과 갈등, 어두움과 희미함을 걷어내고자 하는 것이 축제이다.'(류정아, 2003)

"광주출정가"나 "오월의 노래 2"처럼 투쟁적인 노래들을 제창하였다. "광주출정가"의 '투쟁의 깃발, 혁명의 정기, 민주화 행진, 민중의 해방, 목숨을 걸고, 도청을 향해 …'나 "오월의 노래 2"의 '붉은 피, 왜 쏘았지, 왜 찔렀지, 피피피 …' 등의 가사가 그때의 분위기를 설명해준다.

 1993년 '5·18민주화운동의 정신을 기리고 그 명예를 높일 수 있는 사업을 적극 지원할 것'이라는 김영삼 대통령의 특별담화가 있은 후 기념행사가 공식화되면서 전야제도 전국화·세계화를 추구하며 새로운 시도를 해나갔다. 90년대 중반에서 1999년까지의 새로운 시도와 노력을 통해서 발전적인 면도 있었지만, 지나치게 화려한 무대중심의 행사를 지향하면서 여느 오락 프로그램과 차별성이 없는 행사를 진행해 시민들의 한쪽 마음을 허전하게 만들기도 했다. 이전처럼 항쟁이나 운동의 힘은 빠져버리고 하나의 볼거리가 되어버렸다. 이는 문화이벤트 회사에 용역을 줌으로써 빚어진 결과로 연예인 초청중심의 무대가 행사의 정신을 흐리게 한 것이다. 광주의 민중가요 가수들은 이러한 현실에 불만의 소리를 낸다. 80년대와 90년대 초반, 정세현을 중심으로 한 '우리 소리연구회'의 단원들, '소리모아'의 박문옥, 류영대, 노래패 '친구', 김원중, 박종화 등 이 지역 민중가요가수들은 어려운 여건 속에서 각종 항쟁과 행사의 현장에 큰 대가없이 여기저기 뛰어다니면서 노래로 광주의 '오월운동'에서 일꾼의 역할을 담당했다. 그러나 5·18이 국가로부터 민주화항쟁으로 인정받고 기념행사들이 정부의 지원을 받게 되니 많은 돈을 들여 중앙의 연예인들을 불러 무대에 세우고 자신들은 돌아보지 않는다는 불만이 형성되었다.

 2000년의 행사는 20주기 전야제행사로서 광주 MBC 방송국의 오창규 PD가 기획을 주도해 많은 새로운 의미가 부여된 프로그램이 시도되었다. 1부에서는 80년 이후 한국의 민족·민주운동 20년사와 80년 당시의 민족민주화대성회의 재현 등 5월항쟁과 계속된 운동을 재현하였다. 2부의 무대공연행사에서는 전국화, 세계화, 민족화, 대중화 등의 범문화적 무대가 꾸며졌다. 윤진철의 창작판소리와 일본(기나 쇼키치 챔프르스 밴드), 대만(호덕부), 한국의 민중가수들(김원중, 안치환과 자유밴드)의 순서는 전국화와 세계화를 이룬 무대였다. '2부 후반에서부터는 민중가수들의 공연이었지만 요란한 굉음과 몸짓이 거부감을 주었고, 언어가 다른 한계성 때문에 노래가사전달이 되지 않아 오락성과 대중성만을 의식한 축제로 5월 정신의 메시지전달에 실패했다는 평을 받았다. 또 젊은이들을 위한 축제에 치우쳤다는 지적도 있었다.'(『광주일보』 2000.5.18) 사회개혁적인 음악의 내용도 중요하지만 전달형식도 중요한 문제임을 보여주는 지적이었다. 1999년부터 참석했던 일본의 우타고에 합창단[11]은 2002년 행사까지 참석하는 우정을 보이기도 했다.

다음은 2002년에 거행되었던 제22주년 기념전야제의 구성이다.

2002년 5·18민중항쟁 제22주년기념 전야제
주관 : 5·18민중항쟁 제22주년 기념행사위원회
장소 : 금남로, 망월동 일원 및 도청 앞 특설무대
일시 : 2002년 5월 17일 오후 7시~11시
1부 : 오월 영령 혼맞이굿
5·18재현행렬 : 차전놀이, 차량시위, 횃불행진, 촛불행진, 시민군행렬
사전행사 : 풍물길놀이, 김원중 공연, 박문옥 공연, 청춘의 도시공연, 우타고에 공연

---

[11] 일본의 '우타고에' 합창단은 1949년에 조직된 순수민간노래집단이다. 원래 우타고에는 「합창을 중심으로 한 서클활동을 기조로 하는 대중적·민주적인 음악운동이며, 이외에 뛰어난 음악유산을 계승하고 전문가 및 대중적 창작활동과 관련, 협력하여 평화라는 명목하에 건강한 노래를 전 국민에게 보급하는 것을 목적으로 한다(규약 제 2조)」 '우타고에' 운동은 일관된 평화운동이나 노동운동과 결부되어 전국에 퍼져 국민적인 음악운동이 되었으며 대표곡으로는 "원폭을 용서하지 않으리라", "노력하자", "오키나와를 돌려 달라" 등이 있다. 2000년에는 서울에서 열린 전야제에 참석하기도 했다.

2부 : 재현극
3부 : 지역노래패 공연, 행사위원장 인사말, 역사증언자 증언, 원코리아 페스티발위원장 축사, 영상 및 율동공연, 우리나라 공연, 희망새 공연, 통일상생굿, 민요패공연 및 대동놀이

2003년과 2004년의 전야제는 앞으로 지향해야 할 전야제의 모범적인 모형을 제시했다. 이전에도 전야제 식전의 행사로서 거리행렬굿 등의 행사가 있었으나 90년대 초반부터 2002년까지 행사의 진행은 주로 도청 앞 특설무대를 중심으로 이루어졌다. 또 전야제 전체가 3부로 나뉘어져 성격이 전혀 다른 행사로 진행되곤 했었다. 반면에 23주기와 24주기 전야제는 모든 순서가 하나의 종합극으로서 소규모로 5월항쟁을 재현하고 5월정신의 새로운 방향을 설정해가는 행사로 진행되었다. 전야제의 시간(오후 7시경)과 장소(도청 앞 특설무대)는 확장되어 오후 3시부터 시작되고 망월 구묘역에서부터 신묘역까지 거리행렬굿을 벌이며 서서히 금남로까지 진입한다. 여기에서 다같이 참여할 수 있는 5월 줄다리기와 80년 5월항쟁의 체험마당을 열어 체험의 기회를 주고, 다시 흩어져있는 시민들을 불러들여 무대중심의 행사로 들어간다 (무대중심의 행사는 23주년과 24주년의 내용에 차이가 있다).

23주년 전야제의 무대행사에서는 광천동 주부들로 구성된 '통일아줌마'가 출연해 "남누리 북누리"와 "떠나간다"를, 광주어린이 노래패 '아름나라'가 초대되어 "전쟁", "선생님, 광주의 오월을 아세요?", "금남로", "부메랑이 되어", "내 짝꿍" 등을 불러 참석한 시민들의 마음을 움직였다. '아름나라'는 다시 24주년 기념식에 초대되어 기념공연순서에서 "선생님, 광주의 오월을 아세요?"와 "금남로"를 불러 또 한번 큰 반향을 불러일으켰다. 이제는 어린이가 '몰라야 되는, 몰라도 되는 날'이 아니라, 오히려 어린이가 어른들에게 5월을 상기시키는 날이 온 것이다.

24주년 전야제의 무대행사에서는 '오월의 노래'를 부르면서 다시

5·18의 기억을 살리거나 노래패들이 등장하여 현 시기의 주요투쟁내용을 담은 노래를 부르면서 다음 행사(5·18메세지 채택)를 준비한다. 메시지 낭독이 끝나고 참여한 시민들이 만들어낸 인간다리를 건너 어린이들이 한반도기를 들고 무대에 도착하여 한반도기를 흔들면 "우리의 소원은 통일"을 노래하고 풍물패들이 마무리하며 "평화와 연대"를 표현하는 종합예술극(Gesamtkunstwerk), 전야제는 끝을 맺었다.

결국 2003년과 2004년 전야제에서 무대음악의 역할은 독립된 공연을 넘어 바그너의 종합예술극처럼 전체에 속한 하나의 요소가 되었다. 또 전야제는 모든 시민이 참여할 수 있는, 대동세상이 잠깐이나마 실현되는 작은 장이 되었고, 아줌마도, 어린이도 참여하여 민중가요를 부를 수 있는 대동무대를 지향하고 있다.

4) 거리음악제와 5월 민중가요 축제

1989년은 전교조 선생님들이 무더기로 해직되던 해였으며 임수경과 문규현 신부의 방북, 문익환목사와 서경원의원이 방북하여 구속되고 전국민중미술인연합의 홍성담씨와 백은일씨 등은 평양축전에 민족해방운동사를 그린 걸게그림을 슬라이드로 제작하여 보낸 사건으로 국가보안법 위반혐의로 구속 중인 시기였다. 그 해 5월, 광주의 대표적인 민중가수인 김원중은 충장로의 한 골목, 구 학생회관 처마아래에서 오월 영령들의 넋을 달래고, 점차 잊혀져가는 그 날의 역사를 되살리며 시민들의 투쟁의 불꽃을 지피기 위해 오월가를 부르기 시작했다. 광주의 '오월거리굿'은 그렇게 시작되었다. 혼자서 기타하나 메고 거리에 나서 민중가요를 부르기 시작한 김원중의 '5월에 카톨릭센터 로비에서 노래를 부르면 어떻겠냐'는 제안을 받은 카톨릭 광주대교구 정의평화위원회(이하 정평위)의 간사였던 홍세현은 노래그룹 '소리모아'의 박문옥과 우리소리연구회의 정세현(현 범능스님)[12] 등 광주지역 노래모임협의회(광노모)의 회원들을 찾아가 상의하고 그들을 중심으로 '오월거리굿'을 기획하기에 이르렀다. 공개적으로 민주화대투쟁을 외치며 노동문제와 반정부, 반미내용을 담고 있는 민중가요를 부르는 행사를 주관한다는 것은 정평위로서도 위험한 기획이었고 또 가수들이 거리에 나와 민중가요를 부르는 것 또한 용기를 필요로 하는 행위였다.

그럼에도 불구하고 1990년 광주 정평 정기총회의 결정으로 제1회 거리음악제는 천주교교리와는 거리가 있는 '오월거리굿'이라는 타이틀을 가지고 금남로의 카톨릭센터 로비에서 제1회의 행사를 가질 수 있었다. 광주정평위에서 최소한의 장비와 준비물 마련을 위해 예산을 지원하였고 출연진들이 행사를 직접 준비하는 주관자가 되기로 했다. 기간은 19일부터 도청이 함락한 27일까지를 계산하여 9일간으로 정해 공연하였다. 천주교 광주대교구 청년연합회 놀이패 "흙"의 길놀이 풍물소리가 시작을 알리면서 전교조 해직교사 고재성의 사회와 광주의 노래일꾼들인 김원중, '소리모아(박문옥 외)', 우리소리연구회(정세현, 이세길, 홍세현, 정건호), 노래패 '소리'들이 모여 9일간의 굿마당을 개최하였다. 당시에는 어려웠던 실외행사였다. 금남로에 위치한 가톨릭회관 로비를 무대삼아 길가는 이들의 발걸음을 붙잡는 무대였다.

1992년부터는 이 행사의 전국화·세계화를 부르짖던 김원중의 제안으로 광주의 노래일꾼들 뿐만 아니라 전국의 민중가수들과 노래패들을 초청하여 행사를 진행하였고, 센터 관리의 어려움과 출연진 한계

---

12 김원중은 대중가요 "바위섬", "직녀에게"를 히트시킨 바 있는 가수이다. 박문옥은 제1회 MBC대학가요제 동상입상한 경력의 가수 겸 작곡가이다. '소리모아'의 단원이기도 하다. 정세현은 전남대 국악과를 졸업한 민중가요작곡가이며 가수이다. '우리소리연구회(1990)'의 리더였으며 현재는 출가하여 범능스님으로 불린다.

등 여러 가지 사정으로 9일간의 행사를 3일간으로 축소, 진행하였다. 당시에 초대된 가수로는 백창우·이정렬(노래마을), 마산 어린이 노래패 '아름나라(지도 : 고승하)', 김여남·류금신(서울) 등이 있다.

명칭에 있어서도 변화가 있었는데 1992~1994년에는 '추모거리굿'으로, 1995~1996년과 2000년에는 '추모거리음악제'로, 1997년부터는 '거리음악제'로 바뀌었다. 오월광주가 언제까지나 과거의 아픔만을 기억하면서 살아가기보다는 더 발전적이고 긍정적인 미래를 향하는 마음을 표현하기 위해 거리굿 대신 '음악제'로의 변경을 꾀했다.

1993년에는 오월거리굿을 광주 정평위와 광주지역 노래모임(광노모)이 함께 주관하기 시작했고 타지의 문화팀들의 출연요청이 쇄도하기도 했다. 대구의 '소리타래', 제주의 '섬하나, 산하나', 마산의 '소리새벽', 성남의 '노래마을'들이 참가하였다. 예산이 넉넉하지 못해 광주를 방문하는 가수들에게 주최측에서는 여비와 식비만을 제공했고 김원중이 숙소와 여타의 경비를 마련하는 등 모든 교섭을 맡아 했다. 5월이 지나면 광주의 노래일꾼들은 품앗이로 전국을 돌며 노래를 해야 했다고 한다.13

이때까지 불려진 노래의 주제는 반전, 반미, 통일, 민주화, 자주 등이었다. "들어라, 양키야", "반전, 반핵가", "내 사랑 한반도", "님을 위한 행진곡", "오월의 노래 2", "죽창가", "광주출정가" 등 매우 노골적이고 직접적인 저항의 노래들이 불려졌는가 하면 당시에 유행했던 서정적인 민중가요 "타는 목마름으로", "오월의 노래 1", "솔아 푸른 솔아" 등이 불리기도 했다. 특히 80년대 초반부터 불기 시작한 개사곡(노래가사 바꿔부르기)의 바람은 계속되어 "예성강", "아다다", "투사의 노래" "**는 짭새땅" 등이 많이 불렀다. 다음은 1993년 오월에 있었던 '추모거리

---

13 김원중과의 인터뷰에서.

굿'의 출연진과 프로그램이다.

    1993년 5월 19~21일(16:30) 5·18 추모거리굿
    주최 : 천주교 광주대교구정의평화위원회, 광주지역노래모임
    장소 : 카톨릭센터 앞
    3일간 죽음, 해방, 평화 등 각 주제에 맞춰 진행됨
    죽음(19일) : 무자비한 살상으로 희생된 광주시민의 넋을 기리는 날
    출연: 놀이패 '흙', 김원중, 판소리의 윤진철, 전대합창단, 노래패 '소리', 소리타래
        (대구)
    해방(20일) : 폭력을 물리치고 획득한 광주시민의 해방공동체의 기쁨을 이야기하는
        해방의 날
    출연 : 노래운동가 정세현, 노동자노래단, 전통문화연구회 '얼쑤', 섬하나 산하나
        (제주)
    평화(21일) : 광주의 오월정신을 계승하고 역사 속에 민족의 보편적 정서로 이를 간
        직하는 평화의 날
    출연 : 흙, 소리모아, 소리의 공연과 소리새벽(마산), 노래마을(성남)

'오월운동의 세계화'에 발 맞춰 '5·18 추모거리굿'은 1994년에 필리핀의 민중가수 제스 마누엘 산티아고(Jesu Manual Santiago)를 초청해 자유, 민주, 정의와 평화를 위한 노래를 함께 불렀다. 이때 시도되었던 국제화는 2000년 국제음악제인 'Human Voice'로 실현되었다.

1995년에 광주 정평위는 그 책무를 다하고 후원의 자리로 물러앉았고 5·18행사위원회가 주최가 되고 소속 문예분과에서 주관하게 되었다. 그리고 다음해인 1996년부터는 기념행사위원회와 민예총 노래분과회원들이 주최가 되어 행사를 진행하게 되었고 장소와 행사의 이름도 '거리음악회'라는 부드러운 행사제목아래 도청 건너편 아시아나 빌딩 앞에 특설무대를 설치하여 진행하였다. 그동안에 전국의 노래패에 속했던 민중가요가수들이 노래패로부터 독립하여 민중가수 색을 띤 성공한 대중가수로서 활동하면서 광주를 방문하여 광주의 오월 축제를 축하해

주었다.

90년 이 행사가 시작될 때에는 오월항쟁의 연장선상에서 투쟁과 운동의 장이었던 것이 96년에는 '거리음악회'로, 97년 이후 2002년까지는 거리음악제 '오월의 노래'로 5월 문화의 장이 되었다. 특히 2000년 기념행사에서는 망월동 묘역 특설무대에서 '민중가요 100선'을 진행하면서 전국의 수많은 민중가수들과 시인, 민중가요 작사가들이 출연하여 광주정신을 공유하는 대화의 시간을 마련하였다. 그러나 행사가 망월동이라는 분리된 공간에서 치러지는 바람에 많은 시민들이 참여하지 못했던 행사가 되었다. 도청 앞 광장이나 금남로는 성역화된 공간일 뿐만 아니라 시민들이 언제든지 쉽게 접근할 수 있는, 지나가다가도 잠깐 들러 마음 놓고 머물 수 있는 공간이다. 그래서 문화행사가 가능한 문화공간인 반면 망월동 묘역은 참배하는 공간으로 머물면서 문화행사를 지속할 만한 공간으로는 자리 잡지 못했음을 보여주었던 행사였다.

거리음악제 '오월의 노래'는 2002년 5월 18~19일 금남로 도청 앞 특설무대에서 14번째를 마지막으로 거리음악제 공연을 마쳤다. 지금까지 거리음악제를 개최해오던 광주의 노래일꾼들은 이를 계승한 국제인권음악제를 목표로 2003년 'The People'을 조선대학교 운동장에서 개최하였으나 아직 국제적인 수준으로 다다르지는 못하고 서울의 정상급 민중가수들과 광주지역의 민중가수들이 모여 행사를 진행했다. 결국 22년을 계속되어오던 거리음악제 '오월의 노래'는 2002년을 마지막으로 막을 내렸다.

5) 기념음악회

광주민주화항쟁 직후 탄압시기로부터 김영삼 대통령의 특별담화가 있기까지(1980년 5월~1993년 5월) 기념사업은 종교계를 중심으로 비공식적으로 이루어지거나 민간단체주도로 전개되었다. 이 시기까지 음악분야에서의 활동은 민중가요 중심의 '오월거리굿'을 제외하고는 매우 미미했다. 이 시기의 작품으로 광주항쟁을 재현했던 음악작품의 효시는 윤이상의 교향시 "광주여, 영원히(Exemplum, memoriam Kwangju)"이다. 이 작품은 1980년 독일 퀼른의 WDR라디오 방송국의 위촉으로 작곡되었고 1981년 5월 8일 WDR 라디오방송교향악단(WDR-Sinfonie Orchester)에 의해 초연되었다.

국내에서 오월항쟁을 기념하는 첫 음악회는 아마도 1989년 광주의 제1회 5월문화제 행사의 일환으로 개최된 「5·18 희생자 진혼음악제」일 것이다. 전남대학교 김광복교수 작곡의 "민중진혼곡"이 그가 이끄는 전남 국악관현악단과 국악 합창단, 그리고 두 독창자들에 의해 연주되었다. 1980년 항쟁 후 10년 만의 일이었다.

1993년에는 5·18이 국가에 의해서 승인을 받고 기념사업을 적극 지원할 것이라는 특별담화 후에 기념사업은 민·관 공동주도하에 전개되기 시작했다. 이 해가 저물어가는 12월 18~19일에 한국민족예술총연합회 목포지회의 주최로 KBS 스포츠 홀에서 정철호의 창작판소리 음악회 "하늘도 울고 땅도 울고"가 이틀간 개최되었다.[14] 또 1994년 5월 18~19일에는 임진택의 창작판소리 "오월 광주"가 광주문화예술회관 대극장에서 이틀간 공연되었다.[15] "하늘도 울고"와 "오월 광주"는 광주민중항쟁을 판소리화한 작품이다. 국내에서 가장 먼저 공연된 기념 음악회의 작품들이 세 사람의 국악인들에 의한 창작품이고 국악매체에

---

[14] 중요무형문화재 제5호 판소리 고법 예능보유자이고 창작판소리 작곡가인 정철호씨는 전남도립국악단 상임지휘자를 역임했다. 창작판소리 "하늘도 울고 땅도 울고"외에도 다수의 열사가("안중근 열사가", "이준 열사가", "유관순 열사가" 등)가 있다.

[15] 임진택은 마당극 연출가, 창작판소리작곡가이며 축제예술감독이다.

의한 음악회여서 그 의미가 더한다.

 윤이상의 "광주여, 영원히"는 1994년에 와서야 우리나라에서 공연될 수 있었다. '윤이상음악제'가 예음문화재단의 주최로 9월 8일 서울 예술의 전당에서, 9월 13~14일에는 광주문화예술회관 대강당에서 개최된 것이다. 작곡 후 14년만의 일이었다.

 1995년 5월 21일 '5월 음악회'에서는 안치환과 송창식, 지양길(광주대 교수), 광주MBC어린이 합창단, 이선희가 출연하여 "솔아 솔아 푸른 솔아", "광야에서", "오월의 햇살", "아름다운 강산", "새야 새야 파랑새야" 등 민중·민족적 노래로 음악회를 장식하였다.

 1997년 누리문화재단에서 제17주년 기념공연으로 '전월선·정태춘 통일음악회'를 개최하였다. 전월선은 재일교포로 평양과 서울, 일본을 오가며 통일을 노래하는 정상급 오페라 프리마돈나이다. 전월선은 단독공연에서 "하바네라", "새야 새야 파랑새야", 등을 연주하였고 정태춘과 함께 "아침이슬", "고려 산천 내 사랑", "우리의 소원은 통일"등 사회성이 짙은 노래를 불렀다.

 90년대는 저항포크의 대안으로 록(Rock)이 등장한 시대이다. 그 결과 오월항쟁의 기념행사에도 록이 상륙하였다. 1998년 5월 16일에는 5·18을 노래하는 '록 페스티벌 광주여 영원히', 2000년 5월 27일에는 5·18 20주년 기념 폐막제 '록 2000', 2001년 8월 15일에는 5·18 '록 2001 페스티벌'이 연달아 광주에서 개최되었다. Rock이라는 장르에서도 5월을 다룬 노래들이 작곡되고 연주되어 새로운 세대에 오월을 전하는 고무적인 현상이되기도 했지만,[16] 5월행사로서의 록 페스티벌은 시간이 흐르면서 결국 메시지보다는 젊은이들의 자기발산에 충실한 음악무대로 머물렀고, 특히 2001년의 페스티벌에서는 '오월정

---

16 블랙홀의 "마지막 편지", 천지인의 "학살", 최소리의 "5월" 등이 있다.

신'과는 관계없는 국내 곡들과 엘비스 프레슬리의 퇴폐적인 노래들이 계속 연주되면서 5월을 무색케 했다. 5월을 기념하는 행사의 성공을 위해 집객효과가 있는 가수들을 초대해서 많은 관중의 동원에는 성공하나 행사의 내용은 '오월정신'과 점점 멀어져가는 현상들은 다시 생각해보아야 할 문제이다.

1999년 빛소리 오페라단, 광주광역시, KBS 광주방송국, 광주일보사의 주최로 5·18민중항쟁 19주년 기념 창작오페라 "무등등등"이 공연되었다. 시인 조태일과 김준태의 대본에 김선철이 작곡한 "무등등등"은 80년 광주항쟁을 재현하고 '오월에서 통일로' 결론을 맺는 기념비적인 오월주제 창작품이다. 이 작품은 2000년과 2001년까지 서울과 광주에서 네 차례 공연되었다.

항쟁 20돌을 맞아 여러 개의 음악행사가 있었다. 전국순회공연 '2000 님을 위한 행진곡', '통일음악회', 5·18 20주년 기념음악회 '광주여 영원히', 국제음악제 'Human Voice', 관현악 '오월에서 통일로'가 그것들이다. 한국민족예술인총연합과 한국민족음악인협회에서는 타 지역에 5·18과 그 문화를 알리고자 전국순회공연 '2000 님을 위한 행진곡'이라는 특별하고 야심찬 행사를 구상했다. 광주의 노래일꾼들이 서울을 비롯해 대구, 수원, 안산, 울산, 원주, 인천, 청주, 춘천 등 10여개 도시에서 각 지역의 노래일꾼 혹은 놀이패들과 협동하여 풍물판, 마당극, 민중가요, 록, 아름나라공연, 사진전시회, 연극, 기념식 등 다양한 행사를 18일 동안 개최하기로 한 것이다. 기다리는 행사가 아니라 찾아가는 행사로서 '광주의 오월'을 전국에 알리려는 의도로 기획되었다. 그러나 행사의 의도와 규모에 비해 각 지역에 홍보가 충분히 되지 않아 관객들을 많이 모으지 못해 효과가 극대화되지 못한 아쉬움을 남겼다. 그러나 주최하는 광주의 문화일꾼들에게는 광주항쟁의 현재적 의미를 재조명해야한다는 인식을 갖게 하는 계기가 되었다는 보고가 있었다(20주년 기념행사 자료모음집, 2000).

'통일 음악회'는 임진각에서 개최되었다. 행사의 주제를 '평화와 인권'으로 내걸고, 영상작품 "민중의 메아리 5·18 그리고 2000"과 "5·18과 분단의 역사적인 상처와 아픔"을 통해 오월항쟁의 역사적인 진실을 재조명하고 민족적인 화합의 극치인 통일을 위한 노력을 담아 상영하였다. 기성세대 가수들과 신세대 가수들,[17] 그리고 다양한 장르의 음악을 선보인 대화합의 무대를 연출하였다.

민예총과 민음협의 주최로 개최된 국제음악제 'Human Voice'는 5·18정신의 올바른 계승과 전국화, 국제화를 목표로 세계 각국에서 평화와 민주, 인권 등을 주제로 활동 중인 음악인들과 국내의 대표적 민중가수들이 함께한 최초의 공연이다. 특히 국내에서는 그동안 접할 수 없었던 남미의 노래운동 '누에바 칸시온(새로운 노래)'의 여러 가수들과 전후 50여 년간 반전, 평화의 메시지를 외쳐온 일본의 '우타고에' 등 상업적인 측면에서 접하기 힘든 국내외 음악인들이 함께 모여 5·18의 의미를 기리는 뜻 깊은 무대였다(20주년 기념행사 자료모음집, 2000).

5·18 20주년 기념음악회 '광주여 영원히'는 서울시 교향악단에 의해 5월 19일과 20일에 서울세종문화회관 대강당과 망월동 신묘역 특설무대에서 개최되었다. 민중음악과 대중음악, 혹은 국악 중심으로 구성되는 오월행사에 서양예술음악이 올려지는 무대였다. 바니야프스키의 바이올린 협주곡 제2번 D단조, 강준일의 "만가-상여나가는 소리", 윤이상의 "광주여 영원히"가 연주되었다. 관현악 '오월에서 통일로'는 민중가요작곡가 박종화의 관현악과 합창을 위한 창작품이다. 1부-오

---

[17] 임창정, 이선희, 조영남, 샤크라, 인순이, 백지영, 정태춘, 박은옥, 조영수, 현대음악트리오, 유태평양, 6인 코러스 합창단, 34인조 오케스트라, 어린이 메신저 등이 출연하였다.

월(4악장), 2부 – 전사(4성부 합창), 3부 – 통일(2악장)로 구성된 이 작품은 전남 심퍼니 오케스트라와 안산시 교향악단, 그리고 노래극단 희망새, 청춘의 도시, 소낙비, 음악예술사람 등이 참여하여 연주하였다. 그 외에도 2000년에는 광주지역 국악인 윤진철이 임진택의 창작 판소리 "오월광주"를 임진택과 함께 4일간 공연하였다.

2001년에는 5·18기념문화관 개관기념공연이 있었다. 역시 민중가요와 국악인의 공연이었다. 국악인 윤진철의 판소리공연과 안치환과 자유, 박문옥, 김원중의 "희망은 있다", "목련이 진들", "오월의 노래 1", "사람이 꽃보다 아름다워" 등의 민중가요공연이 있었다.

2002년에는 22주년 기념행사로서 부상자회 회원의 자녀 2인을 포함한 한양대동문 가야금 연주단의 초청연주회가 있었다. 가야금 산조, 병창, 가야금 3중주곡, 독주곡, 2중주곡 등을 연주하였고 "오월의 노래 2", "님을 위한 행진곡"을 연주하였다. 2002년 11월 29일 '시와 노래가 있는 5·18음악회'와 2003년 5월 10일에 있었던 '오월음악회', 2004년 12월 3일 5·18송년음악회 "세상에서 가장 아름다운 상처"등의 음악회는 타이틀이 무색하게 5·18과 직접적인 관계가 없는 내용의 연주회였다.

5·18기념음악회는 이 지역 민중가요 가수들의 활약이 크다. 오월정신을 고수하고 계승하려는 의미있는 많은 행사를 기획하고 실천하면서 '오월운동'의 활동가로서 많은 활약을 보여주고 있다. 오히려 기념행사위원회에서 행사를 성공시키려는 의도로 유명한 대중가요 가수들을 초대하여 행사의 의도를 흐리는 경우가 있었다. 위의 행사들을 살펴보면 2001년까지의 행사들은 나름대로 5월의 정체성을 유지하려는 노력들이 보인다. 그러나 최근에 들어서는 오월항쟁과 관계 있는 것 같은 행사의 제목들을 내걸지만 내용은 점차 멀어지고 있다. 전혀 관계없는 프로그램을 가지고 행사를 진행하면서 한, 두개의 대표적인 민중가요

끼워 넣기식의 행사들이 개최되고 있다.

그러나 많은 부정적인 요소에도 불구하고 오월을 기념하는 각종 기념음악회들은 1989년 진혼음악제 이후 다양하게 개최되어 왔다. 또 5·18기념음악회는 다른 의례들(추모제, 기념식, 전야제, 거리음악제)과는 달리 오월이 아닌 때에도 개최되어 늘 살아있는 오월정신을 증거하는 문화행사의 역할을 해오고 있다. 음향시설과 집중을 필요로 하는 음악회의 제한된 조건 때문에 많은 행사들이 광주문화예술회관 대극장과 소극장, 5·18기념문화회관 등 연주홀에서 열리고 있으며 '오월행사의 전국화·세계화' 노력으로 서울, 임진각과 미국 등지를 순회하는 연주회도 개최되고 있다.

3. 의례음악이 된 민중가요

항쟁 이후 최근까지 5·18을 주제로 하여 창작된 음악은 윤이상의 교향시 "광주여 영원히(Exemplum, in memoriam Kwangju)", 김선철의 오페라 "무등 둥둥", 정유하의 서곡 "Gwangju Uprising", 이민수의 가곡 "이 오월에" 등 서양예술음악,[18] "님을 위한 행진곡", "오월의 노래", "광주출정가"등의 민중가요, "5·18", "오월의 햇살" 등의 대중가요, "마지막 편지" 등과 같은 록 뮤직 등의 다양한 장르에서 생산되었다. 이 가운데 5·18의례에서 지속적으로 사용되어 의례음악이 된 노래로는 "님을 위한 행진곡"과 "오월의 노래 2"가 대표적이다. 이 두 노

---

[18] 서양예술음악작품인 "광주여 영원히", "무등 둥둥", "Gwangju Uprising", "이 오월에"는 필자의 논문 "5·18항쟁의 형상화에 사용된 음악표현양식(2003, 음악과 민족)"에 분석되어있다.

래는 대학 캠퍼스와 각종 시위현장에서 끊임없이 불려지면서 항쟁가가 되었고, 각종 의례에 등장하여 민중의례 순서에서 애국가대신 불려지기도 하고 민중가요 부르기 순서에서 합창되는 등 오월의례음악이 되었다. 따라서 5·18의례에서만 연주되는 두 노래를 대상으로 하여 그 음악의 생산과정과 보급, 선율의 특성, 연주방법에 따른 정서적 변화와 그 음악의 사회적 기능을 정리해보자.

1) 님을 위한 행진곡

우리나라 국경일 의례음악과 5·18의례음악의 두드러진 차이를 찾자면 무엇보다도 5·18의례에 등장하는 민중가요를 꼽을 수 있겠다. 민중가요란 정치적·사회적 영향력과 운동성을 가지고 있어서 집단적 정서를 고양하고 공동체의식을 강화하는 힘을 가지고 있는 노래를 말한다. 70년대 후반에 시작되었던 '노래운동'은 70년대 초의 포크송 중에서 주로 한대수의 작품과 김민기의 초기작품들이 주축을 이루었다. 이렇게 선택된 민중가요는 70년대 후반의 학생운동권을 중심으로 새로운 유통·수용구조 속에서의 재배열됨과 동시에 새롭게 해석되기에 이른다. 과거에는 막연한 시련과 고난만을 예견하거나 혹은 한 지식인의 고뇌 등을 그리고 있었지만, 광주 항쟁에서 겪은 죽음과 패배는 운동에 참여하는 이들로 하여금 비장함과 희생, 격렬함을 표현하는 전투적 민중가요를 직접 양산하게 만들었다. 이러한 배경 속에서 태어난 "님을 위한 행진곡"은 1983년 이후 모든 투쟁의 현장에서 끊임없이 불려졌으며 마침내는 5·18추모제와 기념식에서도 불려지는 의례음악이 되었다.

"님을 위한 행진곡"은 음악극 「넋풀이」에 속해 있는 노래이다. 「넋풀이」는 1978년 겨울 들불야학에 헌신적으로 참여하다가 연탄가스 사고로 숨진 박기순(당시 전남대 국사교육과 3년)과 광주항쟁 때 시민군 대변인으로 5월 27일 새벽 총격전에서 사망한 윤상원열사의 영혼결혼식을 위해 만들어진 노래극이다. 1982년 광주시 운암동에 있는 작가 황석영의 집에 악기를 지참한 놀이패 '광대' 회원들(윤만식, 김선출, 임희숙 등)[19]과 오창규, 김종률 등 10여명이 모여 오전에는 작사, 작곡 등 작품을 완성하고 오후에는 음악극 연습에 들어가 당일에 녹음을 마쳐 「넋풀이」 테잎을 완성하였다.[20] 이 음악극에는 "젊은 넋의 노래", "무등산 자장가", "에루아 에루얼싸", "축가", "교정에서", "영혼의 노래" 등이 포함되어 있다. 특히 "님을 위한 행진곡"은 백기완의 시 "젊은 남녘의 춤꾼에게 띄우는 못비나리"에서 따온 시의 일부를 황석영이 다시 정리하여 가사를 완성하고 김종률이 곡을 붙였다.[21] 노래는 김선출의 꽹과리 장단에 오창규의 목소리로 녹음되었다.

「넋풀이」 테잎은 곧 한국기독청년협의회 이름으로 전국의 대학, 노동현장으로 신속하게 보급되었다. 「넋풀이」에 실려 있는 "님을 위한 행진곡"은 광주지역은 말할 것도 없고 그해 겨울 서울대학교 총학생회가

---

19 "극회 '광대'는 1979년 창립하고 80년 봄 광주 YMCA, 무진관에서 마당극 "돼지풀이"를 공연함으로써 호남지역 마당극운동의 효시를 이루었고 광주항쟁 때 전위적 문화패로서의 역할을 담당하였다.

20 김선출, 오창규, 김종률은 모두 음악극 "넋풀이" 테입 제작에 참여한 이들인데 음악극의 창작과 제작일시를 각각 다르게 보고하고 있다. 김선출은 그의 저서 『5월의 문화예술』에서 1982년 6월로 기록하고 있고, 김종률은 1991년 5월 12일 한겨레신문과의 인터뷰를 통한 기사에서 1981년 5월 19일로, 오창규는 1988년 12월 25일에 있었던 「오창규 오픈 스튜디오」의 프로그램에서 1981년 가을로 기록하고 있다.

21 김종률은 당시 전남대 상대에 재학 중인 학생으로서 제3회 MBC대학가요제에서 "영랑과 강진"으로 은상을 수상했었고 집회·결사의 자유가 없었던 1981년 이른 봄 광주의 중심지에 위치한 남도예술회관에서 자신이 작곡한 저항가요들을 발표하기도 한 가창과 작곡에 재능 있는 청년이었다.

조사한 대학인의 노래순위에서 김민기의 "아침이슬"을 누르고 정상을 차지했으며 1983년 전국민주화운동 청년연합은 이 노래를 그해 가장 많이 불리어진 저항가요로 선정했다(오창규, 1988).

이렇게 보급된 "님을 위한 행진곡"은 1983년 이후 모든 투쟁의 현장에서 끊임없이 불려졌다. 특히 이 노래는 과거 추모제에 참석한 모든 이들과 함께 가장 많이 합창되어졌던 곡이며 각종 5월 기념행사에서 애국가를 대신하여, 또는 애국가와 함께 불려지면서 오월정신을 고취시켰던 노래이다. 1997년 이후 5월 18일이 법정기념일로 제정되어 정부주관아래 기념식이 진행되기 시작한 후에도 기념공연순서나 헌화와 분향시간에, 혹은 합창 순서에 연주되거나 불려졌다. 5·18의례에서 "님을 위한 행진곡"은 3·1절이나 광복절 경축행사에서 불려지는 3·1절 노래와 광복절 노래 등과 같은 역할을 하는 대표곡이 되었다. 결국 5·18기념의례에 자주 등장하여 5·18민주화운동 기념식을 다른 국가의례와 차별화시키는 5월 의례음악이 되었다.

"님을 위한 행진곡"은 왜 지금까지 20년이 넘도록 살아남아 끈질기게 불려지고 있는가? 이유는 이 노래가 음악으로서의 다양한 사회적 기능을 소유하고 있기 때문이다. 음악인류학자 메리암은 음악은 사회와 문화 심지어 문명의 정도에 상관없이 ① 정서표현, ② 미적 즐거움, ③ 오락, ④ 커뮤니케이션의 수단, ⑤ 상징적 표상, ⑥ 신체적 반응, ⑦ 사회규범에의 적합을 강화하는 기능, ⑧ 사회제도와 종교의례를 성립시키는 기능, ⑨ 사회와 문화의 연속성에 기여, ⑩ 사회의 통합에 기여한다고 보았다(A. P. Merriam, 1997).

메리암의 이론에 근거하여 "님을 위한 행진곡"의 사회적 기능을 살펴보면 다음과 같다.

첫째, 80년대와 90년대 초반, 억압의 정치사속에서 개인적으로 표현하기 어려웠던 정서가 이 노래를 통해서 표현되고 있다. 가사에서 광주민주항쟁에서 살아남은 자들이 죽은 자들을 향해 느끼는 죄의식과 부채의식이 나타난다. 또 구체적으로 항쟁의 실패에 대한 좌절감에 시달리는 이들에게 산자로서 새날이 올 때까지 흔들리지 말고 뒤를 따르라고 격려하면서 수많은 죽음과 패배로 끝을 맺은 80년 5·18이 끝이 아님을 이야기한다(나간채, 2001). 그러나 노래에 사용되지 않은 백기완의 시 "묏비나리"의 앞부분인 '무너져 피에 젖은 대지 위엔 먼저 간 투사들의 분에 겨운 사연들이 이슬처럼 맺히고 어디선가 흐느끼는 소리 들리리니'에서 느낄 수 있는 것처럼 80년대 당시의 정서인 비장함, 패배감, 자괴감은 단조의 선율과 느린 속도와 리듬으로 너무나 잘 표현되고 있다. 이 노래는 항쟁 후 살아남아 있는 자들의 정서를 표현하기도 했지만 동시에 이를 극복해내려는 의지와 감정의 배출구역할을 하였다.

둘째, "님을 위한 행진곡"은 커뮤니케이션의 수단으로서 큰 역할을 수행한 노래이다. 앞서서 격한 싸움을 치렀던 항쟁에서 죽어간 모든 자들이 격전지에 살아남아있는 우리들에게 계속 투쟁해 줄 것을 호소한다. 항쟁과 의례를 주도하는 자들은 항쟁 혹은 의례에 참여한 이들과 이 노래를 합창함으로써 계속투쟁의 결단을 요구한다.

셋째, 이 노래는 다양한 상징적 표상의 기능을 한다. 광주항쟁에서 80년 5월 27일 마지막까지 도청을 사수하다 죽어간, 노동운동가이면서 시민군이었던 윤상원과 민주교육지표사건으로 무기정학을 당한뒤 위장취업한 노동자이면서 야학의 강학이었던 박기순의 영혼결혼식을 모델로 만들어진 음악극에서 두 사람이 살아남은 자들에게 계속투쟁을 호소하는 노래이다. 5·18을 대표할 뿐만 아니라 민주화운동, 인권운동, 노동운동 등 여러 맥락에서 사회적 의미를 생산하면서 이 노래가 끊임없이 불려지는 것이다.

넷째, 이 노래는 민주화운동의 규범을 강화하고 항쟁문화의 존속,

안정화와 사회통합에 크게 기여한 노래이다. 민중의례에서 애국가 대신 불려지면서 민중애국가의 역할을 하며 강한 메시지로 다양한 행사, 즉 추모제, 광주민중항쟁 계승 범국민대회, 기소촉구 국민대회, 기념식, 마당놀이, 각종 시위현장 등에 모인 다양한 사회적 관점과 배경을 가진 사람들을 하나의 공통된 이념과 관심으로 불러 모으는 역할을 했다.

다섯째, 이 노래는 신체적 반응을 일으키는 기능을 가지고 있다. 음악이 많은 행동을 유발시키며 흥분시키고 방향을 전환시키기도 한다는 것은 주지의 사실이다. 이 노래는 본래 느린 4/4박자의 단조 행진곡이었으나 80년대 중반을 넘어서면서 빠른 속도로 불려졌다. 이 노래의 특징이기도 한 부점 붙은 리듬(♩♪♪♪♪♪)은 느리게 불려질 때는 비장함을 더 강조하는 역할을 하지만 빠르게 불려질 때는 역동성을 불어넣으면서 리듬적인 행동을 유발시킨다. 손사위를 동반한 "님을 위한 행진곡"이 손사위 없이 부를 때보다도 훨씬 더 자연스러울 정도로 이 노래는 역동적이다. 여러 해를 거친 추모제의 현장에서도 이 노래는 결연함이 느껴지는 손사위와 함께였고, 심지어 최근의 2004년의 24주기 기념식에서 마지막 순서로 "님을 위한 행진곡"을 합창할 때, 한 국회의원이 손을 흔들며 이 노래를 부르기도 했다.

앞서 제시한 물음 "님을 위한 행진곡"은 왜 지금까지 20년이 넘도록 꾸준히 불려지고 있는가?'의 다른 답으로는 가사가 다양한 의미를 함축하고 있다는 점과 연주방식에 따라 정서와 그 의미가 다양하게 변화된다는 점을 들 수 있겠다.

첫째, 가사 전반부에는 죽음과 패배의 어두움이 짙게 깔려있다. 그러나 후반부에는 이를 극복하려는 미래의 승리를 향한 낙관성과 이를 위해 투쟁할 것을 호소하고 격려하는 상반된 정서와 내용을 담고 있다. 때문에 여러 현장에서 다양한 사회적 의미를 가지고 불려질 수 있다.

추모제에서는 의로운 죽음에 가치를 부여하는 노래로, 각종 기념식에서는 5·18을 상징하는 민중의례음악으로, 시위의 현장에서는 투쟁의 의지를 고취시키는 노래로, 각종 기념음악회에서는 오월항쟁의 의미를 기념하는 음악으로 그 역할이 변화된다.

둘째, 이와 같이 노래 부르는 자가 처한 상황과 처지에 따라서 연주방식이 달라지고, 또 연주방식에 따라 노래의 정서가 변화되어진다. 부르는 이의 의식이 어느 부분에 집중되느냐에 따라 투쟁적인 노래가 되기도 하고 만가(輓歌)가 되기도 한다. 1981년 "님을 위한 행진곡"이 처음 작곡되었을 때는 매우 느린 단조행진곡이었다. 단조라는 조성과 느린 속도는 윤상원 열사의 죽음, 항쟁의 패배에 대한 비장함과 절망을 표현하는 음악적 요소였으며, 이를 딛고 일어서려는 의지는 리듬감 있는 행진곡풍으로 나타났다. 이 노래가 80년대와 90년대 초반 망월동 추모제의 현장에서는 느리게 불려졌다. 항쟁에서 산화한 영령들이 누워있는 묘역에서는 유족들은 물론이고 거기에 참석한 모든 이들의 의식 속에 죽음, 비장함, 절망 같은 감정들이 강조되어 나타나는 현상이라 할 수 있겠다.

그러나 이 노래가 전국으로 보급되어 대학가와 투쟁의 현장에서 불려질 때는 규칙적인 손 사위와 함께 빠른 속도로 불려졌다. 시위에 참여한 자들의 의식을 통합하고 투쟁의지를 고취시키며 결단시키려는 의도로 노래를 부르는 동안에 속도는 저절로 빨라졌고 행진곡적인 요소가 강조된 것이다.

최근에 이 노래가 나타나는 각종 의례에서도 여러 가지 빠르기로 연주된다. 기념식의 '분향과 헌화' 시간에는 매우 느린 속도로 연주되면서 슬픔과 비장함을 강조되고 주로 기악 연주된다. 반면에 기념공연 순서에서는 보통빠르기로 불려진다. 어떤 감정이나 투쟁의도의 전달보다는 5·18기념하는 노래로 부르고 있는 것이다. 그러나 시위의 현장에서는 아직도 투쟁의식의 고취와 에너지공급을 의도하면서 리듬이 강조된 '조금 빠르게'의 속도로 힘차게 불려지고 있다.

2) 오월의 노래 2

'오월운동'에서 "님을 위한 행진곡"만큼 많이 불려진 민중가요가 또 있다면 그것은 "오월의 노래 2"일 것이다.[22] 가사가 오월에 일어났던 일을 매우 사실적으로 그려내고 있어서 그 표현의 치열함이 노래 부르는 이로 하여금 쉽게 오월에 대한 기억과 함께 울분을 터뜨리게 하고 투쟁의지를 불러일으킨다. 앞에서 언급한 것처럼 민중가요는 기존의 대중가요에서 선택되어 민중가요가 되기도 하고, 새롭게 작곡되어지기도 하며, "오월의 노래 2"처럼 번안곡이 '가사 바꾸기'를 거쳐 민중가요가 되기도 한다.

본래 "오월의 노래 2"의 선율은 프랑스 샹송으로 루시엥 모리스(Lucien Morrisse)를 추모하여 미셸 뽈라레프(Michel Polareff)가 1971년 작사·작곡한 "누가 할머니를 죽였는가?(Qui a tué Grand Maman?)"이다. 그 옛날 할머니가 소중하게 가꾸었던 아름다운 정원이 개발되면서, 나무, 꽃, 새들이 사라졌고, 그 정원 속에서 찾을 수 있었던 여유와 상념의 시간 또한 사라졌기 때문에 상심한 할머니가 돌아가셨다는 내용이다. 1971년 박인희가 우리나라에서 "사랑의 추억"이라는 제목으로 발표하였으나 주목받지는 못했었다. 그러나 가사 바꾸기를 통해서 오월을 형상화하는 노래로 탈바꿈되어 오월을 기억시키고 투쟁에 필요한 에너지를 공급하며 반정부, 반미감정을 불러일으키는,

---

[22] "오월의 노래 1"은 문승현 글, 곡으로 1984년에 발매된 '노래를 찾는 사람들 1집'에 수록되어 있다.

시위의 현장에서 없어서는 안 될 투쟁가가 되었다.

번안가요였던 이 노래는 '노래가사 바꿔 부르기'의 대표곡이 되었다. '노래'라는 매체를 통해 '오월운동'을 전개하는 과정에서 생겨났던 '노래가사 바꿔 부르기'는 두 종류가 있는데 하나는 1980년대 초 적당한 민중가요의 부재로 인한 수요와 공급의 불균형으로 인하여 생겨났다. 또 다른 종류의 '노래가사 바꿔 부르기'는 대학생들이 풍자의 재미를 만끽하려는 의도에서 생겨났다. 후자의 경우는 기존에 알고 있는 노래에 가사의 몇 부분만을 바꾸어 노래 본래의 의미와 새로운 의미사이의 부조화로 인한 충돌과 긴장을 만들어내는 노래장난이다(우리시대의 노래 I, 2000).23 "오월의 노래 2"는 전자의 경우, 즉 '오월운동'에 필요한 투쟁의식을 고양시키는 노래의 필요성에 의해 생긴 '노래가사 바꿔 부르기'인 것이다.

"오월의 노래 2"도 어떤 빠르기와 어떤 매체로 연주되느냐에 따라 느껴지는 정서에 큰 차이가 있다. 추모제에서 제례의 헌주음악으로 사용되거나 기념식의 분향 및 헌화순서에서 기악으로 연주되어질 때에는 느린 속도로 잔혹함, 희생과 비장함의 정서가 더 깊어지고, 항쟁의 현장에서 빠른 속도로 불려질 때는 투쟁에의 치열한 의지를 불러일으키면서 투쟁의 에너지를 공급하는 격렬한 운동가로 돌변하는 것이다.

민중가요 "오월의 노래 2"와 원곡인 "누가 할머니를 죽였는가?"는 선율과 리듬, 형식에 있어서 상당한 차이가 있다. 형식에 있어서 "오월의 노래"는 12마디로 작은 세도막 형식(aa'b)으로 불려지고 있으나 원곡은 16마디인 두도막 형식(AB)의 노래이다. 리듬에 있어서는 첫마디의 두 번째 박에서부터 그 차이를 보이는데 원곡은 장식적이며 서정적

---

23 '노래가사 바꿔 부르기'는 '노가바' 혹은 '개사곡'이라고도 하고 그 대표적인 곡으로는 "**대는 짭새 땅(원곡은 독도는 우리땅)", "아아, 대한민국" 등이 있다.

인 느낌을 주는 리듬(♪♪)인데 "오월의 노래 2"에서는 훨씬 역동적인 느낌을 주는 일명 깡총리듬(♪♪)으로 변하였다. 또 "오월의 노래 2"는 원곡과 비교할 때 악구의 끝부분 즉, 제4마디, 제8마디, 제12마디의 선율이 각각 다르게 불려지고 있다. 원곡의 각 악구의 마지막 마디들은 반종지(i-V)나 불완전 정격종지[24]로서 노래가 끝나지 않았음을 시사하면서 계속되는 반면 "오월"에서는 8번째 마디에서 온전 정격종지(V-I)로 노래를 일단락을 맺고 세 번째 작은 도막인 후렴으로 들어간다. 앞의 두 도막에서는 4절의 가사를 통해 과거 오월의 참상을 적나라하게 표현하고 계속되는 후렴에서는 현재의 시점에서 투쟁의 에너지를 불러내고 있다.

특히 마지막 네 마디(9~12마디)는 리듬과 선율에 있어서 많은 차이를 보이고 있다. 원곡이 민중가요로 바뀌면서 당김음이 포함되어 부르기 어려운 부분들이 간단한 리듬과 선율로 바뀐 것이다. 또 원곡의 마지막 네 마디(13~16마디)는 바로 앞 네 마디(9~12마디)와 거의 비슷한 선율로 가사 없이 '라라~~'로 서정적인 부드러움을 더해주고 있으나 "오월"에서는 마지막 네 마디(9~12마디)를 후렴으로 한번 부르고 나머지 네 마디는 생략해 버렸다. 가장 큰 변화는 4절의 마지막 마디일 것이다. 3절까지는 마지막 마디를 하행선율로 마무리하다가 4절에 가서는 '붉은 피 솟네' 대신 '붉은 피 피 피'하면서 피를 높이 세 번 외치고 격렬하게 끝을 맺는다. 마지막으로 피를 외치면서 치열한 투쟁을 결단하는 것이다. 다음은 "오월의 노래 2"와 본래의 곡인 프랑스 샹송 "Qui a tué Grand Maman?"의 악보이다.

---

24 정격종지(V-I)중에서 완전 정격종지는 마지막 해결화음이 기본위치로 되어 있고 소프라노에 근음이 배치되어 안정된 화성감각을 주는 반면 불완전 정격종지는 해결화음이 전위되거나 소프라노에 3음이나 5음이 배치되어 종지감을 약화시킨다.

| 악보 1 | "오월의 노래 2"

| 악보 2 | "Qui a tu Grand Maman?"

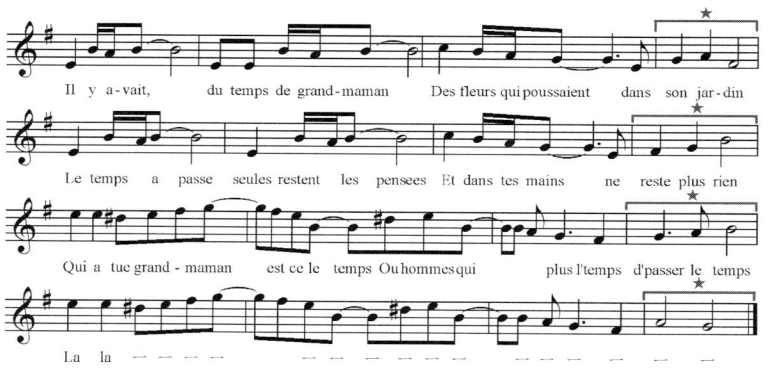

4. 맺음말

앞에서 5·18음악의례와 이에 사용되었던 모든 음악을 정리해보았다. 5·18의례는 1981년 추모식으로부터 시작되었다. 계속되어진 추모식은 제례가 주가 되어 추모제로 치러졌고 항쟁의 연장선상에서 '오월운동'의 큰 축의 역할을 담당하였다. 진상조사 청문회, 희생자 보상

문제, 기념일 제정 등 해결해야 할 많은 문제들이 제시되어지고 이를 위해서 추모제에 참여한 시민들의 투쟁의식을 고취시키는 과정 속에서 자연스럽게 투쟁적인 민중가요들이 불려졌으며 "님을 위한 행진곡"과 "오월의 노래 2"는 그 중에서도 빠질 수 없는 노래가 되어 오늘날까지 이어져왔다.

 1997년, 5월 18일이 국가 기념일로 제정되고 기념의례가 국가기구에 의해서 거행된 후에도 다행히 이 두 노래는 분향 및 헌화 순서에 배경음악으로 연주되거나 제창하는 등 여러 가지 방법으로 연주 되어오면서 그 자리를 유지하고 있다. 이는 다른 국가경축의례와 차별성을 유지하는 면이기도 하다.

 1999년과 2000년 기념식에서 쓰였던 입장음악 "취타"는 군악대가 진행음악을 맡으면서 영국국왕의 "대관식 행진곡"으로 대체되었다. 분향 및 헌화순서에도 서양의 장례음악이 연주되거나 서양의 민요가 연주되기도 한다. 공적 기구에 의해 의례가 치러지면서 획일화된 기념식이 된 것이다. 다행히 24주년 기념식에서 기념공연으로 어린이 노래패 '아름나라'가 전하는 오월노래는 신선한 충격이었고 오월 기념식의 정체성을 확실하게 살려주는 민중가요였다.

 한동안 이벤트적 행사로 내리닫던 전야제는 다시 오월정신을 부활시키는 대형 종합예술극 형태로서 진행되고 '오월운동'어 불려졌던 민중가요를 적절하게 사용하고 있다. 외부행사가 쉽지 않았던 1990년에 거리로 나섰던 민중가수들에 의해 줄기차게 전개되었던 광주의 '노래운동'은 2003년을 마지막으로 멈춰서고 말았다. 1989년부터 시작되었던 5・18기념음악회는 점차 이름만을 빌릴 뿐, 정작 오월과 관계가 없는 내용들로 변해가고 있다.

 그러므로 음악관련 오월 의례에서 여타 의례들과의 차별화와 발전적인 오월행사를 위해서 몇 가지 시도를 제안한다.

첫째, 5·18기념식 식순에 사용되는 음악은 반드시 '오월정신'이 깃든 작품을 선곡할 것을 제안한다. 다행히 오월을 주제로 한 많은 작품들이 있다. 사실 다른 국가기념일의 의례음악도 그 기념일에 맞는 음악의 선택이 필요하다. 둘째, 거리음악제의 부활을 통한 창작민중가요의 발굴과 보급이다. 거리음악제를 주관해오던 광주의 노래 일꾼들이 더 발전된 형태의 '국제인권음악제'에 집중하면서 사실상 '거리음악제'는 그 막을 내렸다. 그러나 광주 '오월노래운동'의 본산이라고 할 수 있는 이 작은 행사는 지속되어야하며 창작민중가요를 계속 발굴해내고 보급하는 역할을 수행해야한다. 이를 위해서 행사기간 중 하루는 작은 '창작민중가요제'를 개최하고 남은 기간은 기존의 민중가요와 발굴된 민중가요의 공연과 보급에 할애할 것을 제안한다. 셋째, 내실 있는 기념음악회의 개최이다. 5월행사기간 동안에 행사위원회에서 주관하거나 혹은 평상시 기념재단에서 후원하는 기념음악회의 경우, 타이틀만 5·18기념음악회가 되지 않도록 내용을 검토하고 '오월정신'을 표현하거나 그 정신을 계승하는 내용의 음악회를 지원하는 엄격함을 유지해야 한다. 넷째, 새로운 오월음악의 양산을 위해 오월기념음악 창작대회의 개최를 제안한다. 미술, 문학, 웅변 등의 경우는 대회가 있어서 그러한 분야가 장려되고 있는 반면, 음악의 경우 공연에 치우쳐있어 새로운 음악작품의 양산이 멈춰져 있다. 국악과 서양예술음악에서 성악곡, 기악곡, 동요 등 많은 작품이 태어날 수 있도록 장을 마련해 줄 것을 제안한다.

참고문헌

김창남 외 5인, 『노래운동론』(서울 : 도서출판 공동체, 1983).
김선출, 『5월의 문화예술』(광주 : 동서출판 샘물, 2001).
나간채·강현아 편, 『5·18항쟁의 이해』(광주 : 전남대학교 출판부, 2002).
나간채 외 16인, 『기억 투쟁과 문화운동의 전개』(서울 : 역사비평사, 2004).
노동은, 『김순남 그 삶과 예술』(서울 : 낭만음악사, 1992).
류정아, 『축제인류학』(서울 : 살림, 2003).
정근식, 「청산과 복원으로서의 5월운동」, 『5·18민중항쟁사』(광주시, 2001).
정문영, 「광주'오월 행사'의 사회적 기원」, 서울대학교 석사학위논문, 1999.
이성천 외 3인, 『국악개론』(서울 : 도서출판 풍남, 1999).
『명곡해설전집』 5(서울 : 세광출판사).
『우리시대의 노래』 1~2(서울 : 민맥, 2000).
『5·18負傷者會二十年史』, 2000.
조현범, 「현대한국의 국가의례에 대한 시론적 연구」, 『종교연구』 19권, 한국종교학회.
오재환, 「의례의 사회학적 의미」, 『사회조사연구』 제12권 제1호, 1997, 167~187쪽.
Eurkheim, Emile, *The Elementary Forms of the Religious*, New York : The Free Press, 1965.
Sadie, Stanley(ed.)*The New Grove Dictionary of Music and Musicians*, Oxford : Grove, 2002.

http://www.518.org/
http://altair.chonnam.ac.kr/~cnu/518
광주시청 518선양과 자료실 : http://
5·18민중항쟁 기념행사 영상자료 2-1~2~29(5·18기념재단 제공)
광주MBC 방송국 자료실 영상자료
광주 KBS 방송국 자료실 영상자료
CBS 광주방송 생중계자료
5·18재단 기념행사위원회 행사평가자료(18주년~23주년)
「오창규 오픈 스튜디오」(프로그램), 1988년 12월 15일 YMCA 무진관, 빛고을 기획실 제작·기획.

『광주일보』 1985.05.20, 1988.05.18, 1991.05.18, 1992.05.18, 1993.05.08, 1993.05.22, 1993.05.19, 1994.05.13, 1994.05.18, 1995.05.19, 1996.05.18, 2000.05.15, 2000.05.18.

『무등일보』 1991.05.18, 1994.05.17, 1994.05.18, 1996.01.26, 1997.04.30, 1997.05.16, 1997.05.18, 1998.04.22, 1999.04.18, 1999.05.18.

『조선일보』 1986.05.20, 1990.05.18, 1992.05.18, 1993.05.18, 1993.05.19, 1994.05.18, 1994.05.19, 1995.05.18, 1995.05.19, 1996.05.18, 1996.05.19, 1997.05.17, 1997.05.18, 1998.05.18, 1998.05.19, 1999.05.18, 1999.05.19, 2000.05.18.

『중앙일보』 1993.05.18, 1996.05.12, 1998.04.29, 1999.05.17.

『동아일보』 1992.05.17, 1992.05.18, 1996.05.16, 1997.04.29, 1997.05.17, 1997.05.18, 1997.05.19, 1998.05.19, 2000.05.18.

『한겨레신문』 1992.05.01.

4·3의례와 음악 :
제주4·3사건희생자범도민위령제를 중심으로

이은나

1. 왜 의례음악인가

　의례는 인류가 기록 장치를 갖지 않았던 시대에도 존재하고 있었다. 선사시대의 의례는 초자연에 대한 불가항력적 두려움으로부터 발생하였고 그것은 음악으로 표현되었다. 음악의 기본 재료인 음(音, a sound)은 전적으로 살아있는 생(生)에 속한 것이다. 음은 오로지 살아 있는 것만이 만들어 낼 수 있는 유일한 것이다. 살아있는 존재는 그들이 처해있는 물리적 세계에 음을 첨가 한다.[1] 또한 이들은 유일하게 공기를 진동시키는 물리적 현상이며 음의 청취는 실제로 감각기관과 신경의 흥분을 가하는 생리적 과정으로 발생한다. 동서양을 막론하고 음악 시원(始原)과 관련된 사실중 하나는 제정일치의 사회의 종교 행위와 관련된 의례에서 찾아 볼 수 있다. 이 시대의 의례는 주술이나 사장을 담고 있는 음악을 통해 표현되었으며, 이것은 종종 그 집단의 역사나 삶의 흔적을 담는 기록의 수단이 되기도 하였다. 이것이 구전되

---

[1] Zuckerkandl, Victor, 서인정 역, 『소리와 상징』(예하, 1992), 9쪽.

어 전승설화로 남았고, 문자의 발명과 함께 한 문학적 장르로 자리잡았다. 음악과 의례는 오랜 역사를 함께 해 왔으며 음악은 발생단계에서부터 단순히 듣기 좋은 소리의 울림이 아닌 인간의 정신과 의식에 밀접한 관계를 가지고 태어났다. 음악에 담긴 내용은 당시의 사고와 시대적 상황을 담아 구전되면서 기억의 창구가 되었다. 오늘날 의례에서도 여러 음악이 사용되고 있는데, 그것의 기능들을 분석해보면, 의례의 기원이나 의례와 음악의 불가분성을 추정할 수 있다.

음악은 의례의 목적을 이루는 수단이 되었으며 다분히 사회적 기능을 내포하고 있음을 할 수 있다. 또한 음악은 다양한 의례에서 정치적으로 이용되었다. 이는 한편으로 의례음악이 국가 권력으로부터 자유롭지 못하다는 사실을 보여주는 동시에 음악은 기존의 권력에 대한 저항문화로서의 역할을 할 수 있음을 나타내는 것이기도 하다. 의례음악의 변화는 정치문화의 변동을 재는 척도이며, 이에 대한 연구는 문화와 시대정신의 상징화를 되묻는 하나의 방법이라고 생각한다.

이 장에서는 의례와 음악의 공생적 역사를 먼저 살펴보고, 한국의 현대 정치에서 4·3항쟁에 대한 기념과 의례가 국가권력의 절대적 억압으로부터 자유로워진 이후 공적 의례로 행해진 과정, 즉 '제주4·3사건희생자범도민위령제'에서 어떤 음악들이 사용되었으며, 그것이 어떻게 4·3항쟁의 역사적 복원의 과정을 담아냈는지를 살펴보려고 한다. 4·3위령제는 정치적 투쟁의 연장선에서 시작되었을 뿐 아니라 합법화된 이후에는 의례와 음악의 관계를 가장 잘 보여주는 장이어서, 4·3에 대한 의례적 재현을 볼 수 있는 좋은 소재이다. 이를 통해 의례음악의 역할과 상징은 무엇이었는가, 그리고 음악과 이외의 예술 장르들이 단순히 의례의 진행을 돕는 보조적인 역할이 아닌 시대를 표현하는 문화의 상징이 되고 의례의 협력 매개체로서 어떤 기능이 있었는가를 검토하려 한다.

4·3위령제는 1989년에 '제1회 4·3추모제'를 시작으로 하여 매년 반복되어 왔다. 정부의 탄압이 있었던 시기에 추모제는 다분히 정치저항적 행사였고, 그것은 의례적 구성으로서의 성격이 약했다. 또한 4·3기념행사의 일부인 4·3문화예술제는 문화이벤트 성격이 강하다. 따라서 이들에 대한 분석은 제외하고,[2] 핵심적 공공의례라고 할 수 있는 '제주4·3사건희생자범도민위령제'에서 나타난 음악들을 중심으로 살펴볼 것이다.

2. 의례와 음악의 공명

초기 제사의 의식이나 의례에서는 음악이 가요화(歌謠化)하지 않고 말하거나 외우는 사장(詞章)들로 나타난다. 사람들은 주술을 통해 인간의 힘으로 어쩔 수 없는 초자연적인 힘을 규제하려는 욕망을 표현하였다. 그 과정에서 비일상적이거나 특수한 장식을 함으로써 주술효과를 높이고 주재(主宰)적인 힘을 가지려 했다.[3] 말을 정형화하고 말의 음고(音高)에 특수성을 가한 시나 노래는 말에 의한 주술과 불가분의 관계에서 탄생하였다. 효력을 높이기 위한 주술은 노래의 기본 형식과 닮아 있다. 목소리에 의한 행위의 주술 중에서 말의 주력이나 힘을 중시하면 주문이나 이야기 또는 전승문예로 발전하고, 선율의 신비적 힘을 중시하면 음악으로 발전한다. 양자의 기원은 동일한 것이다. 라틴어 'cantus'라는 단어는 〈노래〉라는 뜻을 가진 동시에 '주문', '마법'이란 의미도 있다. 노래가 인간의 힘으로 조정할 수 없는 초자연적인 현상

---

[2] 4·3문화예술제는 졸고 「제주4·3과 음악운동」, 『기억투쟁과 문화운동의 전개』 (역사와 비평사, 2003)에서 다룬 내용이다.
[3] 姬野翠(히메노 미도리), 신명숙, 『예능의 인류학』(문화가족, 2004), 25쪽.

들을 제어할 수 있는 힘을 가진다고 인식하고 있었던 것이다. 그래서 사제는 음악을 행하고 관리, 감독하는 일을 담당하였다.

그러나 말에서 시작된 주술이 음악으로 발전하는 과정은 그리 단순하지 않다. 외우는 주문과 부르는 노래 사이에는 서로 대립하거나 보완하는 복잡한 관계를 가진다. 대부분의 제사에는 주문과 노래가 공존하며, 목적에 따라 각각 분리되기도 한다. 또는 양자는 서로 융통성 있게 변형되기도 하였다.

이러한 주술적 행위들은 종교적 교리의 성장과 함께 종교의 중요한 의식으로 자리를 잡아 갔으며, 주술이나 낭송도 점차 정형화되어 노래 형식으로 체계화되면서 의례의 중심에 서게 된다. 서양문명의 종교의식에서 음악은 대단히 긍정적으로 꾸준히 사용되었는데 기독교 초기의 예배용 성가인 그레고리우스 성가(Gregorian Chant)나 인도의 사마베다(Sama-Veda)가 그 예이다. 조선의 국가제사에서도 음악이 연주되었는데, 그것은 음악을 통해서 신명(神命)과 교류할 수 있다고 여겼기 때문이다. 전쟁에 나가 삼군을 통솔할 때 정(旌)·기(旂)와 금(金)·고(鼓)가 없어서는 안 되는 것처럼 제사에 음악은 필수불가결한 것으로 간주되었다.[4]

서양사에서는 르네상스 이후로 음악이 정서표현과 상징으로서의 역할을 부여 받았다.[5] 음악은 감각의 느낌에 보다 많이 호소하는 추상적인 예술이기 때문에 상상력이 다른 장르보다 다양하게 펼쳐지게 된다. 특히 서구의 19세기 낭만주의 시대에는 음악이 논리적 개념에 의하는 것이 아니고 인간정신의 감동에서 출발하고 있다고 사고했다. 그러므로 음악은 모든 예술이 갖고 있는 낭만성을 대표하며 순수한 미적 상

---

4 이재숙 외, 『조선조 궁중의례와 음악』(서울대학교출판부, 1998), 5쪽.
5 음악의 기능을 각 시대별로 기술한 한스 모저(Hans Moser), 김진균 역, 『음악미학』(학문사, 1980) 참조할 것.

태를 추구하는 측면이 있다고 생각했다.[6]

음악은 초월적인 힘을 빌려 풍요로운 삶을 구현하려는 각종 제식과 의례들과 출발을 같이 하였다고 말할 수 있다. 의례의 목적을 이루기 위한 각종 의식 절차들은 여러 가지 의미들을 지니게 되는데 특히 이러한 의식의 실행은 음악과의 만남을 통해 참가자들에게 의례의 목적에 도달할 수 있는 내면의 조건을 충분히 유도할 수 있었다.

의례의 특징 중 하나인 실행(實行)은 - 주로 주문을 포함한 음악과 춤, 다양한 몸짓 등의 움직임 - 눈에 보이는 행위뿐만 아니라 명상과 정서적 감흥까지 포괄한다.[7] 여기에서 음악은 어떤 장르의 행위보다 참가자들의 내적 상황에 섬세하게 영향을 줄 수 있다. 왜냐하면 음악은 운동, 시간, 공간의 근본적인 경험들을 포함하기 때문이다.[8] 물론 모든 예술의 경험은 극히 개인의 기호와 감정이 바탕이 되지만, 음악의 선율은 인간의 내적 세계와 만날 때 음들이 울리는 외적 상황과 상호배타적이지 않고 이들의 만남을 구별하지 않기 때문에 특별한 개인적 경험을 갖게 한다. 일상적으로 우리가 경험하는 영화음악의 경우를 상기해 보면 쉽게 알 수 있을 것이다. 특히 성악곡의 경우는 다른 장르의 음악보다 구체적으로 기억에 도움을 주는 대표적인 예라고 말할 수 있다. 의례에서 성악곡의 사용은 가사의 내용으로 의례 목적을 정확하게 전달할 수 있다. 또한 의례의 진행을 원활하게 해주는 다양한 기악 음악들은 선율에서 나타나는 음악적 분위기를 통해 의례의 성격을 암묵적으로 주지시키며 이끌어 간다. 이러한 음악은 참가자 개인에게는 각기 다른 경험이 되게 하지만, 그것은 동시에 의례의 관습화, 곧 의례

---

6 Donald, Grout, 편집국 역, 『서양음악사』(세광음악출판사, 1996), 648쪽.
7 백승기, 「죽음과 재생의 안식일 의례에 관한 종교학적 고찰」(서울대 종교학과 석사학위논문, 2002), 42쪽.
8 Zuckerkandl, Victor, 서인정 역, 『소리와 상징』(예하, 1992), 320쪽.

에 대한 '집합기억(collective memory)'을 낳게 한다.

특히 의례를 사회 구성원들을 통합하는 기제로 보는 사회학적 정의를 따른다면, 의례음악은 개인들을 합창이나 합주와 같은 집단적 활동에 참여토록 함으로써, 하나의 공통된 음악적, 사회적 경험을 구성하도록 한다. 또한 대부분의 경우 음악어법은 특정한 개인과 집단 내부의 관계에 제한된 지역사회 속에서의 커뮤니케이션이라는 본성을 가지고 있기 때문에, 연주나 감상, 그리고 음악 해석은 사회적 구조물인 문법과 상징을 공유한다.9 이는 의례가 표현해야 할 상징성과 반복성을 나타낼 수 있는 근거가 되기도 한다. 예컨대 국가(國歌)는 단지 다수의 국민의 경험에 기초하여 만들어진다는 소극적 측면보다, 오히려 다수 대중을 정서적으로나 정체성의 측면에서 동질화시키고 이들에게 애국심을 자극하는 적극적 장치로 파악된다.

'특정한 문맥 속에서 특정한 시간 안에서 행하는 것'이라고 래파폴트(Rappaport)10 가 말한 의례의 형식성은 형상화 되지 않은 시간을 담는 형식의 예술이라는 음악의 단적인 특징을 통해 극명하게 나타난다.11 특정한 문맥과 시간을 갖기 원하는 의례에서 이질적이고 단절적인 상황을 가능케 하는 음악의 순간적인 일탈성은 일상의 정서적 경험과 구별되기 때문에 의례 참가자들은 의례의 공간을 특별하게 분리된 공간으로 인식하게 하는데 도움을 준다. 또한 의례음악은 현재의 공간을 지극히 존중하면서 참여시키고, 과거의 경험을 더불어 체험하게 하

---

9 Radocy, Rudolf E. and Boyle, J. David. 최병철·방금주 공역, 『음악심리학』(학지사, 2003), 21쪽.
10 백승기, 앞의 책, 44쪽.
11 개스턴(Gaston)은 '음악은 언어와 추상적인 생각을 하게 하는 사람의 두뇌가 음악의 형식 속에서 중요한 비언어적 의사소통을 가능하게 한다'고 하였고 포트노이(Portnoy)는 '음악은 여러 다른 생각들을 동시에 표현하는 하나의 언어'라고 말했다.

기 때문에 의례의 무게를 가중시킨다. 음악을 통한 의례적 기억의 재생은 공간의 제약이 없으므로, 과거, 현재, 미래를 연결하는 문화적 틀로 작동하기도 한다.

의례는 공연성(公演性), 즉 드라마적 성격을 띠고 있다. 보여지는 모든 행위를 포함한 포괄적인 의미의 연출(performance)에 음악이 뒤따르며, 이는 신체적 반응을 자연스럽게 유발시킨다. 음악은 소리의 울림과 끊김 즉, 음과 침묵의 조직된 연속체로써 나레이터처럼 사건의 연속과 이야기의 재현이 가능하며 시간의 매듭을 지어준다. 또한 이것은 감정의 긴장과 이완의 고리를 만들어 가면서 드라마적 완성을 보여 줄 수 있다. 그래서 모든 사회는 음악과 춤을 리듬적 활동의 도구로 이용하여 왔다. 의례음악은 많은 행동을 효과적으로 통제하고, 또 대중들의 정신적 욕망의 표출에 일정한 방향을 제공하였다.

리치(Leach)는 의례를 '문화적으로 정의된 행동의 틀이며 이는 인간 행동의 상징적 차원'이라고 말하고 있다.[12] 결국 의례음악은 어느 장르의 예술보다 표현의 다중성을 강하고 쉽게 이끌어 낼 수 있기 때문에, 의례의 목적을 상징하는 예술적 매개체가 될 수 있었던 것이다.

3. 4·3기억과 음악

제주의 4·3항쟁은 이데올로기적 갈등과 국가 폭력에 의해 1948년부터 수년간 약 3만여 명의 민간인이 무고하게 학살된 사건이다. 이들의 죽음은 사건발생 후 약 40여 년간 언급되지 못했고, 한국인의 전통적인 집안 제사의식에서조차 모호하게 처리된 금기의 영역에 속해왔

---

[12] 백승기, 앞의 책, 35쪽.

다. 그러나 죽은 자들에 대한 기억과 추모는 세계 어느 곳에서나 치러지는 보편적 의례에 속하는 것이다. 4·3기념의례는 1987년 민주화 이전까지는 대부분 비밀리에 치룬 사적 의례로 간주되었다. 이들에 대한 기억과 추모, 그리고 해원은 사적 의례를 통해, 그것도 전통적인 굿 형식을 통해서만 표현되었다. 그것은 국가의 탄압 속에서 살아남은 유일한 역사적 기억 장치였다.

1987년 이후 4·3항쟁의 기억은 정치적 공론장의 수면 위로 떠올랐다. 국가적 기억과 민중적 기억간의 투쟁이 본격화되는 문화적 장의 중심에 '추모제'와 '위령제'가 있었다. 이에 대한 상이한 기억에 바탕을 둔 의례는 민주 단체가 공동으로 주최한 1989년의 '제1회 4·3추모제'와 1991년 제주 4·3사건 민간인 희생자 유족회(이하 유족회)가 주최한 '제1회 4·3희생자 합동위령제'로 양분되었다. 그러나 이들 단체는 1994년에 극적으로 합의하여 공동의 추념의례를 수행하였다. 이것이 바로 4·3 46주년 '제주도 4·3사건 민간인 희생자 합동위령제'였다. 여기에는 추모제와 위령제라는 이름의 서로 다른 지향이 공존하였다.

당연히 이 의례들은 각 단체의 상이한 성격으로 인해 다양한 버전을 낳았고, 이를 둘러싼 많은 갈등이 생겨났다. 의례음악의 경우도 마찬가지로, 위령이나 추념사업의 이념적 지향과 일관성을 가지지 못한 채 매년 즉흥적이고 임시적인 방식으로 처리되어 왔다.

4·3의례는 4단계의 변화과정을 거쳐 발전해왔다.[13] 이는 주로 정치적 변수에 의해 규정되어 왔다. 제1기는 1987년부터 1993년까지로, 제주도민들조차도 아직 4·3의 진실에 관한 합의된 규정이 없어서 의례의 주최자들의 성격에 따라 추모제와 위령제로 양분되어 진행된 시기이다. 이 시기는 이전의 40여년간의 금기를 깨는 것으로, 4·3항

---

13 백승기, 「4·3의례와 역사적 기억」(제4회 5·18기념 국제학술대회 자료집, 2003).

쟁의 기억을 중심으로 사람들이 모인다는 것으로 만족해야 하는 시기였다.

두 번째 기간은 1994년 양분된 의례가 합동위령제 봉행위원회의 극적인 결성을 통해 봉합되는 시기로, 의례를 둘러싼 갈등이 많았지만, 의례가 문화와 정치의 장으로 발돋음 할 수 있는 계기가 되었던 시기이다. 세 번째의 기간은 4·3사건의 50주년이 되던 해인 1998년부터의 기간이다. 1998년 김대중 정권이 성립하면서 정치적 자유가 확대되자, 4·3관련단체들은 제주4·3 50주년을 보다 크고 공개적인 방식으로 조직하였다. 이들은 학술, 문화사업추진위원회를 구성하여 4월제 행사를 치루었으며, 문화적 행사 뿐 만 아니라 역사와 정치적 의의를 거론하고 학문적으로 분석해 나가기 시작했다. 마지막 기간은 4·3특별법이 공포된 2000년이후 현재까지의 기간이다. 2000년 3월, '제주 4·3 행방불명인 유족회'가 출범한 이후의 위령제는 제주도 당국이 주최자가 되고, 제주시 봉개동에 새롭게 마련된 4·3 위령공원 부지에서 의례를 거행하였다. 위령제는 점차 정형화된 기념행사로 고착되어 가는 양상을 보였다.

4·3의 사회적 추념의례는 1987년부터 제주출신의 유학생들로부터 시작하였지만, 1989년 제주 4·3연구소를 포함한 도내 11개 민주단체가 공동으로 결성한 '제주 4·3사월제 공동준비위원회(이하 사월제 공준위)'가 처음으로 제주 땅에서 '제1회 4·3추모제'를 올리게 되었다. 반공적 입장을 가진 '제주 4·3사건 민간인 희생자 유족회 (이하 유족회)'도 1991년에 '제1회 4·3희생자 합동위령제'를 개최하였다. 두 단체의 이념적 지향의 차이만큼이나 의례의 표현도 아주 다르게 나타났다. 사월제 공준위에서 행한 의례는 80년대 이후로 등장한 무속의례를 통한 저항적 기억의 방식으로 치러졌다. 제41주기 4·3추모제로 명명된 1989년의 4·3의례는 당연히 억울하게 죽어간 원혼들을 해원

해 주는 큰굿을 하였다. 큰굿의 핵심은 초감제로 제주도의 1만 8천신과 4·3사건에 희생된 영혼들을 청해오는 절차였다. 초감제는 준비위원회 대표 문무병(굿연구가)의 개회사로 시작되어 정공철(제주문화운동협의회장)이 집전한 굿 형식으로 이루어졌는데, 이는 유족들을 모이게 하는 매개였다. 3일간 제주특유의 '큰 굿'에 따라 진행된 이 추모제는 1948년 사건의 진상규명을 촉구하는 운동에 초점을 두었다. 4월 1일부터 3일까지를 추모제 행사기간으로 정하고, 1989년 당시 제주도내에서 활동하고 있는 각 예술단체들이 참여하여 '제주도문화운동협의회'를 결성하였으며, 이들은 설문조사 보고대회, 문화제, 강연회, 미술제 등의 행사를 치루었다. 의례가 문화행사와 더불어 행해짐으로서 제주 문화운동의 초석이 되었다.

1993년 4월이 되면서 45주년을 맞는 추모제가 국내 및 국외에서 일제히 열렸다. 전국적으로 7백여개의 분향소가 설치되었을 뿐만 아니라 일본과 미국 등지에서도 위패와 함께 영정으로 사용될 강요배 화백의 제주지도가 1천여장 우송되었다. 김영삼정권의 성립은 이런 의례의 확대를 가능하게 했다. 제주도내에서 위령제를 공동 개최해야 한다는 목소리가 높았으나 입장 차이를 좁히지 못하고 결국 다시 유족회는 3일 오전 11시에 신산공원 '제3회 합동위령제'를, 사월제 공준위는 오후 3시에 제주시 탑동광장에서 '4·3추모제'를 개최했다. 사월제 공준위는 1일부터 5일까지를 '4·3 45주기 사월제 추모기간'으로 선포해 영상음악 공연 및 다랑쉬굴 순례 행사, 마당극 등의 행사를 마련했다. 문화적 재현을 통해 4·3의 항쟁으로서의 성격을 구체화 해나가면서 문화적 기억투쟁의 기반을 확충해 갔다. 이때 실시된 지방자치제 복원에 의해, 새롭게 구성된 제주도의회는 '4·3 특별위원회'를 구성하고 '국회 4·3 특위 구성에 관한 청원서'를 국회에 제출하였다. 아래로부터의 4·3복원운동이 본격화된 셈이다.

한편, 1990년에 만들어진 유족회의 합동위령회는 1991년 '제1회 4·3희생자 합동위령제'를 시작으로 1993년까지 열렸다. 이 위령제는 유가족 5백여명이 참석한 가운데 오전 11시에 신산 공원에서 열렸다. 의례는 국민의례, 헌화, 분향, 종교의식, 추념사 낭독, 추도사 및 한시 낭독, 유가족 분향 순으로 진행되었다. 이 의례는 국가의례를 답습하는 양상을 보여주었다. 2~3회의 위령제도 마찬가지였다. 특히 1992년, 4·3연구소가 다랑쉬 동굴에서 4·3항쟁당시 희생된 유골 11구를 발견한 것이 언론에 보도되면서 4·3의 참상이 널리 알려진 상태였음에도 불구하고 유족회 회장의 추념사는 여전히 4·3을 공산폭동으로 규정하였다. 제1회 위령제에 참석했던 유족 일부는 '4·3을 공산폭동으로 규정하는데 동의할 수 없다'면서 주최 측과 다툼이 일어나기도 했다. 그렇다면 이런 의례들에서 음악은 어떤 의미와 위상을 가지고 있었는가.

1) 하나가 된다는 것 : 제주도의 노래

1994년 제주도의회는 '4·3피해 신고실'을 개설하고, 국회에서는 여야 의원 75명이 '4·3 특위 구성결의안'이 제출했다. 유족회와 사월제 공준위는 4월 3일의 추념의례에 대한 논의끝에 '제주4·3희생자 합동위령제 봉행위원회'를 구성하였다. 처음으로 범도민적으로 치르게 될 위령제에 유족들과 도민들이 관심이 집중되었다. 도민들은 양분되어 행해온 위령제가 양측의 극적인 합의로 개최된 것은 범도민적 화합으로 승화된 것이라고 이야기하였다. 제주도민들의 관심 속에 '제46주기 제주4·3희생자 위령제'는 탑동 광장에서 5천여 명이 참석한 가운데 열렸다. 이날 합동위령제 행사는 '제주4·3희생자 합동위령제 봉행위원회'가 주최하고 제주도와 제주도의회가 후원했다. 규모면에서 이전

4·3의례들과 확연히 구분되었다.

오전 11시부터 시작된 위령제는 4·3희생자 대한 초혼을 시작으로 파제까지 2시간 가량 진행되었다. 유족회에서의 위령제 절차에서 보여준 국민의례가 없어진 대신 헌화와 분향, 불교와 천주교의 종교의식, 경과보고, 위령제 봉행취지문, 주제사, 추모사, 추도사 등으로 구성되었다. 그러나 2시간 동안 진행된 의례에서 도지사 및 도의회의장, 3명의 지역출신 국회의원들의 추도사 등 정치인이나 기관장들의 연설이 절반을 차지해 위령제는 정치인들의 장이 되었고, 의례는 경직되었다. 이때 사월제 공준위 대표만이 국회의 4·3진상규명위원회 구성과 특별법 제정에 대해 언급했다.14 그러나 4월 15일에 이르러 유족회 회장 대행은 '4·3사건은 공산 폭동임이 명백하다'는 주장을 반복하면서 도의회 4·3 특별위원회장의 4월 3일 '위령천도대제'에서의 발언 및 사월제 공준위와 천주교 제주교구청 측에 대해서도 위령제를 악용하거나 왜곡시켰다며 해명을 요구했다. 또 다시 폭동이냐 항쟁이냐의 논란이 재연되었다. 의례는 기존의 정치적 입장 차이를 증폭시킨 셈이다. 그러나 1994년 2월26일, '한국민족예술인총연합 제주도지회'가 창립되면서 4·3의 문화제는 보다 뚜렷하게 예술제로 탈바꿈하였다. 문화나 예술제는 정치적 갈등을 잠복시키는 효과를 발휘하였다.

1995년 위령제는 유족회와 사월제 공준위의 갈등 속에서 이루어졌으며, 전년에 실시하지 않았던 국민의례를 행했다.15 입제선언과 초혼,

---

14 제주도의회 4·3측 위위원장은 봉행취지문에서 '4·3희생자들은 위령 신원 돼야 한다. 모두가 화해자이고 해결자인 제주도민의 단결에서부터 4·3명예회복은 시작될 것'이라고 말했다.

15 민족국가는 특정한 영역 안에서 살아가는 사람들을 동질화시키기 위해 여러 가지 상징 자원들을 동원한다. 이런 것 중에서 가장 보편적이고 전통적인 것은 국기나 국가인데 우리나라의 국가는 상징성에 있어 일관성이 없다. 가령 개천절을 국경일로 지정하여 민족과 국가의 기원을 단군에 두고 있으면서도 애국가에는

국기에 대한 경례, 애국가 제창, 순국선열 및 4·3영령이 대한 묵념 순이었다. 국기에 대한 경례와 순국선열 및 4·3영령에 대한 묵념곡은 작곡가 이교숙의 작품이었다. 1960년 이전 한국군에서 사용하던 모든 신호나팔과 군 의식곡 등은 미군의 곡을 그대로 사용하였다. 우리 정서에 맞는 우리 의식곡의 필요성을 인식하고 이를 구체화한 것이 1959년이었다. 국방부는 각 군과 저명 작곡가에 위촉하여 의례음악을 만들었는데, 당시 해군본부 군악대장이었던 이교숙 소령의 작품을 군 의식곡으로 제정하였다. 이 곡은 오늘날까지 사용되고 있다.

위령제에 사용된 음악은 헌화 및 분향할 때 진혼곡의 주악을 맡은 대기고등학교 악대부의 합주로 헨델이 작곡한 오라토리오 〈마카베우스의 유다 : Judas Maccabeus(1746)〉에 사용된 합창 〈보라, 승리의 영웅이 오시는 것을〉의 선율이 연주되었다. 이 곡은 스위스의 목사 E.L.Budry가 1884년에 가사를 붙여 만든 〈Thine is the Glory〉를 번안해 한국찬송가 공회의 통일 찬송가 155장의 부활절에 부르는 〈주님께 영광〉이다. 또한 중학교 음악교과서에 실린 에스파냐 민요인 〈고향 생각(Free as a Bird)〉이 연주되었다. 위의 두 곡은 다른 국가의례에서 군악대에 의해서 자주 연주된 곡들이다. 어떠한 경로로 이 곡들이 의례에 사용되었는가는 알 수 없지만 곡이 갖고 있는 웅장하고 애수적인 선율의 느낌 때문에 선정이 된 것 같다. 또한 헨델의 곡은 군악대의 금관 편성에 어울리는 음악이고 또한 별다른 편곡 없이 찬송가에 나와 있는 4성부를 제각기 각 주자들의 영역에서 연주하면 되기 때문이다. 또한 한국내의 서양음악 보급은 주로 기독교의 선교를 통해

이러한 점이 전혀 등장하지 않는다. 또한 개천절 기념가를 작곡한 김성태(일본명 가네시로)의 친일여부가 논란이 되어 있으며, 아직도 해결이 미진한 상태이다. 요즘의 민중의례에서는 국가의례에서 사용하는 음악들을 거의 사용하지 않고 묵념곡을 바흐의 '사라방드'와 '임을 위한 행진곡'의 후렴부분을 연결해 신디사이저로 연주한 음악을 사용하고 있다.

이루어졌고 음악인의 상당수가 기독교인 것이 원인일 것이다.

　종교적 성격에서 출발한 위령제는 음악의 사용이 당연시 되지만 지금의 각종 의례들은 거의 정치적인 행위로서만 존재하기 때문에 음악은 매끄러운 진행을 위한 보조적 수단으로 전락하면서 음악의 역할은 제한적인 기능만을 하는 것이 사실이다. 통상적으로 국가의례에서 사용되는 의례음악은 합창음악이고 이 음악이 제격일 수밖에 없는 상황에서 미숙하지만 관악대의 진혼곡 연주가 배경음악이 아닌 연주 자체가 식순으로 실연되는 경우는 특이할 만하다. 특별한 4·3관련 음악이 없는 실정과 음악에 대한 문화적 인식이 없는 토대에서는 동원된 관악대의 의지에 모든 것이 결정되고 정치적으로 인정받지 못한 결과가 오히려 음악적으로는 순수한 형태를 갖게 하는 아이러니가 발생했다고 볼 수 있다. 이후 합동위령제가 규범화되면서 조가형식의 합창곡이 만들어져 다른 국가의례들처럼 합창음악 중심의 음악이 사용되었다.

　파제에서는 〈제주도 노래〉(양중해 작사)가 연주되었다. 이는 제주도민의 화합을 상징적으로 나타내기 위한 의도였다. 이런 음악의 재활용(remake, parody)은 원래 곡의 사용의도와 관련이 없더라도 기존의 곡을 이용하여 그 음악이 주는 상징성을 활용하여 보다 쉽게 공감대를 형성코자 하는 행위이다. 제주도민이라면 누구나 알고 있을 법한 〈제주도 노래〉를 통해 주는 친근감과 그로 인한 연대감이 위령제를 마치고 돌아가는 유족들과 참석자들에게 새로운 각오를 다짐하게 만들었을 것이다. 이런 변화는 점차 합동위령제 주최자들이 문화적 중요성을 인식하고 위령제를 통한 정치적 화합을 꾀하려는 태도로부터 나온 것이다.

　1996년의 합동위령제는 1995년과 비교하여 절차에는 커다란 변화가 없었지만 '15대 국회에서의 4·3특위' 구성을 촉구하는 내용으로 주제사 및 추도사가 이루어졌다. 의례가 진상규명을 위한 결의와 의지의 표현의 장으로 되었음을 반영한다.

1997년의 합동위령제는 제주종합경기장에서 이루어졌다. 이전의 탑동 광장이나 관덕정 광장에 비해 제주 종합경기장이란 장소는 위령제를 지낼 만한 상징성을 갖고 있지 못했다. '4·3'문제는 15대 대통령 선거를 앞둔 정치 상황에서 중요한 공약거리가 되었으나, 정치적 이해 관계가 얽히면서 〈제주도 노래〉는 위령제에서 사라졌다. 의례는 더 이상 투쟁의 장이라기보다는 종교의례와 국가의례를 혼합시켜놓은 양상을 띠었다. 그것은 4·3의례가 앞으로 어떻게 진행되어야 하는가에 대한 숙제를 남겨놓기 시작했다. 50주년이라는 큰 주기를 1년 남겨놓은 상황에서 50주년 위령제의 진행방식은 반드시 개선되어야 한다는 의견들이 쏟아졌다.

| 표 1 | 1994~1998년 기간의 위령제와 의례음악

제순		사용음악	4·3항쟁 복원의 정치 상황
제순	입제선언		
	초혼		
	국민의례	애국가 및 묵념곡 연주 (1995년부터 시작)	93년: 제주드의회 4·3특위구성에 관한 청원서 국회제출 96년: 제주드 4·3사건 진상규명 특별위원회구성결의안 국회 발의 97년: 제주4·3, 제50주면 기념사업범국민위원회 결성
	진혼곡	관악음악연주	
	헌화 및 분향		
	경과보고		
	위령제 봉행 취지문		
종교의식	축원문		
	기도문		
	추도문		
주제사 추도사 추도시 낭독			
헌화 및 분양		관악음악연주	
소지 파제		제주도노래 연주 (1995·6년)	

2) 해원상생굿과 민주화

1998년은 4·3항쟁의 50주년이 되는 해였다. 민주화를 앞당기는 정권교체가 이루어졌기 때문에 유족들은 4·3의 진상규명에 대한 활발한 논의를 더욱 기대하게 되었다. '4·3 50주년 학술문화사업추진위원회'는 4월 3일부터 14일간 제주시 신산공원에 4·3 방사탑을 쌓았다. '4·3'을 생각하는 사람들이 모두 돌 하나에 염원을 담아 쌓아 해원상생한다는 메시지를 만들어냈다. 추진위는 4월 2일에 제주시 한라체육관에서는 12시간짜리 도민해원상생 큰 굿을 열었는데, 이에 참여한 유족들은 통곡을 하며 12시간 행사장을 꼬박 지켰다. 죽은 자의 해원과 산 자의 해원 그리고 모두의 상생으로 공동체의 복원이 이루어진다는 내용이었다.

한편, 위령제는 50주년을 맞아 합동위령제에서 '제주4·3사건희생자 50주년 범도민위령제'로 거듭났다. 이 행사는 제주종합경기장 옆 광장에서 봉행되었다. 처음으로 정부대표의 참석과 여야대표의 추도사가 대독했다. 종교의식에 원불교가 참여하기 시작했고, 전년보다 많아진 1만 1천9백여 신위가 세워졌지만, 위령제에 대한 지적된 과제들은 별로 개선되지 않았다.

1999년의 의례 역시 제주시 종합경기장 광장에서 전년도보다 약간 간소화되었지만, 오히려 지방선거를 앞두고 '표밭'으로 인식한 정치후보자들이 활발하게 움직여서 행사장은 죽은 자들에 대한 위령이나 추념보다는 산 자들의 정치적 선전과 이해가 교차하는 장이라는 평가를 받았다. 음악은 기악연주의 진혼곡 대신 다른 의례에서처럼 조가 합창이 이루어졌다. 주최측은 기악곡이 가지고 있는 모호한 상징성보다는 가사에 의해 구체적인 행사의 목적을 전달할 수 있는 성악곡을 택한 것으로 보인다. 조가의 제목이나 합창단의 제순지에는 기록되지 않았지만 제주불교합창단 '부루나'가 연주하였다. 이후 조가는 의례에서 계속 연주되었다.

제2부에 4·3희생자를 위한 차사 영맞이 굿이 김윤수(중요 무형문화재 제71호 제주 칠머리당 굿 보유자)에 의해 치러졌다. 전년도에 이루어진 해원상생굿의 영향이었다. 1970년 이후의 무속 의례는 제주도에서 저항의 상징으로 사용되어 왔다. 이는 무속이 갖는 종교성을 떠나 무속이 대표적인 한국 문화의 장르로 인식되었기 때문이다. 이는 연행예술로서 무대에 '발표회'라는 이름으로 올려지기도 하였다. 무속에서 사용되는 굿은 접신의 방법이 매우 극적이기 때문에 자주 무대로 끌어내지며, 정부의 민주화 운동에 대한 탄압에서 종교는 직접적으로 표현할 수 없는 정치적인 불만을 표현하는 공간을 제공하였다.16 무속의례는 위령제가 갖는 종교적 토대와 일맥상통하면서 정치적 대항을 컴플라치하는 전략으로 활용되었다. 이런 점에서 위령제에서의 무속의례 수용은 필연성을 지닌다.

전통음악은 오늘날 이 시대의 음악어법을 가진 현대 창작곡들로 재탄생되어 많은 공감을 형성하였다. 제주도의 민속음악들은 어느 지방 음악들보다 마적(魔的) 기능을 많이 가지고 있다고 볼 수 있지만,17 굿을 통한 의례는 원래 이것이 지녔던 의미 이상의 역할을 하였다. 주최측은 새로운 의례를 만들기 위해 4·3문화 예술제의 전야제와 행사에서 굿판을 벌렸지만, 더 이상 정식 의례의식으로 흡수되지 못한 채, 2000년을 마지막으로 그 이후로는 예술제 행사로만 남게 되었다.

제주도의 문화적 특성이 잘 드러나는 장은 '한국민족예술인총연합

---

16 김광억,「저항문화와 무속의례」(한국문화인류학 제23집, 한국문화인류학회, 1991), 36쪽.
17 조영배,「제주도 민속음악의 마적 기능」(한국민족학 20권, 한국민속학회, 1987)를 참조할 것.

제주도지회(이하 제주 민예총)'가 주도하는 4·3문화예술제였다. 매년 4월 3일을 전후해 약 일주일간 열리는 이 행사에는 음악제, 미술제, 문학제, 연극제등 다양한 예술 분야에서 제주도의 예술가들과 각 예술단체들이 참여해 왔다. 음악의 영역에 한정한다면, 제주 민예총 음악분과에서 주관한 음악제들의 성격을 일괄적으로 말할 수 없으나 제주도 출신의 작곡가를 중심으로 4·3과 관련된 음악들의 창작활동의 매개체가 됐다는 특징이 있다. 4·3음악들이 거의 전무한 상황에서 노래 공연극과 무대극에 사용되는 창작곡들은 4·3음악을 대표하는 곡들이 되었다. 특히 2001년 4월 1일 제주시 관덕정 광장에서 공연된 "역사맞이 4·3거리굿과 노래공연"을 주목할만하다. 여기에서는 "반백년의 4·3, 10년의 노래"라는 주제를 가지고 지금까지 발표된 4·3관련 노래들, 즉 제주 출신의 오영민의 〈거리〉, 〈있었지〉와 최상돈의 〈평화의 섬〉, 〈입산〉, 그리고 제주 4·3관련 최초의 음악으로 기록되는 안치환의 〈잠들지 않는 남도〉 등이 연주되었다. 이 공연의 또 하나의 의의는 1948년 4·3당시에 전국에서 많이 불려졌으나 작곡가의 월북과 곡 제목의 사상성 때문에 그동안 금지곡이 되었던 김순남의 〈인민항쟁가〉가 남한의 공식행사에서 노래되었다는 것이다.

    2003년의 4·3문화예술제는 증인들의 증언 프로그램 등 다양한 시도를 거듭하고 있으며 거리제등에서 민속음악과 무속들을 적극적으로 활용하고 있다. 특히 찾아가는 위령제를 통해 사적 의례들과 공적 의례들을 하나 되게 함으로써 제주의 무속들이 화석화되지 않고 역사와 민중들이 함께 하는 의례로 재생산하였다. 이 시기의 의례음악은 드라마적 성격을 담아내는 '굿'을 통해 재현하려는 시도를 볼 수 있고 조가 합창곡을 통해 보다 구체적인 의례의 실행을 꾀하고 있다. 그것은 점점 4·3 행사가 현실정치에서 주요한 입지를 구축하고 있음을 상징하고 있다고 할 수 있다. 또한 다양한 음악회들은 의례가 다변화하고 있음을 보여주고 있다.

| 표 2 | 1999~2004년 기간의 위령제와 의례음악

제순	사용음악	4·3의 정치 상황
개제		
초혼례		
고유문		
국민의례	애국가 및 묵념곡 연주	
주제사		1999년: 4·3특별법 국회본회의 통과
추도사		2000년: 4·3특별법 공포, 4·3평화공원부지 매입
추도시낭독	녹음된 음악 사용	
조가	'4월의 님 앞에' 합창	
헌화 및 분양	관악 음악 연주	
폐제		

3) 위령제의 국민의례화와 매너리즘

2000년의 52주년 의례는 4·3위령공원 조성부지에서 행해졌다. 1999년 12월, 4·3특별법 국회본회의 통과 이후 2000년 1월, 4·3특별법이 공포되고, 3월에는 4·3평화공원 부지가 매입되었다. 여기에서 열린 행사는 의례가 '특정한 문맥과 특정한 시간, 공간에서 행하는 것'이라는 의미를 뚜렷하게 각인시켰다. 제순도 많이 달라졌다. 경쟁하던 양상의 각 종교 단체들의 종교의식이 없어졌으며, 식전 행사로 제주 판굿을 각색한 〈혼을 부르는 소리〉가 제주도립예술단에 의해 공연되었고, 파제 대신에 4·3진혼무가 역시 제주도립예술단에 의해 공연되었다. 제2부에서는 전년과 같이 김윤수의 4·3희생자를 위한 차사 영맞이 굿이 진행되었다. 공연 내용의 질적 수준을 떠나서 의례에 다양한 장르가 도입되었다는 점에서 의례의 내용이나 형식이 한 차원

높아졌다고 할 수 있겠고, 주최측의 의례에 대한 문화적 책임의 노력을 엿볼 수 있다.

2001년의 위령제는 제주 4·3특별법과 시행령이 제정, 공포된 후 처음으로 열린 위령제였다. 따라서 의례의 주최자는 제주도가 되었으며 위령제 진행은 다른 공적 의례들의 구성과 비슷해지면서 점차 정형화되었다. 의례 제순이 기록된 행사지의 내용은 예년과 비교해 볼 때 단순한 식순 소개 중심에서 벗어나 비교적 4·3의례 전체 행사 진행을 자세히 소개하고 있다. 또한 연주를 하는 단체의 이름들과 조가(弔歌)의 곡명도 정확히 기재되었다. 1999년 이후 매년 이춘기 제주대학교수가 지휘하는 제주불교합창단 '부루나'가 〈향연〉, 〈홀로 피는 연꽃〉, 그리고 〈사바의 꽃이여〉를 합창하였다. 이들 곡은 근래에 창작된 찬불가의 조가들이다. 작사, 작곡가의 이름이 표기되지 않았는데 그 이유는 음악은 의례의 상황을 전달하는 실용적 목적의 기능을 하기 때문이라고 생각하기 때문이다.

여기에서 잠깐 한국의 현대 불가들의 음악적인 의미에 관해 언급하고자 한다. 이들은 대체로 기독교의 찬송가문화의 영향을 매우 많이 받았다. 극단적으로 말하자면 가사만 바꾼 기독교식 찬송가로 간주될 수 있는데, 이는 종교음악이 음악적 표현보다는 가사의 내용을 더 중시하기 때문이다. 의례음악이 가치중립적 소재라고 보기에는 더 큰 의식 작용이 있다는 점을 감안한다면,[18] 이는 한국 불교의 정체성을 훼손하는 현상이기도 하다.

의례에서의 노래나 기악음악은 단순히 가사의 의미를 전달하거나 분위기 조성을 위한 소리울림의 차원이 아니므로 어떠한 음악적 양식

---

[18] 루터의 종교개혁 때 로마교회의 잔재로 생각한 로마의 성가들을 의식적으로 피하기 위한 방법 중의 하나로 세속음악의 가사 바꾸기를 시도했다.

을 갖느냐는 사실 당대의 의례 참가자들의 의식에 절대적인 영향을 끼친다. 한 나라의 국민이 국가 권위에 대해 부정적인 기억을 갖고 있는 상황이라면 당연히 국민의례에 사용되는 음악은 별 감흥을 만들지 못할 것이다. 그러나 저항의례의 음악이 공식화된 국가의례음악과 유사하거나 동일해지는 현상은 추모행사의 저항성의 약화와 공식화를 반영한다. 또는 국가적 기념의례화에 대한 열망의 반영이기도 하다.

합동위령제의 마지막 부분이었던 소지, 파제는 의례의 간소화로 폐지되었다. 이것은 종교적 성격이 강했던 제주 4·3위령제가 공공적 의례로 변해가는 과정임을 다시 확인해 주고 있다. 최근에는 4·3문화예술행사 일정을 식순지의 뒷부분에 자세히 소개하고 있다. 이는 의례의 범위가 넓혀지고 있으며 단순히 죽은 자에 대한 기억의 재현 뿐만 아니라 당대의 사회구성원들의 문화가 재생산되며 이제는 새로운 기억을 만들어갈 축제의 장(場)이 될 것임을 알리는 신호탄이라고 할 수 있겠다. 이 때 언론 및 방송사들은 열띤 취재경쟁과 함께 4·3을 기억하기 위한 사회의례들이 여기저기서 쏟아졌다.

2002년 4·3위령제는 전년과 다름없는 제순으로 진행되었다. 다만 〈4월의 님 앞에〉라는 제목의 제주 4·3위령조가가 새로이 작곡되어 초연되었다. 제주불교합창단 '부루나'가 합창한 이 곡은 〈홀로 피는 연꽃〉과 함께 연주되었는데 이 합창단의 지휘자인 이춘기 교수가 작사, 작곡한 곡이다. 이교수와의 면담에서 그는 위령제에 참가하면서 4·3위령제를 위한 조가의 필요성을 느껴 주최 측에 시를 부탁했으나 여의치 않아 직접 시를 창작하여 곡을 붙였다고 한다. 그는 제주출생은 아니지만 4·3의 불행은 결국 제주민을 넘어 한국인이라면 고개 숙일 수밖에 없는 뼈아픈 역사이기 때문에 자신의 고백을 담았다고 말했다.

제주 4·3위령조가

이춘기 작사, 작곡

그 때 그날 사월초사흘 무엇이 잘못인지
누가 먼저인지도 모를 무모한 총검에 붙잡혀 사라져 간 님이여
누구를 위하여 그렇게 절규하셨나이까.
동족간의 처참했던 비극은 이제 혼백으로 남아
이곳저곳에서 통한의 울부짖음으로 들려옵니다.
님이여 님이여 그 날의 맺힌 한 어찌 풀어 드리오리까.
이제 우리 힘 모아 평화의 나팔소리 울려
무덤가에 돌담 쌓고 유채꽃 철쭉 꽃심어 드릴께요.
저승길 극락의 길 정성들여 제 올리오니
이제는 갈망과 번뇌 벗어 버리고 편히 잠드소서 편히 잠드소서.

위령제에서 도지사는 진상규명이 이뤄진 후 도민과 유족들의 의견을 수렴해 4·3평화상 제정과 4·3기념일 제정, 4·3예술제를 범도민 예술제로 승화 정착시킬 것을 약속하였다. 그러나 여전히 위령제에 대한 비판은 계속되었다.[19]

2003년이 되면서 평화공원 기공식과 함께 제55주년 합동위령제가 봉행되었다. 음악은 서귀포 시립 관악단이 연주하였다. 우리는 여기에서 의례음악 연주자의 변화에 주목하게 된다. 대부분의 공적 행사의 위상의 변화는 참가 연주단체의 격의 변화를 수반한다. 처음 4·3합동 위령제의 연주는 고등학교 주악대로 시작했지만, 위령제가 국가 공인 행사로 격상되면서 시 소속 음악단이 연주를 하게 되었다.[20]

---

[19] 4월 20일에 열린 제주문화포럼주최 4·3문화예술제 시민토론회에서 조성윤 교수는 "지금의 위령제는 국민의례의 형식성과 유교의례의 엄숙함이 동시에 담겨 있지만 일방적이고 수동적인 의례에서 벗어나 유족의 공감대를 얻을 수 있는 의례형식과 유족들이 몸으로 체험하는 의례가 되도록 해야 한다"고 주장하였다.

2004년 56주년 합동위령제의 최대 관심사는 대통령의 방문이었다. 과거의 국가폭력에 대한 공식적 사과가 필요하다는 이유 때문이었다. 그러한 이유 탓인지 초혼의식, 살풀이 춤, 평화의 노래 등으로 이루어진 식전행사는 대규모 체육대회 행사처럼 이루어졌으며, '어디선가 본 듯한 하늘 위로 솟은 제압적인 기념탑'은 위령제가 지닌 역사적 의미와 기억들을 모호하게 만들었다. 위령제는 국기에 대한 경례와 애국가의 제창, 묵념이라는 진부한 엄숙함 속에서 이루어졌다. 그러나 이 때 불어닥친 대통령 탄핵문제로 대통령 방문은 무산되고 대통령을 대신해 행정자치부 장관이 추도사를 낭독했다. 결국 4·3의 진상규명과 명예회복, 국가적 차원의 사과와 보상에 대한 요구는 의례의 대규모화로 귀결되었는데, 이에 대한 비판이 동시에 형성되었다.[21]

죽은 자를 기억하고 진실 규명을 위한 투쟁의 장으로서 기능하였던 4·3의례는 2000년 이후 합법화된 공식 의례가 되었다. 국가를 상징하는 의례에 조응하는 음악들은 의례의 성격을 더 분명하게 표현하겠지만 음악이 하나의 정치적 도구로 전락하면서 문화적으로 의례가 가져야 할 시대적 상징을 오히려 화석화시키는 대표적 대개체가 되고

---

[20] 제민일보의 현민철 기자는 2003년 4월 3일자에서 '누구를 위한 위령제인가'라고 반문하며 각급 기관단체장에게 밀려난 유족들의 홀대를 지적하기도 했다. 의례음악의 위계화와는 반대로 중요한 공적 의례에서의 연주가 이후 연주자의 사회적 위상을 높이는 경우도 있다. 2003년, 노무현 대통령 취임식에서 애국가를 독창했던 엘리트 팝페라 가수 임형주(당시 18세, 이탈리아 산 펠리체 음악원 재학)는 그 이후 인기가수가 되었다.

[21] 2004년 5월 20일에 제주민예총 간담회에서 현혜경(전남대 박사과정)은 기억과 4·3의례라는 주제 발표를 통해 "한국의 경우 건국과정에서 닿은 영향력을 행사한 미국에서 행하는 의례를 일부만 수정한 국가의례를 그대로 사용한 측면이 강하다"며 "미군정과 국가폭력 앞에 자행된 학살 위에서 피어난 4·3 위령 의례가 다름 아닌 미국의 국가의례 모습과 상당부분 유사하다는 것은 아이러니이다"고 주장했다.

있다고 할 수 있을 것이다.

4. 4·3의례음악의 전망

죽음에 관련된 의례는 죽은 자와 산 자의 공동체 의식이 교차되는 장이다. 따라서 죽은 자도 낯설지 않고 산 자도 함께 공감대를 형성할 수 있는 민족성이 잘 융합된 의례의 정립은 당연히 필요하다. 의례는 무엇보다도 문화적인 유머의 일종으로 볼 수 있기 때문에 의례가 적절한 역할을 수행하는 문화는 생동감이 있다고 볼 수 있다.22 생동감이 있는 의례를 위해서는 시대가 요구하는 새로운 음악들이 필요하다. 노래 한곡이 상징할 수 있는 여러 가지 함축성은 광주민주화운동의 상징 노래인 〈임을 위한 행진곡〉을 생각하면 쉽게 알 수 있다. 노래는 당시의 시대적 감성의 코드를 읽어 낼 뿐 아니라 새로운 문화적 창조를 향한 문화적 장치이다.

의례음악은 예술이 갖는 순수한 미적 향유 이상의 의미를 내포한다. 음악이 인간에게 미치는 특별한 정서작용을 이용하여 의례 참가자들의 높은 수준의 참여와 집합적 공동체의식을 공유하도록 유도하기 때문이다. 의례를 통한 기억의 재현에서 음악의 사용은 절대적이며 의례가 갖는 목적과 의미만큼 음악은 뚜렷한 상징성과 재현성을 갖는다.23 의례음악은 과거의 기억들을 강화시켜주고 세대적 재생산의 중요한 통로이기도 하다.

---

22 강돈구, 「종교의례 연구의 경향과 과제」(종교연구 17권, 한국종교학회, 1999), 참조할 것.
23 김민환, 「한국의 국가 기념일 성립에 관한 연구」(한국학보 26권 2호, 일지사, 2000), 131쪽.

4·3의례음악의 경우, 국가적 공식의례화에 따라 매너리즘에 빠질 위험과 동시에 그것의 위험을 인식하고 이를 극복하려는 노력이 동시에 이루어지고 있다. 그러나 전반적으로 독자적인 문화적 장르로서의 성립은 미진한 편이다. 그것의 발전가능성은 명백히 진상규명이나 명예회복에 관한 지속적 노력이 이루어질 것인가에 달려 있지만, 동시에 문화생산자들이 그것의 중요성을 얼마나 인식하느냐에 따라서도 큰 영향을 받을 수밖에 없다.

참고문헌

강돈구, 「종교의례 연구의 경향과 과제」, 종교연구 17권 봄호(한국종교학회, 1999).
고영석 외, 『축제와 문화』(연세대학교 출판부, 2003).
김광억, 「저항문화와 무속의례」, 한국문화인류학 제23집(한국문화인류학회, 1991).
김민환, 「한국의 국가 기념일 성립에 관한 연구」 한국학보 26권 2호(일지사, 2000).
김용환, 「정치적 의례의 의미와 효과 : 미학적 접근」 비교민속학 26집(비교민속학회, 2004).
김춘미, 『음악학의 시원』(음악춘추사, 1997).
_____, 「5·18과 음악운동」, 『5·18항쟁사』(5·18사료편찬위원회, 2001).
노영해, 「세계의 애국가에 관한 연구」, 음악연구 17호(한국음악학회, 1998).
_____, 「음악과 정치」 서양음악학 1호(한국서양음악학회, 1998).
_____, 「음악의 재활용」 음악과 민족 제 12호(민족음악학회, 1996).
박명규, 「역사적 경험의 재해석과 상징화」 사회와 역사 제 51집(한국사회사학회, 1997).
백숭기, 「죽음과 재생의 안식일 의례에 관한 종교학적 고찰」, 서울대 종교학과 석사학위논문, 2002.
송재용, 「의례와 정치」 비교민속학 26집(비교민속학회, 2004).
이경분, 『망명음악, 나치음악』(책세상, 2004).
이경희, 「고대 그리스 음악관과 예기에 나타난 음악사상 비교」 음악과 민족 제26호(민족음악학회, 2003).

이석원, 『음악심리학』(심설당, 1994).
_____, 「선율의 인식과 기억」 연세음악연구 제4집(연세음악연구소, 1996).
이장직, 『음악과 사회』(청하, 1988).
_____, 『음악의 사회사』(전예원, 1988).
이재숙 외, 『조선조 궁중의례와 음악』(서울대학교출판부, 1998).
임은희, 『음악치료학입문』(아시아미디어리서치, 1999).
장인종, 「68혁명을 통해본 음악과 정치」 음악연구 11호(한국음악학회, 2004).
정근식 편저, 「사회운동과 5월 의례 그리고 5월 축제」, 『축제, 민주주의, 지역 활성화』(새길, 1999).
_____, 「집단적 기억의 복원과 재현」, 『학살, 기억, 평화 : 4·3의 기억을 넘어』(제주4·3 55주년 기념 국제학술대회, 2003).
정호기, 「기억의 정치와 공간의 재현」(전남대 사회학과 박사학위논문, 2002).
조영배, 「제주도 민속음악의 마적기능」 한국민족학 20권(한국민속학회, 1987).
조웅수, 「음악의 기능에 관한 역사적 고찰」 인문연구 16권(영남대학교 인문과학연구소, 1994).
조현범, 「현대 한국의 국가의례에 대한 시론적 연구」 종교연구 제19집(한국종교학회, 2000).
주동률, 「음악에 있어서의 미적 가치와 정치적 가치」, 『노래 2』(실천문학사, 1993).
표인주, 「의례와 민속놀이」(구림연구, 경인문화사, 2003).
현용준, 『제주도 무속과 그 주변』(집문당, 2002).
현혜경, 「의례, 공연, 그리고 연대의 문제」 제주도연구 18집(제주학회, 2000).
_____, 「4·3의례와 역사적 기억」(제4회 5·18기념 국제학술대회 자료

집, 2003).

Adorno, Theodor W. 김방현 역, 『음악사회학』(삼호출판사, 1993).
Betz, Albrecht, 최승운 역, 『음악의 혁명, 혁명의 음악』(동녘, 1987).
Dahlhaus, Carl, 「음악작품 비평에 있어서 정치적 기준과 미적 기준」, 『노래 2』(실천문학사, 1993).
Davis, William B. 외, 김수지 외 공역, 『음악치료학개론』(권혜경 음악치료센터, 2002).
Grout, Donald, 편집국 역, 『서양음악사』(세광음악출판사, 1996).
Gennep, Arnold van, 전경수 역, 『통과의례』(을유문화사, 2000).
Janelli, Roger L and Janelli, Dawnhee Yim, 김성철 역, 『조상의례와 한국사회』(일조각, 2000).
Merriam, Alan P. 이기우 역, 『음악인류학』 II (한국문화사, 2001).
Nettl, Bruno, 대한음악저작연구회 역, 『서양의 민족음악』(삼호출판사, 1989).
Wolff, Radocy, Rudolf E. and Boyle, J. David, 최병철·방금주 공역, 『음악심리학』(학지사, 2003).
Ratner, Leonard G. 노영해 역, 『서양음악의 어법과 의미』(세광음악출판사, 1989).
Sachs, Curt, 이성천 역, 『비교음악학』(수문당, 1991).
Zuckerkandl, Victor, 서인정 역, 『소리와 상징』(예하, 1992).
Zolberg, Vera L. 현택수 역, 『예술 사회학』(나남출판, 2000).
姫野翠, 신명숙 역, 『예능의 인류학』(문화가족, 2004).
4·3위령제 제순지
4·3위령제 신문자료
4·3위령제 비디오 테입
『제민일보』
『제주일보』

4·3의 기억과 소설적 재현의 방식

김동윤

1. 4·3담론과 기억의 문제

 4·3은 오랫동안 지배권력에 의해 '공산폭동'으로 규정되어 왔다. 반공국가의 지배권력은 '4·3공산폭동론'을 4·3의 공식역사(official history)로 규정해 놓고 그에 반하는 문제 제기를 철저히 봉쇄했다. 하지만 민중들의 뇌리에 박힌 4·3의 기억은 공산폭동론으로 묻혀질 수 없었다. 토벌세력의 기억은 공산폭동론을 확대·재생산해 갔지만, 제주민중의 기억은 대항담론을 형성케 했다. 4·3소설은 그러한 기억의 양상들과 밀접한 관련을 지닌다. 4·3에 관한 기억이 소설들을 생산해 냈고, 소설이 또한 기억을 재생해 내기도 했던 것이다.
 기억의 문제에서 우리는 모리스 알박스(Maurice Halbwachs)의 '집합기억(collective memory)'[1] 개념을 동원할 수 있다. 알박스는 기

---

[1] 알박스(1877~1946)는 『기억의 사회적 맥락(Les Cadres Sociaux de La Memoire)』(1925)과 『집합기억(La memoire collective)』(1950)에서 집합기억의 개념을 체계화하였는데, 국내에서는 김영범이 그의 이론을 정리 소개하면서 구체적 적용을 시도하였다.

억이 '사회적 구성물'임을 강조했는데, 그것은 "현재 속에서 미래와 과거가 합성·융합되며, 역사는 사회적으로 구성되고, 시간도 사회적으로 구성된다는 통찰(김영범, 1999a, 568)"이다. 기억이란 개인의 회상에도 관련이 되지만, 그것은 개인이 참여하고 있는 사회적 연대의 복합적 네트워크들(가족, 친우, 정당, 사회계급, 국민 등)과 연결됨에 의해서만 과거 속의 어느 한 지점에 자리잡을 수 있다는 것인데, 이러한 알박스의 견해는 역사적 사건에 대한 증언적 성격의 작품을 살피는 데 유용하다고 판단된다.

여기서 중요한 것은 과거사 중의 무엇이 어떻게 기억으로 재현되느냐 하는 점이다. "기억 주체(개인이든 집합체이든)의 이해 관심과 기억 행위의 역사적 맥락이 개입함으로 인하여 실제의 기억내용은 선별적이고 편의적인 것일 수가 많기 때문이다"(김영범, 1999b). 어떤 인물, 어떤 집단, 어떤 경험의 경우에는 기억의 장내로 끌어들여지지만, 다른 어떤 것들은 그냥 방치되어 누락되어버리기도 한다는 것이다. 알박스의 이런 견해는 물론 골드만(Lucien Goldmann)이 제기한 세계관 개념과도 상통하는 면이 있다. 세계관에 대해 골드만은, 그것이 개인에 따라 가변적인 것이 아니고 동일한 경제적·사회적 상황에 처한 어떤 집단의 보편적 세계임을 언급했다. 물론 그렇다고 개별 작품들이 곧 집단의식의 반영 그 자체라는 것은 아니다. 그 집단으로 하여금 그 집단이 생각했거나 느꼈던 것을 명료하게 의식하게 해 줌으로써 집단의식을 구성하고 집단의식을 풍요롭게 해 주는 소산이 작품이라는 것이다(골드만, 1979 ; 홍성호, 1995).

필자는 4·3 발발 직후부터 2003년까지 발표된 4·3소설의 목록을 작성한 바 있다(김동윤, 2004, 210~252). 그것에 따르면 모두

김영범, 1998·1999a·1999b 등이 그것이다.

24명의 작가가 103편의 소설을 발표한 것으로 집계되었다. 시기별로는 '비본질적・추상적 형상화 단계(1948~1978)' 8편(7.8%), '사태 비극성 드러내기 단계(1978~1987)' 21편(20.4%), '본격적 대항담론의 단계(1987~1999)' 66편(64.1%), '새로운 모색의 단계(2000~)' 8편(7.8%)으로,² 6월항쟁 이후 4・3특별법 제정 이전까지 시기에 가장 많은 작품이 발표되었다. 작가의 출신지로 보면, 제주 출신 작가가 14명(58.3%)으로 89편(86.4%)을 썼고, 타 지역 출신 작가가 10명(41.7%)으로 14편(13.6%)을 썼는데, 그 작가 수에서는 큰 차이가 없으나 작품 수에서는 제주 출신 작가가 쓴 작품이 압도적으로 많다. 체험 여부로 보면, 체험 작가 6명(25%), 미체험 작가 17명(70.8%), 미상 1명(허윤석)(4.2%)으로 각각 59편(57.3%), 43편(41.7%), 1편(0.1%)을 썼다. 체험 작가가 쓴 작품의 비중이 매우 높음을 알 수 있는데 특히 현기영・현길언・오성찬의 작품이 51편으로 절반에 육박한다.

여기서는 4・3작가군(作家群)의 의미와 4・3담론의 양상 그리고 그 변화과정을 적절히 보여준다고 판단되는 소설 텍스트로 곽학송의 「집행인」, 현기영의 「순이 삼촌」, 김석희의 「땅울림」을 선택하여, 4・3기억이 재현되는 방식을 비교분석하려고 한다. 이 세 작품을 논의 대상으로 삼은 이유는 일단 외적인 조건에서부터 확실한 대조적 양상을 보이기 때문이다. 곽학송은 1927년 평안북도에서 태어났고, 현기영과 김석희는 각각 1941년과 1952년에 제주도에서 태어났다. 4・3과 관

---

2 4・3문학의 사적(史的) 전개에서 '비본질적・추상적 형상화 단계'는 1978년 현기영의 「순이 삼촌」이 나오기 이전까지, '사태 비극성 드러내기 단계'는 「순이 삼촌」 이후 1987년 6월항쟁 이전까지, '본격적 대항 담론의 단계'는 6월항쟁 이후 4・3특별법 제정 이전까지, '새로운 모색의 단계'는 4・3특별법 제정 이후를 말한다. 시기(단계) 구분의 근거 등에 대한 구체적인 논의는 김동윤, 2004를 참조할 것.

련한 체험양상에서 특히 차별적인데, 곽학송은 토벌대로서 4·3 진압에 참가한 경험이 있고, 현기영은 소년 시절에 4·3을 체험했으며, 김석희는 4·3을 체험하지 않은 경우다. 작품 발표시기에서도 차별성이 있는바, 필자가 정리한 4·3문학의 4단계 전개과정에서 보면 텍스트로 삼은 소설들은 마지막 시기3를 제외한 각각의 시기에 해당하는 작품이다(〈표 1〉 참조).

| 표 1 | 세 작가·작품의 차별성

작가와 작품	곽학송 「집행인」	현기영 「순이 삼촌」	김석희 「땅울림」
작가 출생연도와 출생지	1927년 평안북도 정주	1941년 제주도 제주	1952년 제주도 제주
작가의 4·3체험 방식	토벌대원으로 참여	소년기에 체험	미체험
논의 작품 발표 시기 (4·3문학의 단계)	1969년(비본질적·추상적 형상화 단계)	1978년(사태 비극성 드러내기 단계)	1988년(본격적 대항담론의 단계)

이 작품들은 공히 집합기억의 산물이 되며, 작가들의 세계관은 집단의 의식과 상관성을 갖는다. 말하자면 각각 10년 정도씩의 차이를 보이는 발표시점, 작가들의 출생지와 4·3 체험 방식에 따른 입장 차이 등이 반영되어 있다고 할 수 있다. 따라서 세 작가의 전기적 사실과 세 작품의 주제형상화나 인물창조의 방식 등을 면밀히 검토한다면, 4·3의 기억 양상과 소설적 재현 방식의 상관성이 규명되리라고 본다. 이런 방식의 접근은 시도된 바는 있으나(전흥남·김동윤, 2003), 그 구체성이 결여되고 작가의 집합기억이나 시대상과 소설 재현 방식과의 상관성이 면밀하게 추적되지 못하는 한계가 있었다. 여기서는 그러한 기존 연구의 문제점을 보완하면서 역사적 기억이 작가와 시대의 조건

---

3 2000년 4·3특별법 제정 공포된 이후를 '새로운 모색의 단계'로 구분하였으나, 소설의 경우 새로운 국면에 걸맞은 작품이 아직 뚜렷이 포착되지 않고 있다.

에 따라 문학적으로 어떻게 다른 방식으로 재현되는지를 고찰하고자 한다. 각 작품별로 그 내용과 담론의 양상을 먼저 살핀 다음, 그것을 바탕으로 세 작품을 동시에 대비하면서 그 의미를 탐색해 가도록 하겠다.

2. 4·3의 소설적 재현, 그 담론의 세 양상

1) 토벌대의 회억(回憶)과 명분

곽학송의 「집행인」[4]에서는 4·3 당시의 토벌군인들이 중심이 되어 이야기가 전개된다. 이들 토벌군 가운데 주요 인물을 보면, 양민구는 제주도 출신이고, 안현수·이기호·김봉수 등은 모두 서북 출신이다. "서북 출신만으로 편성된 부대(555쪽)"에 민구가 예외적으로 지원 입대하여 끼여 있는 상황이다. 현수·기호·봉수 등이 월남한 이유는 모두 공산주의가 싫어서였다. 공산주의자가 싫어서 월남했다는 사실은 향후 이들의 행보를 좌우하는 매우 중요한 맥락이 된다.

> 8·15 후 처음 맞이하는 삼일절을 며칠 앞두고서였다. 평양학생 자치본부에는 삼일절 기념행사 준비위원회 위원장 강양욱(康良煜) 명의로 구호가 하달되었다. 〈조선자주독립만세〉를 제외한 나머지 〈조선인민을 해방시켜 준 붉은 군대 만세〉, 〈스딸린 대원수 만세〉, 〈우리 민족의 위대한 영도자 김일성 장군 만세〉 따위의 구호에 격분한 학생 대표들은 기림리(箕林里)에 있는 강양욱의 집으로 몰려가 구호의 시정을 요구했다. 삼일운동도 붉은 군대의 도움으로 일어났단 말이냐, 순국선열 추모의 뜻이 담긴 구호를 요구했다. 김일성의 인척이며 전신이 목사인 강양욱은 대답 대신 따발총을 든 소련 군인들을 내놓았다. 형무소로 끌려가는 도중 도망친 기호는 그날밤 혼자서

---

4 곽학송, 1969를 텍스트로 삼았다. 이하 「집행인」은 쪽수만 표시함.

강양욱 집에 수류탄을 던지고 현수를 찾아와 흥분을 못이겨 엉엉 소리내어 울었었다(572쪽).

기호가 평양에서 탈출하게 된 경위가 구체적으로 기술되어 있다.5 붉은 군대와 김일성 장군을 찬양하는 구호에 격분해 항의하다가 김일성의 인척인 강양욱 집에 수류탄을 던지고 형무소로 끌려가다가 도망쳐 나온 기호는 투철한 반공의식을 소유한 인물임을 알 수 있다. 그는 사건 후 황해도에서 숨어 지내다가 1948년에 삼팔선을 넘었다.

봉수는 해방 후 트럭 운전사로서, 평양에서 곡산까지 소비조합 물건을 나르는 일을 하고 있었다. 어느날 차에 캬라멜을 잔뜩 실었는데 짐이 풀리는 바람에 그 일부가 운전대로 흘러내렸다. 그는 흘러내린 캬라멜 몇 개를 아무 생각 없이 조수와 나눠 먹었는데 사리원에서 그 사실이 들통 나고 말았다. 국가 재산을 약탈한 죄로 2년 이상 징역살이할 위기에 처했던 그는 트럭 앞바퀴 하나를 빼어 팔고서 삼팔선을 넘었다. "벌갱이 성화에 그저 견디디 못해서(559쪽)" 월남한 것이다.

현수는 철도원이었다. 해방 직후 이북에서는 기관차가 모자라서 철도수송이 원활치 않았고, 화차가 한 달 동안 묵는 일도 많았다. 그 사이에 낡은 화차는 지붕이 터져 비가 새고, 바닥도 터져서 물건이 빠지기가 예사였다. 철야로 근무하던 날 현수는 장마통에 썩어가는 쌀이 터진 화차 바닥으로 흘러내리자 그걸 받아두었다. 그런데 그게 문제가 되었다.

---

5   기호의 탈출 경위는 실화에 바탕을 둔 것으로 보인다. 곽학송의 회고담(곽학송, 1970, 11~13)에 나오는 'K'의 행적과 거의 일치하고 있기 때문이다. K는 "당시 평양사범학교 졸업반 학생이었으며 현재(1970년: 인용자 주) 대한민국 중견 언론인으로 활동하고 있는" 인물이다(곽학송, 1970.12).

"밥을 지어 먹자든가 집으로 가져가자든가 그런 생각도 아니었단 말이야. 허지만 구속 기소되어 재판을 받을 땐 그렇게 몰아세우더군. 이년 징역을 선고받았지. 개인의 물건이라도 국가가 관리하는 교통수단에 의해 수송 도중에 있는 것을 약탈한 자의 최경형량(最輕刑量)이 이년이라는군. (…) 거기선 〈정상참작〉 같은 그런 건 절대 없다 그말이야. 결국 인민공화국이라나 하는 것이 생겨 대사령으로 풀려 나오자 어머니 권고대로 삼팔선을 넘기로 했지. (…) 내가 어머니의 간곡한 권고에 응하게 된 건 말이야, (…) 단 네 글자 때문이지. 〈정상참작〉 … 그 정상참작이 있는 세상에서 살아가겠다는 그 때문이야."(588~589쪽)

현수는 소련군정 하에서 옥살이를 하다가 인공 수립에 따른 사면으로 출옥한 직후 월남했다. 그는 자신의 선의가 오히려 죄가 되는 게 억울했고, 그렇게 '정상참작'이 없는 세상에서 살 수 없다고 판단하여 월남했던 것이다.

이렇듯 이들은 모두 북의 지배권력에 대해 적대감을 갖고 있는 상황에서 월남했다. 붉은 군대와 김일성을 찬양하는 구호에 격분하여 투쟁한 기호가 가장 적극적인 적대감을 지니고 있었고, 캬라멜 몇 개 주워먹거나 흘러내리는 쌀을 받아 모았다고 해서 국가 재산 약탈죄 따위로 몰렸던 봉수와 현수 역시 북의 현실에 대해 매우 부정적이었다. 이 반공주의자들은 4·3에 토벌군으로 참여한다. 중학 동창인 기호와 현수는 함께 전투와 훈련을 병행하는 특수부대에 입대하자마자 제주도에 투입되었고, 거기서 봉수를 만나게 되었다.

이 가운데 기호는 극우적 의식을 지닌 인물로, 빨갱이 때려잡는 일이라면 물불을 가리지 않는다. 제주도에 투입된 직후 7명의 수형자(주민)를 총살하는 일에 동원되었을 때부터 그는 남다른 태도를 보인다. 동료들은 지급된 다섯 발의 총알을 모두 쏘아 힘겹게 수형자들을 해치웠지만, 기호는 세 발만으로 목적을 달성하고서 "자랑스러운 듯한 표정(555쪽)"을 짓는다. 신병 부대가 주둔한다는 정보를 적에게 알렸다는 혐의로 수감된 주민들을 처형한 것이기 때문에 빨갱이를 절대로 용납

할 수 없다는 신념을 지닌 그로서는 뿌듯한 일이었던 것이다. 그런데 얼마 후 자신들에게 처형된 수형자들이 공비[6] 협력자가 아니고 우익인사들임이 밝혀진다. 부대 내에 공비세력이 있었던 것인데, 그 사건과 관련하여 중대장 임 중위가 체포 압송된다. 하지만 실질적으로 그 일을 도모한 문태길 상사는 증거가 없어서 체포되지 않는다. 이에 격분한 기호는 아무런 절차 없이 독단적으로 문 상사를 총살해버린다.

이런 기호였기에 공비 토벌에도 매우 적극적이었다. 뛰어난 활약 덕에 그는 이등병에서 4계급 특진하여 일등중사가 된다. 그는 봉수와 현수를 일본으로 밀항시키려던 민보단장을 '진벌갱이(576쪽)'로 규정하여 해치워버린다. 아무런 절차도 없이 그럴 수 있느냐는 지적에 그는 "공비들이 우리를 습격할 때 절차를 밟던가? 우리의 적은 무장공비만이 아냐, 가까운 주변부터 쓸어 버려야 돼"(576쪽)라고 반박한다.

선임하사로서 소대를 이끌고 초토화 작전에 나서게 된 기호는 D리에 가서 포고문이 찢긴 것을 보고 "가장 악질부락이야. (…) 정상을 참작할 여지는 손톱만치도 없어. 남아 있는 놈은 노인이든 어린애든 용서할 수 없어(577쪽)"라며 강경 작전을 지시한다. 집집마다 휘발유를 끼얹고 불을 지르기를 명한다. 주저하는 현수에게 그는 "저 속에 노인이나 부녀자 등 비전투원이 있을지 모르지만 어쩔 수 없"다고 하면서, 주민들이 공비에게 식량을 제공케 되므로 "적의 (…) 아주 중요한 거점 하나를 없애 버"(578쪽)려야 한다며 성냥 긋기를 독촉한다. 화염에 휩싸인 집에서 사람들이 나오기 시작하자 소대원들은 총을 쏘아댔고, 노인과 민구 처(순이) 등 모두 17명의 주민들이 순식간에 죽었다. 기호는 시신을 묻으려고 구덩이를 파는 봉수의 행위마저 막았다. "시체를

---

[6] '공비(共匪)'는 공산당 또는 그 지시 아래 활동하는 게릴라를 비적(匪賊)으로 몰아 이르는 말로, 냉전적 인식이 담겨진 용어지만, 여기서는 작품의 의도와 시대적 분위기를 살리는 차원에서 소설 속의 표현을 그대로 사용키로 한다.

간수해 줄 만한 것들이라면 애당초 죽이질 않았"을 것이니 "까마귀밥이 알맞다(580쪽)"는 논리다. 이렇듯 기호는 빨갱이를 소탕하는 일이라면 물불을 가리지 않고 단호하다. 자신들의 행위에 대해 그는 당당하게 항변한다.

> "(…) 서북 사람이라구 선천적으로 포악스러운 건 아니오. 우릴 이렇게 만든 것은 고향과 집과 가족, 그리고 조상의 무덤까지 뺏은 공산주의자들이란 말이요. 이 제주도에선 김달삼 일당인데, 우리가 처음 이 섬의 땅을 디뎠을 무렵엔 우리의 상관과 그들을 구별할 수가 없었소. (…)"(566쪽)

반공이라는 이념을 내세워 자신들의 모든 행위들을 정당화시키고 있다. 공산주의자들을 뿌리 뽑기 위해서는 설사 무고한 주민들의 희생이 따르더라도 어쩔 수 없다는 인식이다. 오로지 "제주도 빨갱이만 소탕하면 우리 임무는 끝"(575쪽)이라는 게 기호의 생각이다.

같은 서북 출신 토벌대원이면서도 현수와 봉수의 경우는 냉정한 기호와는 다소 다른 양상을 보인다. 상대적으로 좌익에 덜 적대적인 그들은 휴머니스트적인 면모를 보인다고 할 수 있다.

현수는 토벌 현장에서 많은 갈등을 한다. 제주도에 투입된 직후 고구마밭 이랑에 수형자 일곱을 일렬 횡대로 세워놓고 총살할 때도 "나는 집행자인가, 수형자인가 …, 죽이는 자인가, 죽는 자인가 …, 국군 병사인가, 공비(共匪)인가 …, 어느 쪽이냐, 어느 쪽이냐"(551쪽) 하고 수없이 되뇐다. 결국 사형을 집행할 수밖에 없었던 그는 "총을 생전 만져보지 못한 손으로 사람을 죽게 했고, 또 죽인 사실이 견딜 수 없(555쪽)"이 괴로웠다. 그 후 D리에 토벌 나가서 현수는 기호의 지시에 따라 민가에 불을 질러야 했고 엉겁결에 노인과 민구 처를 쏘아 죽이게 되었다. 자발적인 행동은 아니었지만 그는 방화와 살인을 한 것이다. 그런 와중에도 그의 인간적인 면모가 표출된다. 시신을 처리하던 중 굴 속에서 울고 있는 생후 석 달의 아기를 안고 나와, 내다버리라는 기호의 지시를 물리치고, 기어코 민보단장 집에 맡김으로써 어린 생명을 구한 것이다. 그 아기는 민구의 아들 현호였음이 나중에 밝혀진다.

그런데 이 작품에서 현수는 휴머니스트적인 기질을 발휘하는 한편으로 토벌대가 당하는 고충을 대변하는 역할을 맡기도 한다. 그는 "실전과 훈련의 가혹한 노동 - 그만치 절박한 사태라면 폐품에 가까운 99식 소총 따위는 무엇이며 적과 내통하는 자를 지휘관으로 보내어 첫날 희생자를 내게 한 따위의 그런 처사(565쪽)"가 있을 수 있느냐는 불만을 토로한다.

서른 살 가까운 나이에 토벌에 투입된 봉수 역시 자신들의 처지에 대해 여러 차례 불평한다. 토벌대의 고충을 적극적으로 드러내는 인물인 셈이다.

> "이거야 어디 살간. 아새끼들 우릴 쇳뎅이로 아나부디. (…) 낮에는 토벌 아니면 훈련, 밤에는 또 눅군 이등병 김봉수 이상무, 근무중 이상무! 낫살이나 먹어가지고서 말이야. 운면병으로 돌래달래두 안 된다디 않아. 기리다가 벌갱이 깜당 콩알(銃彈) 하나 먹으면 끝당나는 것 아니가 끝당!"(560쪽)
>
> "훈련두 안 시키구, 쌈 시키는 군대가 어디 있간. (…) 서청에 오래 있은 애들은 징그말티(미꾸라지)처럼 싹싹 다 빠디구, 우리거티 삼팔선 가게(갓) 넘어온 미욱재기(바보)들만 몰아틴 거래. 알간?"(561쪽)
>
> "(…) 우리에게 나라가 어데 있깐, 벌갱이들이 먹어버렸는데. 이남땅 말이가? 이남 샤람들이 우릴 사람으로 테나 주네(여겨 주느냐)? (…)(561쪽)"

토벌대의 근무 환경이 열악하기 짝이 없다고 호소하면서, 비인간적인 대접을 받으며 총알받이가 될 운명이라고 항변하고 있는 것이다. 결국 봉수는 자신들이 이용만 당하고 있다는 인식을 하게 된다. 북에서 공산당 등쌀에 못 이겨 남으로 왔는데 남에서도 제대르 대우받지 못한다고 그는 분통을 터뜨린다. 그래서 일본으로 도망가자는 계획을 세우기도 한다.

　봉수의 인간적인 면모는 D리에서 초토화작전을 수행할 때 두드러지게 나타난다. 그는 자신들에 의해 희생된 주민들을 묻어주려고 구덩이를 파다가, 기호가 까마귀밥 되게 놔두라고 하자 "네레 사람이가?" 하고 화내면서 작업을 계속한다. 봉수는 또한 굴속에서 안고 나온 아기를 버리라며 현수에게 총구를 들이대는 기호의 행위에 대해서도 "갓난애 살래낸 게 기리케 잘못이가? 갓난애두 벌갱이가?"(582쪽)라며 눈물 흘린다. 빨갱이 소탕도 좋지만 인간으로서의 도리를 소홀히 해서는 안 된다는 게 봉수의 생각이다. 그는 당시 제주도 여자와 인연을 맺었는데 군대를 마친 후에는 제주도에 정착하여 살아간다. 그렇게 제주에서 20년 가까이 살아온 봉수는 국가허무주의적이었던 자신의 생각을 바꾼다. 그는 남북에 모두 버림받은 존재라는 인식 아래 일본으로 밀항하려던 4·3때의 기억을 떠올리면서 "기야 내가 무식해서 기랬디. 아, 내 본이 어딘데 기림마, 김해 김씨, 기리니까 우리 조상은 이남하구두 남쪽이거덩"(604쪽) 하고 자신이 어리석었음을 시인하며 쑥스러운 표정을 짓는다. 결국 남한이야말로 참다운 조국임을 깨달았다는 의미인 것이다.

　제주도 태생의 민구는 현구·기호와 중학 동창으로, K대학(B전문 후신) 졸업반이었다. 따라서 그를 통해 제주 출신 지식인의 4·3에 관련된 인식과 행적의 일면을 읽을 수 있다. 중학교 교장이던 아버지가 공비에게 피살된 것을 계기로 그는 지원 입대하여 토벌 작전에 참여한다. 그런데 그의 토벌군으로서의 활동은 그리 오래가지 않았다. 아내가 토벌대 손에 죽는 장면을 지켜본 뒤 입산을 결심한다. 입산에 앞서 그는 현수와 기호를 증오하거나 원망하지 않는다며 산으로 떠난 10만 피난민을 위해 입산한다고 그 이유를 밝힌다. 민구의 이런 언행에 대해 현수는 그다지 신뢰를 보이지 않는다. "김달삼이란 자가 마련해 놓은 함정으로 민구가 빠져 들어가고 있다고 생각(600쪽)"하며 안타까워한다. 결국 민구는 현수의 총을 맞고 분화구 속으로 떨어진다. 민구를 통해 작가는 극소수 공산주의자들의 준동 때문에 제주도민들이 희생된 것이라는 논리를 펴고 있는 셈이다.

이 작품에서 그나마 제주민중의 희생을 대변하는 인물은 순이 정도로 볼 수 있다. 입산한 아버지와 오빠 둘과는 달리 그녀는 민구와의 사이에 낳은 아기와 함께 마을에 남아 있었다. 남편은 토벌대에 입대하고 친정 식구들은 입산한 경우다. 그녀는 토벌대에게 우호적이지 않았다. 토벌대 위안 행사에서 순이는 "바닷물이 철썩철썩 타고남은 제주도 … 불사르던 폭도들은 어디로 갔나 … 국방군도 그리워라 경찰관도 그리워 … 제주도 사백리에 양민이 운다(563쪽)"라는 노래를 부른다. 그 노래의 의미에 대해 기호는 공비와 토벌대를 동일시하는 것이라고 해석한다. 그녀는 토벌대에 겁간당했어도 아기를 위해 그 순간에는 참았지만 이후 입산할 생각을 굳혀간다. 민구가 동행하지 않자 혼자 입산키로 한다. 순이는 결국 공비가 되어 소개령이 떨어진 마을에 남아 있다가 토벌대의 총에 죽는다.

여기서 순이의 죽음에 대해 짚고 넘어갈 필요가 있다. 순이는 소개령이 내려진 마을에 남아 있으면서 계엄사령관의 포고문을 찢어버린 혐의로 처형된다. 그것도 인간적인 면모를 지닌 현수의 총에 맞아 죽은 것이다. 여기에는 그녀가 공비로 활동한 것이 명백하니 당연히 죽일 수밖에 없었다는 논리가 깔려 있다. 이렇게 희생이 당연시되는 것은 지배권력의 공산폭동론을 여과 없이 반영한 결과라고 할 수 있다.

그렇다고 이 작품에서 제주사람들이 겪는 고통이 전혀 무시되는 것은 아니다. 제주사람들의 딱한 처지는 다음과 같은 민구의 발언에서도 나타난다.

> "제주도 삼십만이라고 하지만 실은 이십삼만 몇 천이야. 그중 십만명이 지금 정든 마을을 떠나 산에서 살아. 정글이나 동굴 속에서 말이네. (…) 그들 십만명이 어째서 산으로 갔는가 하면 말이네, (…) 한시라도 더 살고 싶어서라네. 밤이 되면 무장공비가 식량을 요구해 오거든. 안 주면 죽는 거야. 그래 주면 어떻게 되지? 경찰이나 자네들이 죽여. 그들은 피란간 거야. 그들의 조상들이 난리 때마다 피란가듯, 그렇게 피란간 거네. 이곳 지리에 밝을 뿐더러 이곳이 고향인 무장공비에게 발각되면 식량을 제공할밖에 없구, 경찰이나 자네들한테 잡히면 비무장공비(非武裝共匪), 또는 입산자가 되지만 그 위험도가 마을에서보다 훨씬 덜하다는군."(589쪽)

입산한 제주사람들은 대부분 목숨을 부지하기 위해 산으로 간 피난민이라는 주장이다. 주민들이 군인이든 공비든 나타나기만 하면 음식을 제공하는 이유에 대해서도 "무기 소지자에게 곱게 보이는 것이 부락민들에 유일한 생명연장법(559쪽)"이기 때문이라고 해명되기도 한다. 그러나 제주사람들의 딱한 처지를 드러내는 이런 부분들은 작품에서 그다지 의미 있는 울림을 주지 못한다. 시종일관 강조되는 토벌대의 고통스런 상황에 가려지기 때문이다.

특히 이 소설에서는 현수네가 속한 토벌부대가 제주에 들어오자마자 공비들에게 습격당하는 상황을 설정했음을 주목할 필요가 있다. 이는 작가의 의도적인 전략으로 판단되기 때문이다.

> 살육, 방화의 도가니로 화한 그곳에 현수들 사백여 명은 우마(牛馬)가 팔려 넘어가듯 그렇게 몰려갔고, 격침조차 무딘 낡은 九九식 소총이 손에 쥐어졌으며, K리(里)라는 낯선 고장에 비치된 그날 밤 여장도 풀기 전에 적의 습격을 받았다. 그 결과 오 명이 죽고 십여 명이 상처를 입었다. 총 쏘는 법조차 익히지 못한 그들을 비웃기나 하듯 수효 미상의 적은 여명과 더불어 피 한 방울 남기지 않고 연기처럼 사라져 갔다(554쪽).

토벌군인들의 입장에서는 살육과 방화의 무법천지인 제주도에 가축처럼 실려갔는데 첫날부터 습격당했다는 것이다. 이처럼 토벌대의 피습 상황부터 먼저 설정한 까닭은 토벌대의 수난과 그에 대한 응징의 당위성을 강조하려는 작가의 의도에 있다고 할 수 있다.

결국 곽학송의 「집행인」은 서북 출신 토벌대원의 회억에 의존한, 토벌대의 명분을 부각시킨 소설이다. 이 작품에서 재현되는 4·3의 기억은 토벌대원의 입장에서 역사적 맥락이 개입한 것이어서 공식기억과 맞물려 있으며, 따라서 지배이데올로기를 강화하는 기능을 하고 있다. 다시 말하면 지배권력이 공식역사로 규정한 4·3공산폭동론의 연장선상에 있는 작품인 셈이다.

2) 제주민중의 대항기억과 증언

「순이 삼촌」[7]에서는 '나'(상수)의 할아버지 제사를 맞아 모여든 제삿집 사람들의 발언을 통해 4·3의 비극을 증언하고 있다. 수백 명의 양민이 한꺼번에 학살된 사건을 중심으로 4·3의 실상을 파헤침으로써 독자들을 충격으로 몰아넣은 작품이다. 현기영은 「순이 삼촌」을 통해 공산폭동론이라는 공식기억에 맞서는 제주민중의 대항기억을 한껏 부각시키려는 노력을 기울인 것으로 보인다.

우선 이 작품에서는 제사 모티브라는 장치를 적절히 동원하여 성과를 거두었다는 데 의미를 부여할 수 있다.[8] "국가의 공식적 기억과 공동체의 기억이 충돌하는 경우 기억의 표면과 심층, 또는 국가의 공식

---

7 현기영, 1980을 텍스트로 삼았다. 이하 「순이 삼촌」은 쪽수만 표시함.
8 「순이 삼촌」의 제사 모티브에 관해서는 이동하, 1998 ; 김종욱, 1998 ; 김동윤, 2003 등에서 논의된 바 있다.

적 담론의 세계와 비공식적 담론의 세계가 단절"되는데, 이런 단절 극복의 초기 형태는 "정치성이 적은 친족이나 문중, 친구집단에 의해, 민속이나 종교의례를 통해 나타난다"(정근식, 2003, 150). 제주민중들은 공식기억에 반하는 일체의 4・3 논의가 차단당하던 시절에도 구비형식으로 4・3문학을 쓰고 있었는데, 그것이 이른바 '식겟집(제삿집) 문학'이다. 제삿집에 모인 제주사람들은 오랜 세월이 흘렀어도 참혹했던 시절의 기억을 결코 잊지 않는다. "오히려 잊힐까봐 저 삿날마다 모여" 당시의 사연들을 이야기하며 "그때 일을 명심해두는" 것이다. 제주사람들은 이 이야기를 "제사 때마다 귀에 못이 박힐 정도로 들었"기에 언제나 그 이야기들이 "머리 속에 무성하게(51쪽)" 살아 움직이고 있었던 것이다. 이렇게 제주사람들은 제삿날마다 모여서 괴롭고 비참한 기억이지만 잊혀지지 않도록 명심하여 구전(口傳)하고 있었다. '식겟집 문학'의 실체는 바로 이런 것이었다. 현기영은 그런 응어리를 터뜨려 분출시킨 것이다. 그러기에 「순이 삼촌」은 '식겟집 문학'이 제도권 문학의 형식으로 현현된 증언문학이며, 아울러 4・3담론을 구전문학에서 기록문학으로 전환한 소설인 셈이다. 말하자면 유신말기의 어두운 시대적 맥락에서 볼 때 적절한 대항담론이었던 것이다.

이 작품에서 가장 주목되는 인물은 물론 '순이 삼촌'이다. 그녀는 마땅히 제삿집에 있어야 했지만 눈에 띄지 않았다. 그녀의 부재를 이상하게 여긴 상수가 무슨 일이 있는지 물어보는 데서 비극의 전모가 파헤쳐지기 시작한다. 스물여섯 살에 사태를 만난 그녀는 엄청난 수난을 당한다. 다른 많은 제주여성들처럼 그녀는 서청의 홀포에 마구 휘둘린다.

> 그들(서청: 인용자)은 또 여맹(女盟)이 뭣 하는지도 모르는 무식한 촌 처녀들을 붙잡아다가 공연히 여맹에 가입했다는 이유로 혐의를 뒤집어씌우고 발가벗겨놓고 눈요기

를 일삼았다. 순이 삼촌도 그런 식으로 당했다. 지서에 붙들어다 놓고 남편의 행방을 대라는 닦달 끝에 옷을 벗겼다는 것이었다. 어이없게도 그건 간밤에 남편이 왔다갔는지 알아본다는 핑계였는데, 남편이 왔다갔으면 분명 그 짓을 했을 것이고, 아직 거기엔 분명 그 흔적이 남아 있을 테니 들여다보자는 것이었다. 나는, 어느날 마당에서 도리깨질하던 순이 삼촌이 남편의 행방을 안 댄다고 빼앗긴 도리깨로 머리가 깨어지도록 얻어맞는 광경을 내 눈으로 직접 본 적이 있었다.(66쪽)

이같은 수모를 겪던 순이 삼촌은 굴에 숨어 지내다가 오누이를 데리러 마을에 내려와 있던 중 음력 섣달 열여드렛날 학살 현장으로 끌려간다. 그녀는 군인들의 무차별 총질의 와중에서 까무러쳐 시체 더미에 깔려 있다가 기적적으로 살아났지만, 학살 현장에서 오누이를 모두 잃고 청상과부가 되고 만다. 임신 중이던 그녀는 아이를 낳고 살아갔으나 온전한 삶이 아니었다. 피해의식과 지독한 결벽증에 시달리고 신경쇠약에다 환청증세까지 있어서 한라산 밑 절간에서 정양하기도 했으나, 사태로 인한 생채기는 더욱 깊어져 갔다.

하루는 이웃집에서 길에 멍석을 펴고 내다 넌 메주콩 두 말이 감쪽같이 없어졌는데 그 혐의를 평소에 사이가 안 좋던 순이 삼촌에게 씌워놓았다. 두 집은 서로 했느니 안 했느니 옥신각신 다투다가 그 집 여편네가 파출소에 가서 따지자고 당신의 팔을 잡아끌던 모양인데 파출소 가자는 말에 당신은 대번에 기가 죽으면서 거기는 못 간다고 주저앉아 버리더라는 것이었다. 그러니 자연히 당신이 콩을 훔친 것으로 소문 나버릴밖에. 당신이 그전서부터 파출소를 피해 다니는 이상한 기피증이 있다는 걸 아는 사람은 알고 있었지만 그건 일단 씌워진 누명을 벗기는 데 별 도움이 되지 않았다. 당신은 1949년에 있었던 마을 소각 때 깊은 정신적 상처를 입어, 불에 놀란 사람 부지깽이만 봐도 놀란다는 격으로 군인이나 순경을 먼 빛으로만 봐도 질겁하고 지레 피하던 신경증세가 진작부터 있어온 터였다.(47쪽)

파출소에 가느니 차라리 누명 쓰는 게 낫다는 순이 삼촌의 인식에서 순경과 군인이 4·3 때 얼마나 공포의 대상이었는지 확인할 수 있다. 순이 삼촌은 그런 정신적 상흔으로 인해 서울 상수네 집 생활이 순탄하지 않았다. 특히 상수 아내와 이런저런 갈등을 표출한다. 그러다가 일년을 못 채우고 귀향한 뒤 한 달 만에 국민학교 근처 일주도로변의 후미지고 옴팡진 밭을 찾아가 스스로 누워버림으로써 쉰여섯의 생애를 마감하였다. 한 4·3미망인의 트라우마 양상이 여기에서 확인되는 것이다.

순이 삼촌은 수많은 양민희생자의 불행을 대변하고 있는데, 그렇다면 그 가해자는 누구인가. 제삿집 사람 중에서는 고모부가 가해자적 성격의 인물로 떠오른다. 그는 평안도 용강 출신의 서북청년으로 해방 직후 섬에 들어와서 토벌에 참여하였다. 1947년 3·1사건 직후 본격적으로 제주에 투입된 이후 빨갱이 소탕이란 명분을 내세워 무소불위의 권력을 휘둘렀던 세력이 서청이었기에, 할아버지는 서청 출신 군인이던 고모부를 얼러 고모와 결혼시킴으로써 딸과 가족의 안위를 도모했다. 따라서 고모부는 사태가 끝나서도 제주섬에 터잡아 살게 되었다. 섬에서 산 지 30년이 넘은 고모부는 나름대로의 논리로 당시 자신들의 처지에 대해 항변한다.

"(…) 서청이 와 부모형제를 니북에 놔둔 채 월남해왔갔서? 하도 빨갱이 등살에 못니겨서 삼팔선을 넘은 거이야. 우린 빨갱이라문 무조건 이를 갈았디. 서청의 존재 이유는 앳세 반공이 아니갔어. 우리레 현지에서 입대해설라무니 순경두 되구 군인두 되었디. 기린디 말이야, 우리가 입대해보니끼니 경찰이나 군대가 영 엉망이드랬어. 군기두 문란하구 남로당 뻘갱이들이 득실거리구 말이야. 전국적으로 안 그랜 향토부대가 없댔디만 특히 이 섬이 심하단 평판이 나 있드랬디. 이 섬 출신 젊은이를 주축으로 창설된 향토부대에 연대장 암살이 생기디 않나, 반란이 일어나 백여명이 한꺼번에 입산해설라무니 공비들과 합세해버리디 않나 … 그 백여 명 빠져나간 공백을 우리 서청이 들어가 메꾸었디. 기래서 우린 첨버텀 섬사람에 대해서 아주 나쁜 선입견을 개지구 있댔어. 서청뿐만이가서? 야, 그땐 다 기랬어. 후에 교체해 개지구 들어온 다른 눅지 향토부대두 매한가지래서. 사실 그때 눅지 사람 치구 이 섬 사람들을 도매금으로 몰아쳐 빨갱이루다 보지 않는 사람이 없댔디. 4·3폭동이 일어나디, 5·10선거를 방해해설라무니 남한에서 유일하게 이 섬만 선거를 못 치렀디, 군대는 반란이 일어나디. 하이간 이건 북새통이었으니끼니 …"(67~68쪽)

평안도 사투리로 발화되는 인용문에는 4·3 당시 서북청년의 인식이 그대로 드러나고 있다. 빨갱이 등쌀에 못 이겨 월남해 온 그들의 눈에 제주사람들은 대부분 빨갱이로 비춰졌다는 발언이다. 경비대 연대장 암살 사건이 발생하고, 군인들이 입산하여 빨치산에 합세하고, 선거가 무효화하는 제주도의 사태를 보면서 섬이 온통 빨갱이 천지로 믿어졌다는 것이다. 그리고 그런 인식은 서청만이 아니라 육지(한반도)사람들의 공통된 인식이었음을 강조하고 있다. '폭동'이라는 언급을 하는 것에서 보듯, 4·3폭동이라는 공식기억의 재생산이다. 고모부의 이런 발언에 큰아버지·큰당숙·작은당숙이 못마땅한 표정을 짓자, 고모부는 제주사투리로 말을 바꾸면서 서청도 문제점이 없지 않았음을 어느 정도 인정한다.

"서청도 참말 욕먹을 건 먹어야 헙쥬. 그런디 이 섬 사람을 나쁘게 본 건 서청만이 아니랐우다. 육지 사람 치고 그 당시 그런 생각 안 가진 사람이 없어서마씸. 그렇지 않아도 육지 사람들이 이 섬 사람이랜 허민 얕이 보는 편견이 있는디다가 이런 오해가 생겨부러시니 … 내에 참."(68쪽)

섬사람들을 모두 빨갱이라고 판단한 것은 잘못이었고 사태 진압의 와중에서 욕먹을 일도 했다는 것이다. '편견'과 '오해'가 사태를 악화시킨 한 요인이 되었음을 시인하고 있다. 서청 출신 군인들은 연대가 교체되어 육지로 떠남에 따라 대부분 제주로 돌아오지 않았다. 그러나 고모부는 "휴전과 더불어 처가를 다시 찾아 입도한 후 지금까지 삼십 년간 이 고장 사람이 되어 살아(67쪽)"왔다. 사태 30년이 지난 시점의 고모부는 도청 주사로서 제주시내에 살면서 규모 큰 밀감밭까지 갖고 있다. 고모부는 현실적으로 비교적 성공한 인물인 셈이다. 그렇다고 이 작품의 관점이 고모부를 완전히 적대시하고 있는 것으로 단정할 수는 없다. 그도 역시 제삿집의 일원이기 때문이다. "극단적인 반공 외인부대로서 서청을 제주도에 투입하고 또 준국가기구화시켜 폭력을 사주·방조한 미군정과 극우세력에게 서청은 철저히 이용당한 측면이 있다(임대식, 1999)"는 점에서 그는 가해자일 뿐만 아니라 피해자이기도 한 것이다.

제삿집에는 현실비판적인 젊은 목소리가 둘 있는데, 사촌간인 길수와 상수가 그들이다. 30대 후반의 두 사촌은 어린 시절의 학살극에 대한 기억과 젊은 혈기를 바탕으로 왜곡된 공식기억을 문제 삼고 있다. 그들은 4·3이 금기에 묶여 있는 한 왜곡된 공식기억 속에 제주사람의 불명예는 씻어지지 않을 것임을 일깨우는 역할을 한다.

상수보다 한 살 위의 사촌형인 '길수'는 현재 중학교 교사다. 열 살을 전후하여 사태를 겪은 길수는 진상규명에 대한 목소리를 가장 뚜렷하게 표출하는 인물이다. 그는 "면에서는 이 집에 고구마 몇 가마 내고 저 집에 유채 몇 가마 소출했는지 알아가도 그날 죽은 사람 수효는 이날 이때 한번도 통계 잡아보지 않(60쪽)"았다고 당국에 불만을 터뜨린다. 그는 서청 등 당시 토벌대의 변명을 인정하려고 하지 않는다. 작전지역 내의 인원과 물자를 안전지역으로 후송하라는 명령을 인원과 물자를 모두 총살하고 소각하라는 것으로 잘못 해석한 데서 수백 명이 한꺼번에 희생되는 불상사를 초래했다는 고모부의 말에 반론을 "웃대가리들이 책임을 모면해보젠 둘러대는 핑계"라 규정하고 "우리 부락처럼 떼죽음당한 곳이 한둘이 아니고 이 섬을 뺑 돌아가멍 수없이 많은데 그게 다 작전명령을 잘못 해석해서 일어난 사건이란 말이우꽈? 말도 안 되는 소리우다. 이 작전명령 자체가 작전지역의 민간인을 전부 총살하라는 게 틀림없어마씸."(61쪽)이라면서 궁색한 핑계를 믿어서는 안 된다고 단언한다. 그리고 양민들이 영문을 모른 채 죽어간 사실을 간과해서는 안 된다고 역설한다.

> "하여간 이 사건은 그냥 넘어갈 수 없우다. 아명해도(아무래도) 밝혀놔야 됩니다. 두 번 다시 이런 일이 안 생기도록 경종을 울리는 뜻에서라도 꼭 밝혀두어야 합니다. 그 학살이 상부의 작전명령이었는지 그 중대장의 독자적 행동이었는지 누구의 잘잘못인지 하여간 밝혀내야 합니다. (…)"(64~65쪽)

> "(…) 이대로 그냥 놔두민 이 사건은 영영 매장되고 말 거우다. 앞으로 일이십년만 더 있어 봅서. 그땐 심판받을 당사자도 죽고 없고, 아버님이나 당숙님같이 증언할 분도 돌아가시고 나민 다 허사가 아니우꽈? 마을 전설로는 남을지 몰라도."(65쪽)

제주민중들의 억울한 죽음에 대해 더 이상 침묵해서는 안 된다는 점을 역설하고 있다. 더 이상 침묵할 때 4·3의 기억은 왜곡된 공식기억만이 남게 되리라는 위기감을 상기시키고 있다. 이런 길수의 발언은 진상 규명을 촉구하는 작가의 목소리이자 제주민중들의 목소리임은 물론이다.

길수와 함께 용케 학살을 면한 상수는 할머니와 큰아버지 슬하에서 성장했고, 지금은 서울에서 살고 있다. 처음에는 큰아버지·큰당숙·작은당숙·고모부·길수형 등의 대화를 경청하는 태도를 취하던 그는 제삿집의 이야기가 진행될수록 길수형과 같은 입장을 드러내며 점차 목소리를 높여간다. 그는 고모부의 발언에 나타나는 문제들을 일일이 지적하면서 당시 희생된 사람들 대다수가 피난민이었다고 강조한다.

> "(…) 선무공작은 왜 진작에 쓰지 못했느냐는 말이우다. 처음부터 선무공작을 했으면 인명피해가 그렇게 많이 나지 않았일 거라마씸. 폭도도 무섭고 군경도 무서워서 산으로 피난간 양민들을 폭도로 간주했으니 …"(71쪽)

피난민들을 대상으로 초토화작전을 벌인 것이 잘못이었다는 주장이다. 그들에게 처음부터 선무공작을 전개했더라면 4·3 때의 인명 피해는 크게 줄일 수 있었다는 것이다. 이런 점들을 볼 때 길수와 상수는 작가 현기영의 분신으로 볼 수 있다.

제삿집의 어른들인 큰당숙·작은당숙·큰아버지도 의미 있게 짚어 봐야 할 대상들이다. 이들은 혈기왕성한 나이에 사태를 겪고 수십 년 동안 인고의 세월을 견뎌온 인물들이다. 하지만 공식기억에 맞서 대항기억을 드러내는 데는 소극적이다.

"거 무신 쓸데없는 소리고! 이름은 알아 무싱거(무엇)허젠? 다 시국 탓이엔 생각하고 말지 공연시리 긁엉 부스럼 맹글거 없져."(65쪽)

큰당숙은 진상이 명백히 밝혀져야 한다는 길수의 주장을 '쓸데없는 소리'라고 일축하고 있다. 그것에 대한 규명을 도모하려고 하지 않고 '시국 탓'으로 여기며 덮어두려고 하고 있다. 그들은 당시 상황을 기억하여 회고하고 증언하기도 하지만, 대외적인 진실규명 노력에는 주저한다. 사실을 사실대로 말할 수 없는 사회상황을 뼈저리게 인식하고 있었기 때문이다. "섣불리 들고 나왔다간 빨갱이로 몰릴 것이 두려웠기 때문(72쪽)"이다. 레드콤플렉스가 4·3 기성세대들의 의식 속에 깊숙이 자리잡았음을 알 수 있다. 6·25전쟁 때 제주 출신들이 이룩한 해병신화도 마찬가지의 차원으로 작가는 해석하고 있다. '귀신 잡는 해병'이라고 용맹을 떨쳤던 초창기 해병대는 제주섬 출신 청년 3만 명을 주축으로 이룩되었는데, "빨갱이란 누명을 뒤집어쓰고 몇 번씩이나 죽을 고비를 넘긴 그들인지라 한번 여봐라는 듯이 용맹을 떨쳐 누명을 벗어보이(69~70쪽)"려는 반대급부적 행위의 결과로 그런 신화가 창조되었다는 것이다. 이처럼 이들은 누구보다도 큰 피해자이면서도 그 피해

의식 때문에 목소리를 크게 내지 못하는 사람들이다. 제주사람 대부분은 그렇게 목숨을 보전할 수밖에 없었다. 그들은 30년 전에 "공비에게 쫓기고 군경에게도 쫓겨 할 수 없이 이리저리 도망 다니는 도피자(62쪽)"로서 안팎으로 혹독하게 부대끼며 생사를 넘나들었던 사람들이다. 비록 그들은 진상규명의 목소리를 높이진 못하더라도 사태가 잊혀지지 않도록 이야기하며 명심해 두는 사람들이라는 데 의미가 있다.

제사에 참석하지 않은 인물로는 서울사람인 상수의 아내를 주목할 수 있다. 아내가 제삿집의 부재자인 점은 의미하는 바가 자못 크다.

> 순이 삼촌이 하는 사투리를 아내는 알아듣지 못했다. 이해해 보려고 애쓰는 것 같지도 않았다. 저게 무슨 말이냐는 듯이 고개를 돌려 나를 바라볼 때 나는 나 자신이 무시당한 것처럼 얼굴이 붉어지는 것을 느껴야만 했다. 그건 신혼초에 아내가 무슨 일로 호적초본을 뗐다가 제 본적이 남편 본적인 제주도로 올라 있는 당연한 사실을 가지고 무척 놀란 표정을 지었을 때 내가 느낀 수치심과 비슷한 것이었다. 이렇게 사투리를 알아듣지 못하는 아내 앞에서 순이 삼촌의 처신은 어떻게 해야 옳은가? 그저 말수를 줄이고 시키는 말만 고분고분 따르는 수동적인 입장을 취할 도리밖에 더 있는가.(43쪽)

아내는 순이 삼촌의 입에서 나오는 제주도 사투리를 알아듣지 못할 뿐더러 이해해 보려고 노력하지도 않는다. 이는 곧 순이 삼촌이 겪는 고통의 실체에 대해 알지도 못하고 알려고도 하지 않는 것과 다를 바 없다. 이런 사실은, 나아가 제주사태에 대한 한반도(육지) 사람들의 전반적인 인식 태도로 해석할 수 있다. 1970년대 후반 당시로선 한반도 사람들이 4·3에 대해 몰랐을 뿐더러 진지하게 경청하려는 태도를 보이지 않았다는 지적으로 볼 수 있다는 것이다.

이상에서 살핀 것처럼, 「순이 삼촌」은 제삿집에 둘러앉은 사람들과 참석하지 못하거나 참석하지 않은 사람들을 통해 4·3의 과거와 현재가 동시에 조명되고 있는 작품이라고 할 수 있다. 그들이 각기 처한 상황과 발언 또는 인식을 통해 4·3 당시의 비극성과 함께 고통을 강요 당하고 있는 현실의 문제를 드러내고 있다. 제삿집에서의 담론들은 구전되는 제주민중의 집합기억을 생생히 표출한다는 점에서 주목된다. 특히 이 작품은 집단학살의 참상을 통해 4·3의 아픔을 생생하게 증언함으로써, 공산폭동론에 맞서는 대항담론을 표출하는 기폭제가 되었다. 그것은 4·3에 관한 제주사람들의 기억의 실체를 당당하게 현현(顯現)하였음을 의미하는 것이라고 할 수 있다. 사라지거나 망각되기를 요구받았던 민중적 경험을 복원한 작품으로 평가될 만하다.

3) 입산자의 항변과 분리주의

「땅울림」9은 지방일간지 기자인 '김종민'이 '현용직'이라는 한 인물을 취재해 놓은 것을 화자인 '나'가 다시 서술하는 형식으로 이루어진 작품이다. 소설의 맨 처음에 나오는 0장과 마지막의 0'장은 '나'의 시점으로, 1~6장은 김종민의 취재기(현용직 대담 취재 기록) 형식으로 구성된 액자소설이다. 소설에는 두 사람의 '나'가 나오는데, 바깥이야기인 0장과 0'장의 '나'는 소설 전체의 화자이고, 내부이야기인 1~6장의 '나'는 김종민이다. 4·3담론과 관련해서는 현용직·김종민·서북사투리 사내 등의 인물들이 주목되며, '나'는 전체적인 의미를 수렴하며 현재적 함의를 포착하는 역할을 수행하고 있다.

1984년 10월 테우리 홍씨가 제주도 조천읍의 오름기슭에서 동굴을 발견한 것을 계기로 수색 끝에 원시인과 다름없는 모습을 한 이상한 사람이 붙잡힌다. 그는 4·3 당시 입산했다는 소문을 끝으로 행방불명 처리된 현용직으로, "사태가 끝났음을 모른 채, 그리고 보복과 처

---

9 김석희, 1988을 텍스트로 삼았다. 이하 「땅울림」은 쪽수만 표시함.

벌의 두려움 때문에, 1949년 2월부터 1984년 10월까지, 36년이란 그 긴긴 세월을 굴속에 숨어 살아온(35쪽)" 인물이다.

　1923년 제주읍 광평마을에서 태어난 현용직은 제주에서 3년제 농업학교를 마치고 목포의 중학교에 편입해 2년 동안 더 공부한 뒤 1943년 경성으로 가서 H전문 상과에 입학한다. 일제의 징집 강요가 극심해지자 2학년 진학을 포기하고 귀향한 그는 준징용 형식으로 주정공장에 배치된다. 그 즈음 제주는 일본군 요새로 되면서 미군의 폭격이 잇달았고, "제주섬에서의 해방은 그렇게, 미군의 폭격을 두려움과 기대감이 뒤섞인 눈으로 숨어보는 가운데 찾아(41쪽)"오게 되었다. 해방이 되자 그는 1945년 11월 상경해서 복교하고 격동의 서울정세 속에 집회, 데모에 참여키도 한다. 그러나 그는 전문학교 과정을 마친 후 대학편입을 포기하고 귀향하였다. 좌우로 갈려 패싸움이나 하는 행태에 환멸을 느껴서 차라리 제주에서 향토의 미래를 짊어져 나갈 새로운 길을 모색하고 싶어서였다. 현용직은 귀향 직후 도청 국기게양대에 내걸린 성조기를 보며 외세에 휘둘리는 제주의 현실을 재인식한다.

> (…) 서울에서 조선총독부의 일장기가 걸려 있던 자리에 미군정의 성조기가 나부끼는 것을 보았을 때만 해도, 절차상의 한 방편일 것이라고 이해할 수 있었네. 또 미국은 일제를 패망시키고 진주한 점령군이니까 위세를 부릴만도 하겠다고 생각했었지. 그러나 고향에 와서 본 성조기는 달랐어. 왜 이곳에까지 성조기가 나부껴야 하는가. 성조기가 절차상의 한 상징물이라면, 서울 한복판에 꽂힌 것 하나로 충분하지 않은가. 해방된 조국이라고 떠들썩하게 날뛰지만, 과거 35년 동안 국기게양대에 걸려 있던 일장기가 성조기로 바뀌었을 뿐 현실은 달라진 게 하나도 없지 않은가.(43~44쪽)

　현용직의 뒤틀린 심사가 성조기에 대한 반감으로 드러나고 있다. 일본이든 미국이든 외부의 점령자인 점에서 마찬가지라는 인식이다. 그는 "제주도의 현실을 한반도 역사의 한 축도로 보았을 뿐만 아니라, 나아가 제주도를 한반도에 예속된 땅이 아닌, 일본에 점령당했다가 해방된

다른 국가들과 마찬가지의 독립단위로" 여긴다. 따라서 그는 "한반도와 제주도는 똑같은 입장에서 자신의 해방을 맞이해야 한다(45쪽)"는 신념을 가졌던 것이다. 아울러 고려왕조 때 탐라가 육지에 복속된 이후로 수량의 난, 번석-번수의 난, 삼별초 항전, 문충기와 양재하의 모반 사건, 방성칠 난, 이재수 난 등 수많은 민란 혹은 항쟁들을 떠올리며 의미를 부여한다. 이런 신념은 이 작품에서 매우 중요한 맥락으로, 작가의 4·3 인식을 드러내는 단초이기도 하다.

중학교 교사로 근무하던 현용직은 서북청년단 등 '육짓것(45쪽)'들이 건너와 저지르는 폭력과 비행을 목격하면서, 과거 외지인의 힘의 행사가 여전히 현장성으로 되살아나고 있는 현실을 깨닫는다. 섬사람들의 반발심이 심화되는 가운데 급기야 4·3 봉기가 일어나는데, 그 와중에 서청의 만행은 더욱 극성을 부렸다. 이런 체험 과정을 거치면서 그는 제주인의 자치에 의한 독립정부인 '탐라공화국'을 꿈꾸게 된다. "이는 본토에 대한 역사적 배타심의 발로이기도 했지만, 현실적으로는, 섬과 아무 관련도 없는 외지인들의 횡포로부터 제주도를 구해내자는, 일종의 생존적 자구책이었다."(48쪽) 사태가 악화되면서 현용직의 그런 생각은 더욱 확고해졌다. "주민들한테 가해진 폭력과 협박이 갈수록 심해지자, 자기 마을은 자기들 스스로가 지켜야 한다고 나서는 젊은이들이 많아졌는데, 말하자면 좌니 우니 하는 것들 사이에 끼여서 당할 바엔 차라리 그것들과 맞서 싸워야 한다고 생각하게 된 것(53쪽)"이다.

하지만 현용직은 사태의 와중에도 뚜렷한 행동 표출을 삼가고 있었다. 그런데 여순사건 직후 현용직의 행동 변화를 유발하는 결정적인 사건이 발생한다. 그의 외조부가 게릴라들에게 곡식 두 가마니를 빼앗긴 게 빌미가 되어, 공비와 내통하고 있다는 오해를 받고 11명의 마을 사람들과 함께 토벌군경에게 처형당한 것이다. 그는 아버지처럼 자신을 돌봐주던 외조부의 죽음에 울분이 가슴에 북받쳐 올라 더 이상 주저하고 있을 수 없었다. 그는 월정부락에 군경을 인솔하고 나타났던 서북사투리 사내를 찾아 죽이기로 하는데, 이때부터 게릴라 편에서 활동하기 시작한다. 이듬해 1월 서북사투리 사내를 살해하면서 그는 '탐라인의 이름으로 처단한다'는 메시지를 남겨 놓는다. 그 이후 위험이 다가오는 걸 느낀 그는 구정 날 입산한다. 현용직은 "산사람들 편에 공감하거나 동조해서가 아니라, 이를테면 적의 적은 친구라는 식으로, 그들과 합세(72쪽)"한 셈이다.

 3월 들어 춘계대공세가 전개되자 게릴라들의 하산이 잇달았다. 그러나 현용직은 하산하지 않고 활동을 계속한다. 산으로 들어간 뒤, 몇 차례에 걸친 토벌군경들과의 교전 끝에 동료들을 거의 잃고, 마지막 남은 세 사람이 동굴 속으로 숨어들어 간 것은 1949년 가을이었다. "총상을 입은 제9연대 출신의 청년은 며칠을 못 넘겨 숨을 거두었고, 두모리 출신의 청년은 이듬해 혼자서 동굴을 나간 뒤 돌아오지 않았다. 현용직은 그 후로도 여러 차례 은신처를 옮겨다니며, 그 기구하고 질긴 목숨을 이어갔다."(78쪽) 그는 1950년 이후로는 35년 동안 혼자서 살아왔던 셈이다.

 그가 세상으로 돌아오자 당국은 입원치료를 빙자하여 석 달 동안 보호조치하며 조사를 벌인다. 당국은 그에게 산에 몇 사람이 더 남아 있는지, 그 동안 도와준 사람은 누구인지, 심지어는 북쪽과 연락했을 거라며 막무가내로 간첩이 아니냐고 추궁했다. 4·3에 관한 속얘기를 듣고 싶다는 김종민의 말에 그럴 필요가 없다던 현용직은 당국의 터무니없는 추궁에 대한 반발심이 생겨 증언키로 작심한다. "40년 가까운 세월이 지난 지금에 와서까지 사라지지 않고 있는 폭력의 그물 속에서 그는 지난날의 현실을 되살렸고, 두 개의 현실 사이에 걸쳐 있는 불변의 벽 앞에서, 그는 울컥 터뜨리고 싶은 울분, 혹은 털어내 버리고 싶은 절망감을 느꼈던 것(38쪽)"이다.

1987년이 되어 현용직은 두어 달 동안 별 까닭도 없이 앓더니, 4월 어느 날 새벽녘에 시커먼 피를 토하고 나서, 알 수 없는 소리를 우우거리다가 운명했다. 그는 임종 전에 숨어지내던 산중의 동굴도 찾아가기도 하고 온종일 한라산을 향해 앉아 있기도 하고 산에서 걸쳤던 옷자락을 손에 들고 있기도 했다. 밤에는 무언가를 열심히 썼다가 날 밝으면 모두 불살라 버리는 일을 반복하곤 했다. 아마도 무언가 열심히 썼던 그것은 제주사람의 입장에서 보는 4·3의 진실이요 나아가 그가 꿈꾸었던 '탐라공화국'의 참모습이었을 것이다.

김종민의 경우, 서울에서 대학을 졸업하고 한두 해 후 귀향해 〈제주매일〉의 사회부 기자로 일한다. '나'와 중고등학교, 대학 동창이자 매부인 그는 3년 전인 1985년 9월에 서른셋의 나이로 세상을 떠났다. 김종민은 현용직과 닮은 점이 많다. 둘 사이에는 30년 가까운 나이 차이에도 불구하고 거리가 거의 느껴지지 않는다. 서울에서 유학하고 귀향하여 활동한 점 등의 행적에서는 물론이요 사회와 역사, 그리고 고향에 대한 인식에서도 차이점이 별로 없다.

현용직이 그랬던 것처럼 김종민은 서울생활에서 사회화될 수 없었다. 1970년대에 대학을 다닌 그는 반독재·유신철폐를 주장하면서도 그것을 육화시키지 못하였고 전국을 휩쓰는 물난리가 났을 때도 제주도의 안위만이 걱정되었다. 그의 '섬놈기질'은 육지생활어 동화되지 못한 채 겉돌기만 했고 결국 귀향을 택한 것이다. 김종민은 신문에 '제주의 오늘을 진단한다'라는 기획물을 쓴 바 있는데, 그 기사에서 그가 "관광지라는 이름 아래 침식되고 탈바꿈되어, 이제는 실리주의를 통해 생활의 윤택을 얻었을지 모르나 제주도적인 순결성을 개빗해 버린 제주도(83쪽)"라고 규정한 것은 4·3의 와중에서 입산하지 않을 수 없었던 현용직의 인식과 맥을 같이하는 것이다. 그는 "섬과는 아무 상관이 없는 외지인들의 핍박 외에도 끊임없는 자연의 재해와 척박한 생활환경 등으로 온갖 시련을 겪어야 했던 제주도는, 오히려 그랬기 때문에 배타적인 특질과 더불어 제주도적인 순수성을 고집할 수 있었던 것(44쪽)"이라고 판단한다.

제주도적 순결성·순수성에 천착하는 김종민의 인식은 4·3에 대한 관점에서도 그대로 나타난다. 그는 "제주도의 지역적 특성과 역사적 현실이라는 관점에서 보자면, 4·3사건은 지난해 3·1절 기념식장에서 있었던 발포사태를 계기로 하여 안으로 곪아왔던 분노와 피해의 상처가, 좌익의 무장봉기라는 하나의 출구를 빌어 터져나온 것(56쪽)"이라고 여긴다. 그래서 그는 다음과 같이 생각한다.

> 나는 사실 4·3사건을 좌익과 우익간의 정치적 싸움판이었다는 식으로 도식화시키는 역사서술법에 대해서는 별 관심이 없다. 나는 다만, 그 사건의 흐름 속에서 강렬하게 살아 숨쉬었던 순수지향의 의지, 달리 표현하자면 제주섬 본래의 숨결을 지키고자 노력했던 흔적들을 유념할 뿐이다.(83쪽)

김종민은 4·3에 대한 정치적·이데올로기적 해석을 외면하고 있다. "4·3을 서구의 근대성(마르크시즘적 근대성)으로만 파악하는 게 아니라, 제주 고유의 항쟁사적 전통에 대한 인식(고명철, 2002, 342)"을 바탕으로 이해하고 있는 것이다. 그는 현용직을 통해 제주도의 운명과 현실을 확인하고 자신의 존재를 재인식한다. 김종민이 취재를 마친 후 현용직을 택시에 태워 집으로 보내면서 묘한 감정을 느끼는 장면에서 그것이 확인된다.

> 현 노인을 태운 차가 길모퉁이를 돌아 사라진 뒤, 나는 가슴이 한꺼번에 텅 비어버린 듯한 느낌을 받았다. 그리고 그 허전한 공간에, 아버지 하고 부르는 내 자신의 목소리가 울리는 것을 들었다.(79쪽)

김종민이 현용직을 아버지로 인식하고 있다. 자신의 진정한 실체로서의 고향을 찾았음을 의미하는 것임은 물론이다. 이때부터 김종민은 퍽 달라진다. 술에 취해서 돌아오는 날이 늘어가고, 밤중에 홀로 일어나 앉아 있는 적도 많았으며, 느닷없이 배낭을 챙겨들고 한라산으로 가서는 아무 연락도 없이 사나흘 머물다 오기도 했다. "현 노인과 가끔 접촉이 있었다는 점으로 미루어 어쩌면 두 사람이 함께 산중의 동굴로 들어가, 보다 깊은 대화와 숨결을 거두곤 했었는지도(80~81쪽)" 모를 일이었다. 결국 그는 술에 취한 채 밤바다에 뛰어들어 죽었다. 그가 죽음을 선택한 것은 현실의 제주도가 본래의 순결성을 잃어버린 상황이고 그것의 회복이 현실적으로 불가능함을 느꼈던 데 따른 것이라고 볼 수 있다.

한편, '나'는 제주 출신이면서 서울로 유학한 후 거기서 평범한 월급쟁이로 사는 인물이다. 서울에 머물러 산다는 점에서 현용직이나 김종민과는 다른 상황이다. 그런 '나'가 현용직과 김종민의 이야기를 전달하는 처지가 되었다. '나'는 현용직에 대한 김종민의 기록에 대해 "한 개인의 생애와 거기에 폭풍처럼 작용했던 지나간 한 시대의 모습을 되살리고 있는 탐방기(32쪽)"라고 진술하고 있다. '나'는, 김종민의 고통의 실체가 무엇이었던가는 '미해결의 숙제(81쪽)'라고 했지만, 사실 결국에는 그 고통의 실체를 어느 정도 인식하는 단계에 이르게 된다.

> 현용직. 얼굴조차 본 적이 없는 한 인물이 무척 가깝게 느껴졌다. 어떤 모습이었을까를 생각하노라면, 그 얼굴이 있을 자리엔 어느새 친구(김종민 : 인용자 주)의 모습이 들어와 있곤 했다. 그렇게 뒤섞이는 혼란이 조금도 어색하거나 거북하지 않았다. 어쩌면 둘은 하나일지도 모른다고 나는 생각했다.(83쪽)

현용직의 장례식에 참석한 나는 비를 몹시 맞으면서 그들의 세계에 젖어들어 간 것이다. 그들은 완전히 하나처럼 보여졌다. 이러한 두 인물의 합일은 궁극적으로 현재의 '나'로 이어진다. 그렇기에 작품의 말미에서 '나'는 한라산자락의 땅울림 소리를 들을 수 있었다.

> 하산하는 사람들을 뒤따라 내려오면서, 나는 문득 고개를 들어, 현용직 씨가 묻혀 있는 한 뼘 땅, 저 너머, 그가 품으로 삼아 자신의 삶을 경작했던 한라산을 바라보았다. 한라산은 짙은 비구름 속에 자신의 모습을 감추고 있었다. 하지만 내 가슴속에는, 청명한 한낮 속의 그 자태가 가득히 들어와 있었다. 그리고 발아래 어디선가 쿵, 쿵, 쿵, 땅 울리는 소리가 들리는 듯했다.(84쪽)

어디선가 울려오는 땅울림이란 무엇이던가. 아마도 그것은 태초부터 존재했던 자주적 실체로서의 제주사람들의 족적일 것이다. '나'가 그 면면(綿綿)함을 인식하였다는 의미다. 결국 '현용직 – 김종민 – 나'가 삼위일체가 된 셈이다. 그 삼위일체는 분리주의 혹은 자치주의적 인식을 바탕으로 함은 물론이다.

이 소설에서 제주사람들의 입장은 이렇게 세 인물을 중심으로 분명히 드러나는 데 반해, 토벌대의 처지는 평면적으로 기술된다. 스토리 속에서 역할을 수행하는 인물 중 토벌대 관련 인물은 서북사투리를 쓰는 사내 정도다. 작품 속에서 그 "군경을 인솔하고 온 지휘자인 듯한 사내(67쪽)"는 단지 '서북사투리'로만 지칭되고 있다. 말하자면 그 사내는 4·3 당시에 활동했던 서북 출신 군경들의 일반형으로 해석될 수 있다는 것이다. "당시 뭍에서 건너온 자들은 군복만 걸치면 그놈이 그놈 같은 판국(74쪽)"이라는 언급도 동일한 맥락에서 파악할 수 있다. "역겨운 서북사투리를 내뱉었다"(67쪽)는 서술에서 보듯, 그 사내는 매우 부정적으로 형상화된 인물이다.

서북사투리 사내는 사람들을 모아놓고서 공비와 내통했다며 위협하고 닦달한다. "서북사투리가 카랑카랑 울리"자 사람들은 두려워한다. 사내는 "빨갱이로부터 양민을 보호하고 이 섬을 지키고자 하는 일(68쪽)"임을 내세운다. 다음과 같은 서북사투리의 발언에서 그들의 입장이 나타난다.

> 우리레 집과 조상이 없어서 고향을 떠나온 줄 아시오? 그놈의 빨갱이 세상이 싫어서 목숨걸고 삼팔선 넘어온 우리요. 부모형제 다 놔두고 말이오. 그리고 우리레 무엇 땜에 여기, 제주에 왔갔소? 그게 다 당신들을 못 살게 구는 빨갱이 폭도놈들 잡으러 온 거 아이갔소. 그런 줄 알면 군소리 작작하고 시키는 대로나 하시오.(69쪽)

'빨갱이 폭도'를 때려잡아 줌으로써 제주사람들을 구해준다고 호언하고 있다. 그 과정에서 생기는 불상사에 대한 제주사람들의 항변이나 고충은 '군소리'에 불과하다는 말이다. 시혜적(施惠的)이면서 군림하는 듯한 그들의 입장이 드러나고 있는 것이다. "권총을 빼든 서북사투리가 앞장 서(69쪽)" 12명의 노인네들을 끌고 간 지 얼마 되지 않아 총소리가 울려퍼지고, 노인네들은 밭담 기슭에서 아무렇게나 널브러진 한 무더기의 시체로 발견된다. 서북사투리 사내는 이렇게 철저히 악한적 인물로 형상화되면서 증오의 표적이 되지 않을 수 없었다. 이 작품에서는 이 서북사투리 사내만이 아니라 서북청년단 전체가 매우 부정적으로 인식되고 있다. 그들에 대한 원성은 자자했으나 그런 원망조차 내놓고 할 수 없는 형편이었으니, "섬사람들의 반정부심리는 안으로 깊숙이 들어앉은 채 더욱 거세어질 수밖에 없었(48쪽)"음이 강조되고 있다. 결국 그들은 제주도적 순수성을 더럽히는 세력이었다는 말이다.

「땅울림」은 이렇게 4·3을 둘러싼 담론의 무게중심을 완전히 제주사람으로 옮겨놓았다. 그러면서 또한 제주사람들이 그것에 대해 제대로 말도 못하고 살아가는 현실의 문제도 끄집어낸다. 김종민이 현용직에 대한 취재의 뜻을 밝히자 담당 데스크는 "신문에 실리기는커녕 문제가 복잡해질지도 모르니 그만두라(36쪽)"고 만류한다. 현용직도 처음에는 김종민의 면담요청을 "막무가내로 거절할 뿐만 아니라, 어찌보면 겁먹고 있는 것처럼 여겨지기까지(37쪽)" 할 정도였다. 이런 증언기피의 현실에 대해 김종민은 이렇게 말한다.

> 어쩌면 그것은 이곳 섬사람들 대다수가 공유하고 있는 역사적 현실의 한 가닥일지 모른다. 그러나 그들은 어느 누구도 그때의 상처를 새삼 드러내려고 하지 않는다. 그렇다고 잊어버린 것은 아니다. 잊을 수도 없으리라. 해마다 이 마을 저 마을에서, 그리고 거의 모든 집에서 한날 한시에 올리는 제사가 계속되는 한, 그들의 삶의 한 뿌리는 영원히 풀릴 수 없는 굴레로 작용할 것이다.(36쪽)

결국 이 작품은, 새삼 드러내려고는 하지 않으면서도 절대로 잊을 수 없는 제주의 역사적 현실을 풀어헤친 소설이다. 그에 대한 관점이 철저히 지역민의 시각인 점에서 이 작품의 의미가 있다. 정치적·이데올로기적 해석이 아니라 제주의 분리주의 혹은 자치주의적 인식을 표출했다는 것이다. 이를 위해 작가는 36년 동안 굴속에 숨어 살아온 입산자 현용직을 찾아냈다. 그리고 그 입산자의 항변을 경청하는 장(場)을 마련함으로써 4·3의 또다른 기억을 끄집어내고 그것을 바탕으로 새로운 차원의 대항담론을 제기하고 있는 것이다. 「순이 삼촌」이 수난사에 치중된 담론이라면 「땅울림」은 항쟁의 차원이 좀더 부각되고 있다고 할 수 있다.

3. 재현 방식의 차이와 집합기억의 상관성

2절에서는 개별 작품들이 어떤 방식의 담론으로 4·3을 재현해 내는가를 살펴보았다. 3절에서는 2절의 논의를 바탕으로 세 작품의 재현 방식을 유사한 성격으로 창조된 인물을 대비해 가면서 고찰토록 하겠다. 물론 작가들의 체험과 기억이 시대적·사회적 조건과 맞물리면서 어떤 방식으로 작품에 구현되는지에 대해 살피는 데에도 역점을 둘

것이다.

1) 초점주체의 인식세계에 나타난 차이점

「집행인」・「순이 삼촌」・「땅울림」 세 작품의 형상화 방식의 차이를 살피려면, 특히 각각의 소설에서 플롯을 이끌어가는 중심인물들의 인식세계를 주목할 필요가 있다. 서사적 사건 전체를 바라보는 인물, 즉 초점주체의 역할을 수행하는 인물의 태도를 들여다보아야 한다는 것이다. 각 작품의 초점주체를 보면, 「집행인」은 안현수, 「순이 삼촌」은 상수이며, 「땅울림」의 경우 작품 전체의 초점 주체는 바깥이야기의 '나'가 되는바, 이들의 인식이야말로 4・3의 현재적 함의를 파악하는 중요한 인자가 된다고 보기 때문이다.

세 작품은 모두 현재에서 과거로 거슬러 올라가는 형식으로 짜여져 있는데(과거와 현재가 수시로 교차되기도 한다), 그 현재에 있는 인물들이 초점주체들이다. 「집행인」은 안현수가 한강가에서 고깃배로 사람을 실어 나르다가 배가 뒤집혀 승객들이 사망케 되자 그 시체들을 보면서 20년 전의 제주사태를 회고하고, 나중에는 제주도까지 찾아가기에 이른다. 「순이 삼촌」의 경우 상수('나')가 할아버지 제사를 계기로 오랜만에 귀향을 하게 되고, 제삿집에서 순이 삼촌의 죽음을 알게 되면서 30년 전의 비극과 그로 인해 비롯된 상흔이 파헤쳐진다. 「땅울림」은 '나'가 3년 전에 죽은 친구이자 매부인 김종민의 취재기록을 더듬으면서, 그리고 현용직 노인의 장례식에 참석하면서, 현용직의 행적을 중심으로 고향 제주의 40년 전 과거가 들춰진다. 이들 작품들이 모두 이렇게 현재의 시점에서 과거를 떠올리는 구성을 취한 것은, 4・3을 지나간 과거의 사건으로 치부하여 묻어두고자 하는 것이 아니라,

그 현재적 의미를 추적하고자 하는 의도가 있기 때문으로 볼 수 있다. 따라서 이렇게 과거의 사건에 대한 현재적 인식들이 표출되고 있다는 점은, 그것을 통해 세 작가의 4·3 인식 양상을 대비하는 방식이 충분히 유용한 작업임을 의미하는 것이기도 하다.

우선 「집행인」에 나타난 초점주체의 인식세계부터 구체적으로 살펴보기로 한다. 이 작품의 초점주체 현수는 소설적 현재인 1960년대 말 한강에서 잉어잡이 고깃배를 띄우는 일을 하면서 살아가고 있었다. 그러던 중 홍수로 강물이 붇자 관할 경찰서의 요청에 의해 나룻배 사공 역할을 하며 사람들을 실어나르는 일을 하게 된다. 그런데 그 일을 시작한 지 5일째 되는 날 그의 배가 자갈 운반용 쇠배와 충돌해 뒤집히는 사고가 나는 바람에 승객 일곱 명이 사망한다. 그는 익사하여 강가에 뉘어진 시체들을 보면서 20년 전 제주도에서 그 비슷한 광경을 목도했던 일을 떠올린다. 고구마밭 이랑에서 수형자 일곱 명을 총살하고 그 쓰러진 시체를 바라보았던 기억이다. 두 상황 모두 일곱 구의 시신과 맞닥뜨린 기억인 셈이다. 그런데 이렇게 두 장면이 오버랩 되는 부분은 매우 중요한 의미를 지닌다. 현수로서는 현재 한강가에서의 사건이 자의에서가 아니라 행정 관청의 요청에 따라 사람들을 실어 나르다가 우발적으로 벌어진 사고임을 은근히 강조하고 있는데, 여기에는 4·3 때의 상황도 그 사고와 마찬가지였다는 인식이 짙게 깔려 있다. 한강가의 사건이나 제주도 사건이나 모두 자기가 의도하지 않았는데도 관에서 시키니까 어쩔 수 없이 끼어들게 되면서 발생한 사건임을 애써 드러내려는 의도를 담은 것으로 보인다. 자신들이 20년 전에 4·3 토벌에 동원된 일이 자의에 의한 것이 아니며, 그 과정에서 발생한 수많은 제주사람들의 희생도 불가피한 것이었음을 해명하고 있다는 말이다.

또한 현수가 민구를 공비라는 이유로 총살하고 나서 봉수·기호와 함께 그 자리에 자연석으로 만든 비석을 세워준 사실을 드러내는 장면도 주목할 부분이다. 이것도, 비록 어쩔 수 없이 친구를 죽여야 했지만, 그래도 인간적인 도리는 다 했음을 보이려는 행위로 볼 수 있다. 특히 현수가 그때 친구를 총살한 집행인이었다는 사실로 인해 20년 동안이나 시달리며 괴로워했음이 작품에서 강조되는 것도 동일한 맥락이다. 현수는 죽은 줄만 알았던 민구가 "주먹만한 구멍이 펑 뚫려 있는 왼쪽 눈, 삼분의 이쯤이 달아나 버려 흡사 말라붙은 오가리인 오른쪽 귀, 이마와 오른쪽 볼에 눈썹달만치 크기의 깊숙한 흉터"를 한 모습으로 나타나자, "내가 뭐 잘못했나? 난 집행인에 지나지 않았단 말야. 난 그 집행인이 안 되기 위해, 혼자 살아왔어. 사람을 피해 조용히 혼자 사는 방법만 궁리하고 또 그렇게 살아왔단 말이야. 자네처럼 산중에서 버섯, 고사리, 노루, 산새 하구만 살진 못했지. 허지만 그건 내게 땅이 없었기 때문이란 말이야. 민구, 제발 날 용서해 (…) 날 용서하지 못하겠단 말인가?"(612쪽)라고 말한다. 그것은 '절규요, 애원이요, 호소요 차라리 오열'이라고 작품에서 표현되고 있다. 하지만 이런 현수의 절규가 민구에게 끝내 외면당하는 상황으로 작품이 마무리되고 있다. 이는 자신들이 헌신적으로 국가를 위해 일했다는 사실이 현실에서 제대로 인정되지 않는다는 불만이요 항변이라고 볼 수 있다. 해방 직후에도 그랬듯이 지금도 계속해서 이 사회의 희생양으로서 불행한 처지로만 존재한다는 논리의 반영이다. 사실, 1960년대 후반의 현실에서도 현수는 한강에서 고기잡이배나 띄우며 희망 없는 나날을 보내고 있었던 것이다. 결국 서북 출신으로서 불가피한 상황에서 토벌에 참여한 자신들도 제주사람들 못지않은 피해자로서 고통 속에서 살아가고 있음을 강조하고 있는 담론인 셈이다.

반면에 「순이 삼촌」의 상수는 제주민중의 억울한 죽음과 더불어 여전히 치유되지 않고 있는 고통의 세월을 밝히려는 인물이다. 1970년대 후반, 할아버지 제삿날에 맞춰 8년 만에 귀향한 상수는 처음에는 제삿집에 모인 친척들의 대화를 묵묵히 경청하는 태도를 취한다. 그러다가 제삿집의 이야기가 진행될수록 그는 대화의 중심으로 이동해 간다. 진상규명을 역설하는 길수형의 논리에 동조하며 점차 자신의 목소리를 높여가기에 이른다. 그는 토벌대 출신인 고모부의 발언에도 문제가 있음을 계속해서 지적한다. 고모부가 도민 대다수에 좌익 혐의를 두자 "당시 삼십만 도민 중에 진짜 빨갱이 얼마나 된다고 생각햄수꽈?"(70쪽)라고 반박하고, '비무장공비'라는 언급에 대해서도 "도대체 비무장공비란 것이 뭐우꽈? 무장도 안 한 사람을 공비라고 할 수 이서마씸? 그 사람들은 중산간 부락 소각으로 갈 곳 잃어 한라산 밑 여기저기 동굴에 숨어살던 피난민이우다."(70쪽)라고 일침을 가한다. 그러기에 그는 "아, 떼죽음당한 마을이 어디 우리 마을뿐이던가. 이 섬 출신이거든 아무라도 붙잡고 물어보라. 필시 그의 가족 중에 누구 한 사람이, 아니면 적어도 사촌까지 중에 누구 한 사람이 그 북새통에 죽었다고 말하리라. 군경 전사자 몇백과 무장공비 몇백을 빼고도 5만 명에 이르는 그 막대한 주검은 도대체 무엇인가? 대사를 치르려면 사기그릇 좀 깨지게 마련이라는 속담은 이 경우에도 적용되는가. 아니다. 어디 그게 사기그릇 좀 깨진 정도냐."(71쪽)라고 흥분된 어조로까지 나아가는 것이다. 상수의 이러한 발언은 빨갱이를 소탕한다는 토벌대의 명분에 제주섬의 수많은 양민들이 무고하게 희생되었음을, 그런데도 30년이란 긴 세월 동안 빨갱이라는 누명이 씌워진 채 고통스런 삶을 영위하고 있는 현실을 고발하는 담론임은 물론이다. 「집행인」의 현수의 논리를 「순이 삼촌」의 상수가 맞받아치고 있는 형국이라고 할 수 있다.

「땅울림」의 '나'는 4·3 때 입산하여 게릴라 활동을 전개했던 인물의 행적을 1980년대 후반의 시점에서 확인하는 과정에 있으면서 그것을 세상에 널리 드러내야 한다는 의지를 보인다. '나'는 그 글(1~6장의 취재기록)이 왜 다시 씌어졌고 또 발표되어야 하는지어 대해 "그(김종민 : 인용자 주)의 이름을 (…) 아직도 정처를 찾지 못해 떠돌고 있는 넋, 이를테면 하나의 개연성으로 이해하고 싶었기 대문"이라면서 "김종민의 노트를 받고부터 현용직의 장례식에 다녀오기까지 김종민을 통해 드러난 현용직의 존재가 여전히 이 땅에 살아 숨쉬는 현 실태의 한 범주임을 깨달았다. 그래서 나는 두 인물의 만남을 통해 이루어진 이 소중한 기록을 모른 체 할 수가 없었다."(33쪽)고 언급한다. 입산 게릴라로서 탐라공화국을 꿈꾸었던 현용직과 개발 논리 등에 파헤쳐지는 제주도적 순수성에 가슴앓이 했던 김종민의 삶은, 특정 개인들의 희귀한 사례가 아니라, 제주사람들의 의식의 저변에 깔려 있으면서 공유되는 분명한 실체라는 것이 '나'의 판단이다.

두 인물에서 일관되게 표출되는 것은 외세에 시달리는 제주도의 순결성인바, 그것은 제주도의 분리주의 혹은 자치주의에 이어진다. 따라서 제주도의 역사·문화·정서 등에 대한 한반도(육지) 사람들의 몰이해가 결국에는 입산 게릴라에 대한 몰이해, 나아가 4·3에 대한 몰이해로 이어지고 있다는 담론이다. '나'가 작품 모두(冒頭)에서 자신의 손으로 다시 씌어진 글이라는 사실을 밝힌 점이라든가 "대화를 표준어법으로 고친 것은 제주도인 아닌 독자들을 염두에 둔 불가피한 수고였다(32쪽)"고 한 것은 한반도 사람들에게 4·3의 몰이해를 해소시키고자 하는 취지를 분명히 하는 것으로 볼 수 있다. 특히 '나'는 보충설명이 필요한 대목에서는 상세한 미주(尾註)까지 작성하여 독자들의 이해를 돕고 있다. 이런 면에서 보더라도 「땅울림」은 제주도적 특수성을 강조함으로써 「순이 삼촌」과는 다른 방식으로 4·3공산폭동론에 맞서는 대항담론을 구축하려 한 작품임이 확인되는 것이다.

요컨대, 세 작품은 모두 현재에서 과거로 거슬러 올라가는 형식으로 짜여졌다는 면에서 공통점이 있는데, 이는 4·3을 지나간 과거로서만이 아니라 현재와의 상관성을 중시하여 탐색코자하는 의도에 따른 것이다. 특히 초점주체의 인식세계를 보면, 「집행인」의 현수는 서북 출신으로서 불가피한 상황에서 토벌에 참여한 자신들도 제주사람들 못지 않은 피해자로서 고통 속에서 살고 있음을 강조하는 역할을 하고 있고, 「순이 삼촌」의 상수는 제주민중의 억울한 죽음과 그로 인한 고통의 세월을 밝히려는 인물이며, 「땅울림」의 '나'는 제주도의 역사·문화·정서 등에 대한 몰이해가 결국에는 입산 게릴라에 대한 몰이해, 나아가 4·3에 대한 몰이해로 이어지고 있음을 지적하는 역할을 수행한다 (〈표 2〉 참조).

|표 2| 세 작품의 초점주체 대비

	「집행인」의 안현수	「순이 삼촌」의 상수	「땅울림」의 '나'
출생지	평안도	제주도	제주도
4·3 당시 활동	토벌대에 참여	소년으로서 집단학살 목격	없음(태어나지 않음)
소설적 현재의 직업	강에서 잉어 잡는 일	회사의 부장	평범한 월급쟁이
작품 전반에서의 역할	서북출신들은 불가피하게 4·3토벌에 참여했을 뿐만 아니라 고통 속에 살고 있는 피해자이기도 함을 드러냄.	제주민중의 억울한 죽음과 그로 인해 고통의 세월을 사는 사람들의 양상을 밝히려고 함.	제주도의 특수성에 대한 몰이해가 4·3에 대한 몰이해로 이어지고 있음을 일깨우려고 함.

2) 작중인물의 창조·변형 방식에 나타난 차이점

「집행인」·「순이 삼촌」·「땅울림」의 인물들을 한꺼번에 들여다보면, 차별적으로 창조된 인물들도 있지만, 서로 유사성이 있는 인물들이 변형되어 나타나고 있음을 파악할 수 있다. 그러한 인물 형상화 방식은 작품 전반의 4·3 인식과 그것에 대한 입장의 차이에서 기인하는 것임은 물론이다. 토벌군경, 제주도민 희생자, 입산활동자 등으로 나누어 작중인물이 어떻게 창조·변형되는지, 그 이유는 무엇인지 확인해 보자.

먼저 토벌군경으로 나온 인물들을 볼 때, 「집행인」의 '김봉수'는 「순이 삼촌」에서 '고모부'로 변형되었다. 서북 출신으로 제주사태에 투입된 「집행인」의 봉수는 4·3 당시 Y리에 주둔하고 있을 때 매일 밤 술 마시러 다녔는데 그 집에 한 처녀(상수의 고모)가 있었다. 그는 그 집 처녀를 억지로 떠맡다시피 하게 되었다. 그 집에서는 작은아들의 입산으로 경찰 성화에 못 견디게 되자 미덥게 보이는 토벌군인 봉수에게 기댈 심사로 처녀와 인연을 맺게 만든 것이다. 봉수는 임신한 처녀를 외면하고 육지로 떠나 헌병대 운전병으로 근무하고 있었다. 그런데 6·25가 발발하자 해병대로 입대했던 처녀 오라비가 제대하면서 아이를 내보이며 함께 가자고 청하는 바람에 그는 제주에 정착해서 트럭운전을 하며 살게 되었다.

「순이 삼촌」의 고모부도 서북 출신 월남민이면서 4·3 토벌군으로 활동하고 그 와중에 제주도 여자와 인연을 맺어 제주도에 정착한 인물이라는 점에서 봉수와 같은 처지다. 여자의 가족들이 토벌군경으로부터 안위를 도모하고자 의도적으로 짝짓게 했다는 점도 서로 같다. 하지만 세월이 흐른 시점에서 봉수와 고모부의 현실적 지위와 위상은 퍽 다르게 나타난다. 봉수가 그 후에 사회경제적인 면에서 그다지 개선된 삶을 영위하는 것이 아닌 데 비해, 고모부는 도청 공무원으로서 큰 규모의 밀감밭까지 소유하고 있는 성공한 인물로 나오고 있다. 4·3을 전후해서는 비슷한 처지에 있던 인물들의 현실적 지위와 위상이 그 한 쪽은 여전히 궁핍한 데 반해, 다른 한 쪽은 적잖이 개선된 상황으로 형상화된 것이다. 이는 토벌대의 고충과 회한에 비중을 둔 「집행인」과 토벌대에 의한 양민의 피해상 증언에 역점을 둔 「순이 삼촌」 사이의 관점 차이에서 기인하는 것이다. 「집행인」은 토벌군을 옹호하고자 했지만 「순이 삼촌」은 토벌군을 부정적으로 인식하고 있음이 확인된다. 또한 「땅울림」에서는 서청이나 토벌군경과 관련된 인물로 '서북사투리 사내' 정도가 나오는데, 이 사내는 「순이 삼촌」의 '이북사투리 장교'나 「집행인」의 '이기호'와 다소 비슷한 이미지의 인물이다. 그러나 「집행인」의 기호인 경우 「땅울림」의 서북사투리 사내나 「순이 삼촌」의 이북사투리 장교처럼 부정적으로만 형상화된 인물은 아닌 점에서 차별성이 있다. 기호는 냉혹하긴 했지만 지적이며 우국적인 면모를 보이는 인물인 데 비해, 서북사투리 사내는 막무가내로 밀어붙이는 무식한 타입의 인물이라고 할 수 있다. 이것도 역시 토벌군에 대한 상반된 인식이 그대로 반영된 것이다.

희생자로 나온 제주사람들에 주목해 볼 때, 「집행인」의 민구 처 '순이'는 「순이 삼촌」에서 같은 이름의 '순이 삼촌'으로 변형되어 나타난다. 일반적으로 '순이'는 지극히 평범하면서도 순박한 여성이 그대로 연상되는 이름이다. 따라서 평범하고 순박한 여성을 두 작품에서 어떻게 그려냈는가 하는 점에 대해 눈여겨볼 필요가 있다. 전자는 마을에 남아 있다가 뒤늦게 입산한 후 빨치산으로 활동하던 중 희생되는 인물인 데 반해, 후자는 굴속에서 피신생활을 하던 중 마을에 내려왔다가 변을 당하는 무고한 양민 희생자로 그려져 있다. 「집행인」은 토벌대의 입장을 내세우는 작품이어서 순이가 빨치산이 되었으니 만큼 그녀의 죽음이 피할 수 없는 희생임을 암암리에 강조하려는 것이다. 반면에 「순이 삼촌」인 경우, 무고한 양민의 억울한 희생을 부각시키고 과잉진압이라는 토벌대의 과오를 고발하려는 제주민중의 입장에 서 있었기에, 학살현장에서 기적적으로 살아난 순이 삼촌을 30년 동안 고통 속에 살다가 자살하는 것으로 상황을 설정한 것이다. 「집행인」에서는 당시로서는 토벌대가 제주사람들을 모두 빨갱이로 볼 수밖에 없는 상황이었음을 은근히 입증코자 했지만, 「순이 삼촌」은 그 수많은 죽음의 대부분이 이념 충돌에서 어쩔 수 없이 발생한 희생이 아니라 과잉진압으로 인한 억울한 죽음이었음을 역설코자 한 것이다. 한편 「땅울림」에서는 현용직의 외조부 등이 양민 희생자로 나타나고 있다. 그 관점은 「순이 삼촌」과 거의 비슷하지만, 작품에서의 비중은 상대적으로 축소되어 나타나고 있다. 작품 흐름에서 볼 때 외조부의 희생은 현용직이 입산을 결행하는 직접적인 계기가 되는 사건으로서 마련된 장치 정도의 의미로 국한되고 있기 때문이다. 이는 「땅울림」이 무고한 양민의 집단학살에 대한 문제제기보다는 사태의 저변에 깔린 제주의 항쟁전통과 자치의식을 부각시키는 데 더 관심이 있다는 데서 기인한다.

입산 활동자로 나오는, 「집행인」의 양민구와 「땅울림」의 현용직도 함께 생각해 볼 수 있는 인물들이다. 이 둘은 입산자라는 사실에서만이 아니라, 단독선거와 단독정부수립 반대의 기치를 내걸고 적극적으로 투쟁하는 빨치산들은 아니라는 점에서도 공통점이 있다. 봉기 지도부들도 아니다. 그러나 입산 동기나 토벌대·무장대에 대한 태도에서 보면 차별성이 있다. 양민구의 입산은 남로당 제주도당 간부들을 설득하여 제주도민들의 희생을 막아보려던 데서 결행된 것이고, 현용직의 입산은 "적의 적은 친구(72쪽)"라는 식의 인식에 따른 행동이라는 점에서, 의미 있는 차이를 보인다. 양민구에게는 토벌대가 적이 아니지만 현용직은 토벌대를 적으로 규정했다는 점, 양민구에게는 무장대가 친구로 인식되지 않지만 현용직에게는 친구로 인식되었다는 점 등이 뚜렷이 대조되는 사항이다. 그리고 현용직의 입산은 제주도에서 줄기차게 전개되어 왔던 역사적·사회적 흐름 속에서 항쟁의 당위성을 이끌어 내고 있는 데 반해, 양민구에게서는 그러한 맥락이 거의 엿보이지 않는다는 면에서도 차별성이 있다. 한편 「집행인」이나 「땅울림」과는 달리 「순이 삼촌」에서는 빨치산으로 활동하는 뚜렷한 인물이 등장하지 않는다. 이는 무고한 양민들의 억울한 죽음에 작품의 초점이 맞춰진 까닭이다. 양민들의 희생을 통해 4·3의 아픔을 드러내는 데에 있어서, 유신말기인 당시로서는 빨치산 활동가를 내세워서 득이 될 게 없다는 작가의 전략적 판단도 있었으리라고 본다. 다시 말하면, 당시 현기영으로서는 양민집단학살이라는 충격적인 상황부터 우선 증언해야 한다는 것이 작가의 시대적 과업임을 인식했기에, 빨치산의 활동을 형상화하는 것은 오히려 4·3의 진실 규명 작업에 현실적으로 장애가 된다고 판단했으리라는 것이다.

이처럼 세 작품은 서로 유사성 있는 인물들이 변형되어 나타나고 있는 바, 토벌군의 경우 「집행인」의 '봉수'는 「순이 삼촌」의 '고모부'로 변형되었으며, 「집행인」의 '기호'는 「순이 삼촌」의 '이북사투리 장교'나 「땅울림」의 '서북사투리 사내'와 대비된다. 도민 희생자로는 「집행인」과 「순이 삼촌」 모두 '순이'라는 인물을 내세우며, 「땅울림」의 경우 '현용직의 외조부'가 있다. 입산활동자로는 「집행인」에서는 '양민구'가 나오고 「땅울림」에는 '현용직'이 등장하지만, 「순이 삼촌」에서는 그런 인물이 드러나지 않는다. 그런데 이러한 인물들에 대한 인식을 보면, 「집행인」에서는 토벌군이 긍정적으로 묘사된 반면, 도민 희생자와 입산자는 부정적으로 그려진다. 「순이 삼촌」에서는 토벌군이 부정적인 면이 많게 나타난 반면, 도민 희생자에게는 긍정적으로 연민의 시선을 보낸다. 「땅울림」의 경우 토벌군에 대해서는 부정적으로, 도민 희생자와 입산자에 대해서는 긍정적으로 형상화된다(〈표 3〉 참조). 작품 전반의 의도가 이런 인물 창조·변형 방식에 그대로 반영되어 있는 것이다.

|표 3| 세 작품의 작중인물 대비(+ : 긍정적 형상화, - : 부정적 형상화)

4·3때의 활동 \ 작품	「집행인」	「순이 삼촌」	「땅울림」
토벌군	김봉수(+)	고모부(-)	서북사투리 사내(-)
	이기호(+)	이북사투리 장교(-)	
도민 희생자	순이(-)	순이 삼촌(+)	현용직 외조부(+)
입산자	양민구(-)		현용직(+)

3) 체험과 기억, 그리고 소설적 재현의 상관성

지금까지 살펴본 것처럼 「집행인」·「순이 삼촌」·「땅울림」은 4·3에 대한 소설적 재현의 방식에서 유의미한 차별성을 보인다. 그러한 차별성은 작가의 전기적 요소와 집합기억 그리고 시대적·사회적인 측면과 깊은 연관이 있는 것으로 판단된다.

곽학송은 1927년 평안북도 정주에서 12남매 중 외아들로 출생하여 1945년 용산철도고등학교를 졸업하고 평양철도국에서 근무하다가 1948년 월남했다(곽학송, 1995, 555). 그는 월남하자마자 "짧은 기간의 청년단체 가담을 거쳐 제주도 공비토벌(濟州島 共匪討伐)"(곽학송, 1970, 13)에 참여하였고, 한국전쟁에는 육군 정훈관으로 참전했다. 그의 월남과 4·3 토벌 경험은 「집행인」·「사(死)의 삼각관계」(1985) 창작의 밑거름이 되는 중요한 기억 인자(因子)다. 월남한 서북청년으로서 토벌군이 되어 4·3을 체험한 곽학송의 기억은 그의 작품에서 비교적 생생하게 재현된다. 「집행인」에서 곽학송과 가장 가까운 인물은 안현수다. 현수는 곽학송의 분신이라고 할 수 있을 정도로 유사점이 많다. 그가 월남 직전에 철도원으로 근무하고 있었다는 점은 해방 직후 평양철도국에서 근무했던 작가의 체험과 관련이 있다. 고향은 물론이요 월남한 시기나 4·3 토벌에 참여한 사실도 모두 작가의 체험과 일치한다. 그리고 더러는 봉수나 기호에 분산되어 작가의 체험이나 인식이 형상화되고 있다.

현기영은 1941년 제주도 제주읍에서 태어나 8~9세 소년기에 4·3을 겪은 작가다. 고등학교를 졸업할 때까지 제주에서 거주했던 그는 자신의 소년 시절 체험을 근간에 깔고 있으면서 4·3으로 인한 상흔 속에 살아가는 사람들의 고통을 절감하는 가운데 성장한 것으로 보인다.10 따라서 4·3에 관한 현기영의 기억은 소년 시절의 체험과 더불어 그가 성장과정에서 자연스럽게 접하게 된 상흔의 양상, 그리고 작가로서의 취재 등이 복합된 것이다. 그는 운명적으로 4·3에 대한 부채의식을 갖게 되었고 그런 부채의식의 발현으로 4·3의 소설적 재현을 시도한 작가라고 할 수 있다.11 「순이 삼촌」에서는 상수와 길수 두

---

10 다음 글을 통해 현기영의 성장기에서 4·3의 상흔이 어떤 작용을 했는지 그 일면을 확인해 볼 수 있다.
"나의 경우에 그것(사춘기 초입에 죽음의 얼굴을 보는 것 : 인용자주)은 단순한 정신적 성장통(成長痛)에 그치지 않고 마음속에 우울한 집념을 심어 놓았던 것 같다. 나만 그랬던 것이 아니라, 그 당시 그 소도시에 살았던 불우한 청소년들 사이에는 그러한 허무주의적 풍조가 병균처럼 번져 있었다. 단순히 '존재의 슬픔'만은 아니었다. 지금 생각해 보면, 그 당시의 우리는 자신도 모르게 10년 전에 겪은 4·3사태, 그 수만 떼죽음의 후유증을 앓고 있었던 것 같다. 그렇지 않고서야 어떻게 청소년들 중에 자살자들이 끊임없이 이어지고, 그보다 몇 배 더 많은 자살 미수자들이 생겨나는 그 우울한 분위기를 설명할 수 있겠는가."(현기영, 2002, 19~20)

11 "억압으로 왜곡된 민중의 내면을 해방시키는 길은 오직 하나, 억울한 죽음으로 해서 저승에 안착하지 못한 수만의 원혼들, 그 원혼들을 음습한 금기의 영역에서 대명천지의 밝은 태양 아래 불러내어 공개적으로 달래주는 것일 뿐이다. 그렇게 진혼굿의 의미로서 나의 4·3소설들은 쓰여졌다."(현기영, 1989, 101)라는 언급에서 보면 현기영의 4·3에 대한 부채의식을 엿볼 수 있다.

사촌이 작가와 퍽 가까운 인물이다. 소설 발표 당시 작가의 연배와 처한 상황이 이들과 비슷할[12] 뿐만 아니라, 양민들의 무고한 죽음에 대한 진상규명을 촉구하는 인물[13]이라는 점에서 더욱 그렇다.

김석희는 1952년 제주도 제주읍에서 출생해 고등학교 때까지 제주도에서 성장하고 대학 진학 후부터 서울에서 거주하고 있는 작가다. 말하자면 그는 4·3을 직접적으로 체험하지는 않았지만,[14] 4·3 직후에 어린 시절을 보내며 그 체험자들 속에서 살았다. 따라서 김석희의 4·3에 대한 기억은 모두 추체험(推體驗)으로 형성된 것이라고 할 수 있다. 현기영과는, 10여 년 나이 차이가 있는 점이나 4·3 체험이 없다는 점에서는 다르지만, 많은 상황들이 유사하다. 「땅울림」의 경우 화자인 '나'가 김석희와 가장 가까운 인물이다. '나'는 제주에서 태어나 고등학교 졸업 때까지 제주에서 살다가 대학에 진학한 1970년대부터 고향을 떠나 서울에 거주한다는 점에서, 그리고 나이가 30대 중반이라는 점에서 작가 김석희와 동일한 처지다. '나'의 친구인 김종민의 의식과 행위도 작가와 그 거리가 가까운 점이 있다. 서울에서 대학을 다닐 때 반독재·유신철폐를 주장하면서도 그것을 육화시키지 못했다거나 전국의 물난리에도 제주도의 안위만이 걱정되었다는 등 '섬놈기질'이 강조되는 점에서 그것이 확인된다.[15]

---

[12] 소설 발표 당시 작가의 나이나 길수·상수의 나이는 모두 30대 후반이다. 또한 상수의 경우 제주 출신이면서 성년 이후 서울에서 거주하고 있는 점에서, 길수의 경우 직업이 교사라는 점에서 당시의 현기영과 처한 상황이 동일하다.

[13] 현기영은 제주4·3연구소 창립의 주역이면서 소장과 이사장을 역임하는 등 4·3운동의 선봉에 섰던 인물이다.

[14] 물론 4·3이 공식적으로 종료된 시점은 1954년 9월이지만 가장 많은 희생이 있었던 시기는 1948~1949년이다. 그리고 1954년에도 김석희는 3세의 유아에 불과했으니 4·3을 체험했다고 볼 수 없다.

[15] 『이상의 날개』의 발문에 나오는 다음과 같은 대목은 김석희가 지닌 제주인으로

4·3의 세대로 생각해 보자면, 곽학송은 그 제1세대라고 할 수 있다. 물론 그는 토벌대의 처지로 참여한 터여서 다른 작가들과 차별성이 있지만 20대 성인으로서 4·3에 참여한 세대인 것이다. 그에 비해 현기영은 1.5세대 정도로 볼 수 있지 않을까 한다. 4·3을 체험하긴 했지만 그 주체로서가 아니라 8~9세 소년의 입장에서 사태를 접한 것이기에 그렇다. 한편 김석희는 4·3의 제2세대라고 할 수 있다. 4·3이 진압된 직후에 태어남에 따라 사태를 직접 체험하지는 않은 세대인 것이다. 하지만 현기영과 김석희의 경우 소년기 체험 작가와 미체험의 작가라는 점은 상대적으로 추체험의 비중을 높이는 작용을 했다고 볼 수 있다. 더구나 그들 주변에는 상흔 속에 살아가는 체험자들이 있었기에 4·3이 숙명적으로 인식될 처지에 있었다. 다만 사태와의 거리에서 현기영보다 김석희가 더 멀리 떨어져 있는 것은 사실이며 그 차이도 작품에서 적잖이 확인된다. 김석희의 작품에서 객관화의 흔적이 좀 더 많이 드러난다는 것이다.

서북 출신의 토벌대로 활동했던 4·3의 제1세대 곽학송은, 자기중심의 체험 사실과 극우공동체로서의 '반공규율사회'[16]라는 조건에 그의 20년 전 기억이 견인됨으로써 사태를 객관화시켜 형상화해내기 어려웠을 것으로 판단된다. 이런 점 때문에 「집행인」에서는 초토화된 제주

서의 자존심을 가늠케 한다.
"그는 어느새, 그를 태어나게 한 제주도의 한복판에서, 그 제주인의 삶의 원형을 찾는 작업을 시작한 것이다. 내가 보기에 그가 다루는 제주의 4·3사태는 그 원형찾기 작업의 일환에서 하나의 소재로 등장했을 뿐이다. 그 작업에서 가장 문제가 되는 것은 바로 제주인의 자존심이다. 김석희 개인의 자존심은 그렇게 제주인 전체의 자존심으로 확장된다."(진형준, 1989, 290)

16 '반공규율사회'는 냉전·분단·반공의 논리가 내전이라는 역사적 경험을 통해 '의사 합의(pseudo-consensus)'로 내재화되고 그것이 개인이나 집단 간의 사회적 관계를 극우적으로 규정하고 있는 사회를 말한다(조희연, 1998, 63).

도의 비극보다는 토벌대원들이 겪는 고통과 고뇌가 더 생생하게 부각되었다. 따라서 「집행인」에서 확인되는 작가의 4·3 인식은 지배권력의 공산폭동론과 다를 바 없다. 곽학송의 처지로서는 공식기억을 견지하며 그것을 확대 재생산하는 작품을 쓰는 게 오히려 자연스러웠으리라고 판단된다.

현기영은 「순이 삼촌」에서 민중수난사의 시각으로서 대항기억을 내세웠다. 곽학송의 「집행인」에 대한 받아치기 방식의 재현이었다고 볼 수 있는 「순이 삼촌」은, 결국 대항기억을 촉발한 작품이 된다. "침묵과 방관의 사회적 심리가 역사적 망각의 사회화로 이어지면서 많은 '역사적 희생'의 반복적 출현에 기여해 온(이병천·조현연, 2001, 25)" 바, 4·3 30주년의 시점에서 현기영은 제주현대사의 아픔이 더 이상 망각의 장벽과 공식기억의 장벽에 희생될 수 없다고 판단하여 「순이 삼촌」을 전격적으로 발표하였다고 본다. 그런데 「순이 삼촌」에 나타난 4·3의 관점은 민중항쟁론은 아니다. 현기영은 이 작품에서 공산폭동론을 부정하지 않는 가운데 토벌대에 의한 폭력의 기억을 표출했다. 그것은 유신말기인 1970년대 후반이라는 경직된 정치적 상황의 틈새에서 금기로 봉쇄된 4·3을 발언하기 위한 고육지책이었던 것으로 보인다.

김석희는 「땅울림」을 4·3 제40주년이 되는 시점인 1988년에 발표했다. 당시의 한국사회는 6월항쟁을 전후하여 형성된 민주화운동의 고양기라고 할 수 있는 시기였다. 4·3진상규명운동도 이때부터 본격화되기 시작했다.[17] 이렇게 변화된 상황이니 만큼 김석희의 「땅울림」은 현기영의 「순이 삼촌」에서보다 4·3 발발의 원인이나 전개 과정 등을 깊이 있게 탐색하려는 의욕을 보였다. 소설인데도 불구하고 20개의 주

---

[17] 4·3진상규명운동이 6월항쟁을 거쳐 1988년부터 본격화된 사실에 대해서는 김영범, 2004 ; 정근식, 2003 등을 참조할 것.

석을 달아놓는 파격을 보인 것은 김석희의 그러한 의욕을 입증한다. 「땅울림」의 차별성은 제주인의 자치의식을 바탕으로 제주도의 항쟁전통을 부각시켰다는 데서 찾을 수 있다. 따라서 이 작품은 4·3의 공식기억에 대한 또 다른 대항기억을 재현함과 동시에 그러한 대항기억을 확산시켰다고 볼 수 있다.

　요컨대, 「집행인」은 4·3이 바로 공산주의자들의 준동에서 기인한 불행임을 분명히 하려는 의도가 담긴, 지배권력의 공식역사인 공산폭동론을 확대·재생산한 작품인 반면, 「순이 삼촌」은 무고한 양민에 대한 무차별 학살이라는 증언에 초점을 맞춤으로써 공산폭동론에 대한 대항담론의 성격이 두드러진 작품이다. 한편 「땅울림」은 4·3의 성격을 제주도적인 특수성에 대한 인식을 분명히 하는 가운데 규정해야 함을 강조하면서 분리주의 혹은 자치주의를 부각시킨 작품으로 볼 수 있다. 이는 세 작가의 4·3에 대한 기억 방식의 다름에서 기인한 것으로 판단할 수 있다. 곽학송은 평안북도 출신의 월남민으로 월남 직후인 20대에 4·3 토벌군이었다는 점, 현기영은 제주 출신으로서 소년기에 4·3을 체험했으며 4·3의 상처로 고통받으며 사는 이들의 아픔을 절감하면서 성장했다는 점, 김석희는 제주 출신이지만 4·3 미체험 세대여서 4·3에 대한 기억을 추체험으로 형성한 점 등 작가의 전기적 사실이 작품의 성격에 크게 영향을 미쳤다는 말이다. 물론 그러한 기억들은 작가 개인의 기억이 아니라 작가가 참여하고 있는 사회적 연대에 의해 역사적 맥락이 개입된 집합기억이 될 것이다. "기억은 자신이 속한 문화적 가치, 사회적 맥락에 의해 영향을 받는 '사회적'인 성격을 갖고 있(권귀숙, 2003, 176)"기 때문이다. 결국 그러한 기억 방식의 다름이 소설의 전체적인 담론 차이로 나타난 것은 당연한 결과일 수밖에 없다.

　이상에서 살핀 것처럼, "과거를 어떻게 기억하고 재생산하는가라는 기억투쟁", 다시 말하자면 "기억의 재구성(정근식, 2003, 148)" 과정이 이들 세 작가의 작품들 속에서 확연히 나타나고 있다고 할 수 있다. 결국 4·3문학에 나타나는 기억투쟁 혹은 기억의 재구성 과정은 〈표 4〉와 같이 도식화하여 정리할 수 있다.

| 표 4 | 4·3문학 기억투쟁의 과정

곽학송 「집행인」(1969)		현기영 「순이 삼촌」(1978)		김석희 「땅울림」(1988)	
토벌대원으로 참가한 1세대 작가	4·3발발 21주년 시점의 반공규율사회	소년기에 체험한 1.5세대 작가	4·3발발 30주년의 유신 말기	미체험의 2세대 작가	4·3발발 40주년의 민주화운동 고양기
공식기억 견지		대항기억 촉발		대항기억 재현·확산	

4. 요약과 전망

이상으로 작가들의 환경과 처지, 작품 발표 시기 등 여러 점에서 차별성을 갖는 곽학송의 「집행인」, 현기영의 「순이 삼촌」, 김석희의 「땅울림」을 중심으로 4·3의 소설적 재현의 방식을 집합기억과의 상관성을 염두에 두면서 살펴보았다. 논의한 바를 요약·정리하면 다음과 같다.

첫째, 1969년 『창작과비평』에 발표된 곽학송의 「집행인」은 공산주의가 싫어서 월남하여 4·3에 투입된 서북 출신 토벌대원들(안현수·이기호·김병수 등)이 겪은 다양한 고통과 피해의 실상을 보여주는 데 주력한 작품이다. 제주도사람들은 거의 빨갱이로 보였고 그들은 시도 때도 없이 자신들을 괴롭히는 존재였기 때문에 그에 따른 응징은 당연한 것이었음을 강조하는 등 토벌대의 명분을 부각시킨 작품이다. 반면에 제주민중들의 아픔과 상처는 상대적으로 축소하여 형상화되었다. 따라서 이 소설은 토벌대 활동자의 회억과 지배담론에 의존한, 지배권력이 공식역사로 규정해 놓은 4·3공산폭동론의 연장선상에서 씌어진 작품인 셈이다.

둘째, 1978년 『창작과비평』에 발표된 현기영의 「순이 삼촌」은 제삿집에 둘러앉은 사람들(큰아버지·당숙·고모부·길수·상수)과 참석하지 못하거나(순이 삼촌) 참석하지 않은(상수의 아내) 사람들을 통해 4·3의 과거와 현재가 동시에 조명되고 있는 작품이라고 할 수 있다. 그들이 각기 처한 상황과 발언 또는 인식을 통해 4·3 당시의 비극성과 함께 고통을 강요당하고 있는 현실의 문제를 드러내고 있다. 제삿집에서의 담론들은 구전되는 제주민중의 집합기억을 생생히 표출한다는 점에서 주목된다. 특히 이 작품은 집단학살의 참상을 통해 4·3의 아픔을 생생하게 증언함으로써, 공산폭동론에 맞서는 대항담론을 표출하는 기폭제가 되었다. 그것은 4·3에 관한 제주사람들의 기억의 실체를 당당하게 현현(顯現)하였음을 의미하는 것이라고 할 수 있다. 사라지거나 망각되기를 요구받았던 민중적 경험을 복원한 작품으로 평가될 만하다.

셋째, 1988년 『실천문학』을 통해 발표된 김석희의 「땅울림」은, 정치적·이데올로기적 관점이 아닌, 철저한 지역민의 시각에서 4·3을 형상화한 작품이다. 36년 동안 굴속에 숨어 살아온 입산자(현용직)를 등장시킨 이 작품은 '탐라공화국'을 꿈꾸던 입산자의 항변을 경청하는 장(場)을 마련함으로써 제주사람들의 또다른 기억을 끄집어내었다. 그리고 한 젊은이(김종민)의 자살을 통해 제주도의 항쟁전통과 순수성을 더욱 부각시키면서 4·3의 성격을 재조명하고자 하였다. 결국 지배담론인 공산폭동론을 거부하는 대항담론을 분리주의 혹은 자치주의적 차원과 연관하여 던져 놓았다는 것이 이 작품의 의미로 판단된다.

넷째, 초점주체의 인식세계를 보면,「집행인」에서는 서북 출신으로서 불가피한 상황에서 토벌에 참여한 자신들도 제주사람들 못지않은 피해자로서 고통 속에서 살고 있음을 강조하는 역할을 하고 있고,「순이 삼촌」에서는 제주민중의 억울한 죽음과 그 고통의 세월을 밝혀야 한다는 염원을 피력한다.「땅울림」에서는 제주도에 대한 몰이해가 결국에는 입산 게릴라에 대한 몰이해, 나아가 4·3에 대한 몰이해로 이어지고 있음을 지적하는 역할을 수행한다. 이런 초점주체들의 인식은 4·3의 현재적 함의를 파악하는 중요한 인자다.

다섯째, 세 작품은 서로 유사성 있는 인물들이 변형되어 나타나고 있다고 할 수 있다. 그런데 그 인물들에 대한 인식을 보면,「집행인」에서는 토벌군이 긍정적으로 묘사된 반면, 도민 희생자와 입산자는 부정적으로 그려진다.「순이 삼촌」에서는 토벌군의 부정적인 면이 많게 나타난 반면, 도민 희생자에게는 긍정적으로 연민의 시선을 보낸다.「땅울림」의 경우 토벌군에 대해서는 부정적으로, 도민 희생자와 입산자에 대해서는 긍정적으로 형상화된다. 작품 전반의 의도가 인물 형상화 방식에 그대로 반영된 것이다.

여섯째, 곽학송·현기영·김석희의 4·3에 대한 체험과 기억 방식은 서로 다른데, 그 기억은 작가 개인만이 아닌 작가가 참여하고 있는 사회적 연대에 의해 역사적 맥락이 개입된 집합기억이다. 또한 작품 발표 당시의 시대적·사회적 상황도 각기 다르다. 결국 그러한 기억 방식의 다름과 시대적·사회적 상황의 차이는 전체적인 담론의 차이로 나타나게 되었다고 본다. 곽학송의「집행인」은 토벌대원으로 참가했던 1세대 작가가 4·3 21주년의 철저한 반공규율사회에서 창작했기에 공식기억을 견지하는 담론이 되었으며, 현기영의「순이 삼촌」은 소년기에 체험한 1.5세대 작가가 4·3 30주년의 유신말기에 소신껏 발표했기에 대항기억을 촉발하는 담론이 되었고, 김석희의 「땅울림」은 미체험한 2세대 작가가 4·3 40주년의 민주화운동 고양기에 썼기에 대항기억을 재현·확산하는 담론이 된 것이다.

위에 요약한 데서 나타나듯이 4·3소설은 그 기억의 재현 방식에서 상당한 진전을 보여온 것이 사실이다. 하지만 2000년 이후 4·3특별법 제정, 진상조사보고서의 확정, 대통령의 공식 사과 등으로 이어지면서 기존의 공산폭동론이라는 공식역사가 철회된 국면에서는 새로운 돌파구를 마련하지 못하고 답보 상태에 머물고 있는 양상이라고 할 수 있다. 소설에서 이루어내야 할 4·3의 영역이 많이 남아 있을 뿐더러 계속 도출되고 있건만 주목할 만한 성과가 나타나지 않고 있다. 따라서 새로운 국면에 걸맞은 안목과 세계관으로 무장된 젊은 작가들의 작업이 절실한 상황이지만, 현재로선 그런 움직임이 뚜렷이 포착되지 않고 있다는 점도 문제가 아닐 수 없다. 향후의 4·3소설은 기존의 방식과는 다른 차원의 접근이 필요한 바, 특히 4·3에는 분단과 통일의 문제가 응축되어 있음을 분명히 하는 가운데 21세기 인류의 새로운 가치를 4·3에서 발견하려는 자세를 견지해야 할 것이라고 본다. 이제 역사와 공간을 넘나드는 큰 스케일 속에서 4·3의 민족사적 의미를 탐색하는 작품을 생산해 냄으로써 21세기를 사는 세계의 독자들을 감동시킬 수 있어야 한다. 말하자면 역사성과 대중성을 함께 만족시키는 과감한 상상력이 발휘된 작품이 좀더 젊은 시각으로 씌어져야 하는 것이 현 시점에서 4·3소설의 과제인 셈이다.

참고문헌

고명철, 「이념의 장벽을 넘어선 4·3소설의 새로운 지평」, 『비평의 잉걸불』(새미, 2002).
골드만, 송기형·정과리 역, 『숨은 신』(인동, 1979).
곽학송, 「집행인」, 『창작과비평』 15호(창작과비평사, 1969).
곽학송 편저, 『노동적위대』(백민사, 1970).
_____, 「작가연보」, 『한국소설문학대계38 - 송병수·곽학송』(동아출판사, 1995).
권귀숙, 「제주4·3의 기억들과 변화」, 『4·3과 역사』(제주4·3연구소, 2003).
김동윤, 「진실 복원의 문학적 접근 방식」, 『4·3의 진실과 문학』, 각, 2003.
_____, 「4·3문학의 전개 양상과 그 의미」, 나간채·정근식·강창일 외 공저, 『기억 투쟁과 문화운동의 전개』(역사비평사, 2004).
김석희, 「땅울림」, 『이상의 날개』(실천문학사, 1988).
김영범, 「집합기억의 사회사적 지평과 동학」, 『사회사연구의 이론과 실제』(한국정신문화연구원, 1998).
_____, 「알박스의 기억사회학 연구」, 『사회과학연구』 제6집 3호(대구대학교 사회과학연구소, 1999a).
_____, 「집단학살과 집합기억-그 역사화를 위하여」, 『냉전시대 동아시아 양민학살의 역사』 학술대회 자료집(제주4·3연구소, 1999b).
_____, 「기억투쟁으로서의 4·3문화운동 서설」, 나간채·정근식·강창일 외 공저, 『기억 투쟁과 문화운동의 전개』(역사비평사, 2004).
김종욱, 「승자의 죽음과 패자의 삶」, 『작가세계』 36호(세계사, 1998).
이동하, 「역사적 진실의 복원」, 『작가세계』 36호(세계사, 1998).

이병천·조현연, 「20세기 야만에 대한 비판적 성찰」, 『20세기 한국의 야만』(일빛, 2001).

임대식, 「제주4·3항쟁과 우익 청년단」, 역사문제연구소 외 편, 『제주4·3연구』(역사비평사, 1999).

전홍남·김동윤, 「'여순사건'과 '4·3사건' 관련 소설의 담론화 연구」, 『현대문학이론연구』 제20집(현대문학이론학회, 2003).

정근식, 「집단적 기억의 복원과 재현」, 『4·3과 역사』 3호(제주4·3연구소, 2003).

조희연, 『한국의 국가 민주주의 정치변동』(당대, 1998).

진형준, 「촌놈의 자존심」, 김석희 소설집, 『이상의 날개』(실천문학사, 1989).

현기영, 「순이 삼촌」, 『순이 삼촌』(창작과비평사, 1980).

_____, 「소설에서의 역사 의식」, 『젊은 대지를 위하여』(청사, 1989).

_____, 『바다와 술잔』(화남, 2002).

홍성호, 『문학사회학, 골드만과 그 이후』(문학과지성사, 1995).

'5월'의 재구성과 의미화 방식 : 소설의 경우

정명중

1. 사건, 재현, 재구성

　나는 이 글에서 '1980년 5월'을 형상화한 소설, 이른바 5월소설의 원형적(또는 이념적) 구조 같은 것을 포착해 보려고 시도했다. 그것을 통해 5월소설의 범주에 드는 개별 텍스트들을 일관된 관점에서 조망할 수 있을 것으로 기대했다. 그러나 연구의 과정에서 이와 같은 의도는 지극히 막연한 가설로부터 출발하고 있다는 사실을 깨닫지 않을 수 없었다. 그럴 수밖에 없었던 이유는 비단 5월소설 텍스트가 양적으로 광범위해서가 아니다. 사실상 5월을 소설화하려는 노력은 1984년부터 시작되었고, 당시의 사건이 남긴 충격에 비한다면 그리 많은 작품이 생산되었다고 보기 힘들다. 문제는 문학적 형상화의 수준과 질은 논외로 하더라도, 개별 텍스트들이 취하고 있는 형상화의 방법이 다양한 스펙트럼을 갖는다는 점이다. 따라서 일관된 관점에서 텍스트들을 조망한다는 처음 의도는 개별 텍스트들의 차이와 특수성을 간과하는 결과를 초래할 수 있음을 발견했다.

결국 필자는 시초의 '사건'은 역사(history)와 더불어 그 구성 요소가 변형되거나 왜곡되고 심지어 탈락될 수밖에 없다는 기초적인 명제로부터 출발하기로 했고, 이로부터 일정한 사건은 근본적으로 역사와 동근원적인 자질을 함축하는 '이야기(story)'로서의 소설에서도 동일한 과정을 겪게 된다는 점을 유추해냈다. 하나의 사건은 반드시 하나 둘 혹은 그 이상의 이야기 또는 서사(narrative)의 단위로 존재하게 된다. 사건에 대한 증언이나 구술의 형식이 일종의 이야기이거나 서사일 수밖에 없는 이치이다. 마찬가지로 그러한 증언의 형식을 선재적으로 떠받치고 있거나 혹은 그것을 통해 사후적으로 구성된다고 여겨지는 기억의 형식 또한 기본적으로 서사의 구조를 띨 수밖에 없다. 중요한 것은 이야기의 단위로 존재하는 사건(기억)은 이미 필연적으로 시초의 사건 '그 자체'와 동일하지 않다는 점일 것이다(이야기의 관점에서 본다면 시초의 사건이란 것은 사후적으로 구성된 것일 수 있다). 따라서 소설 속의 사건은 사건 '그 자체'가 아니라 '사건-이야기'이며 그것은 이미 사건의 변형·왜곡인 셈이다.

특정한 '사건(이야기)'이 곧바로 특정한 '의미'로 전환되는 것은 결코 아니다. 우리는 하나의 사건이 일정한 의미를 갖도록 하기 위해서는 반드시 다른 사건들(이야기들)과의 계열 형성을 고려해야만 한다. 결국 우리는 그러한 계열 관계 속에서 일정한 연속성과 인과성을 발견할 수 있게 되고, 특정한 사건(이야기)의 의미는 그러한 연속성과 인과성 속에서 일정한 좌표값 같은 것으로 존재한다는 사실을 인지하게 된다. 이처럼 하나의 사건을 다른 사건들과 연접하여 계열을 형성하는 것 곧, 복계열적 이야기를 형성하는 것을 달리 '재구성'한다고 할 수 있겠으며, 그러한 재구성의 과정을 거쳐 하나의 사건에 의미(좌표값)를 부여하는 것을 '의미화'라고 부를 수 있겠다. '5월' 역시 하나의 '사건'임에 틀림없다. 5월이라는 사건이 일정한 의미를 획득하기 위해서는 다양한 방식의 재구성과 의미화 절차를 거치게 될 것임을 예상할 수 있다. 만약 그러한 절차가 없다면 5월은 그저 순간적인 '사건'에 불과하고 우리의 기억 속에서 사라져 버릴 무의미한 것이 되고 말 것이다. 따라서 이 글의 목적은 이러한 관점에 따라 하나의 사건으로서 80년 5월을 소설이 어떤 방식으로 재구성하고 의미화하는가를 고찰하는 것이다.

여기서 미리 언급하고 넘어가야 할 것이 있다. 이론의 여지가 없는 것은 아니지만 원론적인 측면에서 보자면 문학예술은 재현 혹은 표상의 양식이다. 재현이나 표상을 의미하는 단어인 'representation'은 어떤 사태의 '나타남(presentation)' 혹은 '직접 있음'이 아니라 '다시' 나타나게 함 곧, 어떤 매개를 통한 사태의 다시 있게 함을 의미한다. 따라서 문학 속에서 묘사되거나 등장하는 특정 사건 역시 말 그대로 사건의 직접적 혹은 즉자적인 나타남일 수 없으며 일정한 매개를 거쳐 다시 나타난 사건일 수밖에 없다. 따라서 문학이 특정한 사건을 형상화한다는 것 자체가 이미 그 사건에 대한 재구성을 전제하는 것이며, 그것이 리얼리즘적 반영이론에 입각한 현실의 충실한(혹은 객관적) 묘사라 해도 사정은 마찬가지이다. 결국 이러한 관점에 의지한다면 문학적 스타일을 결정하는 다양한 기법들 예컨대 리얼리즘적 수법이라거나 알레고리적 방식 내지는 상징적 기법 등은 어떤 변별성을 의미한다기 보다는 '사건'을 다시(re) 나타나게(present) 하는 매개들이라는 점에서 공통성을 갖게 되는 것이다. 따라서 이 글이 사건의 재구성과 의미화 방식에 대한 고찰이라고 할 때, 즉 텍스트들이 일정한 매개 장치를 동원해서, 그러한 행위가 무의식적이건 혹은 (목적)의식적이건 상관없이, 사건을 다시 나타나게 하는 방식과 그것의 궁극적 의미를 포착하고자 한다고 할 때, 각 개별 텍스트들에 고유한 문학적 기법이나 문예 미학적 자질들은 상대적으로 비중 있게 처리되지 못한다는 점이다.

2. '부채의식'의 두 가지 형태

1) '밖'의 시선과 전망주의

　사건의 충격이 압도적이면 압도적일수록 게다가 그것이 일상적인 경험의 한계를 훨씬 뛰어넘는 것이라면 그것을 언어화하거나 일정한 의미 단위로 분절하기란 결코 쉬운 일이 아니다. 80년 5월이라는 '사건' 역시 그렇다. 이 사건을 맨 처음 경험한 사람들에게 이 사건은 어떠한 '로고스'의 형태도 불허하는 전대미문의 것이었다. 영탄과 절규 (이른바 주체할 수 없는 파토스의 범람. 김준태의 시「아아! 광주여! 무등의 십자가여!」가 대표적이다.) 외에 그 앞에서 할 수 있는 것은 아무 것도 없었다. 5월이라는 사건은 온통 폭력과 죽음의 이미지로 점철되어 있다. 과도한 폭력과 급작스러운 죽음의 광경 앞에서 인간은 침묵한다. 우선은 살아야 한다는 원초적인 본능만을 앞세울 수밖에 없다. 사건의 현장에서 이내 육박하게 될 폭력과 죽음의 공포를 이기지 못한 대부분의 사람들은 그곳으로부터 벗어나야 했다. 그러나 살아남았다고 해서 모든 일이 마무리되는 것은 아니다. 생존의 안도감보다는 이내 망자들에 대한 씻을 길 없는 죄책감이 엄습하기 때문이다. 5월이라는 사건을 이후에 일정한 로고스의 형태로 가공하기에 앞서 반드시 해결해야할 숙제가 바로 '부채의식'이었다. 따라서 초기 '5월소설'의 작가들은 소설 속에서 광주에 대한 윤리적 책무와 그로 인한 정신적·심리적 갈등과 좌절을 여러가지 형태로 표현해 놓고 있다.

　초기 5월소설의 서사를 지탱하고 있는 것은 이를테면 '나는 그곳에 있지 않았다'와 같은 형식의 술어이다. 그런데 그 술어에서 장소를 지시하는 '그곳'은 최소한 두 개의 의미를 갖는다. 우선 (a) '그곳'은 다소 추상적이고 상징화된 도시로서의 '광주'를 의미한다. 반면 (b) '그곳'은 간혹 '금남로' 혹은 '도청'이라는 아이콘으로 표상되는 '저항과 죽음의 구체적 공간'을 의미하기도 한다. 따라서 초기의 5월 소설을 지배하는 정서가 부채의식이었다고는 하지만 이른바 '그곳'을 어떤 의미로, 혹은 어떤 장소로 호명하고 포착하느냐에 따라 소설 속에서 묘사되고 있는 그러한 의식의 밀도는 사뭇 다를 수밖에 없다.

우선 (a) 계열에 속하는 텍스트로는 이영옥의 「남으로 가는 헬리콥터」, 김남일의 「망명의 끝」, 홍인표의 「부활의 도시」 등을 꼽을 수 있겠다. 이 작품들은 공히 광주 '밖'의 시선에 의지하고 있음을 발견할 수 있다.

「남으로 가는 헬리콥터」의 경우 소설적 공간은 '전주'이다. 주인공 '희수'는 소시민적 삶에 익숙한 38살의 평범한 교사이다. 이 소설의 특징은 주인공 '희수'가 자신의 공수부대원 체험, 이른바 "살상만을 위해 존재하던 나날"[1]의 체험으로부터 광주의 참상을 간접적으로 유추해낸다는 것이다. 문제는 유추는 그저 유추에 지나지 않는다는 점일 것이다. 주인공 '희수'가 광주의 참상을 실제 체험한 것이 결코 아니고 따라서 예기되고 있는 광주의 '엄청난 폭력'은 그 실체성을 온전히 드러내지 못하고 있다. 다만 '희수'는 폭력 일반에 대한 막연한 두려움에 진저리치거나, 폭력을 두려워한다는 사실 그 자체를 두고 자신의 소시민적 나약성과 무기력증을 지탄할 뿐이다. 게다가 결론 부분에 가서는 기껏 '책임', '결단', '용기', '신념' 따위의 수신(修身) 모럴을 주워섬기고 있음도 눈에 거슬리는 대목이다. 물론 이 작품의 문면에서 '광주'에 대한 부채의식을 끄집어내는 것은 그리 어렵지 않다. 그러나 '희수'의 의식에서 엿볼 수 있거니와, 광주는 '저항과 죽음의 구체적 공간'으로서 호명되지 않을 뿐만 아니라 나약한 소시민의 자기비판을 위한 도구 정도로 전락

---

1 이영옥, 「남으로 가는 헬리콥터」, 『일어서는 땅』(한승원 외)(인동, 1987), 123쪽.

하고 있다는 인상을 주고 있다.

「망명의 끝」 역시 비슷하다. 서울 모 대학의 운동권 출신이자 도피 생활 중인 주인공 '태근'은 당시 전국에 비상계엄이 확대되었다는 소식에 오직 달아날 생각만을 했던 자신에게 수치심을 느낀다. 한편 광주가 고립되었다는 사실에 대한 '책임'을 통감하지만, 그의 입장에서 선택할 수 있는 확실한 길(투쟁의 방법)이 없음을 알고 절망한다. 정작 수긍하기 힘든 대목은 정보과 형사인 '최가'에게 붙들려 가는 도중에 벼들이 뿌리를 내리고 있는 들판을 내려다본 '희수'가 '아니다, 끝이 아니다. 이제부터 시작이다' 식으로 마음속에 새삼스레 희망이 싹텄다고 술회하는 부분이다. 근거가 희박할 뿐만 아니라 말 그대로 느닷없는 전망(낙관주의)이 어떤 내적 과정 속에서 돌출되었는지 의문이거니와, 광주에 대한 부채의식의 강도와 그 진정성마저 의심하도록 만든다.

「부활의 도시」는 앞서 작품들과는 그 결을 다소 달리 한다. 우선 광주 외곽에 위치한 교도소(광주교도소)의 교도관 '정현'의 시점으로 5월을 포착하려 했다는 점이 퍽 신선한 것이다(이 작품을 쓴 작가 홍인표 역시 당시 교도관이었음을 전기적인 사실을 통해 알 수 있다). 아무튼 이 소설의 주요 무대인 교도소는 지리적(혹은 공간적)으로만 놓고 보자면 광주 '안'에 위치한 게 사실이다. 그러나 계엄상태였던 만큼 중요 시설인 교도소를 방위해야 한다는 책무 탓도 있었겠지만, 계엄군의 통제 아래 놓였기 때문에 '정현'은 필연적으로 교도소 밖으로 나갈 수 없어 고립될 수밖에 없다. 그러한 고립 상태에서 교도소 주변에서 '얼룩무늬'들(계엄군)에 의해 자행되는 폭력을 제3자의 위치에서 목격하게 된다. 이는 '정현' 스스로도 자신을 방관자라 칭하고 있거니와, 결과적으로 그를 광주 '안'에 있으면서도 '밖'에 놓이게 하는 효과를 낳게 한다. 따라서 이 작품 역시 공교롭게도 앞서 「망명의 끝」처럼 죄책감과 설득력이 부족한 낙관주의가 어정쩡하게 결합되어 있는 형태로 결론을

맺고 있다.[2]

(a)계열 텍스트들의 일반적 특징을 추출하자면 우선 '광주'를 계기적으로 호명하거나 혹은 간접화하고 있다는 점이다. 따라서 그 속에서 표출되고 있는 '부채의식'의 밀도가 낮을 뿐만 아니라 그것이 섣부르거나 작위적인 전망주의와 결합됨으로써 소설적 리얼리티를 떨어뜨리고 있는 게 사실이다.

2) 형제살해와 원죄의식

다음 (b)계열의 대표적인 작품으로는 임철우의 「봄날」, 윤정모의 「밤길」을 들 수 있다.

우선 「밤길」은 5월 항쟁에 대한 군부정권의 엄격한 언론 통제를 염두에 둘 때, 비슷한 시기에 출간되어 탄압을 받게 되었던 전남사회운동협의회 편, 황석영 기록의 『죽음을 넘어 시대의 어둠을 넘어』(풀빛, 1985)와 함께 5월 항쟁의 소설화에 '혈로'를 뚫었던 작품으로 평가되고 있다.[3] 이 작품은 수습위원이었던 '김신부' 그리그 시민군이었던 '요섭'이 최후의 결전기에 항쟁의 진상을 서울에 알려야 한다는 임무를 가지고 도청을 나와 광주를 탈출하는 이야기이다. 그들은 단순히 도피하는 것이 아님에도 불구하고 자신들의 행동에 대하 끊임없이 변

---

[2] 주인공 '정현'은 소설의 말미에서 다음처럼 말하고 있다.
(…) 이 무서운 도시에 누군가가 불을 질러 활활 타고 있다. 이 오월의 밤에. 꺼질 줄 모르는 불꽃으로 변해 어두운 밤을 밝힐 것이다. 설사 도든 것이 불타 잿더미로 화한다 할지라도 민중들은 다시 부활할 것이다. 부활의 도시로 다시 새 꽃과 새로운 꿈이 날개짓 할 것이다. 그땐 나같은 방관자도 응징받아 마땅할 것이다[홍인표, 「부활의 도시」, 『부활의 도시』(한승원 외)(인동, 1990), 134쪽].
[3] 최원식, 「광주항쟁의 소설화」, 『창작과 비평』 여름(창작과 비평사, 1988), 287쪽.

민한다. 계엄군에 의해 처참한 죽음을 맞이하게 될 동지들의 모습이 그들을 괴롭히기 때문이다. 그래서 요섭은 자신을 두고 '족보에도 없는 비겁자'라 자책하기에 이른다. 이에 '김신부'는 번민하는 요섭에게 "우리도 지금 안전한 곳으로 대피하고 있는 게 아니란다. 거기에도 장벽은 있다. 그 장벽을 깨뜨려 달라는 임무가 우리에게 주어진 거야. 우린 그걸 해내야 돼. 비록 이 밤길이 영원히 끝나지 않는다 해도 이젠 서둘어야 한다"[4]라고 말하며서 소설은 끝난다. 그러나 이 작품은 앞서 언급한 (a)계열과는 달리 섣부른 전망의 제시로 부채의식을 상쇄하려는 경향은 나타나지 않는다.

부채의식의 치열성이나 그 강도를 따질 때 우리는 임철우를, 특히 작품 「봄날」을 결코 빠뜨릴 수 없다. 이 작품은 항쟁의 마지막 날 새벽, 친구인 '명부'가 죽음을 당하기 바로 전에 자신의 집을 찾아왔었고, 그가 애타게 문을 두드리는 소리를 빤히 들으면서도 자신은 꼼짝 않고 이불 속에 누워 있었다고 믿고 있는 '상주'의 일기가 중심 내용을 차지하고 있다. 항쟁이 종결된 후 '상주'는 누군가(물론 죽은 '명부'이다!)에게 쫓김을 당하고 있다는 피해망상에 사로잡히게 되고, 결국은 온몸에다가 유리조각을 긋는 식의 자해를 감행하게 된다. 따라서 동생 '상희'가 전해 준 '상주'의 일기를 읽던 중 화자 '나'가 환상처럼 떠올리는 '상주'의 자해 장면은 이 소설의 주제를 가장 압축적으로 표현해주고 있다.

> 크크크 … 상주가 기묘한 소리로 웃고 있었다. (주여, 나는 당신을 배신했습니다. 첫 닭이 채 세 번을 울기도 전에 귀를 틀어막고 눈을 가리우고 입을 쑤셔닫아 당신을 부인했습니다. 그리고 이불 속에 웅크리고 누워 더러운 살덩이를 떨고 있는 그 시각에 내 집 문전에서 죄 없는 아벨의 머리가죽이 생채로 벗기움을 당하고 있었습니다) 크

---

4 윤정모, 「밤길」, 『일어서는 땅』, 112쪽.

크크크 … 상주의 손에 깨어진 거울 조각이 쥐어져 있었다. 그 유리 파편의 날카로운 끝을 벌거벗은 가슴팍에 가져가더니 이윽고 녀석은 천천히 살가죽 위에 붉은 줄을 그어갔다. (아벨은 내 머리 위에 향유를 부어주듯 저주를 남기고 갔습니다. 보소서. 이제 저주는 여기 이렇게 낙인으로 새겨지나이다. 내 손으로 걸어 잠근 대문의 기억을 위하여) 상주의 가슴팍에 두 번째 줄이 그어졌다.(친구를 부인하기 위해 가로지른 그 완강한 빗장의 축복을 위하여) 세 번째의 붉은 줄이 허벅지에 그려졌다. (그 새벽녘의 거리를 흥건히 적시던 우리들의 배신을 위하여) 거울 조각은 네 번째 줄을 팔뚝에 그어 놓았다. 번들거리는 눈알과 상기된 상주의 얼굴이 눈앞으로 커다랗게 부풀어 오르며 달려 들어왔다. 크크. 희미한 웃음이 그의 일그러진 입술 가장자리에 떠오르고 있었다. 어딘가 희열에 차 있는 듯한 불길한 웃음이었다.5

이 예문에서 알 수 있거니와 작가는 친구 '명부'를 죽게 내버려두었다는 '상주'의 죄의식을 예수를 부인한 배반자 가롯 유다의 이미지 그리고 동생을 죽인 카인의 이미지와 중첩시켜 놓고 있다. 잘 아는 바와 같이 카인과 아벨의 이야기는 성서적 모티프의 중요한 요소로서 '형제살해' 콤플렉스를 반영하고 있다. 결국 '상주'의 죄의식은 "아무리 가슴을 쥐어뜯고, 풀어헤친 머리채로 통곡하며 뉘우친들"6 끝끝내 용서받을 수 없는, 이른바 영원히 상환 불가능한 부채로서의 기독교적 원죄의식으로까지 고양되고 있다.

그러나 이 작품에서 '상주'가 '명부'의 죽음을 방치했었다는 사실이 단지 '상주'의 강박이 만들어낸 환상인지, 아니면 실제로 그랬는지를 확인할 길은 없다. 결국 작품의 전체적 경향은 모호함 쪽으로 기울어지게 되는데, 이는 작가의 의도임이 분명하다. 그러한 모호함이 원죄의식을 환기시키는 성서적 모티프와 결합됨으로써 "간신히 대써 덮어두려고 해왔던, 그래서 그것으로부터 보다 자유스러워지기를 간절하게 원

---

5   임철우, 「봄날」, 같은 책, 191~192쪽.
6   임철우, 같은 책, 193쪽.

했던 그 어둡고 고통스런 기억들이 뚜껑을 열고 한꺼번에 뛰어나올 것"7 같은 음울한 분위기를 형성한다.

(a)계열과 (b)계열은 뚜렷한 차이를 안고 있다. (a)계열의 경우 그 작가들의 면모를 보면 알 수 있듯이 그들은 이후 5월 항쟁에 대한 뚜렷한 소설적 성과를 내지 못하고 있다는 점이다. 그 진정성이 의심되는 부채의식과 어설픈 전망주의가 소설화의 길을 차단한 셈이다. 반면 (b)계열 특히 임철우의 경우 부채의식의 치열성이 5월의 진상을 알려야 한다는 '증언의 욕구'로 이어지거니와(그 단초를 우리는 남편을 잃은 한 여인네의 구술증언의 형식을 빌고 있는 작품 「어떤 넋두리」에서 확인할 수 있다), 그것의 지난한 여정이 장편 『봄날』(전5권)로 결실을 맺었음을 이미 알고 있다.

3. '가족': 비극적 정서의 원천

1) '아비(父)'부재의 문학

그런께 사람이 야물어도 설 야물면은 못쓴단다. 바람 부는 대로 따라서 살아야지 혼자서만 꼿꼿이 설라고 하면은 큰바람에 꺾이고 말어. 혼자만 꺾이면 얼마나 좋게? 대개 보면 딸린 식구들까지도 그 밑에 깔려서 쓰러지고 말더라.8

위 예문은 한승원의 「당신들의 몬도가네」의 일절이다. 그 자체가 거대한 비극의 결정체로 인식될 만큼 부침의 연속이었던 한국의 근현대사를 위의 대목만큼 단적으로 요약해주고 있는 예도 드물다. 한국의

---

7 임철우, 같은 책, 199쪽.
8 한승원, 「당신들의 몬도가네」, 같은 책, 224쪽.

근현대문학을 일러 보통 '아비(父)부재'의 문학이라고들 한다. 이 땅의 '아비'들은 일제 때 징용으로 끌려가 돌아오지 않거나, 해방 이후에는 좌우 대립에 휘말리다가 결국은 이념의 길을 선택하여 월북하거나, 아니면 입산하여 최후를 맞거나(빨치산 투쟁) 하는 식이었다. 그런 연유로 한국문학의 지배적인 정서가 바로 '고아의식'이거니와 그것은 '아비찾기' 모티프와 결합되곤 한다. 그런데 문제는 '아비'의 부재는 가부장제적 구조가 상대적으로 강한 우리의 풍토에서 대개 '가족'의 해체("딸린 식구들까지도 그 밑에 깔려서 쓰러지고 말더라")로 이어진다는 점이다. 따라서 한국 근현대사의 비극은 문학 속에서는 종종 가족사적 비극으로 '초점화(focalization)'된다. 또한 '아비'의 부재로 인한 가족의 해체를 막아보려는 억척스럽고 모진 '어미'의 이미지가 상대적으로 부각되거니와, 그 과정에서 '어미'는 '아비'를 대신 하는 '자식(장자)'에 대한 기형적인 집착의 모습을 보이기도 한다.

게다가 한국은 '개인'보다는 가족적 위계와 질서를 우위에 두는 유교적 전통이 아직도 강하게 남아있는 터다. 따라서 가족은 사회생활의 기본 단위일 뿐만 아니라, 모든 것에 앞서서 지켜야할 신성한 것으로 받들어진다. 결국 한국 근현대사의 질곡의 과정이 가족의 해체를 동반했다는 경험적 위기의식과 유교적 가족주의 모럴이 덧씌워지면서 가족이란 개념은 논리 이전에 페이소스(恨)를 자극하는 어떤 것으로 남아 있다고 할 수 있다. 따라서 가족을 어떤 식으로든 지켜내야 한다는 맹목적인 의지를, 그것이 자신의 가족만 무사하면 된다는 가족이기주의로 비화될 소지가 다분함에도 불구하고, 우리는 이를 비판하기에 앞서서 측은지심으로 바라볼 수밖에 없다. 요컨대 '가족'은 비극적 정서의 원천인 셈이다.

이러한 맥락을 텍스트의 이면에 깔고 있는 5월소설들이 있다. 그러나 주의할 것은 이러한 유형에 포함되는 텍스트들은 비극적 정서를 환기하기 위해 텍스트 외적 상황에 의존한다는 점이다. 따라서 앞서 설명한 '가족'과 관련한 시대사적 혹은 사유 관습적 맥락(원천)을 괄호 친다면 효과적으로 이해할 수 없는 작품들이 많다. 예컨대 문순태의 「일어서는 땅」, 김중태의 「母堂」, 박호재의 「다시 거리에 서면」, 이명한의 「저격수」, 이삼교의 「그대 고운 시간」 등이 그렇다.

문순태의 「일어서는 땅」의 주인공 '박요셉'은 한국 근현대사의 부침을 고스란히 떠 안고 있는 인물이다. 그의 아버지는 일제 시대 노무자로 끌려가 돌아오지 않았고, 그의 형은 여순반란 사건 당시 목숨을 잃는다. 게다가 아들 '토마스'는 5월 항쟁 당시 행방불명이 되어 찾을 길이 없다.

이 소설의 특징은 겹침의 구조를 갖는다는 점이다. '박요셉'의 어머니와 아내는 동일한 삶의 궤적을 밟는다. 어머니가 여순반란 사건 당시 행방불명이 된 형을 실성한 듯 찾아 나서는 것처럼, 그의 아내 역시 지난날 어머니의 형상으로 사지(死地)로 아들을 찾아 나서는 것이다. 게다가 항쟁이 종결된 이후에 아내는 아들을 잃은 슬픔에 절망한 나머지 일년 중 열 한 달을 거의 식물인간 지경에 있다가도 어김없이 5월만 되면 잠시 의식을 되찾아 아들 '토마스'를 찾아 광주로 향한다.

형은 어머니에게 가장 큰 꿈이었다. 어머니는 형을 항구도시의 중학교에 보내기 위해 정수리의 머리칼이 닳아빠지도록, 날마다 미역이나 멸치를 이고 지리산 근동을 헤매는 억척스러움을 보여왔다. 여순사건으로 행방불명된 형을 찾는 어머니가 그에게 "네 형을 못 찾으면 네 아버지도 만날 수 없단다. 네 형을 만나야 아버지도 만날 수 있는겨"라고 말한다. 결국 어머니에게 형은 부재하는 지아비를 대신하는 존재였던 셈이다.

그런데 항쟁 당시 '박요셉'에게 아들 '토마스'를 찾아 나서는 아내의 모습은 영락없이 지난날의 어머니 모습이다. 또한 어머니에게서 그랬던 것과 동일하게 아내 옆에서 왜소해진 자신의 모습을 발견한다. 물론 그가 어머니로부터 왜소함을 느꼈던 원인은 당시 그가 어릴 때였고 어머니의 덩치가 커 보였기 때문만은 아니다. 그는 이른바 '차남의식'에 사로잡혀 있었던 것이다. 어머니는 장자인 형에게만 모든 에너지를 집중한다. 따라서 차남인 그는 소외된다. 형에 대한 미움이 그의 마음속에서 싹틀 수밖에 없다.9 그가 다시 아내 옆에서 왜소허진 자신을 발견할 수밖에 없는 것은 그의 형과 아들 '토마스'가 교묘하게 겹쳐지고 있기 때문이다. 그리고 이 작품 여러 곳에서 형과 '토마스'를 동일 선상에 놓고 있음을 발견할 수 있다. 예컨대 작가는 예전의 형의 자취방 분위기와 '토마스'의 자취방 분위기를 병치시켜 놓거나, 형의 일기에 기록된 내용과 토마스의 일기에 기록된 그것이 거의 일치함을 제시하기도 한다.

중요한 사실은 그가 형을 찾아 헤매던 중 항구도시의 흙구덩이에 처박힌 형의 시체를 발견하지만 그대로 방치해두고 집으로 돌아와 어머니에게 그 일을 숨긴다는 사실이다. 이후 그는 하루도 마음 편한 날이 없었고, 심한 자괴심과 고통의 나날을 보내야 했으며 씻을 수 없는 오한으로 괴로워하게 된다. 그의 행동은 어머니의 관심을 온통 독차지하는 장자인 형에 대한 무의식적인 시기와 증오의 발로였다. 게다가 형은 어머니에게 자식 이상이자 지아비였다. 그가 훗날 형에 대한 씻을 수 없는 오한에 시달릴 수밖에 없는 이유는 '차남의식'이 '형제살해'나 '부친살해'와 같은 근원적 원죄의식으로 치환되기 때문이다. 앞서 임

---

9 아래 인용문은 그 좋은 예가 될 것이다.
   "아버지가 보고 싶으면 네 형을 보거라. 너는 외삼촌을 닮고, 네 형은 아버지를 빼다박았다."
   어머니는 늘 그렇게 말했었다. 그리고 아버지를 닮은 형을 더 사랑하는 것같이 느껴져, 때로는 의뭉스럽게 질투심이 뻗질러 오르기도 했었다(문순태, 「일어서는 땅」, 같은 책, 29~30쪽).

철우의 「봄날」에서 살펴본 바 있는 카인과 아벨 모티프의 변형인 셈이다. 더 중요한 사실은 형과 '토마스'가 겹쳐짐으로써 형에 대한 죄의식과 오한이 아들 '토마스'에게로 그대로 전이된다는 점일 것이다. 아무튼 이 작품은 비극적 정서의 원천으로서의 '가족'이라는 맥락에 의존하는 전형적인 소설이 될 것이 틀림없다.

2) '누이'들의 수난사

박호재의 「다시 거리에 서면」은 광주가 해방된 날로부터 다시 계엄군이 광주를 장악하기까지의 약 1주일 동안 한 가족에게 일어난 일을 다루고 있다. 주인공 '지숙'은 홀어미와 어린 두 남동생을 거느리면서 집안의 살림을 도맡는다. 그녀는 가족의 행복과 안락을 그 무엇보다도 소중한 것으로 여긴다. 운동권 학생인 동생 '형석'은 누이의 그런 욕구를 소시민적 안정에 대한 염원으로 생각하여 단호히 거부한다. 그러다 '형석'은 항쟁에 참여하게 되고 막내 '형수'는 방위병으로 진압군 측에 동원된다. 형과 동생이 시위대 측과 진압군 측으로 서로 갈리게 되면서 이 소설은 두 동생의 안부를 염려하는 누이의 절박한 심리에 초점을 맞추고 있다.

그런데 이 작품이 독자들에게 얼마간의 호소력과 감동을 전하고 있는 것은 이른바 "형석에 대한 육친적 관심으로부터 광주항쟁의 정당성을 이해하게 되는 지숙의 의식발전과정을 설득력 있게 그리고 있는"[10] 데 있는 것 같지는 않다. 물론 '지숙'의 그러한 변모과정이 이 소설의 참 주제임에는 틀림없는 사실이다. 그러나 이 작품의 호소력은 이미 '누이'라는 존재 그 자체가 불러일으키는 어떤 관습적 정서(혹은 집단

---

10 최원식, 앞의 글, 290쪽.

적 무의식)에 빚지고 있다는 점에 주의할 필요가 있겠다. 이 절의 모두에서 밝힌 바와 같이 한국의 근현대문학은 '아비부재'의 문학이고 그 핵심에 '고아의식'이 놓여 있거니와, 그러한 의식 속에서 '누이'의 존재란 이른바 변형된 모성(母性)의 상징일 뿐더러 상실의 시대에 마땅히 보존하고 지켜야 할 신성한 가치(순수성과 정결성)로써 존재하게 된다. 이광수의 『무정』으로까지 거슬러 올라가는 이 같은 의식을 잘 아는 바와 같이 우리는 '누이 콤플렉스'라 부르고 있다. 아무튼 '지숙' 역시 변형된 모성으로 등장하거니와, 다음 대목이 이를 뒷받침해 주고 있다.

> 그 날, 장대비가 세차게 내리치던 날, 아버지를 묻고 돌아오는 산길에서 그 슬픔의 정체를 확실히 깨닫지도 못한 채, 머리넣 나간 모습의 민숭 너희들을 보고 내 가슴은 얼마나 고통스럽게 찢어질 듯했었는가? 빈한함으로 겪는 너희들의 고뇌가 가슴에 와 닿을 때마다 자신의 가슴은 얼마나 에일 듯했는가?[11]

'지숙'은 자신의 조부가 평생을 무지렝이로 땅마지기에 매달리다가 결국 쭉정이 같은 육신으로 병사하고만 사실을, 그리고 당숙이 참담하게 전쟁을 겪은 후 극심한 분열증에 시달리다가 객사하게 된 경위를 익히 알고 있다. 따라서 위 예문은 "불쾌한 점액질의 피막처럼 그들 가족을 언제나 구죽죽히 휩싸고 있는 그 가난과 그 부자유스러움"[12]에 치를 떠는 '지숙'이 '아비'의 죽음이 장차 불러일으킬 동생들의 고통을 미리 떠올리며 가슴앓이 하는 대목이다. 이 지점에서 '지숙'의 형상은 '누이'이면서 동시에 '어미'의 그것이다.

한국의 산업화 혹은 근대화 과정은 '누이'의 수난(또는 훼손)과 결부된다. 예컨대 70~80년대 소설에서는 가족의 생계를 위해 도시의

---

11 박호재, 「다시 거리에 서면」, 같은 책, 67쪽.
12 박호재, 같은 책, 67쪽.

공장으로 떠난 '누이'들, 또는 도시의 일자리를 전전하다가 결국은 카페의 여급으로 전락한 '누이'들이 수시로 등장한다(이른바 대중문학의 한 지류를 형성했던 '호스티스' 문학!). 구체적인 작품들을 여기서 다 열거할 수 없거니와, 중요한 것은 상실과 부재의 시대에 신성한 가치로 존재해야 할 '누이'의 훼손과 타락은 세계(=악)에 대한 분노와 증오를, 그리고 슬픔을 자아낸다는 점이다. 따라서 항쟁의 현장으로 형을 찾아 나섰던 누이가 돌아오지 않는 것으로 결말을 맺고 있는 「그대 고운 時間」은 순전히 이러한 맥락에 의지하고 있다고 해야 할 것이다. 이 소설의 화자는 11살의 소년인데, 그가 생각하기에도 아버지가 없는 집(역시 '아비'는 없다!)에서 형은 큰 위안이며 희망이다. 따라서 형이 다시 돌아오지 못한다는 것은 생각만 해도 끔찍한 일이다. 왜냐하면 형은 다름 아닌 '아비'이자 가부장이기 때문이다. 결국 누이가 형을 찾아 나섰지만, 얼마 뒤에 형만 돌아오고 누이는 돌아오지 않는다. 이러한 설정은 굉장히 낯익은 풍경이라 할 것인데, '아비'의 눈을 뜨게 하기 위해 자신을 희생한다는 '심청'을, 이른바 내면화된 가부장의 서사를 연상케 하기 때문이다. 따라서 「그대 고운 시간」이 발산하는 처연한 정서는 텍스트 외적 조건, 이른바 누이 콤플렉스나 심청 모티프와 같은 집단적(원형적) 무의식 같은 것을 고려하지 않는다면 적이 무미건조한 것이 되고 말 것이다.

다음 「母堂」을 보도록 하자. 이 작품은 항쟁의 현장에서 뜻밖에 살아 돌아온 아들의 목숨을 끝내 지켜내기 위해 노심초사하는 여인이 주인공이다. 그녀의 남편은 박정희 군정의 폭압과 권력의 전횡에 맞서 빨갱이로 몰려 초주검을 당하고 감옥에서 반신불수로 단명 요절했다. 따라서 그녀는 반드시 아들의 목숨만은 지켜야한다는 생각에 해안가 근처의 마을에 아들을 피신케 한다. 하지만 그녀는 세상은 반드시 바뀌어야 하고, 자신은 언제든지 목숨을 버릴 수 있다고 대드는 아들을 보면서 착잡해 한다. 그녀가 아들을 지켜야 한다는 거의 본능적인 의지는 다음 대목에 이르면 절정으로 치닫는다.

> 가난한 천민의 신분으로 어렵사리 아들을 하나 얻어 기르게 되었는데 그 자식이 남달리 유난한 혈기와 무서운 힘으로 기를 세우는 게 보여서 그 부모는 늘상 근심이 떠나지 않았더란다. 한번은 시주승이 지나면서 혀를 끌끌 차고는 아꼬-우이, 아들을 이대로 두었다간 필시 화를 당할 것이오, 해서 그날 밤으로 어머니는 잠든 아들의 어깨를 불인두로 지져 힘줄을 끊어 놓았다잖던가. 그녀는 아들을 그렇게라도 해서 목숨을 부지토록 해야만 할는지 … 어떤 묘방이 서질 않았다.13

아들의 힘줄을 끊어놓아서라도 자신의 옆에 두어야 할지도 모른다는 어미의 마음. 어느 면에서 모성적 보호본능이 정작 보호해야 할 대상에 대한 치명적인 폭력으로 전이될 수 있다는 아이러니를 발견할 수도 있을 것이다. 이른바 5월 항쟁이 남겨놓은 비극적 정서를 독자로 하여금 측은함을 촉발시키는 어미의 본능적 모성애로 환기시키고 있는 셈이다. 그런데 문제는 이 소설이 처절한 모성애를 겨냥한 것인지, 아니면 5월 항쟁을 겨냥한 것인지 애매하다는 점이다.

3) 은유적 사유모델

5월의 문제를 가족사적 비극이나 가족적 모럴 차원에서 풀어내려는 의도를 특별히 문제삼을 필요는 없을 지도 모른다. 그러나 만약 그러한 의도가 자동화되고 관습화된 관념이나 어떤 무의식적 경향을 반영하고 있는 것은 아닌가라고 물었을 때 사태는 달라질 수밖에 없다.

보편적으로 사람들은 눈 앞에서 벌어지는 사건이 자신의 판단의 범

---

13 김중태, 「母堂」, 같은 책, 178쪽.

위를 초과하는 것이라면, 게다가 그것이 너무도 급작스러운 것이라면 실어증과 흡사한 반응을 보이게 된다. 우리가 충격이라거나 경악이라고 표현하는 것의 진상이다. 그런데 시간이 어느 정도 경과하게 되면 충격적인 사건의 정체가 도대체 무엇이었는가를 가늠해보게 되는데, 기본적으로 자신에게 익숙한 경험의 범주로부터 이해의 단초를 끄집어내기 마련이다. 이를 유사성의 원리 혹은 은유적 방식이라 지칭할 수 있겠다.

5월이라는 충격적인 사건을 두고도 동일한 말이 가능하다. 한국 근현대사의 질곡을 가족사적 비극으로 초점화하는 데 이미 익숙한 마당에 그것은 일종의 관습이고 자동화된 인식이 분명하다. 관습화된 인식은 의식보다는 무의식 쪽에 가깝다고 해야 할 것이다. 아무튼 유사성의 원리에 의한다면 5월의 비극성 역시 가족사적 비극이라는 은유로 포착되는 것은 손쉬운 일이라는 점이다. 또한 한국 근현대사의 과정이 종종 가족의 해체와 함께 했다는 경험적 위기의식과 유교적 가족주의 모델이 착종된 결과가 '가족'을 신성시하고 모든 가치의 비교우위로 삼으려는 경향으로 흘러갔음을 예측할 수 있고, 따라서 세계를 사유하고 인식하기 위한 기본 모델로써 기능한다는 사실 또한 어렵지 않게 유추할 수 있다. 따라서 사유의 중심인 가족으로부터 5월에 대한 이해의 단초를 마련하는 것은 당연한 일이다. 그러면서도 동시에 관습화되고 자동화된 것(무의식적인 것)임에 틀림없다.

그로부터 파생되는 문제가 더 있다. 대개 역사소설을 포함한 장편소설 등에서 가족사(혹은 가계사)를 격자로 놓고 도도한 시대의 흐름을 포착해보려는 시도들을 엿볼 수 있는데, 간편한 예로 염상섭의 『삼대』를 들 수 있겠다. 대체적으로 그러한 장편들에서 가족사는 시대사적 의미와 자연스럽게 호환되는데, 그것이 가능한 이유는 장편소설 특유의 긴 호흡 덕분이다.

그러나 앞서 살펴 본 5월소설들은 공교롭게도 단편소설들이다. 결국 가족사적 맥락이 압도하는 바람에 5월의 비극성을 드러내는데 어느 정도 효과를 거두었음에도 불구하고, 5월의 실제적인 모습은 이음새 없는 조각들로 제시되거나 하나의 풍문처럼 텍스트 주위를 떠돌게 된다. 예컨대 아래와 같은 대목은 이 점을 잘 보여주고 있다.

> (…) 절망적이고도 참담한 소문들이 도시 변두리까지 우우 몰려다니기 시작했었다.
> "원 세상에 …. 늙은 노인네들마저 머리통이 깨지든 말든 피가 철철 흐르도록 초죽음을 만들어 놓았다지 않수"
> "체포된 여학생의 그곳을 칼로 도려내었대 …."
> "수백 명이 트럭에 실려 개처럼 끌려갔다는 거야. 아직 아무도 그들 소식을 알 수 없대."
> "그들은 정말 우리들을 보기 흉한 딱정벌레쯤으로 아는 모양이야."
> "누군가가 시켰을 거라구요. 우릴 다 죽이라고 말입니다."
> "아니 왜요?"
> "거추장스러우니까요. 아님 무슨 말못할 흉계가 도사리고 있겠죠?"
> "에이, 거짓말 마슈. 그들도 사람일진대 …."
> "헌데, 이놈의 난리가 언제쯤 끝이 날는지 …?"
> "큰일이 한번 터져야 될 거요. 외곽엔 이미 군인들이 새카맣게 몰려 있답니다."
> "아이구, 그럼 모두 몰살이라도 시킬 모양이란 얘기요?"
> "우리사 어쩔라구요. 저~쪽에 있는 사람들이 문제지."[14]

환언하면 5월의 실제적 모습은 인물들간의 대화 속에서 그 편린의 형태로 제시되고 있을 뿐 '전경화(前景化)'되지 못하고 있다는 점일 것이다. 물론 5월의 실제적인 모습을 전경화할 수 없었던 쾌반의 책임은 작가들한테 있지 않았고, 군부정권의 파쇼적인 억압체제에 있었다고 말하는 것은 사족일 게 분명하다.

---

14 박호재, 「다시 거리에 서면」, 같은 책, 74쪽.

4. 서사적 지평의 확장

1) 사건들의 기계적 조합

앞에서 언급한 텍스트들 역시 5월이라는 사건을 일정한 방식으로 재구성하고 있다. 그러나 그러한 재구성이 즉자적이거나 혹은 무의식적(관습적)인 방식에 의존하고 있고, 대체적으로 죄의식이나 비극적 정서와 같은 다분히 정서적이거나 심정적인 차원을 건드리는 수준에 머물고 있음을 지적할 수 있겠다. 물론 이를 두고 일방적으로 작품적 한계나 결함이라고는 말할 수는 없다. 문학이란 기본적으로 인간의 감정이나 정서에 뿌리를 두는 것이기 때문이다. 다만 문학 역시 그 성격은 다르지만 과학이나 철학과 같은 사유체계의 일종이라는 점에서 보면 감정이나 정서 그 이상의 것이 되어야 할 것은 분명하다. 여기서 우리는 5월이라는 사건을 보다 의식적으로 혹은 어떤 목적의식 아래 재해석하거나 이념적 지평 위에 정초하려는 경향을 보여주는 일군의 텍스트들을 발견하게 된다. 이러한 계열에 드는 대표적인 작품들로는 정도상의 「저기 아름다운 꽃 한 송이」, 홍희담의 「깃발」, 정찬의 「완전한 영혼」 등이 있다.

우선 「저기 아름다운 꽃 한 송이」를 보도록 하자. 이 작품의 주인공은 '목민(이것은 법명이고 본명은 '영규'이다)'이라는 인물이다. 화순의 탄광 노동자였던 그의 아버지는 해방 1주년 기념식날 미군에 의해 살해된다. 미국에 대한 분노로 치를 떨던 그는 백아산과 지리산 일대에서 전개되었던 빨치산 투쟁에 가담하지만 실패하게 된다. 토벌작전으로부터 구사일생 도망쳐 나온 그는 나주의 모 암자에 칩거하면서 자신의 신분을 가린 채 승려의 삶을 산다. 그후 세월이 흘러 "더러운 난장판"인 현실 곧, "사바세계"[15]와 절연한 채 수도 생활에만 전념하려던 그는 번민 끝에 5월 항쟁의 현장으로 뛰어들어 플래카드 제작과 헌혈 운동 그리고 환자수송 등의 일을 맡아 한다. 결국 그는 진압군의 총에 맞아 죽게 된다. 이것이 이 작품의 주요 골자이거니와, 작가의 의도가 노골적이다 싶을 만큼 선명하게 드러나 있다. 이 작품은 빨치산 투쟁의 전력을 가진 '목민'을 주인공으로 내세워 그가 5월 항쟁의 현장에서 목숨을 잃는다는 식으로 이야기를 전개해 나감으로써 해방 직후의 빨치산 투쟁과 적어도 한 세대 이상의 시간적 격차를 지닌 5월 항쟁을 '반미투쟁'이라는 80년대 민중운동을 주도했던 투쟁 전략의 포석 아래 접목시켜보겠다는 의도를 보여주고 있는 셈이다.

  한국 사회의 주요모순을 민족모순이나 분단모순으로 설명하는 것은 그것의 가부를 떠나 퍽 일반화된 논리임에는 이론의 여지가 없다. 범박하게 말해 빨치산 투쟁이나 5월 항쟁 모두 분단이 낳은 산물이라 해도 아주 틀린 것은 아니다. 그러나 설령 그렇다 하더라도 또는 그것들 사이의 구조적 상동성이 발견된다 하더라도 역사의 일반이론으로는 포착할 수 없는 각각의 특수성과 고유성이 있기 마련이다. 그러한 사건들을 하나의 맥락으로 묶기 위해서는 각각의 사건이 갖는 고유성을 침해하지 않으면서도 시간적 격차를 상쇄할 수 있는 소설적 디테일이 마땅히 뒤따라야 한다. 이러한 요건을 충족시키려면 이 작품은 장편이었어야 마땅하다. 그러나 이 작품은 특이한 이력을 지닌 가공의 인물만을 동원하여 시간적 격차를 일거에 해소하는 한편 디테일에 대한 배려 없이 이 사건과 저 사건을 기계적으로 접목시키고 있다. 보다 정확하게 말하자면 그것은 접목이기보다는 일종의 콜라주이다. 따라서 이 작품에서 빨치산 투쟁 당시 대대장이 힘주어 강조했던 '인간주의' 곧, 항쟁의 현장에서 죽어 가는 '목민'이 다시금 되새기는 '인간들은 언제나

---

15 정도상, 「저기 아름다운 꽃 한 송이」, 『부활의 도시』, 209쪽.

옳았고 우리는 인민들의 염원을 모아 싸운다'라는 구호는 어떤 울림도 전해주지 않는 공허한 것이 되고 말았다. 그 결과 이 작품 역시 소설적 리얼리티를 상당부분 방기하고 있다는 혐의로부터 자유롭지 않다. 게다가 작품의 마지막 장면 곧, 인민주의를 부르짖는 대대장의 환청을 들으면서 웃음을 머금은 채 '목민'이 절명한다는 설정은, 작가가 어떤 비장미를 통해 궁극적으로 미래에 대한 낙관적 전망과 연결될 수 있기를 기대한 것으로 판단되나, 매우 안이해 보이는 게 사실이다.

    더욱이 주인공 '목민'이라는 인물 그 자체의 개연성마저도 의심된다. 빨치산 투쟁 전력을 가진 인물이 신분을 위장한 채, 게다가 놀랍게도 광주에 사는 혈육인 사촌동생과의 인연만은 유지한 채 촘촘한 권력의 감시망(당시는 박정희 정권 시절이다!)을 따돌리면서 무려 30여 년 가까이 운둔 생활을 하다가 장년의 나이로 투쟁현장에 뛰어들 수 있었다는 설정을 도대체 어떻게 받아들여야 할까. 이 대목에 대한 그럴 듯한 해명을 작품에서는 발견할 수 없다. 또한 '목민'이 사촌동생과 유일하게 인연을 유지하고 있다는 설정 역시 작가의 작위임을 쉽게 알아차릴 수 있다. 작가는 소설의 모두에서 "승복을 입은 지난 세월동안 끝내 잘라지지 않고, 질기고 끈끈하게 이어져온 사바세계의 유일한 인연"16인 광주에 사는 사촌동생의 존재를 강조하고 있다. 뿐만 아니라 이 작품은 사촌동생을 만나기 위해 금남로의 한 다방으로 향하던 도중 '목민'을 번민에 빠뜨리게 하는 시위대를 목격하는 것으로 묘사하고 있다. 이러한 정황을 놓고 볼 때, '목민'은 빨치산 투쟁과 5월 항쟁을 성급하게 접목하려는 의도에서 작가가 고안해낸 비현실적이고 개연성이 없는 인물처럼 보인다.17

---

16 정도상, 같은 책, 209쪽.
17 정도상의 이 작품은 작가의 이전 작품인 「십오방 이야기」보다 더 안이한 것으로 평가될 수밖에 없다. 「십오방 이야기」는 감옥을 배경으로 한 소설이다. 전태

작품 「저기 아름다운 꽃 한 송이」가 갖는 의의는 물론 5월을 한국 근현대사라는 보다 큰 역사적 지평으로 확장하려 했다는 점일 것이다. 그러나 앞서 지적한 여러 가지 결함들을 놓고 판단하거니와 이 작품은 5월을 역사적 지평으로 정당하게 확장하는 대신 역사적 사건들을 단지 기계적으로 조합하는 수준에 머물고 있다. 그렇게 된 원인을 여러 측면에서 짚어볼 수 있을 것이다. 그러나 작가 스스로도 강조하고 있거니와 '운동(정치)으로서의 문학'에 대한 작가 자신의 지향18이 과도한 이념(민중주의)적 강박을 불러일으켰고, 그것이 결과적으로 작위적이고 기계적인 작품을 산출해놓았다고 할 수 있다.

일 기념일을 앞두고 옥중투쟁을 준비하고 있는 운동권 학생 김원태와 막노동으로 떠돌다 살인을 저질러 감옥에 들어온 신입자 김만복이 등장한다. 여기서 문제적인 인물은 김만복인데, 만복은 항쟁 당시 공수부대원이었고, 당시 시민군에 참여했던 동생 만수가 상관인 소대장에 의해 살해된다. 만복은 동생의 희생을 대학생들의 데모 탓으로 돌리고, 대학생에게 적의를 품는다. 그러던 중 소대장과 닮은 인물을 살해하게 되고 감옥에 들어오게 된다. 이 작품의 의의는 소설 속에 최초로 가해자를 등장시켰다는 점일 것이다. 그러나 문지는 운동권인 김원태와 공수부대원 김만복을 성급하게 하나의 연대로 묶어내면서 화해로 결말을 처리하고 있다는 점이다.

18 작가 정도상은 다음처럼 언급한 바 있다.
"80년대의 작가는 철저히 민중적 세계관을 자신의 철학으로 삼고, 자신이 존재하고 있는 역사적 시·공간인 세계를 올바로 조망할 수 있어야 한다. 그리하여 하나의 인간으로서 존재하고 있는 세계가 어떤 절대폭력에 의하여 일방적으로 왜곡되어 있다면, 작가는 반드시 왜곡된 세계를 향해 투쟁의 기치를 드높이 올려야 할 것이다. 이것이 바로 역사변혁, 세계변혁의 일부분을 차지하는 문학이 담당해야 하고 또 작가가 담당해야 할 몫인 것이다. 만일 그것을 외면하고 여전히 왜곡된 세계를 정당한 것처럼 옹호하는 작가들이 있다면 그들은 훗날 역사의 준엄한 심판을 면하기 어려울 것이다. 그러므로 작가는 폭력과 공생하거나 민중에게 기생하여 문학행위를 해서는 안 된다."(「십오방 이야기」 작가의 말 중에서, 『일어서는 땅』, 293쪽)

2) 관념(정치) 우위의 재해석

「저기 아름다운 꽃 한 송이」에서 확인되는 이념에 대한 강박을 보다 더 전형적으로 보여주고 있는 작품으로 홍희담의 문제작 「깃발」을 꼽아야 할 것이다. 이 작품은 항쟁의 와중인 80년 5월 20일 택시운전사들의 차량 시위를 고비로 지식인과 학생 중심의 투쟁에서 노동자들의 투쟁으로 갈리는 시점을 형상화한 소설이다. 곧 초기의 항쟁을 주도하던 야학선생(지식인) '윤강일'이 퇴각하고 그 자리를 대신하여 여성 노동자 '형자'가 항쟁을 계속 주도한다는 내용으로 되어있다. 이 작품에 대해 일찍이 최원식은 항쟁의 본질적 국면을 간명히 요약하고 있다고 상찬하고 있거니와 "끊임없이 흔들리는 지식인과 달리 민중은 그 존재 조건 때문에 그 어떠한 현상적 왜곡에도 불구하고 진정으로 혁명적일 수밖에 없다"[19]는 사실을 확인한다.

이 작품의 출현은 그야말로 획기적인 것이었고, 문학은 "노동자 계급의 당파성에 입각한 철저한 재해석"[20]이어야 함을 강조하는 소위 '민중적 민족문학' 혹은 '민주주의 민족문학' 노선으로부터 비상한 관심을 불러모으기도 했다. 그러나 이 작품의 문제는 고은이 이미 지적하고 있거니와 항쟁 주체로서의 노동자상의 강조가 "다른 계급의 의지와 양심에 대한 배타적인 입장이 실제와는 다르게 일용노동자나 때밀이 등 룸펜프로(룸펜프롤레타리아 : 인용자)를 비롯한 어느 정도의 지식인의 역할을 아예 막아버리는 소승주의"[21]로 흐르고 있다는 점이다. 그러나

---

19 최원식, 앞의 글, 286쪽.
20 이강은, 「광주민중항쟁에 대한 소시민적 문학관을 비판한다」, 『노동해방문학』 (노동문학사, 1989.5), 168쪽.
21 고은, 「광주5월민중항쟁 이후의 문학」, 『광주5월민중항쟁』(광주5월민중항쟁 10주년기념 전국학술대회 발표논문집, 풀빛, 1990), 238쪽.

이 작품의 본질적인 문제는 작품의 내면을 잠식하고 있는 사회과학주의, 사실은 의사(擬似)-사회과학주의이다. 이를 가장 단적으로 보여주고 있는 장면은 바로 주인공 '순분'과 그녀의 일행들이 항쟁 당시 부상자와 구속자 명단을 놓고 계급적으로 분류하면서 결국 '형자'가 남긴 말을 회상하는 대목이다. 길지만 그 대목을 그대로 옮겨보겠다.

> 유산자계급 : 엄밀한 의미에서 이 계급의 사람은 한 사람도 없다. 그러나 안정된 직업을 가진 사람들을 이 계급에 포함시켰다. 회사원, 축산업, 공무원 등.
> 지식인계급 : 재야 인사, 운동권 청년, 교사, 대학생, 학생, 지적인 일에 종사하는 사람들 등등.
> 농민계급 : 농업에 종사하는 모든 사람들.
> 무산자 계급 : 세 곳에 포함되지 않은 모든 사람들을 이 계급에 집어넣었다. 공원, 세차공, 음식점 배달원, 무직, 외판원, 타일공, 양복공, 세탁공, 청소부, 노점상, 점원, 가난한 주부, 운전수, 보일러공, 소상인, 막노동, 고물상, 행상, 용접공, 자개공, 목공, 구두닦이 등등.
>
> 유산자계급 : 34명
> 지식인계급 : 240명
> 농민계 : 47명
> 무산자계급 : 822명
>
> 대략 71%가 무산자계급이었다. 지식인계급에 속하는 대부분의 숫자는 예비검속으로 붙잡혀간 사람들이었다. 붙잡혀가지 않았다면 모두 투쟁에 가담했었을까. 대답은 미지수이지만 운좋게 검거를 모면한 사람들의 행동으로 기준해 본다면 가정은 나온다. 많은 사람들이 투쟁에서 이탈했을 것이다. 그렇다면 무산자계급의 퍼센트는 더 높아질 것이다. 80퍼센트, 90퍼센트. 결과를 놓고 보니 순분은 형자의 말이 새삼 떠올랐다. 그녀가 동료들에게 말했다.
> "언니가 왜 그랬는지 이제야 알겠어."
> "뭐라고 그랬는데?"
> 철순이가 눈을 빛내며 물었다. 영숙이, 미순이도 순분이를 주시했다.
> "그때 언니가 말했어,"
> 순분은 말을 끊었다. 되살아난 듯 형자의 모습이 생생했다. (…) 언니가 말했지.

"어떤 사람들이 이 항쟁에 가담했고 투쟁했고 죽었는가를 꼭 기억해야 돼. 그러면 너희들은 알게 될거야. 어떤 사람들이 역사를 만들어가는가를 … 그것은 곧 너희들의 힘이 될 거야."22

보는 바와 같이 '순분'이 행하고 있는 계급 분류의 방식은 매우 엉성하고 어설픈 것이어서, 그러한 분류의 엄밀성이나 기준 따위를 묻는 것조차 무의미한 일이다. 직업이나 직종이 그것에 종사하는 당사자의 계급적 자질을 결정하는 것이라고 생각할 수 있을까. 아무튼 '순분'은 조악한 계급 분류표에 따라 부상자와 구속자들을 나누어 배치한 다음 예비 검속으로 붙잡혀 가지 않았다하더라도 지식인들 대부분은 투쟁에 가담하지 않았을 것이라는 예단 아래(지식인에 대한 반감 아래) 항쟁에 가담하여 투쟁하고 죽어간 '어떤 사람들'은 비율 상으로만 봐도 명백하게 드러나듯 무산자 계급 또는 노동자일 수밖에 없음을 선언하기에 이른다. 이 작품의 미덕은 기존의 5월소설들과는 달리 "항쟁을 거기에 몸소 참여했던 사람의 눈으로 관찰"함으로써 "먼발치서 본 사람의 추상적인 괴로움, 자책감, 울분, 경악 등이 배제"되는 대신 "싸움을 이끌어가던 당사자들의 싱싱한 언행이 풍성하게 담겨"23있다는 점일 것이다. 그러나 그러한 참신성과 획기적인 성격에도 불구하고 결과적으로 설익은 노동자주의의 관철로 인해 항쟁을 일면화하거나 편향된 시선으로 재구성하고 있음은 심각한 문제가 아닐 수 없다. 또한 이 작품에서 노동자주의의 관철이 설득력이 부족한 것 이외에 작품 결말 부분에서 포착되고 있는 낙관주의적 전망은 억지스럽다. 작가 홍희담은 주인공 '순분'의 눈을 통해 자전거를 타고 출근을 서두르는 노동자들의 모습에서 힘차게 달리는 증기기관차를 연상해내도록, 그리고 그들의 펄럭이는

---

22 홍희담, 「깃발」, 공선옥 외, 『꽃잎처럼』(풀빛, 1996), 280~282쪽.
23 김태현, 「광주민중항쟁과 문학」, 『그리움의 비평』(민음사, 1991), 87쪽.

작업복에서 수없이 펄럭이는 '깃발'들의 환영을 발견해내도록 한다.

앞서 정도상의 작품과 홍희담의 이 작품은 공히 '운동(정치)으로서의 문학'에 기대고 있고, 당대의 정치적 목표 또는 지평 의에서 5월의 재구성을 시도한 것이라는 공통점을 가지고 있다. 게다가 공교롭게도 어색한 전망주의라는 결함까지 공유하고 있는 것이 사실이다. 따라서 이들 작품은 당대의 정치적 이슈가 전경화되는 반면 5월의 사실(fact)은 뒤로 후퇴해버린다는 문제를 또한 동시에 안고 있다. 이는 이 글의 3절에서 논의했던 바, 초기의 5월소설이 가족사적 맥락에 압도되는 바람에 5월의 실제적인 모습이 이음새 없는 조각들로 제시되거나 하나의 풍문처럼 텍스트 주위를 떠돌게 되었다는 식의 오류보다 더 심각한 것이기도 하다. 사실상 초기 5월소설이 지닌 그와 같은 오류는 정권의 통제라는 시대적 조건에 따른 필연적인 결과였다는 점에서 양해를 얻을 수 있다. 따라서 초기의 소설들을 두고 "항쟁이 남긴 후유증을 형상화하는, 즉 진실에 대한 우회적 접근의 방법을 통해 소설적 진실을 그려내는 양상"[24]이라는 평가 역시 가능한 것이다. 그러나 이들 작품은 5월의 사실에 접근할 수 있는 통로가 어느 정도 열리게 된 정치적 유화 국면기에 창작된 것들이었다는 점에서 초기 5월소설이 가진 결함 그 이상의 결함을 지닌 것이다.

다음으로 죽음이나 종교와 같은 형이상학적인 주제를 주로 천착해 온 것으로 알려진 정찬의 「완전한 영혼」을 보자. 이 작품은 항쟁 당시 청각을 잃은 '장인하'라는 인물의 삶과 죽음에 대한 변혁 사상가 '지성수'의 관심을 중심으로 이야기가 전개된다. 작가는 90년대 이후 변혁운동의 절망과 좌절로부터 벗어날 수 있는 대안으로써 '장인하'를 주목

---

[24] 신덕룡, 「광주체험의 소설적 수용 양상」, 『문학과 진실의 아름다움』(새미, 1998), 85쪽.

하는 것처럼 보인다.

80년 5월 당시 인쇄소 식자공이었던 '장인하'는 공수부대원들에게 쫓겨 막다른 골목에서 연행 직전에 이른 '지성수'를 구해낸다. 흥미로운 것은 작고 초라한 남자에 불과한 '장인하'가 '지성수'를 구하게 된 것은 어떤 완력을 사용해서가 아니라는 점이다. 그는 무턱대고 공수부대원들에게 다가가 총을 빼앗으려 했기 때문이다. 곧 "그가 나타남으로써 폭력의 표적이 바뀌었을 뿐만 아니라, 어이없는 그의 행동이 군인들을 당황하게 만들었고, 결국 흉기를 든 그들의 손을 내려뜨리게"[25]한 것이다. 따라서 '지성수'는 '장인하'를 생명의 은인으로 여길 뿐만 아니라, 자신의 불완전함을 일깨우는 '완전한 영혼'의 소유자로 인식한다. 이 작품에서 '지성수'는 변혁운동을 이끌어왔던 "세계의 실체에 닿는 유일한 길 위에 서 있다고"[26] 믿는 예언자적 열정, 환언하면 계몽이성을 신봉했던 존재로 그려지고 있다. 따라서 작가는 90년대 변혁운동의 좌절이 그러한 계몽이성의 불완전함에서 온 것이고, 그러한 불완전함을 해소하는 한편 90년대의 이념적(이데올로기적) 여백을 채울 수 있는 존재로 '장인하'를 제시하려는 듯하다. 그러한 '장인하'는 "완벽한 무사상적 인간, 악의 힘을 알지 못하는 인간, 혼돈과 광기와 모순으로 가득 찬 세계를 볼 수 없는 인간"[27] 혹은 폭력적이고 동물적인 세계와 대척점에 놓여있는 "식물적 정신"[28]의 소유자이다.

소위 식물적 정신이 과연 폭력적 현실에 효과적으로 대응할 수 있을까 또는 90년대적 결핍과 불완전성을 상쇄할 수 있는 이념적 지위를 획득할 수 있을까라는 물음에 대한 답은 다른 논의가 필요할 것이다.

---

25 정찬, 「완전한 영혼」, 『꽃잎처럼』, 75쪽.
26 정찬, 같은 책, 100쪽.
27 정찬, 같은 책, 93쪽.
28 정찬, 같은 책, 94쪽.

정작 중요하게 지적되어야 할 것은 이 작품의 소설적 관심이 주로 어디에 놓여 있는가 하는 점이다. 이 작품은 80년대 변혁운동의 이념에 대한 비판과 아울러 90년대적 사유 모델의 제시인가, 아니면 5월 그 자체를 문제삼고 있는 것인가. 이 작품은 분명 앞서 언급한 정도상이나 홍희담의 작품과는 결이 다른 것이 사실이다. 5월을 역사적 지평이나 정치적 관점에서 재구성하거나 재해석하는 대신 이른바 '영혼'의 문제라는 다소 형이상학적이고 관념적인 지평 속에 용해시키고 있기 때문이다. 그러나 그 결과는 비슷해 보인다. 곧 5월의 사실(fact)은 뒤로 후퇴해버린다는 문제가 그것이다.[29]

3) '사실(fact)'에 대한 집착

작가들이 5월의 의미를 역사적 혹은 정치적 아니면 관념적 지평 등으로 확장해보려는 시도 자체를 나무랄 수는 없다. 그러나 그러한 시도가 자칫 5월에 관한 실체적 관심을 약화시키는 한편 5월을 간접적으

---

29 이러한 징후는 역설적이게도 5월 항쟁의 전 기간을 거의 빠짐없이 다루고 있는 정찬의 또 다른 작품인 장편 『광야』에서도 포착된다. 이 작품은 5월 항쟁을 '죽음'의 문제로부터 이야기하고 있다. 그러나 유감스럽게도 작가가 말하는 죽음은 실제의 죽음도 항쟁의 현장에서 산화해간 구체적인 '주검들'도 아니다. 작가는 5월을 역사의 영혼과 권력의 영혼 사이의 충돌이라는 다소 추상적이고 형이상학적인 언어로 번역해내고자 한다. 문제는 그러한 관념적인 언어들이 소설을 압도하다보니 5월 자체가 가지고 있을 질료성은 그 자취를 감추게 된다는 점이다. 예컨대 시민군 지도부의 일원인 '박태민'이나 공수투대원 '강선우' 그리고 항쟁에서의 죽음을 거룩한 순교의 차원으로 끌어올린 신부 '도예섭' 그 누구도 살아있는 구체적인 인물로 다가오지 않는다. 다만 그들은 자신들이 떠 안은 실제적인 역할과는 상관없이 모조리 작가의 형이상학적 곤념의 통로 역할을 떠맡고 있다는 인상을 지울 수 없다. 동시에 이 소설 속에 등장하는 폭력이나 저항도 실제의 그것이 아니라 관념의 의상을 걸치고 있다.

로 혹은 계기적으로만 호명하게 되는 계기를 낳는 것이라면 안이하게 바라 볼 것은 아니다. 우리는 여기서 지평의 확장 혹은 재구성이나 재해석 자체를 완강하게 거부하는 작품들을 볼 수 있다. 임철우의 장편 『봄날』(전5권)과 문순태의 장편 『그들의 새벽 1·2』이 그것이다.

임철우의 장편 『봄날』은 5월 항쟁 관련 각종 증언물 그리고 자신의 실제 체험을 바탕으로 순차적 시간 배열에 따라 항쟁 열흘 기간동안의 사건을 거의 빠짐없이 기록하고 있다. 사실상 항쟁 열흘 기간은 산술적으로만 따지면 결코 긴 시간이 아니다. 그러나 이 열흘의 시간은 소설 속에서 동일한 시간대 안에 여러 시점들이 중첩하고 교차하게 됨으로써, 거기에다가 시간의 과도한 분절화를 거치게 되면서 인지적·경험적 시간의 범주를 넘어서는 시간의 무한한 지연(팽창)으로 탈바꿈하게 된다. 그러한 시간의 지연 위에서 서사적 경제성을 무시한 반복적인 폭력의 장면들이 쉴 새없이 그리고 진저리 치도록 출몰한다.

> 피. 그것은 피의 웅덩이였다. 인간의 몸뚱아리에서 그렇게 엄청난 양의 피가 쏟아져 나올 수 있다는 게 믿어지지가 않았다. 그 끔찍한 열다섯 개의 살덩어리들을 명치네 중대원들은 하나씩 논바닥으로 끌어내야 했다. 창자가 쏟아져 나오고 목이 덜렁 끊어져 버린 시체. 붉은 염료에 담긴 듯 긴 머리채가 온통 끈적한 핏물에 젖은 처녀. 무려 수십 발의 총탄에 전신이 걸레쪽처럼 너덜너덜해진 어린 여학생도 있었다. 넓은 들판 한가운데인데도 코가 막힐 정도로 번지는 비릿한 피내음 때문에 명치는 몇 번이나 헛구역질을 했었다.[30]

임철우는 이 작품의 「책을 내면서」에서 '사실'과 '상상력' 그 둘 사이에서 최대한 사실성에 의지하려 했다고 밝힌 바 있다. 따라서 위에 제시된 바와 같은 잔혹한 묘사들이 작품 속에 차고 넘치지만 실상 문학적(혹은 미적) 형상화라는 이름에 값하는 것을 의도적으로 포기하거나

---

30 임철우, 『봄날』 제5권(문학과 지성사, 1998), 159쪽.

유보하고 있음을 알아차릴 수 있다. 이른바 사실(fact)에 대한 욕구 곧, 5월을 '있는 그대로' 천착해야 한다는 욕구[31]가 허구(fiction)로서의 소설적 범주를 넘어서고 있거나 혹은 그 범주에 못 미치는 결과를 낳고 있다.

이 사실에 대한 욕구, 다른 말로 증언에 대한 욕구를 그저 작가의 창작 동기나 창작 배경 같은 것으로 간편하게 설명하는 것은 온당치 못하다. 이는 구두닦이 '박기동'과 같은 밑바닥 인생을 사는 인물들의 저항과 죽음의 과정을 통해 5월 항쟁의 전모를 그린 문순태의 『그들의 새벽』에 대해서도 동일한 말이 가능하다. 참고삼아 임철우의 「책을 내면서」와 문순태의 「작가 후기」 중 일절을 각각 옮겨 본다.

> 당시의 상황을 재현해내는 작업 자체가 참으로 고통스런 반복체험에 다름아니었다. 지난 10년 동안 나는 내내 5월 그 열흘의 시간을 수없이 다시 체험해야만 했고, 수많은 원혼들과 함께 잠들고 먹고 지내야 했다. 그러는 동안 가끔은 정서적으로나 정신적으로 몰라보게 피폐되어가는 듯한 내 자신을 깨닫고 깜짝깜짝 놀라기도 했다. 고통스런 기억의 반복 체험이란 것이 얼마나 사람을 소모시키는 것인지, 처음으로 알았다.[32]

> (…) 앞으로는 5월에 대한 소설을 쓰지 않기로 결심했다. 그 첫 번째 이유는 대부분의 사람들로부터 5월문학은 이제 식상했다는 말이 너무너무 듣기 싫기 때문이다. 두

---

[31] 이성욱은 임철우의 이러한 욕구를 사실을 그대로 재현해야 한다는 강한 염결성이라고 설명[이성욱, 「오래 지속될 미래, 단절되지 않은 '광주'의 꿈 : 광주민중항쟁의 문학적 형상화에 대하여」, 『문학포럼』(광주전남민족문학작가회의, 1998). 65쪽]하고 있으며, 정호웅은 기록해야하고 증언해야 한다는 소명의식과 처절하여 차마 떠올릴 수 없는 것이라 하더라도 오히려 더 사실적으로 그림으로써 진실의 온전한 드러냄에 나가야 된다는 산문정신의 결합으로 설명(정호웅, 「기록자와 창조자의 자리 : 임철우의 『봄날』론」, 『작가세계』, 1998.5, 310쪽)하기도 한다.

[32] 임철우, 「책을 내면서」, 『봄날』 제1권, 15쪽.

번째는 거대한 역사적 경직성 때문에 소설적 형상화가 너무 어렵다는 것을 실감했기 때문이다. 진실 드러내기와 문학적 형상화 사이에서 나는 그 동안 많은 갈등을 겪었다. 진실 드러내기보다 소설미학에 치중하게 된다면 영령들의 죽음을 욕되게 할 수도 있기 때문이다. 이 소설을 쓰기 위해 많은 자료를 수집했으나 그 자료들은 소설미학을 확보하는 데는 오히려 방해가 되기도 했다.33

각각의 언급에서 알 수 있거니와 이 작가들을 억눌렀던 사실에 대한 욕구는 적지 않은 대가를 지불하고 나서야 실현될 수 있었음을 유추할 수 있다. 그들의 작품은 '소설읽기'의 재미로만 따지면 독자들로부터 외면당하기 딱 알맞은 것들이다. 가볍고 세련된 감수성과 기발한 상상력으로 무장한 재미있고 매혹적인 소설들이 꽤 많다. 그런 소설들에 익숙한 이들에게 사실에 압도된 나머지 예술적 카타르시스나 미적 쾌감 따위와는 전혀 거리가 먼 작품들이 눈에 들어올 리 만무하다. 그럼에도 불구하고 그들은 소설미학을 희생하면서 게다가 심신의 피폐화를 감수하면서까지 5월의 사실에 매달렸다고 할 수 있다. 이는 무엇을 의미하는가.

무엇보다도 84년(윤정모의「밤길」)부터 지금에 이르는 5월의 소설화 과정에 어떤 결함이 내장되어 있었다는 점을 의미한다. 5월의 총체적 복원이라는 과제가 처음에는 정권의 통제에 의해, 또 나중에는 정권의 통제가 잦아들었지만 작가들이 목전의 정치적(이데올로기적) 과제에 몰두한 나머지 문학적 형상화의 우선 순위에서 제외시키면서 실현될 수 없었다. 따라서 5월의 전모에 천착했던 임철우와 문순태의 작품은 이른바 '5월소설사' 그 자체에 대한 비판이라는 의의를 갖는다. 그러한 의미에서 이들 작품은 5월소설사의 '원점'에 해당한다.

이들 작품이 원점으로서의 의의를 갖는다면, 이 작품들에 대한 온

---

33 문순태,「작가후기」,『그들의 새벽』2(한길사, 2000), 347쪽.

당한 평가와 비판은 그것들 이후 생산될 작품적 성과로부터 출발해야 한다. 이들 작품에 대해 우선은 미학적 완성도나 예술적 성취도를 묻기에 앞서 공리적 판단이 유효하고 또 필요하다는 사실이 중요하다.

5. 트라우마와 그것의 극복

1) 분열증과 편집증

트라우마(trauma)란 특정한 사건을 경험한 사람들에게 남겨진 정신적 충격을 의미한다. 5월이라는 사건 역시 그것을 경험한 사람들에게 엄청난 충격을 남겼거니와, 5월소설에 포함되는 거의 모든 작품이 정도의 차이는 있을망정 그러한 트라우마의 실체나 징후를 보여주고 있는 게 사실이다. 이 절에서 논의하게 될 대상은 그러한 트라우마의 문제를 통해 5월의 재구성을 의도한 작품으로만 한정하기로 한다.

그 대표적인 작품으로 최윤의 「저기 소리 없이 한 점 꽃잎이 지고」를 들 수 있겠다. 이 작품은 항쟁의 현장에서 엄마의 죽음을 방치한 채 도망쳤다는 죄의식으로 인해 심한 정신분열증을 앓는 15세 소녀를 주인공으로 내세우고 있다. 이 작품은 소녀의 분절된 기억의 파편들이 서술되는 부분과 소녀를 성적으로 육체적으로 학대했다가 고통스럽게 그녀를 그리워하며 오한에 시달리는 인부 '장씨'의 이야기 그리고 그녀의 행방을 추적하며 여러 곳을 헤매는 죽은 오빠의 친구들 곧 '우리'의 이야기가 교차하면서 음울하고 어두운 정서가 시종일관하는 복합구조의 소설이다. 특히 다음 대목은 이 소설의 주제를 잘 압축해주고 있다.

(…) 그녀의 무분별한 여정을 포착하기 위해서는 그녀의 가능한 내면으로 들어가야

했고, 그 속에 그녀와 같이 머무르면서 내면의 지시를 따라야 했고, 그것은 시간이 걸리는 작업이었다. 매번의 추적에서 그녀는 우리를 멀리 멀리, 시간적으로, 공간적으로 앞지르는 수밖에 없었고, 그 거리만큼 그녀의 흔적은 절망적으로 희미해졌다. 우리의 사랑하는 친구, 우리를 먼저 떠나버린 친구의 누이 동생의 흔적은 이미 상실해버린 꿈처럼 우리의 빈곤한 일상의 갈피에서 매 순간 생생한 상처로 되살아났다.[34]

'우리'가 그녀를 추적하기란 불가능하며 그녀의 흔적은 절망적으로 희미해진다. 그러나 희미해진 흔적들이 완전히 사라지기는 커녕 '매 순간 생생한 상처'로 되살아나서 '우리'는 "그녀를 찾아내지 않고는 그녀를 찾기 이전의 생활로 돌아갈 수가 없"[35]는 지경에 이르게 된다. '우리'는 그녀가 겪었을, '우리'에게 "죽은 사람 이상의 고통을 줄 것임에 틀림"[36]없는 그런 고통과 상처를 고스란히 떠 안아야 하고 심한 무기력증과 자학증을 견뎌야만 한다. 결국 이 소설은 소녀의 상처는 결코 치유될 수 없을 뿐만 아니라 '우리'는(그리고 실제 이 작품을 읽은 독자들인 우리들은) 절망적인 폐쇄회로에 갇혀 그녀의 '내면'으로 들어가 그 '내면의 지시'를 따라 상처와 고통을 반복 체험할 수밖에 없음을(또 마땅히 그렇게 해야 함을) 강조하는 것처럼 보인다.

이와 같은 절망적이고 비극적인 정서는 작품 전체를 관통하고 있는 바, 특히 순수성과 정결성의 상징인 '누이'의 훼손이라는 계기를 통해 극단적으로 고조된다고 할 수 있다. 소녀는 오빠를 닮은 인부 '장씨'에게 육체적으로 그리고 성적으로 숱하게 학대당하고 유린된다. 또한 "서천의 남자들이 겁없이, 무상으로" 소녀를 범했다는 '김'의 증언 대목은 그 자체로 분노와 전율을 불러일으킨다. '누이'란 변형된 모성(母性)의 상징이고, 상실의 시대에 마땅히 보존하고 지켜야 할 신성한 가치이다.

---

34 최윤, 「저기 소리 없이 한 점 꽃잎이 지고」, 『꽃잎처럼』, 167쪽.
35 최윤, 같은 책, 222쪽.
36 최윤, 같은 책, 223쪽.

상실과 부재의 시대에 신성한 가치로 존재해야 할 '누이'의 훼손과 타락은 세계(=악)에 대한 분노와 증오를, 그리고 슬픔을 자아낸다는 점을 이 글의 3절에서 이미 확인한 바 있다.

5월소설 중에는 최윤의 작품에서 보듯 피해자의 트라우마를 형상화하고 있는 것이 있는가 하면, 가해자측 인물의 고통과 좌절을 다루고 있는 것도 있다. 박원식의 「방패 뒤에서」, 한승원의 「어둠꽃」, 이순원의 「얼굴」 등이 거기에 해당한다.

「방패 뒤에서」는 그간 주목받아왔던 소설은 아니다. 그러나 이 작품은 가해자 측의 인물을 주인공으로 내세워 그의 개인적이지만 비극적 종말을 맞기까지의 과정을 보여줌으로써, 그러한 과정이 실은 5월의 체험 그리고 그것이 남겨놓은 상처와 결코 무관하지 않음을 말해주고 있다.

이 작품은 항쟁 당시 경찰기동대 내무반장이었던 '오치일'이라는 인물의 수기 내용이 중심을 이루고 있다. 주인공인 '오치일'은 전형적인 룸펜프롤레타리아이며 "돈 없고 학벌 없는" 자들은 "노상 깨어지게 생겨먹은"[37] 세상에 대한 원한(resentment)으로 가득 찬 인물이기도 하다. 그런 그가 시위 진압에 투입되면서 맹렬한 시위 군중에 대한 본능적인 공포와 적개심을 경험하게 된다. 그러나 사건은 그가 시위 군중에게 붙잡혀 사경을 헤매기 직전에야 수습대책위 사람들의 신원 보증으로 가까스로 풀려난 후부터 시작된다. 이 극적인 체험은 '오치일'에게 씻을 수 없는 상처로 남는다. 이 상처는 그로 하여금 '불온한 무리들'로 표상되는 인간 일반에 대한 맹목적인 저주와 증오를 낳고, 이어 총검으로 상징되는 '힘(권력)'에 대한 기형적이자 병적인 욕망으로 전이된다. 처단하겠다던 학살자는 권력의 우두머리를 차지하고 있고, 부정한

---

[37] 박원식, 「방패 뒤에서」, 『부활의 도시』, 273쪽.

권력과 신문방송은 일심동체가 되어있다. 따라서 그가 보기에 "총부리 거머쥔 무리들이 득세하기 마련이라는 것은 이 시대의 가장 보편적인, 일종의 진리인 것"38이 확실하다.

힘(권력)에 대한 병적인 욕망은 '오치일'을 한편으로는 힘있는 자의 편에 서야한다는 기회주의자로, 또 한편으로는 "자신에게 주어진 권한을 황금처럼 여기며 그것을 최대한 활용하고 시험하고" 동시에 그러한 권한을 통해 "숭배되어지기까지를 바라는"39 속물주의자로 변모시킨다. '오치일'의 속물주의가 파국을 맞게 된 것은 전근하여 초소의 장으로 부임하면서이다. 그는 대원들을 이유 없이 구타하고, 그들에게 굴욕적인 기합을 강요했을 뿐만 아니라, 자신만은 예외인 근무원칙을 그들이 따르도록 했다. 대원들은 '오치일'에게 저항했고, 이 일은 초소 내 소총난사 사건으로 비화된다. 산 속으로 달아난 자에게까지 총을 쏘았으며 자살을 기도했던 '오치일'은 결국 형장의 이슬로 사라진다. 비극적인 결말이 아닐 수 없다.

이 작품은 비교적 이른 시기에 5월의 체험이 피해자는 물론이거니와 가해자 측에게도 하나의 커다란 상처로 자리잡게 됨을 인식시켜준 소설이라 할 것이다.

다음 이순원의 「얼굴」을 보자. 직장에서 퇴근 후 돌아와 '그'가 하는 일이라고는 5월 관련 비디오들을 보고 또 보는 일이다. '그'는 항쟁 당시 공수부대원이었고 그 사실을 자신의 어머니조차 모르고 있다. 아무튼 '그'는 어느 비디오든 그 안의 화면은 물론 해설까지 외울 정도가 되었지만, 화면 어디에서도 자신의 모습을 결코 발견할 수 없다. 그럼에도 불구하고 그 속 어딘가에 총을 겨냥하고 있거나 곤봉을 휘두르고

---

38 박원식, 같은 책, 282쪽.
39 박원식, 같은 책, 287쪽.

있는 자신의 모습이 금방 튀어나올 것만 같은 강박에 시달리면서 더더욱 비디오 보는 일을 중단하지 못한다. 일종의 편집증이거니와, 이런 증상은 '그'를 주위의 동료나 타인들이 자신의 과거를 알고 몰래 비난하거나 비웃는 것이 아닌가 하는 막연한 피해의식으로 내몬다. 급기야 정상적인 생활이 불가능한 심각한 대인 기피 증상을 보이며 '그'는 사회로부터 스스로 유폐된다.

'그'는 자신의 과거를 합리화해보려 노력한다. 이를테면 '그'가 5월의 현장에 가게 된 것은 나라의 부름을 받고 군에 입대한, "더럽게도 운이 없어 그곳으로 차출된 한 익명의 공수부대원"이었기 때문이며, "그렇게 차출되어 그 자리에 서게 되면 집단적인 무의식 속에 누구라도 그런 짐승 같은 행동을 했을 것"[40]이라고 자위한다. 그러나 그래봐야 헛일이다. 왜냐하면 역사적 비극의 핵심에 닿는 사실을 깨닫기 때문이다. '그'는 자신 또한 "분명 물리적 가해자였으면서도 또 다른 정신적 피해자"[41]였다는 사실을 누구에도 말할 수 없고, 피해자들은 언젠가 "'폭도'의 누명을 벗고 복권되어도"[42] '그'는 "영원히 그러하지 못할 것"이라는 사실을 알고 있기 때문이다. '그'의 과오가 용서받을 길은 없다. '그' 역시 정신적 피해자였지만 그 상처를 치유할 수 있는 방법도 없다.

2) 유폐된 개인들의 치유 형식

이제 이러한 물음이 가능하다. 그것이 피해자의 것이건 가해자의 것이건 5월이 남겨놓은 트라우마를 치유할 수 있는 길은 없는가. 있다

---

40 이순원, 「얼굴」, 『꽃잎처럼』, 120쪽.
41 이순원, 같은 책, 133쪽.
42 이순원, 같은 책, 135쪽.

면 어떤 방법이 있을 수 있는가. 이 부분에 대한 해답을 그야말로 '개인적인' 모럴 수준에서, 필연적으로 개인적일 수밖에 없는 모럴 수준에서, 제시한 소설이 있어 흥미롭다. 바로 한승원의 「어둠꽃」이 그것이다.

이 작품의 주인공 '종남' 역시 「얼굴」의 '그'처럼 공수부대원이었고 그 사실을 가족이나 친척에게 말한 적이 없다. 특이한 것은 주인공 '종남'은 정신질환을 겪고 있는 '순애'를 아내로 맞아야 하며 결코 그녀를 버려서는 안 된다는 강박관념을 지니고 있다. 그는 항쟁의 후유증으로 정신을 놓아버린 한 여자, 도청 앞 분수대에서 춤을 추며 쇼를 벌인 미친 여자와 '순애'를 동일시한다. 그리고 '순애'의 정신분열을 자신의 탓으로 돌린다. 그는 '순애'를 치료하기 위해 정신과 의사를 찾지만, 정작 자신의 정신병증은 이야기조차 해 볼 수 없다는 사실에 절망한다. 그 역시도 대인 기피증, 피해 망상, 고립감에 시달리고 있기 때문이다.

'순애'가 앓고 있는 정신질환의 원인은 복합적이다. 우선 다섯 살 때 겪은 아비의 폭력에 대한 공포가 무의식에 잠재되어 있다. 잠재된 공포는 애인이자 시민군이었던 '이군'을 죽인 공수부대원 소위 '얼룩무늬' 옷에 대한 공포로 전이된다. 이는 남자에 대한 공포감을 낳는다. 이것이 의사가 '종남'에게 설명한 내용의 전부이다. 의사는 아내를 치료할 수 있는 방법은 아내의 모든 것을 남편이 더러워하지 않는 것뿐임을 일러준다. 그러나 빠진 부분이 있다. '순애'는 고교 시절 해수욕장에서 두 불량배한테 윤간을 당한 과거가 있다. 정신과 의사는 이 사실을 알면서 '종남'에게는 숨긴다. 이른바 '순결 콤플렉스'가 지배적인 이데올로기의 하나로 자리 잡고 있는 한국사회에서 정신과 의사의 그러한 처신은 차라리 이해할 만한 것이다. 보다 근본적인 문제는 다음 대목에 이르러서이다.

그는 속으로 투덜거리며 골목길을 걸어들어가곤 했다.
"우리 갈라서요. 나 미쳤어요. 더러운 여자예요"
아내는 자기의 몸을 미친 듯이 탐하곤 하는 그에게 몸을 맡긴 채 이렇게 지껄였다. 마침내는 해수욕장엘 가서 윤간당한 일까지도 털어놓았다. 그는 자기의 아내가 그런 일을 당했다는 사실이 그렇게 반가울 수가 없었다. 자기가 저지른 죄악하고 어쩌면 상쇄를 시킬 수 있을지 모른다는 생각에서였다.
"미치지 않은 사람이 어디 있어? 더럽지 않은 연놈들이 어디 있어?"[43]

'종남'의 이상 심리를 어떻게 이해해야 할까. 자신이 저지른 '죄악'과 아내가 저지른 '죄악'은 결코 동일한 것일 수 없다. 그래서도 안 된다. 아내의 죄악은 사실 죄악이 아니고 피해이고 상처이기 때문이다. 그러나 그가 아내의 고백을 듣고 그토록 반가울 수 있었던 이유는 무엇일까. 그것은 순결 이데올로기가 지배적인 사회에서 '더러운 여자'의 더러움을 알지만 그 더러움조차 형벌처럼 견뎌내면서("더럽지 않은 연놈들이 어디 있어?") 자신의 죄악을 치유함과 동시에 구원받을 수 있다는 발상인데, 그것은 차라리 위악적(僞惡的)이다 못해 비참한 것이다. 이러한 바탕 위에서 이루어지는 상처의 치유 혹은 화해와 용서는 불완전하고 게다가 거짓일 수밖에 없다. 참으로 궁색하고 가엾기조차 한 그러한 방식의 치유와 용서를 제시한 작가에게 비난의 화살을 돌려야 할까. 그렇지 않다. 차라리 역사적 비극이 남겨놓은 상처를 '순전히' 개인들이 유폐된 채 밀교적인 방식으로 치유할 수밖에 없도록 만든 보다 큰 사회적·제도적 맥락에 모든 비난을 돌려야 할 것이다. 작가 한승원이 제시하는 치유의 방식이 비단 작가적 오류나 결함에서 비롯된 것만이 아님을 여실히 증명해주고 있는 작품이 있다. 바로 송기숙의 최근작 『오월의 미소』이다.

『오월의 미소』는 항쟁 당시 시민군이었던 '정찬우'를 축으로 두 개

---

43 한승원, 「어둠꽃」, 『부활의 도시』, 48쪽.

의 이야기로 나뉜다. 하나는 항쟁의 현장에 있었던 모든 사람들이 설사 진압군이었다 하더라도 동일한 피해자라는 인식 아래 피해자들끼리의 화해를 보여주고 있다. 화해의 방식은 피해자 '영선'과 가해자였던 '김성보'의 영혼 결혼식이라는 형태를 취하고 있다. 나머지 하나는 시민군이었던 '김중만'이라는 인물이 5월 책임자 중의 하나인 '하치호'란 인물을 쇠파이프로 살해하게 되는 과정을 이야기하고 있다. 이 작품은 이른바 '화해'의 서사와 '응징'의 서사가 동일한 소설적 공간 내에서 서로 길항의 관계를 유지하고 있는 셈이다. 따라서 이 작품은 서사적 전개의 필요에 따라 두 개의 이야기로 나뉜다기보다는 봉합될 수 없는 두 개의 가치(지향)가 서사를 결과적으로 둘로 쪼개 놓았다고 해야 온당할 것이다. '화해'는 영혼 결혼식이라는 집단적이며 종교(무속)적인 의례(굿판)의 형식을 통해서 이루어지는 반면, '응징'은 '테러리즘'이라는 극히 개별화된 폭력의 방식으로 수행되고 있다. 화해의 형식과 응징의 형식 사이의 괴리 또는 불균형은 필연적일 수밖에 없는데, 궁극적으로 그것은 한국의 역사적 현실이 안고 있는 기형적인 한 국면의 충실한 반영이기 때문이다.

『오월의 미소』는 상처받은 개인들의 원한과 아픔을 해결할 수 있는 공적 장치(그것은 물론 국가 장치와는 다르다.)의 결핍, 이른바 집단과 개인을 매개하고 조정하는 사회적·공적 형식의 부재를 웅변해 주고 있는 것이다. 따라서 이 작품은 화해와 응징 그 어느 것도 실상은 완전하게 해결되지 않았음을, 여전히 미완의 숙제임을 말하고 있는 셈이다.[44]

---

[44] 범인종적 국민투표에 의해 남아프리카 공화국에서 출범한 '진실과 화해 위원회 (TRC : Truth and Reconciliation Commission)'는 따라서 시사하는 바가 많다. 이 위원회는 아파르트헤이트(흑백인종주의) 시대에 자행된 폭력과 인권 유린 사태의 가해자와 피해자의 증언을 이끌어 내어 그러한 사태를 전국민적 심판에 회부하

6. '예술성'의 획득을 위하여

일찍이 김현은 다음과 같이 말한 바 있다.

> 광주 체험은 그러나 너무도 압도적이어서 그것을 시화시키는데, 시인들은 큰 고통을 겪는다. 광주를 노래하는 순간, 그 노래는 체험의 절실함을 잃고, 자꾸만 수사가 되려고 한다. 성실한 시인들의 고뇌는 거기에서 나온다. 광주에 대해 눈을 감을 수 없다. 그렇다고 절실하게 느껴지지 않는 시를 시라고 발표할 수도 없다. 그 고뇌를 예술적으로 현명하게 헤치고 나온 시인들은 불행하게 많지 않다.[45]

'시'를 '소설'로, '시화(詩化)'를 '소설화'로, '시인'을 '소설가'로 바꾸어도 아무런 하자가 없을 줄로 안다. 위 대목은 이 시대의 모든 예술 또는 예술가의 운명과 임무에 관한 보편적 지침임에 틀림없기 때문이다. 요컨대 '체험(진실)'과 '수사(미적형식)' 사이의 괴리나 부조화가 예술적 고뇌의 핵심일텐데, 그 고뇌를 현명하게 헤쳐 나갔을 때만이 예술은 그 빛을 발할 수 있다는 것으로 요약된다.

20여 년에 이르는 5월소설사의 여정 역시 '체험'과 '수사' 사이의 갈등으로 채워져 있을 것이 분명하다. 5월을 소설화하려했던 작가들의 가슴을 체증처럼 찍어누른 고뇌와 번민의 본질이기도 했을 것이다. 하지만 작가들은 '수사'보다는 '체험' 쪽에 무게를 실을 수밖에 없었다. 그들은 역사의 요청에 따라 '현명한' 혹은 '성실한' 작가이길 포기했던 것이다. 그래서 간혹 자신들의 작품이 '체험'에서 더 나아가 그것이 하나

는 역할을 했다. 피해자들에 대한 보상이나 가해자들에 대한 처벌 혹은 사면이 사회적 합의에 의해 이루어질 수 있는 계기를 마련할 수 있었다는 점이 이 위원회의 커다란 의의일 것이다.

45 김현, 「보이는 심연과 안 보이는 역사 전망」, 『전체에 대한 통찰』(나남, 1990). 416~417쪽.

의 운동(정치) 에너지로 승화되길 간곡하게 바랐던 것 또한 사실이다. 그러한 욕구가 '체험'을 구성하는 실체적 사실에 대한 방기와 직무유기를 낳았다하더라도, 그것은 5월의 '체험'이 근본적으로 응축하고 있는 '초(超)-경험성'으로부터 비롯된다는 사실을 감안한다면 과오이자 동시에 필연이다.

다행히 임철우의 『봄날』과 같은 작품은 5월의 총체적 복원이라는 역사적이자 소설적인 과제가 긴 우회의 과정을 거쳐 완수되었음을, 이제는 다른 과제가 필요하게 되었음을 알려 주고 있다. 그러나 5월소설사 안에서 5월을 형상화하고 재구성하기 위해 동원할 수 있는 방법들과 실험들이 모조리 바닥난 것처럼 보이는 것도 사실이다. 따라서 '5월 문학은 식상하다'는 소리를 듣기 싫어 앞으로는 5월소설을 쓰지 않겠다는 문순태의 불만은 충분히 수긍하고도 남는다. 그렇지만 이를 액면 그대로 받아들이고 또 그렇게 생각해서는 안 된다. 비로소 5월을 놓고 '체험'과 '수사' 사이의 괴리와 갈등을 본격적으로 겪어야 하는 시점이 바로 지금이기 때문이다. 그러한 갈등 속에서 '체험'의 식상함을 일소하고 '수사'의 혁신을 통해 예술성을 획득해야 한다는 과제가 새롭게 제기되었기 때문이다. '체험'의 원심력과 구심력을 적절히 조절할 줄 알면서 5월을 예술적으로 현명하게 헤쳐 나올 작가들이 진정 필요할 때이다.

참고문헌

공선옥 외,『꽃잎처럼』5월 광주 대표소설집(풀빛, 1995).
문순태,『그들의 새벽』1 · 2(한길사, 2000).
송기숙,『오월의 미소』(창작과 비평사, 2000).
임철우,『봄날』전5권(문학과 지성사, 1998).
정 찬,『광야』(문이당, 2002).
최인석 · 임철우 엮음,『밤꽃』5 · 18 20주년 기념 소설집(이룸, 2000).
한승원 외,『부활의 도시』광주민중항쟁 10주년 기념작품집(인동, 1990).
한승원 외,『일어서는 땅』80년 5월 광주항쟁 소설집(인동, 1987).
고 은,「광주5월민중항쟁 이후의 문학」,『광주5월민중항쟁』, 한국현대사
      사료연구소(풀빛, 1990).
김 현,「보이는 심연 안 보이는 역사 전망」,『전체에 대한 통찰』(나남,
      1990).
김태현,「광주민중항쟁과 문학」,『그리움의 비평』(민음사, 1991).
나간채 · 정근식 · 강창일 외,『기억투쟁과 문화운동의 전개』(역사비평사,
      2004).
신덕룡,「광주체험의 소설적 수용양상」,『문학과 진실의 아름다움』(새미,
      1998).
이강은,「광주민중항쟁에 대한 소시민적 문학관을 비판한다」,『노동해방문
      학』(노동문학사, 1989.5).
이성욱,「오래 지속된 미래, 단절되지 않는 '광주의 꿈'」,『문학포럼』, 광주
      전남민족문학작가회의, 1998.6.
정명중,「'5월 문학' 연구에 대한 비판적 고찰」,『현대문학이론연구』제22
      집(현대문학이론학회, 2004)
정호웅,「기록자와 창조자의 자리 : 임철우의『봄날』론」,『작가세계』(세계

사, 1998.5).
최원식, 「광주항쟁의 소설화」, 『창작과 비평』 여름호(창작과 비평사, 1998).

연극의 여성성 재현 : 〈모란꽃〉 분석을 중심으로

강현아

1. 5월 연극 속에서 재현되는 여성 이미지

한국현대사에서 5·18항쟁이라는 역사적 사건은 문화예술분야에 가장 직접적인 영향을 미쳤으며, 문화예술을 통해 항쟁이 형상화되었다. 항쟁 이후 문화예술분야에서 '5·18항쟁'이라는 소재는 '민중'이나 '저항'의 상징으로 등장하였다. 그 중에서도 5·18항쟁의 진실을 가장 선명하게 재현할 수 있었던 장르는 연극과 같이 행동으로 보여주는 텍스트였다. 그러나 이러한 연극 텍스트는 공연장을 확보하는 데 공안당국의 사전검열과 감시망을 피할 수 없어 80년대 중반까지는 항쟁을 직접적으로 재현하지 못했다.[1] 그러다가 정치적·이데올로기적 지형의 변화와 맞물리면서 항쟁을 직접적으로 재현한 '5월 연극'[2]이 만들어질

---

1 '연극'이라는 문화적 재현의 장르가 사회적·정치적·이데올로기적 변화과정과 밀접한 연관이 있다는 사실은 안치운(1993), 심정순(2002) 등의 글을 통해서도 확인할 수 있다. 즉, 연극은 실제 배우가 무대 위에서 구체적인 행동을 통해 관객에게 보여주고, 관객이 직접 배우들의 행위를 접한다는 점에서 자극적이며, 그만큼 위험하다.

수 있었다.3

역사적 사건에 대한 문화예술적 재현은 역사의 주체이면서 동시에 대상인 일반 민중들의 경험세계와 그들의 투영된 의식세계에 집중하고 있으며, 문화예술적 재현물에 대한 연구를 통해 역사적 경험을 밝혀낼 수 있다(나간채 · 정근식 · 강창일 외, 2004). 5 · 18항쟁에 관한 문화예술적 재현들은 주로 역사적 기억과 경험을 회상하는 형식을 취하고 있는데, 이 글이 문제삼고자 하는 바는 바로 '여성'의 위치이다. 억압과 폭력의 주체처럼 이에 맞서는 사람들도 당연히 남성이었다는 암묵적 전제를 재검토하고, 여성은 '피해자'로만 나타난다는 사실을 주목하면서 항쟁에서의 '여성'에 관한 사회적 담론의 구성과 소통이 어떤 방향으로 이루어져야하는가를 성찰해 보려고 한다.

여성들의 경험을 '5월 연극' 텍스트에서 어떻게 재현하는가를 주목하는 것도 이러한 문제의식에서 시작되었다. 5 · 18항쟁에서의 여성이 피해자로서만 재현되어야 하는가? 피해자, 희생자로서의 이미지를 초월한 주체적 여성 이미지 재현은 불가능한 것인가? 여성의 주변화가 어떻게 재현되고 있는가?

이 글은 '5월 연극', 그 가운데서도 〈모란꽃〉(1993)에서 재현되는 여성 이미지를 여성주의적 시각에서 분석할 것이다. 〈모란꽃〉은 '항쟁에 참여했던 여성에게 말을 걸고 나아가 그들을 재현해 본' '5월 연극'이다. 그렇다면, 〈모란꽃〉은 남성중심적 역사나 가부장적 이데올로기

---

2 '5월 연극'이 1980년 5월 18일부터 27일까지의 기간 동안만을 재현하고 있는 것이 아니라, 1980년부터 현재까지 5 · 18항쟁을 경험했던 개인과 집단의 기억을 재현하고 있기 때문에 항쟁과 관련한 내용이 포함된 연극 텍스트를 '5월 연극'이라 규정할 수 있을 것이다.
3 연극 텍스트가 5 · 18항쟁을 본격적으로 다루기 시작한 것은 1987년 6월 항쟁 이후 민주화의 흐름을 타면서부터다. 이후 연극 텍스트는 <금희의 오월>, <일어서는 사람들>, <모란꽃>, <오월의 신부> 등이 생산되었다.

를 어떻게 상대화시키면서 다양한 여성의 경험을 재현하고 있는가? 또한 여성들은 은폐되고 생략되어 온 항쟁 역사의 빈자리에 주체로서 재현되었다고 할 수 있는가?

2. 텍스트 분석의 이론적 맥락과 방법론

기존에 이루어진 5·18항쟁 관련 '여성' 담론은 주로 항쟁 시기 여성의 활동상(안진, 1991 ; 이춘희, 1991), 한국 여성운동에 미친 영향(서선희, 1991 ; 이수애, 1991), 사상자 및 부상자 등 5·18항쟁 이후 광주전남지역 여성의 피해사례를 규명(이춘희, 1991 ; 김난희, 2000)하고 있다. 이를 통해서 5·18항쟁에 여성이 참여했다는 사실을 부각시켜 내고, '여성성'의 긍정적 측면을 강조하였다. 그러나 이 연구들은 '피해자로서의 여성' 이미지를 부각시키고 있으며, 성역할 분담체계에 의한 여성활동을 '여성의식 수준의 미비'에서 찾고 있다. 나는 여성활동에 대한 낮은 가치평가를 비판하면서 여성주의적 시각에서 5·18항쟁에서의 여성활동을 '주체적 참여'로 규정하고 이들의 활동을 가시화할 뿐만 아니라 가치화하려고 시도하였다(강현아, 2000·2002). 특히, 이러한 연구결과는 항쟁에 참여한 여성들의 구술생애사에 기반하여 남성중심적이었던 항쟁 역사와 담론을 상대화 시켰다.

구술생애사에서 화자 자신의 경험에 대한 이야기는 과거에 대한 의식적·무의식적 선택을 통해, 현재의 입장에서 자기 자신을 다른 사람에게 보여주는 하나의 창조 과정이다. 이러한 과정을 통해서 여성은 자신의 경험에 '나'라는 실체를 부여하게 되고, 자신을 되풀이해서 이야기하는 과정 속에서 고정된 '나'가 아니라 끊임없이 재현되는 '나'를 계속적으로 만들어간다. 이전까지 여성은 고정된 남성 주체에 의해 타자

(Other)로서 실체가 없이 서술되어 왔는데, 여성 구술생애사는 고정된 남성 주체에 대한 대항으로써 다양하고 유동적인 여성 주체의 존재를 창조시킨다.

그렇다면, 연극 텍스트라는 문화예술적 재현체계에서는 여성이 주변화 되지 않고 주체로서 재현되는가? 여성주의 이론은 재현(representation)이 사회적 이념을 통해서 담론이나 이미지 그리고 신화의 조건들을 조작함으로써 주체의식을 제공해 주기도 하고 거부하기도 한다는 점을 지적하고 있다. 재현의 체계가 되는 이념은 단순한 모방적 반영이 아닌, 사회적 질서를 창조하고 유지하는 데 참여하는 힘이 되는 사회적 구조들과 연관을 맺게 된다는 것이다.

특히, 돌란은 연극 텍스트의 재현체계를 "언어기호 및 문화적 부호에 의해 강화되는 억압구조"(Dolan, 1999, 5)라고 보며, 여성은 이러한 재현체계에서 주체(subject)의 위치를 차지해 본 적이 없으며, 객체(object)의 위치로 밀려난 하나의 성 계급(sex-class)으로서 가부장적 남성이데올로기를 강화시키는 이데올로기의 한 부분이었다고 강조하였다. 그러나 동시에 연극 텍스트는 이러한 여성 착취를 폭로하는 중요한 장이 될 수 있다고 보았다.[4]

이 때 여성주의적 시각에서 이루어지는 연극 텍스트 연구는 성별체

---

[4] 돌란(Dolan, 1999)은 연극 텍스트의 재현체계 내에서 전달하고 있는 내용이 남성 관객들의 주체성을 형성하고 있지만, 여성들은 재현체계 내에서 표현되지 않은 채 남겨진다는 점을 주장하였다. 이 외에도 여성의 출현이나 부재, 고정 관념화, 가치평가 절하에 대한 내용 분석은 많은 연구자들에 의해 수행되었다. 특히, 버틀러(Butler)와 패이즐리(Paisley, 1980), 터크만과 그 동료들(Tuchman eds, 1978), 그리고 코트니(Courtney)와 위플(Whipple, 1980) 등은 주목할만하다. 이러한 연구 결과는 연극 텍스트의 재현체계에 있어서 여성의 부재와 재현에 관한 비판적 내용을 담고 있다. 그리고 모성으로 재현되는 여성 이미지, 즉 남성적인 것에 대립되는 것으로서 여성적인 것을 재현하는 것에 대한 비판이기도 하다.

계에 의한 획일적 스테레오타입에 저항하거나, 연극 텍스트 내용이 보여주는 강제성을 거부하는 비판적 분석을 통해서 텍스트의 내용을 분석하는 '저항적인 독자'(Fetterley, 1978)가 될 수 있다. 즉, 관객에게 연극 텍스트의 내용을 전달함으로써 어떻게 가부장적 남성이데올로기가 자연스럽게 포장되는가를 폭로하는 것을 통해서, 여성주의적 시각에서 이루어지는 텍스트 분석은 남성중심의 문화를 변화시키려는 노력을 하게 된다(Dolan, 1999, 4~5)는 것이다.

이 글은 5·18항쟁을 재현한 연극에서 여성 이미지와 상징화과정을 첫째, 여성 등장인물의 연극 텍스트 내 위치와 이미지 분석을 통해 밝히고자 한다. 여기에서는 텍스트의 구도, 배경, 대사 등을 분석할 것이다. 둘째, 여성 이미지를 통해 상징하는 이미지를 분석하고자 한다. 이를 통해 〈모란꽃〉 텍스트가 5·18항쟁의 주체적 존재로서 '여성' 이미지를 재현하고 있는지, 또는 그 재현 이미지가 남성중심 이데올로기를 재현하고 있는지를 분석할 것이다.

〈모란꽃〉을 연구대상으로 한 이유는 텍스트 재현체계에서 여성이 주인공으로 등장하며 5·18항쟁에서의 여성 경험과 기억, 이후의 삶을 모습을 재현하고 있기 때문이다. 특히, 〈모란꽃〉은 실제 항쟁에 참여했던 여성 개인의 기억과 삶에 대한 구술생애사에 의존하고 있다.

〈모란꽃〉 텍스트를 분석하는 데 있어서 연구자의 주관성의 개입을 강조하는 '해석학적(interpretative)' 방법론을 이용하였다.[5] 해석자의 문화적 준거틀로 인한 주관성이 개입되는 한계를 인정하는 범위 내에서, 연극 텍스트 전체에 걸쳐 나타난 남성중심적 가부장제 이데올로기

---

[5] 연극 텍스트를 분석할 때 '해석학적' 방법론은 연구자가 작품 속에 적극적으로 참여하여 생산주체의 경험과 텍스트의 내용을 주관적으로 이해하려는 노력이라고 할 수 있다. 텍스트를 객관적으로만 바라볼 것이 아니라 능동적으로 연구자의 주관을 개입시키면서 그 의미를 밝혀나가는(김미도, 2000, 37) 것이다.

의 상관부분에 대해서 언급하려고 한다. 즉 내러티브 단위들을 통해 또는 시청각적으로 재현된 기호와 상징을 통해 재현된 생산주체와 구술생애사의 주인공인 여성의 관념이 지배 이데올로기에 대해 어떻게 순응 또는 저항하고 있는지를 드러내 보일 것이다.

〈모란꽃〉 텍스트를 중심으로 여성 이미지의 재현내용을 분석하기 위한 연구방법은 다음과 같다. 첫째, 연극이론적인 요소를 지니고 있는 기존 연구저작이나 기록을 종합하여 분석·해석한다. 둘째, 구체적인 연극 텍스트를 종합하여 분석·해석하는 작업을 함께 진행시켜야 실질적인 성과를 거둘 수 있기 때문에 희곡집이나 연극공연 관람 또는 공연을 녹화한 비디오 테이프를 수집하여 분석하였다. 셋째, 연극 텍스트의 생산주체, 즉 연출가, 배우 등과 인터뷰를 시도하였다. 인터뷰 내용은 본문에 직접 인용하거나 텍스트 분석의 기초자료로 이용하였다.6 넷째, 연극 텍스트의 생산자, 즉 극단이 소유하고 있는 연극 공연 팜플렛, 대본 등을 수집하여 분석하였다. 다섯째, 연극 희곡집(대본)의 내용을 본문에 직접 인용하였으며, 〈모란꽃〉 공연을 녹화한 비디오 테이프를 이미지 파일로 구성하여 본문에 제시하였다.

---

6 인터뷰 대상은 극단 토박이의 배우(여성)이다. 이 여성은 20대 후반으로서 주인공 이현옥 역을 맡았던 배우이다. 인터뷰는 2003년 7~8월 사이에 이루어졌다. 인터뷰는 인터뷰 대상자의 구술을 녹취·채록하는 방법을 사용하였다. 연출가 박효선의 경우는 1998년 이미 세상을 떠났기 때문에 직접 인터뷰를 할 수 없었다. 그래서 98년 그의 죽음 직전 5·18연구소에서 인터뷰한 내용을 인용하였음을 밝혀둔다.

3. 5·18항쟁과 연극 〈모란꽃〉의 배경

'5월 연극'은 1980년대에서 90년대를 지나 2002년에 이르기까지 많은 연극 텍스트가 생산되었고, '5월 연극운동'을 통해 5·18항쟁이라는 역사적 사건의 기억을 재현해 왔다. 이러한 '5월 연극운동'은 문화예술운동 전반의 꾸준한 성장과, 민주화운동의 성장과 발전이라는 커다란 흐름 안에서, 또는 그것과 맥을 같이하여 성장해 왔다. 그러나 연극운동의 양적·질적 확산과 발전은 때로는 정치적 지형의 변화에 따라, 때로는 연극 텍스트 생산의 내·외적 조건의 변화에 따라 많은 영향을 받았다.7

많은 '5월 연극' 텍스트 중에서 이 글의 분석 대상인 〈모란꽃〉의 내용과 재현 형식의 특징을 간단히 살펴보면, 사이코드라마로서 〈모란꽃〉 작품8의 전체적인 틀과 진행은 전형적인 심리극의 과정을 따르고 있고, 10개의 장이 순차적으로 구성되어 있다기보다는 주인공 여성의 내면의 흐름에 맞추어 비교적 독립적으로 구성되어 있다. 먼저 디렉터는 과거의 상처에 의해 자신의 경험을 말하기를 두려워하고 공공적인 대화를 꺼리면서 어색해 하는 주인공 여성을 편안하게 해주고 보조자아들과 함께 그녀의 잠재의식 속에 얽혀있는 문제들을 하나하나 장면으로 형상화해 나간다. 가까스로 얻은 직장마다 쫓아다니며 방해하는 안기부원들에 대한 분노, 시댁과의 갈등, 항쟁 참여의 계기와 과정, 체포와 고문, 이후의 심

---

7 '5월 연극' 텍스트의 시기별 변화양상은 강현아(2004)를 볼 것.
8 연출가 박효선의 5·18항쟁 4부작 중 최후의 작품인 〈모란꽃〉은 〈그들도 잠수함을 탔다(잠행)〉, 〈부미방〉으로부터 시작하여 〈금희의 오월〉에서 항쟁 10일간을 극적으로 형상화하여 재현한 다음, 1993년 좀더 내면적으로 항쟁의 상흔을 파고 들어간 심리적 수법과 새로운 무대구성이 특이하다는 평(문병란, 2000, 843)을 받은 작품이다.

리적 고통 등이 독백기법, 역할전환법, 대역기법 등의 다양하고 적절한 심리극적 기법을 통해 차례로 재현된다. 담아내고자 하는 내용과 각각의 기법들은 서로 유리되지 않고 유기적으로 결합하여 상승작용을 한다. 장면들은 적절하게 배치되어 주인공 여성의 갈등을 명료화시키고 해결로 이끌어내는 구성은 극에 안정감을 부여한다.

　주인공 이현옥은 5·18항쟁과 관련되어 정신적으로 깊은 상처를 입은 여성이다. 그녀는 항쟁에 참여했다가 체포되어 모진 고문과 모욕, 성추행을 당했고, 이로 인해 아이를 낳을 수 없을 뿐 아니라 늘 불안해하고 "4월 5월이 되면 입안이 헐고 눈을 감으면 피가 보이고, 잠을 자려면 악몽에 시달리며 화장실에 가면 피가 보이고 시체가 어른거리는" 등의 끔찍한 육체적 정신적 장애를 겪고 있다. 물론 그녀는 공식 재판에서 무죄로 석방되었다. 그러나 그 후에도 기관원들의 감시는 계속되었고 온갖 회유와 협박 속에서 그녀는 항쟁에 참여한 것 자체를 후회할 정도로 지치게 된다. 그러나 한 길 희망이 보이는 듯 하기도 했다. 87년 6월 항쟁 이후 5·18항쟁이 역사적으로 정당하게 자리매김되는 것 같았기 때문이다. 그러나 자신의 현실은 기대했던 대로 되지 않았고, 너무나 답답한 심정에서 그녀는 방송국의 인터뷰에 응하게 된다. 인터뷰 내용이 방송되고, 이로 인해 그녀는 시댁 식구들로부터 곤혹을 치르게 된다.

　5·18항쟁 당시 계엄군의 살상행위에 맞서 광주시민의 궐기를 외치던 시민군의 가두선무방송을 맡았던 '전옥주'라는 여성을 모델로 삼은 주인공 이현옥은 항쟁 이후 체포되었다가 풀려나 결혼과 함께 일상의 삶으로 돌아갔다. 하지만 시댁 식구로부터 '폭도'라는 비난을 받게 되고 이로 인해 심한 신경증에 시달린다. 그를 치료하기 위해 도입된 심리극은 계엄군의 참혹한 진압장면과 그를 남파간첩 '모란꽃'으로 조작하려는 고문과정 등을 재현하고 있다.

　〈모란꽃〉은 〈금희의 오월〉(1988), 〈그대에게 보내는 편지〉(1995)

등 1980년 5·18항쟁을 소재로 한 연작을 만들어 온 '극단 토박이'에 의해 공연되었다. 〈모란꽃〉의 대본을 쓰고 연출한 극단 대표 박효선은 항쟁 당시 시민군 지도부의 홍보부장을 지냈고, 들불야학활동을 함께 하던 윤상원, 박관현 등 항쟁 때 동료를 잃은 아픔을 갖고 있는 인물이기도 하다. 이러한 개인기억이 '극단 토박이'의 '5월 연극'에 토대가 되었다. 박효선은 1993년 김영삼정권 등장에 의해 '역사 바로 세우기'의 이름으로 진행된 청산작업이 "항쟁을 너무 사회사적이고 역사적 사건으로만 간주하는 경향" 때문에 피해자 개인에게 남긴 상흔을 짚어보기에 한계가 있다고 지적하였다.

따라서 〈모란꽃〉은 5·18항쟁이란 역사적 사건을 조명하는 데 중점을 두고 있기보다 이러한 역사적 사건으로 상처받은 한 여성 개인과 그 여성의 삶에 초점을 맞추고 있다. 이러한 의미에서 〈모란꽃〉은 역사적 사건의 상황을 사실주의적으로 재현하기에 한 개인의 충격적 경험과 이로 인해 겪고 있는 육체적, 정신적 고통을 보여줌으로써 아직도 해결되지 않은 항쟁의 실체와 그 의미를 되새기고자 하는 또 다른 '5월 연극' 텍스트인 것이다. 〈모란꽃〉은 여성 개인의 역사적 기억과 경험의 구술생애사에 기반한 심리극으로 여성 개인의 경험과 기억에 대한 구술생애사를 토대로 재현되었다.

4. 〈모란꽃〉 텍스트 분석

1) 주체적 여성 이미지

〈모란꽃〉 텍스트에서는 주인공 이현옥의 기억을 통해 5·18항쟁 당시의 여성 경험과 활동을 재현하고 있다. 여기에서 초점은 여성의 사건에 대한 참여의 동기나 방식이다. 이현옥과 보조자아의 대화 내용을 분석해보면, 이 연극은 여성들이 주체적이고 자발적으로 항쟁에 참여했음을 드러내고자 한 것을 확인할 수 있다.

보조자아 : (가두방송. 독백) 광주시민 여러분! 내일 오전 10시 도청앞으로 모여 주십시오. 광주역 입구에서 두 명의 우리 시민이 계엄군의 대검에 눈알이 파헤쳐진 채 쓰러져 있습니다. 광주시민 여러분! 우리는 더 이상 침묵할 수 없습니다. 더 이상 침묵해서도 안됩니다. 우리는 우리의 생명과 우리 고장 광주를, 그리고 우리 스스로를 지키기 위해 모두 나서야 합니다.
주인공(이현옥) : 제가 가두방송하는 동안 신역(광주역)에선 총격소리가 한창이었죠. 누군가 "총이 필요하다. 총을 구하러 외곽지역으로 나가야겠으니 차량들을 모이게 방송해주시오."라고 쓰인 쪽지를 저에게 전해주었습니다. "저 놈들이 총을 쏘기 시작했습니다. 시민군 여러분, 총을 구하러 화순, 나주, 장성, 담양 방면으로 나갈 수 있도록 차량들은 유동 삼거리에 집결해주십시오. 총이 필요합니다. 총을 가지러 갑시다."

…

주인공 : 도청이 탈환되자 저는 도청 안으로 들어갔습니다. 무슨 일을 해야 할까? 그때 도청민원실 취사반에서 저는 정임이 언니를 처음 만났습니다. 눈빛이 유난히 맑고 깨끗한 분이었어요. 언니는 보급담당을 맡고 있었는데 일단 시민군들의 먹는 문제, 입는 문제를 해결해 주어야 한다고 저에게 말했습니다. 언니는 공장여성노동자들을 데리고 들어와 조직적으로 일하고 있었죠. 저는 언니팀과 함께 행방불명자 접수 확인, 모금, 궐기대회 준비, 유인물 작성과 배포, 그리고 시체 염하는 것을 도왔습니다. 궐기대회에 시민대표가 없다 하여 대신 분수대 위에 올라가 궐기문을 낭독하기도 했습니다.

〈이미지 1 : 여성활동〉

또한 〈모란꽃〉의 재현 장면을 이미지 파일화한 〈이미지 1〉에서 등장하는 할머니, 대인시장 아주머니, 가두방송 활동을 하던 즈인공 여성들의 경험과 활동, 그리고 항쟁 기간 동안의 공동체를 재현함으로써 5·18항쟁이 총을 든 남성중심적 활동이었다는 기존 담론을 해체시키고 있다. 이는 다음의 주인공 이현옥의 대사 내용에서도 확인할 수 있다.

> 주인공 : 네, 그래요. 내가 가두방송을 할 때 딸기를 한 소쿠리 담아 주시던 늙은 할머니 …. 검은 리본을 만들려고 대인시장엘 갔을 때 핀값을 모아주시고 광목을 잘라주시던 아주머니 …. 동마다 구루마(리어커)를 끌고 피켓을 들고 도청으로, 도청으로 오시던 어르신들 ….
> 교수 : 완전한 공동체였군요?
> 주인공 : 네.

다음에 인용한 인터뷰 내용과 희곡 내용에서도 확인할 수 있듯이, 그 동안 크게 부각되지 않았던 항쟁 기간동안의 여성경험과 활동이 잘 드러나고 있다. 또한 여성경험을 주인공 여성의 목소리를 통해 재현하고 있다.

> 모란꽃 같은 경우에는 80년 당시 이현옥이라고 하는 5월을 겪은 한 평범한 여성이 5월 항쟁을 경험하면서 그 이후 어떤 상처를 받았는가를 드러내는 내용만이 아니라, 그 안에는 80년 당시 여성들의 활동 사항들이 들어가 있거든요. … 5월은 총을 든 시민들뿐만 아니라 밥을 하고, 가두방송을 하고, 또 그런 역할들이 가능할 수 있도록 뒷바라지 한 여성의 힘들, 이런 것들이 같이 갔기 때문에 가능할 수 있다. 그거는 여성과 남성의 문제가 아니라 우리 사회에서 그 일을 대표하고 추진해 나가는 이런 힘들이 있지만 그것의 바탕을 이룬 것은 그런 공동체정신, 그런 함께 하고 있는 이런, 그 삶을 기반으로 해서 또 여성성이 그렇잖아요. 그니까 함께 평화롭고, 그리고 너와 내가 없는 이런 것들, 끌어안는 포용성. 이런 것들이 여성의 힘에서 저는 발휘됐다는 생각이 들어요. … 근데 여성들의 이런 활동사항들이 많은 부분에서 평가되지 않았지만 … (극단 토박이 배우의 인터뷰 내용 중에서)

주인공 : (독백기법) … 전 지금도 그 해 5월을 기억하면 가슴이 뛰고 방망이질 해 댑니다. 군부정권의 힘은 너무나 파괴적이었고 비인간적이었습니다. 이에 대항한 광주시민들은 비록 체계적이거나 조직적이지는 못했지만 최선을 다하려는 자세로 열심히 싸우고 힘껏 일했었습니다. 특히 우리 여성들은 아무도 알아주지 않는 온갖 어려운 일을 도맡아 해냈습니다.

이 텍스트 주인공인 여성 등장인물은 당시 심야가두방송의 목소리 주인공으로 항쟁의 중요 역할을 한 주체로서 재현되고 있다(〈이미지 2〉 참조).

〈이미지 2 : 가두방송하는 여성〉

5·18항쟁의 초기국면인 5월 18일부터 여성노동자들과 여대생들이 가두시위에 참여하였고, 19일부터는 여고생들이 참여하였다. 20일에 이르면 수만의 여성들이 가두시위에 가담하는데, 이 때 여성들은 대열후위에서 시위전위부대와 민중들을 연결시켜 주는 역할을 하였다. 특히, 〈모란꽃〉의 실존 인물인 전옥주나 차명숙과 같은 여성들은 가두선무방송을 통해 시위대를 진두지휘하였다(황석영·전남사회운동협의회, 1996).

언론과 매스컴이 광주를 외면하는 상황에서 유인물, 가두방송, 궐기대회로 대별되는 선전활동은 항쟁에서 중요한 역할을 하였다. 이러한 선전활동은 앞에 제시한 여성의 개인기억에서와 같이, 대부분 자발적으로 참여한 여성들에 의해 이루어졌다. 뿐만 아니라, 무기접수를 위해 광주 외곽지역을 다녀온 시위차량에 여성들이 동승하였고, 일신방직 여성노동자들은 해남, 강진 등의 차량원정시위에 참여하였다.

　부상자와 사망자가 발생하기 시작하면서 여성들은 검은 리본을 만들기 시작하였고, 이 후에는 YWCA를 중심으로 선전활동과 물적 제공 활동을 계속하였다. 도청에서는 여성들이 대민업무, 시체처리, 취사활동 등을 담당하였고, 시민궐기대회를 효과적으로 조직하기 위해 집행부를 구성하였다.

　이처럼 항쟁 초기부터 마지막까지 여성들의 참여와 활동은 두드러지게 나타났다. 여성들의 활동은 누군가의 지도나 명령에 의해서가 아니라, 자발적이고 창발적으로 자연스럽게 분출된 것이었다. 따라서 〈모란꽃〉텍스트 재현체계에서 항쟁 당시 여성의 활동과 참여라는 주체적 여성 이미지의 재현은 항쟁에 대한 기존의 남성중심적 담론과 이데올로기를 해체시키고 있다고 할 수 있다.

2) 피해자, 희생자로서 여성 이미지

　그럼에도 불구하고, 〈모란꽃〉텍스트 내에서 재현되는 여성 이미지는 항쟁 이후 여성들이 겪는 상처를 주로 보여줌으로써 '피해자로서 여성' 경험을 부각시키고 있다. 즉, 〈모란꽃〉은 이현옥이라는 주인공을 통해 5·18항쟁이 과거의 역사가 아니라 현재에도 계속되고 있는 아픈 현실임을 인식시키려 하였다. 항쟁 이후 주변의 감시와 생활의 불안정, 시댁의 몰이해와 백안시, 허탈감에서 오는 우울증 등 내면에 도사리고 있는 상처를 무대 위에 재현하여 그 강박관념이나 공포의식, 불만의식으로부터 벗어나고자 하는 피해자이다.

교수 : … 5·18때 활동, 체포되어 고문당한 후, 가슴이 답답, 헛소리를 자주 하고 허리에 마비증세가 오고, 불안심화, 부부생활이 힘들고 … 라고 쓰여져 있군요. 대인공포증 …, 다른 사람과 대화하거나 만나는 것이 힘드셨나 보죠?
주인공 : 네. 금남로나 충장로 …, 시내에만 나오면 눈을 크게 뜨기가 싫고 거리의 모습을 자세히 볼 수가 없습니다. 아는 사람들을 만나면 저절로 고개가 돌려지고, 인사를 나누어도 얼굴이 뜨거워지면 빨리 그 자리를 피하고 싶어집니다 …
…
교수 : 현옥씨, 80년 5월 광주에서 일어났던 그 사건에 참여하신 걸 후회하신 적이 있습니까?
주인공 : … 솔직히 후회한 적도 있었죠. 내가 왜 이런 고생을 감수해야 하는가? 저들의 탄압과 협박을 이겨낼 자신도 없으면서 무엇 때문에 참여했을까? 전두환 정권 때의 험악한 상황 속에서는 정말 견뎌내기가 어려웠습니다. 가는 곳마다 여자의 몸으로 폭도노릇을 했다는 딱지가 붙어다녔습니다 …. 집에서까지 그런 소리 들을 땐 정말 죽고만 싶었습니다.
…
교수 : 집에서 … 누가 그런 소리를 했지요?
주인공 : … 시댁 식구들이었습니다.
교수 : 시댁 식구들이 어떤 연유로 그랬나요?
주인공 : 시댁은 서울분들이라 광주의 진실을 잘 모르더군요. 근데 무서운 건 진실을 알려구도 하지 않구 알고 싶지도 않으며 무조건 제 잘못이라는 거였습니다. 저보구 결혼할 때 속였다는 겁니다.

앞에 인용한 〈모란꽃〉 텍스트의 대화 내용은 주인공 여성이 5·18 항쟁 이후 겪게 된 정신적, 심리적, 육체적 상처를 자신의 목소리로 드러내고 있으며, 특히 그 상처가 시댁 식구와의 관계에서 비롯된다는 점을 강조하고 있음을 보여준다.

특히, 항쟁에 참여했다가 체포되어 모진 고문과 모욕, 성추행을 당했고, 이로 인해 아이를 낳을 수 없을 뿐 아니라 늘 불안해하는 등 끔찍한 육체적 정신적 장애를 겪고 있다. 그러나 아래에 인용한 대사 내용에서도 나타나듯이, 이러한 재현내용은 여성을 성폭력(성고문), 구타·폭력의 피해자, 희생자로서만 이미지화할 우려가 있다.

수사관(보조자아) : 야, 이현옥! 인제 그만 끝내자. 너는 북한 모란봉에서 2년 동안 교육을 받고 남파된 여간첩 '모란꽃'이다. 맞냐?
주인공 : 아닙니다. 난 간첩이 아니예요.
수사관 : 그래, 그래. 넌 간첩이 아니야. 나도 알아. 그런데 다른 사람들이 말이야, 네가 간첩이라는 것을 시인해 버렸어. 봐라. 여기 공작금 500만원이 니 방에서 발견됐다.
．．．
주인공 : 예. … 전 상무대에서 내내 하혈을 했습니다. 너무 많은 하혈로 의식이 흐려지고 손발이 마비되기 일쑤였습니다. 통합병원엔 산부인과가 없었기 때문에 …. 치료도 제대로 받지 못했습니다. 그 때 이후로 생리가 없어지고 난자 자체가 형성되지 않았습니다.
교수 : 현옥씨, 아까 말씀하신 상무대 취조과정 중 간첩누명을 뒤집어 씌우려 했던 것 말고 또 다른 일이 있었습니까?
．．．
주인공 : 여자수사관이 들어와 옷을 벗어라고 했습니다. 신체검사를 한다고 …. 옷을 벗어 알몸이 되었죠. 그러더니 갑자기 공수놈 몇 놈이 뛰어들어왔습니다. 나는 비명을 질렀지만 소용없었어요. 그리고 나에게 기합을 주었습니다. 앉아! 다리 벌려! 드러누! 엉덩이 들어! … 그리고는 나를 …. 천정에 매달았습니다 ….

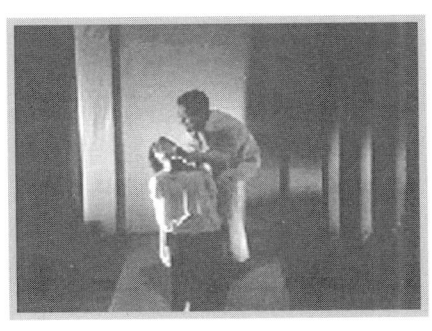

〈이미지 3 : 피해자 여성 - 고문당하는 여성〉

국가폭력에서 비롯된 5·18항쟁에 대한 구조적 폭력은 〈모란꽃〉에서 계엄군에 의해 짓밟히는 여성의 모습, 수사관이 주인공 여성에게 휘두르는 개인적 폭력과 연관되어 있다(〈이미지 3〉). 개인적 폭력은 성적 착취인 성고문(〈이미지 4〉)로 나타나는데, 이러한 재현 이미지는 생산주체의 의도와 무관하게 공격하는 자로서의 남성과 공격당하는 자로서의 여성이라는 기존의 담론으로부터 자유롭지 못하다. 이 장면에서는 주인공 여성을 천장에 매달아 놓고 구타와 폭력을 가하다가 여성의 양다리 사이로 방망이를 집어넣어 돌리는 '성고문'을 상징화하여 재현하고 있다.

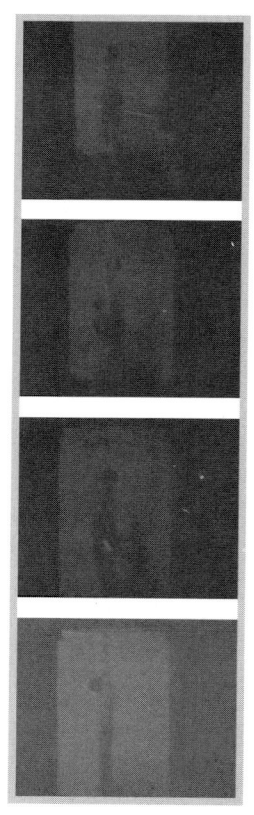

… 근데 이 여인에게 가장 큰 아픔은 여성으로서의 가장 큰 고통을 당하는 그 지점이잖아요. 그니까 이 여자의 인생에서 큰 변화를 겪어버리게 되는 5월에 어떤 가장 큰 여성의 어떤 파괴, 그로 인해서 아이를 갖지 못했고 그 이후에서도 어떤 큰 고통을 안고 살아갈 수밖에 없는 그런 고통의 극점이기 때문에 그걸 보여줄 수밖에 없었던 거죠. 그니까, 글고 그것을 선정적이지 않기 위해서 무대에서 걸러지는 거죠. 걸려져서 그런 충격을 작품에서는 그게 클라이맥스에 가깝기 때문에, 이 여인의 고통을 가장 적나라하게 보여줄 수 있기 때문에 고문장면이 들어갔는데 그런 선정적인 부분이나 이런 부분은 항상 경계해야 될 부분이죠. 근데 〈모란꽃〉에서는 오히려 그런 부분이 이 여인의 극렬한 고통을, 아 사람들에게 말로 하는 것보다 이렇게 인제 〈모란꽃〉은 재현형태잖아요. 심리극이어서. 그 재현하는 거기 때문에 그것을 어떤 이미지로써 접근하는 거죠. 옷을 다 벗고 뭐 이렇게 고문당하는게 아니라 한 여인이 공중에 매달려서 고문봉, 막 돌아가는 이런 것으로 형상화를 했기 때문에. 아무래도 영화는 직접적으로 강간당하는 장면을 보여주고, 저희 작품에서는 그런 것이 강간, 그 고문장면을 직접적으로 보여주는 것이 아니라 나름대로 이미지를 보여주는 것이기 때문에 그런 비판은 없었던 것 같애요. 설문지를 봤어도, 그게 충격적이다 이런 것은 봤어도, 선정적이다 그런 평가는 없었던 것 같애요 (극단 토박이 〈모란꽃〉의 여성 주인공 역할을 한 배우와의 인터뷰 내용 중에서).

5·18항쟁을 재현한 영화 〈꽃잎〉에서 공사장 인부가 소녀에게 휘두르는 개인적 폭력은 성적 착취인 강간으로 나타나는데 그것이 어린

소녀를 향한 것이기 때문에 생산주체의 의도와 무관하게 선정적으로 비추어졌다는 비판(황혜진, 1998, 262)을 받았다. 이 점에 대해 생산주체인 감독은 억압적 정치 이데올로기와 공격적, 파괴적 성의 연관성을 재현하고자 했다고 설명한다. 그러나 실제 관객들의 수용 양상은 생산주체의 의도와 모두 일치하지는 않았다. 관객들의 일부, 특히 여성 관객들이 이 장면에서 '선정적'이라고 느꼈으며 생산주체의 여성관에 대한 문제점을 지적하기도 하였다.[9]

이에 비해 연극 〈모란꽃〉 텍스트에서 주인공 이현옥의 성고문 장면은 옷을 벗긴다든지, 여성을 성적으로 과도하게 묘사하는 등의 재현방식은 나타나지 않는다. 앞에 인용한 배우와의 인터뷰 내용에서도 알 수 있듯이, 생산주체의 의도가 국가폭력의 잔인성과 부당성을 '폭로'하는 데 있었기 때문에 〈모란꽃〉에서의 성고문 장면이 관객에게 '선정적'으로 보여지지는 않았음을 알 수 있다. 그러나 성고문 재현 장면이 관객에게 '충격적'으로 받아들여짐으로써 5·18항쟁에서의 여성의 주체적 이미지보다는 피해자, 특히 성적 피해자 이미지로 각인될 수 있다는 비판을 제기할 수 있다.

---

[9] 이는 "극중 강간 장면을 어떻게 보았습니까"라는 질문에 대해 총 80명의 응답자 중 39명은 '권력만이 아니라 개인의 내면에 깃든 폭력성을 상징한다'라고, 23명은 '의도는 좋으나 진부한 비유'라고, 4명은 '장선우의 여성관에 문제가 있다'라고, 6명은 '그렇고 그런 눈요기 장면'이라고, 나머지는 '남자의 야면성을 변화시키는 계기 제공, 그러나 답답하다'라고 답했다(황혜진, 1998, 262)는 점에서 확인된다.

3) 모성으로서 여성 이미지

또한 아이를 낳지 못하는 사실에 대해 여성이 괴로워하는 내용은 여성의 정체성을 모성으로 이미지화하는 것이다. 주인공 여성이 항쟁 이후의 삶에서 깊은 상흔으로 표현하고 있는 것이 바로 '모성'이다.

> 그림자 : 그럼 왜 과거 속에만 얽매여 있는 거야? 왜 지난날의 아픔과 충격 속에서 한 발짝도 벗어나질 못하는 거야? 왜? 왜?
> 주인공 : 그래, 니 말이 맞아. 하지만 난 자신이 없어. 내 한 몸 주체하기에도 힘이 드는 걸. 만신창이가 됐어. 난 …. 아이도 낳을 수가 없어. 얼마나 얼마나 아이를 낳고 싶었는지 ….

〈이미지 5 : 모성 이미지〉

〈이미지 5〉는 주인공 여성이 5·18항쟁에 참여하게 되는 결정적 계기를 제공하게 된 임산부의 죽음을 슬라이드 자료로 재현하였다. 이는 항쟁에서 여성이 피해자, 희생자라는 이미지를 강화시키면서 동시에 '여성=모성'이라는 등식과 연관된다.

이를 통해 여성 주인공이 보여주고 있는 점은 5·18항쟁 이후 그 처지가 달라져 왔음에도 불구하고, 모두 '모성 이데올로기'라는 공통된 이데올로기를 매개로 자신의 삶, 특히 가족구조를 체험한다는 점이다.

여기에서 모성 이데올로기는 자명한 여성의 정체성인 만큼이나 동시에 주인공 여성에게 가족, 사회와의 갈등과 분리의 경험을 부과하는 것(김현숙·김수진, 1999, 270)으로 재현된다.

현실 사회에서와 마찬가지로 〈모란꽃〉에서도 존경받는 여성으로서의 '모성'은 '정숙한 아내'상과 더불어 이상적인 여성성의 하나로 자리잡고 있음을 발견할 수 있다. 여기서 말하는 이상적인 여성성이란 현실 속에 나타나는 다양한 여성들의 모습이라기보다는 고정화된 하나의 유형이 된다. 다시 말해서, 사람들에게 여성성에 대하여 비교적 일관된 모습을 상상하게 만들고 일정한 선입관을 갖게 하는 스테레오 타입화된 여성성이 재현되고 있는 것이다.

항쟁 이후 주인공 여성이 체포와 성고문, 구타에 의해 임신과 출산을 할 수 없게 되었다는 점은 끊임없이 남편에게 미안해하고 시댁과의 갈등구조에서 핵심적인 위치를 차지하는 원인을 제공하는 것이다. 여성이 아기를 낳아 어머니가 된다는 것은 사회환경 속에서 자아정체감을 갖는 과정(McMahon, 1995, 65~66)이라는 기존의 모성이데올로기를 그대로 재현하고 있다. 임신과 출산과정에서 나타나는 모성은 자연스러운 것이고 인간관계에서 '올바른 관계'라고 많은 사람들이 생각하는(McMahon, 1995, 70) 여성성을 연극 〈모란꽃〉 텍스트 재현 체계에서는 강조하고 있는 것이다.

따라서 이 텍스트에서는 결혼 후 아기를 낳지 못하는 주인공 여성이 가족구성원으로 받아들여지지 않음으로써 갖는 상처를 부각시켜 재현하고 있다. 여기에서 출산은 여성에게 가장 의미있는 순간이며 불가피한 것이고, 모든 것을 초월하는 것처럼 그려진다(Walters, 1995, 31). 모성을 정체화하는 재생산적 성이 견고한 성별위계체계 위에 구축되어 재현되고 있는 것이다.

4) 성역할분담체계

　항쟁의 주체로서 설정되고 있지만 그럼에도 불구하고, 남성인 심리학 교수가 직접 무대에 나와 극을 진행시키며 출연자의 역할을 맡고 있다는 점을 간과할 수 없다. 〈모란꽃〉을 이끌어가는 디렉터는 친구인 정신과 전문의로부터 이현옥이란 환자의 치료를 의뢰받은 심리학 교수이다. 그는 환자의 복잡다기한 심리적 반응이 매우 다양하고 복잡한 과거의 어떤 경험으로부터 유래되었다는 것을 알게 되고 여러 치료 끝에 '심리극'을 사용해 보고자 한다. 텍스트의 구성은 디렉터인 남성이 주인공 여성의 심리적 장애 요인과 이를 해결하기 위한 장면 등을 심리극 방식을 토대로 형상화해 나가는 것으로 이루어져 있다. 여기에서 여성이 5·18항쟁의 주체로 재현되지만, 다른 한편으로 항쟁의 상처를 치유하는 과정은 디렉터인 남성에 의존하는 것으로 재현되었다.

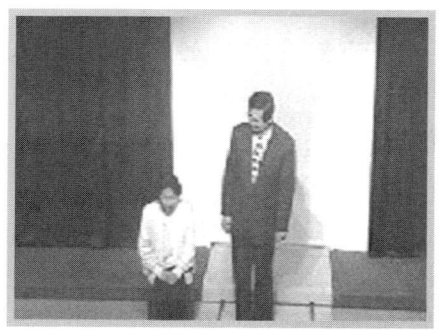

〈이미지 6 : 여성·남성 등장인물의 텍스트 내 위치〉

　〈모란꽃〉 텍스트에서 주인공 여성의 상처는 주로 시대과의 갈등, 아이를 낳지 못하는 괴로움, 부부생활을 제대로 할 수 없는 데 따른 남편에 대한 미안함 등 '여성'으로서 안고 있는 상처가 복합적으로 묘사되고 있다. 그런데 이러한 '여성'으로서의 상처를 '남성'인 심리학 교수가 어떻게 치유해 나가는지에 대한 구체적인 설명이 결여되어 있다. 이러한 한계는 연출가이자 극작가인 박효선이 '여성의 눈'으로 주인공 여성의 경험을 깊이 천착하지 못했기 때문이라는 지적을 받을 수 있다. 이것은 '총을 든 남성/밥을 하는 여성'이라는 성역할분담체계를 재현시키고 '총을 든' 역할에 높은 가치평가를 내리고 있다는 점으로 강화된다. 특히, 〈모란꽃〉텍스트의 엔딩장면은 총을 높이 든 남성 전사의 이미지가 재현되고 있다(〈이미지 7〉 참고). 따라서 "5·18항쟁=총을 든 전사=남성중심적"이라는 기존의 남성중심이데올로기를 강화하고 있다.

〈이미지 7 : 남성중심적·영웅중심적 재현〉

보조자아(남) : 여자들은 빨리 피하시오!
보조자아 : 현옥아 얼른 나가. 더 늦기 전에
주인공 : 언니 … 같이 나가. 어떻게 나혼자 나가라는 거야?
보조자아 : 와이로 가봐. 거기 홍보팀이 있을테니까 같이 행동해라. 난, 여기서 해야 할 일이 있어.
주인공 : 무슨 일인데 그래? 언니는 총쏘는 법도 모르잖아 …

앞 부분에서 여성들의 경험과 활동을 적극적으로 재현하고, 피해자로서의 여성 이미지를 성추행과 고문이라는 국가폭력을 비판적 관점에서 재현하고 있지만 여전히 5·18항쟁 역사의 남성중심성에 매달려 있는 것이다. '권력-남성-폭력'을 연결짓는 거대 담론에서는 저항적이지만 여성·남성과 관련된 부분이나 일상 영역의 부분에서는 기존의 관습과 이데올로기를 무의식적으로 재생산하고 있다.

> 주인공 : 그 동안 병든 저를 묵묵히 사랑해준 제 남편에게도 이 자리를 빌어 감사드립니다. 앞으론 그간 못다한 아내 역할을 잘 하도록 노력하겠습니다. … 이 극이 끝나면 망월동 묘지에 가서 잠든 형제동지의 찢겨진 넋을 어루만져 주고 싶습니다. 여러분, 이젠 이 이현옥이는 희망과 용기를 갖고 그 찬란했던 슬픔의 봄을 항시 기억하며 꿋꿋하게 살아가겠습니다.

또한 결말 부분에서 주인공 여성이 자신의 상처를 극복하는 방향으로 "앞으로 못다한 아내 역할을 잘 하도록 하겠다"라는 점을 제시하는 데서도 이는 잘 드러난다. 이러한 재현체계에서는 여성 등장인물이 상처를 극복하고 여성으로서의 진정한 자아찾기과정이 생략되었다는 비판을 제기할 수 있다. '여성의 눈'을 빌려서 그려본 5·18항쟁의 재현체계 속에 여성의 경험이 좀더 구체적으로 강조되었더라면 더욱 의미가 있었을 것이다.

5. 여성성 재현의 의의와 한계

〈모란꽃〉은 5·18항쟁을 연극적으로 형상화한 기존 텍스트와는 다른 접근방식의 차이와 형상화 방식의 차이를 보여주었다. 즉, 형상화 방식에서는 마당극에서 무대극으로의 전환과 내용 접근방식에서는 사실복원적 방식에서 메타포적 방식으로 변화되었다. 특히, 〈모란꽃〉은 항쟁이라는 역사적 사건의 재현이 아니라, 역사적 사건으로 상처받은 한 개인 여성의 삶을 구술생애사에 기반하여 재현하고 있다.

그렇다면, 〈모란꽃〉 텍스트에서 여성들은 역사의 주체로서 재현되었다고 말할 수 있는가? 〈모란꽃〉은 여성 인물을 타자화되고 주변화된 존재가 아니라, 남성과 의식을 공유하는 주체적 존재로 재현하고 있는 것이다. 1993년 처음 무대에 〈모란꽃〉이 재현될 때까지만 해도 5·18 항쟁의 역사에서 여성들의 주변화와 항쟁 기간 동안의 활동에 대한 평가가 미흡했다는 점에서 기존의 남성중심적 담론에 저항적이라고 할 수 있다.

그럼에도 불구하고, 〈모란꽃〉 텍스트에서 재현된 여성과 남성은 성별 차별구조 위에 구축되어 있다. 희생당하고 억압당한 피해자로서의 여성 이미지를 계속해서 재현함으로서 관객들의 여성에 관한 고정적인 담론과 이데올로기를 정당화시키는 위험을 내포하고 있다. 이는 연극 텍스트가 보다 구체적인 삶의 리얼리티를 지닌다고 했을 때 연극 텍스트의 수용에 매우 중요한 문제가 된다. 또한 감상주의와 피해의식 역시 극복되어야 할 부분이다.

그리고 〈모란꽃〉은 고정적이고 불평등한 여성 이미지를 재현해 온 기존의 남성중심이데올로기에 대한 도전과 변화를 불러일으키기도 했지만, 여성 주인공의 상흔을 치유하는 대안으로 제시된 것에 대한 비판이 가능하다. 여성주의적 시각에서 보면, 여성 자신의 자질과 개성을 찾고 가꾸는, 그럼으로써 상처와 상흔을 치유하려는 끊임없는 노력과 적극적인 자세가 중요하다. 이 점에 대해서는 〈모란꽃〉의 연극배우 인터뷰 내용에서도 나타났다.

… 예전에는 (연극을) 하는 것 자체만으로도 뜨겁고 그것 자체도 항상 강렬하게 우리에게 숙제처럼, 임무처럼 남겨졌는데, 2000년을 지나면서는 아 이제 5월 문제가 한 단계 더 들어가서 좀 더 그 보편성을 획득해 내지 않으면, 5월을 체험한 사람이나 체험하지 않은 사람들에게 자기 문제로 공감할 수 있고, 함께 고민해 볼 수 있는 어떤 주제를 잡기가 좀 힘들다. … 5월 항쟁 이후에 한 여인이 겪은 어떤 아픔들을 어떻게

치유할 수 있는 가능성들을 심리극이라는 것을 통해서 인제 가능성을 열어가는건데. 항쟁 이후에 어떤 상처에 대해서 이야기를 하다 보니까, 현재에 대해서 끊임없이 고민을 하게 되더라구요. 그래서 어 쉬운 문제가 아니다, 그리고 인제 한 여인의 삶이라고 하는 게 사회적으로 5월 문제가 풀려가면서, 또 좀 다양화된 측면도 있고, 그래서 어디에 초점을 맞출 것인가, 그리고 상처라고 한다면 치유되어야 한다고 한다면, 어떤 부분, 이런 부분에 대해서 숙제로 남겨지더라구요(극단 토박이 〈모란꽃〉의 여성 주인공 역할을 한 배우와의 인터뷰 내용 중에서).

결론적으로, 여성주의적 시각에서 볼 때, '여성성' 또는 여성 이미지를 재현한 〈모란꽃〉은 이전의 다른연극이나 5·18담론과는 명백히 구별되는 시도이지만 기본적인 틀에서는 남성중심성을 완전히 탈각한 것은 아닌 작품이다. 이것은 1990년 초반의 작가의식 뿐 아니라 1980년 5·18항쟁의 진실을 재검토하도록 만든다.

여성주의적 시각으로 〈모란꽃〉 텍스트를 분석해보는 일은 5·18항쟁의 역사와 가치평가체계를 새로운 각도에서 비판하고 이를 상대화시킬 것을 자극한다.

참고문헌

강현아, 「5·18 민중항쟁 역사의 양면성 : 여성의 참여와 배제」, 『여성·주체·삶』(광주 : 도서출판 티엠씨, 광주·전남여성단체연합, 2000).

_____, 「5·18 민중항쟁과 여성활동가들의 삶」, 『한국사회학』 제36집 1호(한국사회학회, 2002).

_____, 「문화적 재현과 젠더 이미지 - '5월 연극' 텍스트 분석을 중심으로」, 『한국여성학』 제19권 3호, 2003.

_____, 「5월 연극운동의 변화영상과 그 특징」, 나간채·정근식·강창일 외 공저, 『기억투쟁과 문화운동의 전개』(서울 : 역사비평사, 2004), 323~351쪽.

김미도, 『우리 희곡 재미있게 읽기』(연극과 인간, 2000).

김선출, 『5월의 문화예술 : 기원에서 5·18기념사업까지』(광주 : 샘물, 2001).

김현숙·김수진, 「영화 속의 모성, 영화 밖의 모성」, 심영희·정진성·윤정로 공편, 『모성의 담론과 현실 : 어머니의 성·삶·정체성』(나남출판, 1999).

라이언, 마이클·더글라스 켈러, 백문영·조민영 옮김, 『카메라 폴리티카』 하(서울 : 시각과 언어, 1997).

래코우, 「대중문화에 대한 페미니스트적 접근 방법」, 원용진 외 엮음, 『대중매체와 페미니즘』(서울 : 한나래, 1993), 189~216쪽.

문병란, 「5·18문학과 연극」, 『5·18민중항쟁사』(광주광역시 5·18사료편찬위원회, 2000), 800~848쪽.

부정남, 「대중매체에 나타난 여성성과 모성」, 심영희·정진성·윤정로 공편, 『모성의담론과 현실 : 어머니의 성·삶·정체성』(나남출판,

1999).
서선희, 「한국여성운동과 광주민중항쟁」, 오월여성연구회 지음, 『광주민중항쟁과 여성』(한국기독교사회문제연구원, 1991).
심정순, 『페미니즘과 한국연극』(서울 : 삼신각, 1999).
_____, 『글로벌시대의 한국연극 공연과 문화』 I · II(서울 : 푸른사상, 2002).
안 진, 「광주민중항쟁과 여성」, 오월여성연구회 지음, 『광주민중항쟁과 여성』(한국기독교사회문제연구원, 1991).
안치운, 『공연 예술과 실제 비평』(서울 : 문학과 지성사, 1993).
오수성, 「5·18과 연극적 형상화」, 나간채 엮음, 『광주민중항쟁과 5월운동 연구』(전남대학교 5·18연구소, 1997), 237~249쪽.
오월여성연구회 지음, 『광주민중항쟁과 여성』(한국기독교사회문제연구원, 1991).
이수애, 「광주전남지역의 여성운동」, 오월여성연구회 지음, 『광주민중항쟁과 여성』(한국기독교사회문제연구원, 1991).
이영미, 「마당극, 리얼리즘, 그리고 민족극」, 민족극연구회, 『민족극과 예술운동』 제10호, 1993, 64~99쪽.
이춘희, 「5월항쟁에 있어서 여성활동」, 오월여성연구회 지음, 『광주민중항쟁과 여성』(한국기독교사회문제연구원, 1991).
돌 란, 「몸과 섹슈얼리티를 보는 시각 바꾸기 : 포스트모던 페미니즘 공연이론」, 심정순 편저·역, 『'여성의 눈'으로 본 섹슈얼리티와 대중문화』(서울 : 도서출판 동인, 1999), 13~41쪽.
황혜진, 「『꽃잎』의 맥락, 역사적 사건의 대중문화적 수용」, 『영화연구』 제14호, 1998, 253~271쪽.
Butler, M., & Paisley, W. *Women and the mass media*, New York : Human Sciences Press, 1980.
Courtney, A., & Whipple, T. *Sex stereotyping in advertising : An annotated bibliography*, Cambridge, MA : Marketing

Science, 1980.
de Lauretis, Teresa. *Alice Doesn't : Feminism, Semiotics, Cinema*, Bloomington : Indiana UP, 1984.
Fentress and Wickham, *Social Memory*, Oxford : Blackwell Publishers, 1992.
Fetterley, Judith, *The Resisting Reader : A Feminist Approach to American Fiction*, Bloomington : Indiana UP, 1978.
Hall, S, "The work of Representation." *Representation*. Hall(ed.), London : Sage Publications, 1997.
McMahon, M, *Engendering Motherhood*, Guilford Press, 1995.
Tuchman, G., Daniels, A. K., & Benet, J. (eds.). *Hearth & Home : Images of women in the mass media*, New York : Oxford University Press, 1978.
Walters, S. D. "Material Girls : Making Sense of Feminist Cultural Theory", Berkeley : University of California Press, 1995.
『한겨레신문』 1994.1.8.

대량학살의 기억과 젠더 이미지 :
4·3 영상 다큐멘터리를 중심으로

권귀숙

1. 전쟁과 젠더 이미지

이 글은 4·3의 문화적 재현물를 대상으로 젠더 이미지와 이미지의 생산 배경을 연구하고자 한다. 4·3은 알려진 것처럼 사건발생 이후 무려 40여 년 동안 공개토론이 금지되어 왔다. 4·3의 문화적 재현물은 1980년 후반 이후 진상규명운동과 더불어 40~50여 년 전의 기억을 부활시킨 것이다. 문학, 연극, 영화, 기념의례 등 다양한 분야에서 과거의 사실을 그대로 보여주려고 하거나, 특정 메시지를 전달하거나, 재해석하거나, 상징적 의미를 형성해 온 것이다. 그렇다면, 여성과 남성이라는 기준에서 어떤 사실이나 경험이 선택되고 재구성되어 왔는지도 질문해야 할 것이다.

4·3뿐만 아니라 다른 전쟁관련 재현물에서도 젠더 이미지에 관한 논의는 상대적으로 소홀히 취급되어 왔다. 전쟁이나 대량학살 등 조직적 폭력의 상황에서는 여성과 남성이 거의 생물학적 본능에 의하여 행동한다고 전제되어 왔기 때문이다. 공격적인 성향을 가진 남성은 전사

로, 수동적이며 가족보호 우선인 여성은 어머니로서의 이미지가 지배적이었다. 최근에 이르러서야 이러한 이미지 외에도 시대와 문화에 따라 다양하게 나타나는 이미지가 있음을 주목하기 시작했다. 이에 따라 이미지가 생산되는 역사적, 문화적 맥락에도 관심을 돌리기 시작했다 (MacDonald, 1987).

나는 이러한 문제의식에서 출발하여 4·3의 재현에서 드러나는 젠더 이미지와 그 맥락의 특수성을 확인해 보고자 한다. 4·3의 기억들은 4·3의 비극과 상처를 보여주거나, 공산당폭동이 아님을 드러내거나, 국가폭력을 폭로하거나, 민중항쟁임을 강조하고 있다. 그렇지만 이러한 기억들 속에서 여성과 남성이 어떻게 자리매김되고 있고, 어떤 이미지가 생산되고 있는지 검토해 보아야 할 것이다. 특히 오늘날 강한 여성의 이미지를 갖고 있는 제주여성이 4·3의 재현물에서는 어떤 이미지로 형상화되어 왔는지 점검해 볼 필요가 있다.

재현물 중 연구대상은 4·3 영상 다큐멘터리이다. 역사 다큐멘터리는 해설, 전문가, 기록필름, 음악, 증언 등 다양한 구성요소를 활용하여 과거를 재현하는 장르이다. 단지 역사적 사실의 나열만이 아니라 "의미있는 이야기를 구성"하고 있다(이종수, 2000). 따라서 역사적 사건이 현재 시점에서 어떻게 재구성되고 있고, 젠더 이미지가 어떻게 생산되는지를 보여주는 적합한 장르라 볼 수 있다.

이 연구의 구체적 질문은 다음과 같다. 다큐멘터리에서 여성과 남성의 기억 중 어떤 부분이 선택되어 어떻게 구성되고 있는가? 여성과 남성의 경험이나 사실 중 어떤 부분을 선택하여 특정 의미를 부여하고 있는가, 텍스트에서 젠더를 어떤 위치와 역할에 주로 배치시키고 있는가. 이는 사건의 발생, 과정, 결과 등 일련의 사건을 구성할 때 여성과 남성의 경험이 어떻게 자리매김되며, 어떤 역할을 주로 맡고 있는가에 관한 검토이다.

이 연구는 기존 연구에서 상대적으로 소홀히 다룬 전쟁 재현물을 대상으로 이미지 분석 뿐만 아니라 이미지가 형성되고 기호화되는 맥락까지 이해해 보려는데 그 의의를 두고자 한다.

2. 젠더 이미지론 및 연구방법

1) 이론적 배경 및 기존 연구

전쟁 재현물에서의 젠더 이미지에 관한 논의도 여성 이미지론 또는 재현 이론에서 출발하고 있다. 영화-정신분석학(cine-psycho analysis)이 그 대표적인 예이다. 페미니즘과 정신분석학이 결합된 이 이론은 1970년대부터 오늘날까지 주요한 이론적 근거를 제공하고 있다. 이 입장에서는 남성의 시선(the look, the gaze)에 의한 여성의 타자화를 주장하고 있다(주진숙, 1997). 즉 여성은 남성의 시선에서 바람직한 역할을 담당하며, 남성들의 욕구와 필요성의 기호로 등장한다는 것이다(월터스, 1999 ; King, 1992 ; Wolf, 1998).

이 관점에서 1차 세계대전의 포스터를 분석한 연구에 의하면, 여성은 여성성을 간직한 도우미의 이미지나 보호받아야 할 피해자로 그려졌다(Sims, 2000). 이 이미지는 전쟁에서의 여성의 역할이 "서비스, 후원, 희생"으로서 남성의 영역을 침범하지 않는 보조자라는 의미를 담고 있다. 가부장적 관점에서 여성의 역할이 제한되고, 그 활동의 의미가 축소되어 있는 것이다. 유사한 연구로는 2차 세계대전을 다룬 전쟁영화의 분석을 들 수 있다(Baker, 1980). 실제로 2차 세계대전 중 여성들이 산업전선에서 활약하는 등 일상의 성역할이 크게 달라졌음에도 불구하고 극영화에서는 오히려 가정적인 여성상을 더욱 부각시켰다.

여성이 주인공으로 전선에서 활약하는 영화에서도 여성다움을 간직해야 하는 메시지와 이미지를 동시에 강조하고 있다.

영화-정신분석학 등 여성 이미지에 대한 비판적 관점은 1980년대 이후부터 여성 이미지의 다양성에 관한 논의로 확장된다. 문화적 재현에 있어서 현실로서의 여성과 여성 이미지와의 관계가 쟁점화된 것이다. 기존 연구는 이미지물이 진짜 여성을 제대로 묘사하지 않고 남성의 시선에 의해 스트레오 타입을 주로 강조해 왔음을 공격했다. 그런데 '진짜 여성이 누구인가' 라는 질문이 제기된 것이다. 글레드힐(Gledhill, 1997) 등은 여성이 나이, 종교, 인종, 계급 등 다양한 층으로 나누어지므로 여성이 모두 같지 않음을 주목한다. '누구의 실제이며, 어떤 실제이며 누구에게 실제로 보이는가' 라는 것이다(Gledhill, 1997, 346). 또한 여성 이미지는 가부장적 가치에 의하여 고정되어 있지 않다. 여성 이미지는 여성의 사회적 경험, 가부장제도에 대한 저항, 여성유대 등 구체적인 콘텍스트와 연결되어 형성되어 왔다(Gledhill, 1992, 201). 그러므로 재현 논의에 있어서 문제시되는 것은 이미지 자체 뿐만 아니라 그 콘텍스트나 실재(reality, real world)와의 관련성에 대한 것이다.

이러한 논의는 '여성 이미지'보다 '이미지로서의 여성' 연구로 분석틀이 옮겨진 것을 보여준다(강현아, 2003 ; 김은실, 1998 ; 월터스, 1999). 이미지로서의 여성 연구는 이미지가 지닌 성차별적 요소의 분석보다 이미지가 어떻게 생산되어 젠더 차이(또는 차별)를 만들어 가는지 그 의미화 과정에 초점을 둔다(월터스, 1999). 글레드힐(1997)과 월터스(1999)는 이 과정의 새로운 쟁점으로 텍스트와 관객간의 협상, 사회적 맥락과의 관련 등을 제기한다.

이러한 관점에서 전쟁에서의 여성 이미지를 연구한 글에 의하면, 시대와 문화에 따라 다양하고 다중적인 이미지가 나타난다

(MacDonald, 1987). 예를 들면 커크(Kirk, 1987)는 아마존 여성의 이미지가 시대에 따라 '바람직하지 않은 여성'에서부터 '독립적인 여성'으로 달라져 왔다고 한다. 고대 그리이스에서는 가부장적 체제에 적합하지 않는 아웃사이더의 이미지를 갖고 있지만, 오늘날 페미니스트에 의하여 강한 여성으로 재구성된 것이다.

홀(Hall, 1997) 등의 재현 이론도 이미지로서의 여성 연구에 이론적 근거를 제공한다. 홀은 푸코의 담론 논의로부터 그의 재현 이론을 발달시키고 있는데, 담론이 주제의 선택, 특정 이미지 생산 등을 결정한다고 본다. 사진, 다큐멘터리 등과 같은 기록도 단지 과거에 대한 객관적 증거만 제시하는 것이('반사적 재현') 아니라 메시지를 전달하고 ('의도적 재현') 의미를 형성시킨다고('형성적 재현') 한다. 즉 특정 부분의 선택, 편집, 해설, 스토리 구성 등으로 일련의 이미지를 창출하면서 의미를 상징화시키는 것이다.

이 관점에서 전쟁이후의 프랑스의 기록사진을 분석한 글에 의하면, 당시 정체성 혼란에 빠져있던 사회에서 프랑스다움(Frenchness)이라는 의미 또는 담론을 형성해 가는 과정에서 휴매니즘의 이미지를 탄생시킨 것이라고 한다(Hamilton, 1997). 즉 이미지가 사회의 반영이기도 하지만 의미를 형성하는 과정에서 생산되고 동시에 의미를 전달한다고 본다.

4·3 관련 문화적 재현물에서 여성 이미지 또는 이미지로서의 여성을 다룬 글은 소수이다. 예를 들면 박미선(2001)은 현기영의 「순이삼촌」과 「해룡 이야기」라는 소설을 중심으로 4·3에서 여성과 어머니로서 겪었던 고통을 폭로하면서 피해자로서의 여성 이미지에 주목한다. 그 외 젠더에 초점을 맞추지는 않았지만 4·3이 다루어진 「여명의 눈동자」(MBC TV 드라마, 1991)를 토론한 김정숙(1992)은 이 드라마에서 부녀자들도 군사훈련을 받는 모습을 보여준 점도 지적하지만,

남녀평등을 외쳤다는 어느 아낙네의 모습이 화면에 나타나지 못한 점을 비판하고 있다. 이러한 비판은 피해자로서의 여성 외의 또 다른 이미지가 가능함을 시사하고 있다. 4·3 영상 다큐멘터리가 2004년 8월까지 약 140 편이라는 규모의 크기와 그 영향력에도 불구하고 특징, 담론의 시대적 경향, 영상자료로서의 활용 등을 분석한 글(권귀숙, 2003 ; 김동만, 2000 ; 김동만, 2003)외 텍스트가 분석된 연구는 아직 없다.

2) 연구대상 및 연구방법

1989년 첫 작품부터 2004년 8월까지 제작된 운동으로서의 4·3 다큐멘터리가 이 글의 일차 연구대상이다. 3년간 제주 MBC에서 방영된 「4·3증언-나는 말한다」 105편을 포함한 TV 다큐멘터리 130여 편과 독립영화제작소에서 제작된 7편이 그것이다. 여기에서 소수 작품을 제외하면 거의 모두 제주지역 TV나 독립영화 제작소에 의해 제작되었다.[1] 따라서 4·3다큐멘터리는 4·3에 대한 제주도민의 의식이나 담론을 반영하고 있는 것이 특징이다. 즉 진상규명보고서가 확정된 2003년 이후의 작품을 제외하면 4·3이 무엇인지 새로운 정의를 내리는데 초점을 맞추고 있다. 이는 앞서 언급한 것처럼 40여 년 동안 국가가 강요한 공산당폭동론을 부정하고 새로운 담론을 형성하고 전달해

---

[1] 제주지역 외에 방영 또는 상영된 작품은 독립영화 외에 「이제는 말할 수 있다-제주 4·3」(중앙 MBC, 1999)가 있다. 그리고 비제주 출신에 의한 작품은 위의 작품과 하늬영상의 「레드헌트」 1, 「레드헌트」 2가 있다. 그렇지만 이 작품들도 제주지역 방송이나 연구소의 협조에 의해 만들어졌다. 그러므로 4·3다큐멘터리는 제주사회에서 형성된 지배적인 담론으로부터 일정한 영향을 받고 있다. 보다 자세한 내용은 권귀숙(2003)을 볼 것.

야 하는 필요성 때문이다. 기존연구에 의하면 제작시기와 생산주체에 따라서 4·3을 다르게 담론화하고 있다(권귀숙, 2003). 주로 제주지역 TV 방송의 초기작품들은 4·3을 '비극적 사태'로 정의하면서 피해를 폭로하고 있다. TV의 후기작품과 일부 독립영화는 4·3을 '대량학살' 또는 '국가폭력에 의한 인권유린' 사건으로 재규정하고 있다. 또 다른 독립영화는 '민중항쟁'이라는 메시지를 강하게 전달하고 있다. 2003년 이후 작품은 재정의보다 '진상규명투쟁사와 새로운 과제'를 점검하고 있다.

이 글의 중심적 연구대상은 일차 연구대상 중에서 각 담론을 대표할 수 있는 7편의 작품이다. 4·3다큐멘터리의 특징과 시기적 경향을 고려하여 선정한 것이다. 각 담론의 대표작 선정의 기준은 내용과 영향력이다. 선정된 작품은 다음과 같다. '비극적 사태'의 대표작으로서 「잃어버린 고향」(제주 MBC, 1991)을 선정했다.[2] '대량학살' 또는 '국가폭력과 인권유린'의 대표작으로「잠들 수 없는 모정」(이하「모정」, 제주 MBC, 2000),「무명천 할머니」(제주 4·3다큐멘터리 제작단, 1999),「유언」(제주 4·3다큐멘터리 제작단, 1999),「레드헌트 1」(하늬영상, 1997)을 선정했다.「모정」과「무명천 할머니」는 여성 피해자가,「유언」은 남성 피해자가 주인공으로 등장한다.「무명천 할머니」,「레드헌트 1」 등의 작품은 여러 영화제에 출품되어 국내외에 4·3을 알린 바 있다. '민중항쟁'의 작품은「잠들 수 없는 함성」(이하「함성」, 제주 4·3다큐멘터리 제작단, 1995)으로 비디오 출시 등 국내외에 영향력을 발휘했다. 마지막으로 '진상규명투쟁사와 새로운 과제'를

---

2 전문가(관련 감독, PD 등)에 의하면,「영원한 아픔-4·3사건」(제주 KBS, 1989)이 본격적인 첫 4·3다큐멘터리라고 한다. 그러나 원판 훼손 등의 문제로 재시청이 가능하지 않았다. 여기에서는 "피해자의 고통의 기억(김건일 담당기자 인터뷰)"을 다룬 또 다른 대표작인「잃어버린 고향」을 선택했다.

표명한 대표작은 「순이삼촌 … 그리고 4·3 진상보고서」(이하 「진상보고서」, 제주 MBC, 2003)이다.

이 연구에서 주로 채택하고 있는 분석 기법은 내용분석 또는 질적 분석이다. 일반적으로 역사 다큐멘터리 분석은 제작배경, 작품내용, 관객이나 사회에 미친 영향 등으로 나누어지거나(O'Connor, 1990), 질적 분석 방법(스토리와 서사구조 분석)과 양적 분석 방법(기호학적 분석)으로 나누어진다(이종수, 2000). 또한 재현 이론에서는 텍스트와 사회, 텍스트와 관중, 장르와 대상 등을 결부시키는 상호텍스트 또는 맥락적 비평방법을 제안하고 있다(월터스, 1999 ; Hall, 1997). 이 연구는 이러한 기존의 연구방법을 활용하여 주로 맥락적 접근방법으로 내용분석 또는 질적 분석을 시도하며 보완적으로 양적 분석 방법을 사용하려고 한다.

구체적으로, 내용분석은 등장인물의 모습, 등장인물의 역할 또는 위치, 증언내용, 해설내용, 전문가 인터뷰 내용, 배경화면 등의 이해에 초점을 맞출 것이다. 젠더에 따라 선택된 내용이나 화면들이 무엇이며, 어떤 이미지가 형성되고 있고, 상징화시키는 배경이 무엇인지 검토할 것이다(3절). 그리고 선택된 기억들과 의미들이 어떻게 구성되고 있는지에 대한 분석은 젠더에 따른 역할 또는 위치 설정과 그 설정 기준의 맥락을 중심으로 검토할 것이다(4절). 이러한 내용분석과 더불어 해설가의 성(남성 또는 여성인가), 해설가 톤(감정적 또는 설명적인가), 인물의 등장 빈도 등 양적분석도 병행할 것이다. 그 외 제작배경 등 재현체계를 이해하기 위해 제작자와의 인터뷰도 실시할 것이다.

3. 이미지와 기호

이 장은 4·3다큐멘터리에서 여성과 남성에 대한 어떤 기억이 선택되어 있고, 그에 따라 어떤 이미지나 기호가 형성되고 있는지를 콘텍스트와 함께 살펴보려고 한다. 상징적 이미지는 관객에게 4·3에서 여성이 어떤 존재였나를 단적으로 보여주며, 스토리 전개에서도 중심적인 연결고리가 된다. 아래에서 보는 것처럼 이미지와 기호들은 서로 연관되어 있다.

1) 결백 이미지

7편의 연구대상에서 여성과 결부되어 사용되는 용어, 해설, 모습, 배경화면 등은 여성이 4·3 사건과 무관한 존재임을 보여준다. 먼저 용어를 보면, 일부 다큐멘터리에서는 '여자'나 '여성'이 아닌 '부녀자'라는 용어를 사용하고 있다. 1989년 이후 제작되었음을 고려하면 일상에서 잘 쓰이지 않는 용어인데도 굳이 부녀자라는 말을 쓰고 있다. 부녀자라는 용어와 함께 나오는 배경화면은 '다랑쉬굴'의 현장(「레드헌트 1」), 한 마을의 피해 현장(「함성」), 희생자 모습(「진상보고서」) 등 조직적 폭력과는 무관한 것들이다. 즉 부녀자는 대량학살과는 관련이 될 수 없는 존재로 비추어지고 설명된다.

예를 들면 「레드헌트 1」은 다랑쉬굴의 현장을 보여주면서 희생자들이 부녀자와 어린이까지 포함된 피난민이라고 설명한다. 나아가서 부녀자까지 포함되었으므로 희생자 11명 중 7명의 젊은 남성까지도 더불어 피난민임을 강조하고 있다. 「함성」의 배경화면에서도 남성과 대조적인 부녀자의 모습이 선택되어 있다. 「함성」의 주요 배경화면 중 하나는 강요배 화가의 4·3 연작인데, 남성은 각종 시위의 앞장을 서거나, 봉화를 올리는 모습으로, 여성은 산에 피난가거나 소개(강제 이주)가는 모습으로 묘사되어 있다.3 남성은 손에 죽창을 들고, 분노하고 있는 반면, 여성은 등에 어린 아기나 병자를 업고 있고, 겁에 질려 있다. 「함성」뿐만 아니라 「잃어버린 고향」, 「진상보고서」 등에 등장하는 기록사진에도 제주남성은 포로로, 제주여성은 노인과 아기와 함께 죄 없는 민간인으로 나온다.

〈이미지 1 : 다랑쉬굴 현장〉
출처 : 「레드헌트 1」(하늬영상, 1997)

다큐멘터리에서 부녀자라는 용어와 함께 결부된 사실이나 설명은 여성이 '결백'하다는 이미지를 주고 있다. 다랑쉬굴의 유골이나 아기나 병자를 업고 있는 여성은 결코 폭도가 아니며, 죽어야 할 죄인이 아니라는 것이다(〈이미지 1〉 참고). 나아가서 부녀자는 자신들뿐만 아니라 자신들이 포함된 집단마저도 결백하게 만드는 존재로 말해지고 있다. 기록사진은 당시의 사실을 전달해 주는 것이지만, 이러한 여성이 등장하는 사진은 부녀자라는 존재가 항쟁이든 폭동이든 희생당해야 할 이유가 없는 결백함을 증명하고 있다.

왜 여성이 결백함을 보여주는 해설과 화면이 강조되고 있을까? 실제 4·3 과정에서 지서를 공격하거나 우익을 살해한 무장대원의 주역은 거의 대부분 남성이었던 것으로 알려져 있다. 당시에도 젊은 남성이 폭도일 가능성이 높다고 보고 토벌대는 그들을 무조건 잡아가거나

---

3 강요배 화가는 4·3의 역사적 과정을 연작으로 표현했다. 「제주민중항쟁사」라는 제목으로 1998년 4월 3일부터 4월 12일까지 학고재 화랑에서 전시되었다. 이 연작은 『동백꽃 지다』라는 제목의 책으로 출판되었다(학고재, 1998).

고문했다(제민일보 4·3취재반, 1998). 여성은 당시에도 상대적으로 결백한 존재였다. 그러나 제주여성들의 투쟁이 상대적으로 미미했지만, 전혀 없었던 것은 아니었다. 여러 자료를 보면, 해방 후 여성들은 청년동맹, 민청, 민애청에 가입했고, 1947년 1월 제주도 부녀동맹을 결성하는 등(제주신보, 1947.1, 28) 조직 활동에 참여했다. 부녀자와 소년들은 남로당 도당부에서 1948년 3월 말에 통신연락과 응급치료 방법을 교육받는 등 사전 준비에 참여했다(아라리연구원, 1989, 142). 젊은 여성들은 무장대 유격훈련까지 받았다(이정숙, 2003). 사건 중에도 여성맹원들은 삐라 살포, 선전선동, 정보수집, 식량보급 등의 중요한 역할을 수행했다(이정숙, 2003). 따라서 여성들도 4·3의 전선과 전혀 무관한 존재는 아니었다.

그러므로 재현 시점에서 여성들에게 결부된 결백 이미지는 어느 정도 실제를 반영한 결과이기도 하지만, 여성에 대한 고정관념과 여성들의 활약에 대한 무관심을 반영하고 있다. 먼저 실제 폭도나 폭도 협력자였을 가능성도 낮았지만, 여성은 전쟁 등 조직적 폭력과 무관한 존재로 전제되어 있다. 여성은 좌익 이념을 가질 정도로 지식이 있거나, 공적 영역에서 활발하게 운동하거나, 무기를 들 정도로 전투병이 될 수 없었을 것이라는 사회적 관념이 가정된 것이다. 이 가정 하에 여성들의 투쟁 역사는 진상규명 과정에서 거의 주목받지 못했다. 최근에야 이정숙(2003)에 의해 그동안 파편적으로 알려졌던 사례들이 종합되었을 정도이다. 따라서 여성들의 활동 여부보다 활동에 대한 무관심이나 연구 부재가 결백 이미지를 생산하는데 영향을 미친 것이다.

결백 이미지를 생산한 또 다른 배경은 작품의 담론이나 재현체계로 볼 수 있다. 무엇보다 4·3의 피해를 부각시키고, 피해자의 목소리를 내게 하려는 제작의도(김기표 담당PD, 김건일 담당기자 인터뷰)가 결백 이미지를 필요로 했던 것이다.[4] 여기에 여성이 이 이미지 생산에 가장 적합한 존재로 선택된 것이다. 나아가서 관객의 기대도 제작자의 생각과 일치하므로 이러한 이미지 생산에서 어떠한 갈등도 나타나지 않은 것이다. 그 결과 작품에서 여성들의 활약은 전혀 선택되지 않고, 그 대신 무죄의 순수 이미지만 부각된 것이다.

2) 상처의 기호

2003년 이후 제작된 작품을 제외하면, 이 글에서 선정한 작품뿐만 아니라 모든 4·3다큐멘터리에서 제주사람은 여성이든 남성이든 피해자로 기록되고 있다. 해설, 기록필름, 배경화면, 전문가 인터뷰, 체험자 인터뷰 등에서 제주사람이 겪은 여러 형태의 피해가 자세히 소개되고 있다. 「함성」에서 저항하고 항쟁하는 제주사람이 첫 부분에 나오지만, 결국 집단학살의 피해자로 묘사되고 있다. 연구대상인 다른 6편에서도 마찬가지이다. 그러나 이 작품들이 피해나 상처를 매우 강하게 부각시킬 때는 여성을 선택하고 있다. 즉 여성의 피해나 상처와 관련된 기억을 상대적으로 훨씬 더 보여주고 있다. 특히 여성의 피해 중에서도 몸에 각인된 고통을 집중 조명하면서 이를 상징화시키고 있다.

대표적인 예는 「모정」과 「무명천 할머니」(〈이미지 2〉 참고)에서 찾을 수 있다. 먼저 두 주인공 할머니의 표정 자체만으로도 4·3의 비극이 관객에게 절대적으로 전달된다. 이들의 모습은 다른 다큐멘터리나 4·3 기념전에서 거듭 재인용될 정도로 이미 상징성을 갖고 있다. 이

---

4 최초기에 다큐멘터리를 제작한 김기표 PD에 의하면, "역사적인 원인이나 배경보다는 4·3 피해자의 증언위주로 그동안 말하지 못했던 가슴앓이를 해방시켜보자는 의도"였다고 한다. 김건일 기자 또한 "이제 4·3을 이야기 하자, 이제 말할 수 있게 하자"라는 의도에서 "지금까지 논의되는 담론을 먼저 소개하고, 연좌제 피해 등 문제점을 보여주"려고 했다고 한다.

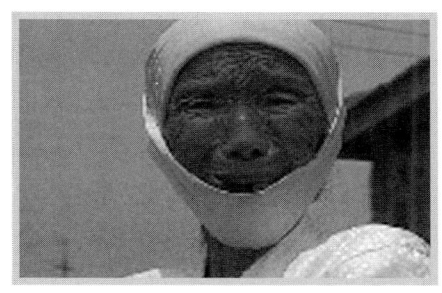

〈이미지 2 : 무명천 할머니〉
출처 : 「무명천 할머니」
(4·3다큐멘터리 제작단, 1999)

두 작품에서는 예외적으로 여성 해설가를 선택하여 무게있는 톤이 아닌 정서적인 톤으로 피해와 상처의 크기를 강조하고 있다.5 「모정」의 경우, 여성 해설가는 104세 된 할머니의 한 맺힌 모습이 4·3 때 잃어버린 아들을 오늘도 기다리느라고 죽지도 못하고 있는 것임을 알려주고 있다. 또한 목에 보기 흉하게 달려있는 주먹만 한 혹이 반세기의 한이 서리고 서려서 된 것임을 강조하고 있다. 단지 아들만을 기다려온 할머니의 모습과 사연이 4·3으로 인한 피해와 상처임을 거듭 확인하고 있다.

무명천 할머니의 모습과 사연은 더욱 비참함을 느끼게 한다. 4·3 때 턱을 총상으로 잃어서 얼굴을 늘 무명천으로 가리고 있는 할머니의 모습은 4·3의 비극 자체로 전달된다. 말도 할 수 없고, 제대로 먹을 수도 없고, 초점마저 희미한 모습과 행동이 파괴된 한 일생을 보여준다. 또한 화면에 크게 나타난 닳고 닳은 자물쇠도 빈집을 꼭 채워야하는 피해결백증과 함께 4·3이 남긴 상처를 상징적으로 드러내고 있다. 이러한 「무명천 할머니」의 얼굴모습과 「모정」의 주인공 목에 있는 혹과 몸 자체는 오랜 세월의 한과 상처를 보여주는 기호이다. 반면 남성 피해자가 주인공으로 나오는 「유언」에서는 피해나 상처 자체보다 그 원인에 관한 설명에 초점이 맞추어져 있다. 「유언」의 주인공도 총상을 입고 병석에 누웠지만 그 고통이 조명되기보다 총상을 입게 된 진상과

---

5 약 140 편의 작품 중 확인된 여성 해설가는 4명뿐이다.

악에 관심이 모아져 있다.

「레드헌트 1」에서도 남성보다 여성이 겪은 피해가 더 부각되고 있다. 제주사람이 겪은 첫 피해의 증거로 선택된 배경화면은 강요배 화가의 4·3 연작 중 「피살」이다. 「피살」은 「3·1 대시위」에서 경찰의 「발포」에 의해 피살된 젊은 여인을 형상화한 그림이다. 그런데 대시위를 주도하지도 않았고, 남성의 뒤쪽에 있었고, 수적으로 훨씬 적은 여성이 피살당한 장면이 그려졌고, 이 그림이 「레드헌트 1」에서 선택된 것이다. 「레드헌트 1」의 마지막 장면에서도 피해자의 모습을 하나하나 클로즈업하는데 거의 모두 여성이다. 인터뷰 대상자로 남성이 더 많았지만, 그들은 피해자로서의 기억보다 사건과정이나 피해현장에 대한 사실을 주로 증언하고 있다. 그 외 「잃어버린 고향」이나 「진상보고서」에서도 "살아남은 것이 죄"인 여성들의 고통과 상처가 증언과 주름진 모습에서 드러나고, 해설에서 다시 부연되고 있다.

실제로 성에 상관없이 제주사람은 모두 4·3의 피해자였고, 다큐멘터리에서도 그렇게 설명하고 있지만, 왜 유독 여성의 피해와 상처가 더 강조되고, 이에 따라 여성이 상처의 기호로 설정되고 있을까? 더구나 남성의 희생이나 피해가 여성의 경우보다 훨씬 더 많이 보고되어 왔다. 성적 피해, 강제결혼 등 여성들이 겪은 또 다른 형태의 피해가 조명된 것은 비교적 최근의 일일 뿐이다(예, 김성례, 1999 ; 오금숙, 1999 ; 이임하, 2004). 신고된 희생자 수만 해도 남성(9,637명)이 여성(2,574명)보다 몇 배 많다(제주도의회, 2000). 어떤 마을에서는 젊은 남성을 찾아볼 수가 없다고 한다(「레드헌트 1」). 더욱이 매맞고, 고문당하고, 감옥에 가고, 수장되고, 행방불명된 피해자는 거의 남성으로 기록되어 있다(예, 제주 4·3 연구소, 2002). 그럼에도 불구하고 4·3다큐멘터리에서는 과거의 피해와 현재의 상처의 상징으로 남성이 아닌 여성이 선택되고 있다.

그 이유로는 먼저 '의도적 재현'에서 찾을 수 있다. 다큐멘터리의 제작 목적이 국가폭력에 의한 인권유린임을 보여주는 것이므로 억울한 피해를 강조하게 된다. 여기에서 여성들이 결백한 존재로 전제되어 있고, 결백한 여성의 피해는 더 억울한 피해로 부각될 수 있다. 결백 이미지를 가진 여성의 상처는 훨씬 더 효과적으로 관객에게 전달될 수 있기 때문이다. 더구나 그 상처는 과거에 끝난 것이 아니라 오늘날에도 지속되고 있다. 무명천 할머니나 「모정」의 할머니처럼 반세기 동안 지속된 고통은 4·3의 상처를 더욱 상징화시킬 수 있다. 여성의 결백 이미지와 피해 이미지는 서로 맞물려 있고, '반사적 재현'이라기보다 '의도적 재현'이나 '형성적 재현'의 결과로 볼 수 있다.

다음으로 생산자와 관객과의 협상과도 연관된다. 페미니스트들이 비판하는 것처럼 여성이 피해의 기호로 상정되는 것은 다른 장르에서도 일반적이기 때문이다(강현아, 2003 ; Sims, 2000). 피해 이미지조차도 4·3에서는 항쟁의 의미를 갖고 있다는 해석도 있지만(강요배 화백 인터뷰), 미술 등의 영역에서 여성이 피해자로 묘사되는 것은 "오랜 관습"이다(박경훈 화백 인터뷰).6 따라서 사회에서 권력이 약한 층이 피해자로 재현되는 것에 관객은 이미 익숙한 상태이다. 약자에의 동조가 훨씬 더 감정에 호소할 수 있는 조건이 되어 있는 것이다. 그러므로 실제 여부와 상관없이 여성이 주로 피해자로 기호화되고, 관객은 이에 동감하게 된다. 다르게 말하면 이에 익숙한 생산자와 관객과의 협상이다.

여기에서 예외적인 기억과 이미지가 있다. 결백과 상처의 이미지와

---

6 강요배 화백은 "민심의 뜻, 민심의 흐름"을 표현하려고 했고, 따라서 "그것이 죽음이든 쓰러지든 다 항쟁"이라고 한다. 박경훈 화백의 작품은 다큐멘터리에 나오지 않았지만, 그의 판화는 대표적 4·3 미술로 꼽히고 있다. 박 화백은 자신의 작품에서도 여성을 주로 피해자로 묘사했다고 한다.

전혀 다른 여성의 경험이 「함성」에서 드러나고 있다. 이는 강요배 화가의 「잠녀 반일항쟁」이라는 그림과 해설인데, 제주인의 저항의 전통을 설명하는 과정에서 삽입된 것이다. 1932년 세화리 해녀항쟁을 형상화한 이 그림에는 수많은 해녀가 손에 비창을 들고 분노한 표정으로 시위하고 있다. 결백이나 피해의 이미지와는 먼, 자신의 권리를 주장하기 위하여 거리에 나선 항쟁의 역사를 보여준다. 그러나 이 항쟁의 전통을 지닌 제주여성의 모습은 4·3 과정이나 사건이후에 더 이상 나타나지 않는다. 다른 다큐멘터리에서도 마찬가지이다. 결국 여성과 관련된 항쟁의 기억은 예외적으로 남게 되고, 피해의 이미지만 기호화된 것이다.

4. 스토리 구성

다큐멘터리는 역사적 사실이나 경험만을 드러내는 것이 아니라 의미있게 구성함으로써 스토리를 만들어낸다. 이 장은 텍스트에서 여성과 남성의 위치 배정과 역할 분담을 통하여 어떤 의미를 형성하고 있는지를 살펴보려고 한다. 아래에서 보는 것처럼 스토리 구성은 앞장에서 논한 젠더 이미지와 서로 연관되어 있다.

1) 위치 : 주변과 중심

젠더 이미지에 관한 기존 이론에 의하면, 스토리에서 여성은 주로 주변에, 남성은 주행위자에 배치되어 있다고 한다(King, 1992). 전쟁 재현물을 다룬 기존 연구들도 남성의 시선에 의해 남성이 전사 등 중심에, 여성은 보조자 등 주변에 배치되어 있다고 한다(강현아, 2003 ; Baker, 1980). 4·3다큐멘터리에서도 같은 현상을 발견할 수 있다.

「레드헌트 1」이나 「함성」의 경우, 두 작품 모두 역사적 관점에서 사건배경부터 발생원인, 과정, 결과까지 다루고 있다. 「함성」은 4·3이 오랜 저항의 역사로부터 나온 항쟁임을 보여주기 위해 삼별초의 난부터 시작하고 있다(김동만 감독 인터뷰). 「레드헌트 1」은 4·3이 냉전체계 하의 근대국가의 형성 과정에서 발생한 비극임을 보여주기 위해 분단이후부터 현재까지의 시간을 다루고 있다(조성봉 감독 인터뷰). 그런데 이 긴 역사를 주도하는 사람은 두 작품에서 모두 남성으로 설정되어 있다. 중앙의 억압에 저항하는 민중의 주역으로 제주남성만이 등장하며(「함성」), 이를 과잉진압하는 토벌대와 배후 인물도 모두 남성으로 나온다(「함성」, 「레드헌트 1」). 4·3이 무엇인가를 연대기순으로 보여주는 두 작품에서는 남성에 의해 사건이 시작되고, 진행되고, 결과가 초래되는 것으로 나타난다.

특정인의 피해에 초점을 맞춘 「모정」과 「무명천 할머니」를 제외하면, 다른 다큐멘터리에서도 유사한 경향이 드러난다. 「진상보고서」의 경우, 진상규명운동을 이끌어가는 주역은 거의 모두 남성이며, 「잃어버린 고향」에서도 조상의 땅을 찾는 주역도 남성으로 배치되어 있다. 이들 작품에서 여성은 공동의 주역은 커녕 주변적 위치에 밀려나와 있다.

이러한 형식적 구성과 더불어 텍스트의 내용구성에서도 젠더에 따라 위치가 다르게 배치되어 있다. 4·3다큐멘터리에서는 여성과 남성의 경험이 주로 근대국가를 기준으로 표상화되어 있다. 이 기준에서 보면, 「모정」과 「무명천 할머니」의 두 주인공의 이야기도 국가의 중심이 아닌 주변의 이야기가 된다. 「레드헌트 1」의 경우, 주역인 남성들의 여러 활동들은 거의 국가의 중심에서 일어난 일들이다. 먼저 「레드헌트 1」은 분단직후 제주사회에서의 인민위원회의 결성, 군부대 배치, 경찰

입도 등에 관한 기록사진, 설명, 증언을 보여준다. 이는 사건의 시작부터 근대국가가 건설 중이며, 근대국가의 핵심요소는 남성이 독점하고 있는 군대임을 알려준다. 그리고 사건의 진행과정도 이승만 대통령, 토벌대, 이를 지휘하는 미군 등 남성에 의해 주도되었음을 전달하고 있

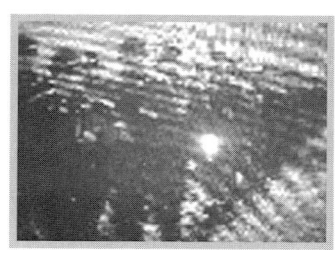

〈이미지 3 : 행군〉
출처 : 「레드헌트 1」(하늬영상, 1997)

다. 나아가서 이들의 모습과 행위는 정복, 지배, 폭력, 소유 등의 남성의 힘까지 표현하고 있다. 사건의 결과를 보여주는 마지막 장면에서도 피해여성의 모습과 대비시킨 미군 소장, 기마병, 군인들의 행진 등이 군인으로서의 남성 이미지를 형성하고 있다(〈이미지 3〉 참고).

「함성」에서도 남성이 국가의 중심에서 활동하고 있다. 먼저 국가의 억압에 항쟁하는 민중으로 거의 제주남성이 등장하고 있다. 예외적으로 1932년의 해녀항쟁 그림이 배경화면에 들어가고, 항쟁으로 설명되지만, 삼별초의 난에서 4·3사건까지 항쟁하는 민중으로서 남성만이 선택된 것이다. 또 다른 배경화면인 「여명의 눈동자」(MBC 드라마, 1992)에서는 보다 극적으로 남성들의 활약을 보여주고 있다. 유격대가 장렬하게 최후를 맞거나, 목숨을 건 동지애를 발휘하는 등 남성다움이 강렬하게 표출된 것이다. 어느 작품에서도 여성동맹원들의 활약은 선택되지 않았고, 아무런 의미도 부여되지 않았다. 「함성」의 마지막 장면에서는 국가에 항쟁한 남성들을 '장두'로 칭송하지만, 여성들에게는 그 죽음을 애도하는 역할을 맡기고 있다.[7]

활동 외에 피해 부분도 젠더에 따라 다르게 선택되고 있다. 앞 장에

---

7 장두는 대의를 위해 목숨을 버린 사람을 일컫는 제주말이다.

서 언급한 것처럼 제주여성은 과거의 피해와 현재의 상처의 기호로 부각되고 있지만, 여성과 남성이 겪은 피해 사실은 해설, 자막, 증언 등에서 자세히 보고되고 있다. 그런데 여기에서 피해 사실조차 국가를 기준으로 설명되고 있다. 즉 남성이 입은 피해는 수감, 고문, 행방불명, 연좌제 등으로 보고되고 있다. 이는 모두 국가의 직접적 폭력에 의한 피해들이다. 연좌제 피해도 유독 남성 증언자나 아들이 겪는 것으로 나타나고 있다(「모정」, 「레드헌트 1」, 「진상보고서」). 반면 여성의 피해는 겁간, 피난, 대살(가족 대신 죽음), 상처, 기다림 등으로 표현되고 있다(「함성」, 「모정」, 「레드헌트 1」, 「무명천 할머니」). 강간, 대살, 기다림, 한 등은 여성이라는 것, 가족이라는 것에 기인한 피해이다. 국가의 폭력과 전혀 무관하거나 결코 덜 심각한 피해는 아니지만, 가부장제 사회에서의 여성인 점을 더욱 부각시킨 피해인 것이다. 따라서 남성이 겪은 피해는 주로 국가를 중심으로, 그리고 여성은 성을 중심으로 나누어지고 있는 것이다.

「진상보고서」의 경우에도 유사한 스토리 구조를 갖고 있다. 국가에 대항하여 4·3의 진상을 밝히는 주역에 남성들이 배치되어 있다. 문학, 연구소, 민예총, 언론, 4·3 특위 등 다양한 분야에서 그 활동 내역을 보고하는 인터뷰 대상자로 남성만이 선정되어 있다. 그리고 이들이 국가의 탄압과 보안법 검열에도 불구하고 진상을 규명해 온 주체임을 해설가는 강조하고 있다. 여성은 체험을 증언하는 부분 등에 배정되어 있지만, 진상규명운동의 주역으로 설정되어 있지는 않다. 40~50년 이후의 새로운 저항과 항쟁에도 남성이 가운데에 있는 것으로 구성되어 있다. 실제로 제주남성만이 활약한 것도 아니며, 각 분야에서 제주여성들의 참여도 상당했지만, 여성들은 국가의 주변에서 대표성을 갖지 못하고 있다.[8]

한편 4·3다큐멘터리에서 남성이 어떠한 입장에서도 국가의 중심부

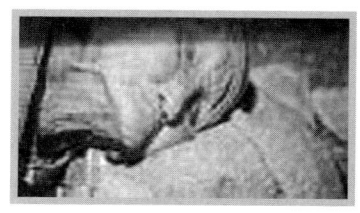

〈이미지 4 : 모정〉
출처 : 「잠들 수 없는 모정」
(제주 MBC TV, 2000)

에 위치할 때 여성은 가족, 그 중에서 어머니의 자리에 놓여 있다. 가족은 사적 영역이며, 어머니는 가장 여성다움을 보여주는 존재이다. 특히 사건이후를 다룬 작품에서 모성이 더욱 강조되고 있다. 「모정」이 대표적인 예이다(〈이미지 4〉참고). 「모정」에서 어머니가 주인공으로 등장하나 가족의 경계 내에서 스토리가 엮어지고 있다. 104세 된 어머니의 이야기는 기다림의 연속이다. 4·3 때 행방불명된 아들과 일본에서 아직도 돌아오지 못하는 아들을 기다리고 있다. 또한 매일 수의를 만지면서 먼저 간 아들과의 재회도 기다리고 있다. 기다림 외, 어머니의 강한 생명력, 가계부양, 공동체 생활, 공공영역에서의 활동 등이 조명되지 않는다. 결과적으로 여성의 위치가 가족 안에 한정되어 있다. 「무명천 할머니」의 이야기도 할머니의 고통과 일상생활에 초점이 맞추어져 있으므로 항쟁, 폭력, 진상규명 등과는 거리가 멀다. 그러므로 젠더에 따른 이러한 내용구성은 여성에게만 유독 결백 이미지나 강한 피해 이미지가 부여된 것과 관련이 있다. 결백한 피해자의 위치는 사건의 주변부, 국가의 주변에 놓여 있을 수밖에 없기 때문이다.

그러면 4·3다큐멘터리에서 왜 국가를 기준으로 여성과 남성의 활동이나 경험이 배치되어 있을까? 앞장에서 말한 제작의도 외에도 4·3사건의 성격과 제주사회의 정치적, 사회적 변화와 연관된다. 무엇보다 4·3은 남한사회에서의 현대국가의 형성 시점에서 발생했고, 국가의 공

---

8 예를 들면, 여성들도 대표적인 4·3문화운동조직인 제주문화운동협의회, 제주문화예술운동연합(현 제주민예총)에 가입하여 문학, 마당극, 거리굿, 음악제, 추모노래 공연 등에 참여해 왔다.

권력이 엄청난 힘을 7년에 걸쳐 행사했던 사건이다. 분단이후 이승만 정권에 의하여 근대국가가 형성될 때, 강력한 법과 군대의 발달이 뒤따랐던 것이다(김동춘, 2000). 저항하는 국민을 장악하기 위하여 막강한 물리력이 필요했기 때문이다. 또한 4·3과 6·25를 계기로 근대국가는 더욱 발달했고, 이 과정에서 분단이전에 변방이었던 제주도가 국가체제와 중앙에 편입되고 종속되었다. 국가, 군대 등은 남성이 거의 지배하는 공간일 뿐만 아니라 군대주의는 가부장제의 발달까지 동반한다(Pierson, 1987). 그러므로 재현 시점에서 4·3 사건의 과정이나 그 이후를 다룰 때, 국가나 공공영역의 중심에 주로 남성을 배치시켜 그들의 경험이나 활동을 보여준 것이다.

한편 근대국가의 발달 과정에서 강화된 모성 이데올로기는 여성에게 강요되어 왔다. 특히 4·3으로 국가폭력에 공포를 느끼고 있는 제주도에서는 애국심이 더욱 강조될 수밖에 없다. 한국전쟁이 발생했을 때 제주 남성들이 앞 다투어 자원입대했고(『제민일보』4·3 취재반, 1998), 여성 입대도 크게 장려되었다(『제주신보』1952.12.22 ;『제주신보』1954.2.12 ;『제주신보』1954.8.12). 여기에서 전쟁 중에는 애국적 어머니상, 애국적 아내상이, 평화시에는 장한 어머니상이 형성된다. 지역신문에는 "나라 위한 일편단심, 전사한 임따라 자결, 용사의 유품안고 순정바친 양여사(『제주신보』1952.2.8)", "4형제를 나라에 바친 오여사에게 영광있어라(『제주신보』1952.6.1)" 등 애국적 모성이 찬양되었다. 그리고 평화시기에는 "어머니는 장했다(『제남신문』1967.10.30)", "아내 중 아내, 어머니 중 어머니가 여성지도자상(『제주신문』1970.6.23)』, "홀로 5남매 훌륭히(『제남신문』1972.5.8)", "기특한 아내(『제주신문』1972.5.4)", "여성단체-충 효 예의 새마음 생활화(제주신문, 1979.8.23)" 등이 이상적 여성상으로 예시되어 왔다.

강화된 모성 이데올로기가 받아들여진 것은 무엇보다 4·3 이후 성별체계가 크게 달라졌기 때문이다. 먼저 1949년 인구조사에서 성비가 82.1까지 내려 갈 정도로 남성의 희생이 많았을 뿐만 아니라 그 대부분이 청장년층이었다(이창기, 1982). 살아남은 어머니 또는 아내는 남은 가족의 생존 및 생계, 마을 재건 등 실질적인 일들을 거의 감당해와야만 했다(이정숙, 2003 ; 이정주, 2000). 4·3 이후 제주여성에게 주어진 이 엄청난 육체적, 정신적 짐이 모성 이데올로기가 제주사회에서 정착될 수 있는 기반이 된 것이다. 나아가서 한국사회 전반에서 산업화 과정을 통하여 더욱 강화되어 온 모성 이데올로기도 영향력을 가중시켰다. 따라서 4·3 이후를 다룬 다큐멘터리에서 더욱 강하게 재현된 모성은 이러한 맥락에서 비롯되며, 그 연결점에 국가 이데올로기가 있는 것이다.

모성으로 4·3의 비극을, 여성의 비극을 재현하고 있는 시점이 아이러니컬하게도 '강한 제주여성'이라는 담론이 형성되어 있는 때이다. 강한 제주여성상의 기원이 언제부터인지 정확히 알 수 없으나 1980년대 이후 이 담론이 급격히 재생산되어 왔다. 각종 문헌에서 제주여성의 근면성, 억척스러움이 강조되고, 자율적이며 독립적이고, 나아가서 남성에게 억압받지 않은 존재로 말해지고 있다(김영돈, 1994 ; 송성대, 1996 ; 조혜정, 1988). 그런데 왜 이러한 담론이 4·3다큐멘터리에서 전혀 재현되지 않고 있을까? 더구나 가부장제의 이데올로기인 모성이 오히려 부각되고 있을까? 먼저 다큐멘터리 제작진이 이 담론이 아닌 또 다른 제주여성 담론을 선택했을 수 있다. 강한 여성이라는 담론만큼 지배적이지는 않으나 제주여성은 역사적 피해자, 희생양이라는 또 다른 이미지를 갖고 있다(예,『월간관광제주』, 1985년 3월 ;『월간관광제주』, 1986년 4~5월). 이는 제주사회를 외부로부터의 수탈과 저항으로 보는 역사적 시각과 여성을 피해자로 보는 남성적 시각에서 비롯된다. 또 다른 이유로는 4·3 영상이 모성을 인내, 기다림, 희생 등으로 해석할 때, 생명력 등 다른 모습들을 표현시킬 수 있는 여지가 없게 된다. 결국 4·3다큐멘터리에서 재현된 여성성은 페미니즘에서 발달되어 온 형태가 아니라 근대국가 형성에서 강화된 가부장제 이데올로기에 의해 빚어진 것이다.

2) 역할 : 침묵과 증언

여성과 남성이 겪은 경험들이 의미있는 이야기로 구성될 때, 여성과 남성이 주로 맡고 있는 역할은 무엇인가? 특정 사건이나 경험담은 체험자 뿐만 아니라 해설가, 전문가 등에 의해 부연 설명됨으로써 이야기가 전개된다. 먼저 4·3다큐멘터리에서 자신의 경험을 직접 전달하는 증언자 역할은 남성이 주로 맡고 있다. 여성 체험자가 자신들이 사건과 무관하다거나 억울한 피해를 겪었다는 등의 증언을 하는 장면은 매우 적다. 「진상보고서」에서 "무차별 학살이 억울했다", "기가 막힌 일" 등 몇명의 여성 체험자가 간략하게 말하고 있고, 「잃어버린 고향」, 「레드헌트 1」등에서 주로 사건이후의 이야기를 소수의 여성이 전하고 있는 정도이다. 그 외 특정 사건이나 사건 과정을 주로 남성 체험자가 증언하고 있다. 증언자 인터뷰가 중요한 구조인 「레드헌트 1」의 경우, 36명의 증언자 중 28명이 남성이다. 「함성」에서도 8명의 증언자 중 7명이 남성이며, 「잃어버린 고향」에서도 8명 중 6명이 남성이다. 「진상보고서」에서도 진상규명운동을 증언하는 인터뷰 대상 7경은 모두 남성이다.

특정 피해자가 주인공인 「모정」이나 「무명천 할머니」의 경우, 가장 중요한 증언자인 주인공 스스로가 자신의 생각이나 고통을 말하지 못하고 있다. 반면 「유언」의 주인공 남성은 자신의 경험담 뿐만 아니라 진상규명의 필요성까지 역설하고 있다. 제작목적도 「무명천 할머니」의 경우는 "사실 전달보다 우리 이웃의 구체적인 이야기"를 "느낌"으로 전달하려는 것이었고, 「유언」은 "역사를 평가하는 입장"에서 시작된 것이다 (김동만 감독 인터뷰). 따라서 사건 전개에서 가장 구심점이 될 수 있는 증언자의 역할이 거의 남성에게 배정되어 있다.

이러한 역할 배정은 여성의 결백이나 피해 이미지를 강화시키겠지만, 관객의 입장에서는 여성의 벙어리 이미지를 보게 된다. 여성 스스로가 자신의 경험담을 말하는 모습이 거의 나타나지 않으므로 주체적인 여성 이미지를 읽을 수가 없다. 물론 「무명천 할머니」와 「모정」의 주인공은 턱이 없거나 노환으로 인해 통화가 어려워졌을 뿐 스스로 침묵한 것은 아니다. 그렇지만 관객은 침묵하는 여성을 보게 되고, 여성 스스로가 자신의 경험을 어떻게 이해하고 있는지 알 수가 없다.

반면 남성 체험자는 사건의 배경부터 결과까지 적절하게 증언하고 설명하고 있다. 「유언」의 경우, 주인공과 다른 체험자들은 집단학살의 발생 이유, 과정, 결과, 살아남은 자의 고통까지 생생히 증언하고 있다. 「잃어버린 고향」, 「레드헌트 1」, 「함성」, 「진상보고서」에서도 상대적으로 훨씬 많은 남성 증언자가 출현할 뿐만 아니라 사건의 전말을 자세하게 전달하고 있다. 관객의 입장에서는 스스로의 경험을 인식하고 있고, 말하고 있고, 역사적으로 재조명할 수 있는 남성을 만나게 된다.

체험자 뿐만 아니라 다큐멘터리에서 스토리를 주도하는 해설가도 주로 남성이 맡고 있다.[9] 앞서 언급한 것처럼 약 140 편의 4·3다큐멘터리 중 여성 해설가는 4명 정도에 불과하며, 더구나 사실 전달보다 정서적 호소에 치우치고 있다. 일반적으로 해설가의 목소리는 "신의 목소리"처럼 권위를 부여받고 있다(이종수, 2000, 309). 관객은 해설

---

9 여러 표현양식 중 4·3다큐멘터리는 거의 모두 해설 중심의 표현양식을 띠고 있다.

가의 설명을 거의 무조건적으로 받아들이기 때문이다. 「레드헌트 1」, 「함성」 등에 나오는 남성 해설가도 안정적인 톤으로 사건의 객관성과 신빙성을 전달하는 역할을 맡고 있다. 해설가 외에도 사건의 정확성과 신빙성을 전달하는 역할은 전문가가 맡고 있는데, 거의 남성에게 주어지고 있다. 전문가 인터뷰가 가장 많이 들어 있는 「진상보고서」의 경우, 진상규명운동이나 진상보고서에 대한 보충 설명을 13명의 남성과 1명의 여성이 맡고 있다. 「레드헌트 1」의 경우에도 7명의 전문가 중에서 6명이 남성이다. 「잃어버린 고향」에서는 3명, 「함성」에서는 1명의 전문가가 나오지만 그 인터뷰 대상은 모두 남성이다. 「무명천 할머니」나 「모정」에서는 전문가 인터뷰가 나오지 않는데 사건의 객관성보다 감정에 더 초점을 맞추고 있기 때문이다.

그렇다면, 왜 4·3다큐멘터리에서 사건 자체에 대한 증언, 해설, 설명 등을 주로 남성이 맡고 있고, 여성은 상대적으로 침묵하는 역할에 배치되어 있는가? 물론 남성을 국가의 중심에, 여성을 국가의 주변에 배치시킨 구성과 관련이 있다. 주변에 배치된 여성들이 사건의 중심에 대한 증언을 할 수 없기 때문이다. 더구나 여성은 상대적으로 자신의 의견이나 경험을 제대로 표현할 수 있도록 사회화되어 오지도 못했다. 그러나 이러한 구성이나 사회화 문제 외에도 남성의 증언과 여성의 침묵은 젠더에 따른 기억의 차이와도 관련이 있다. 4·3증언에 관한 학술조사를 보면 실제로 여성이 사건 자체에 대해 침묵하는 경향이 있다고 한다. 그렇지만 사건의 중심이 아닌 일상생활이나 사건이후의 생활사에 대해서는 남성보다 더 잘 기억하고 있다고 한다(권귀숙, 2001 ; 이정주, 2000). 다르게 말하면 여성과 남성이 기억하는 부분이 서로 다르다는 것이다. 그러므로 다큐멘터리의 제작목적이 4·3의 재해석에 있기 때문에 여성의 기억보다 남성의 기억과 증언이 더 요구되었다고 볼 수 있다. 즉 4·3 진상규명운동이 사건의 원인, 과정, 피해 등 과거를 재조명하는데 주로 한정되어 있기 때문에 남성의 증언이 더 필요했던 것이다. 현재에 남은 상처에 대한 조명도 과거로부터 기인한 피해임을 부각시켜 왔다. 그 결과 여성이 주로 기억하는 일상생활이나 사건이후의 생존이나 가족사 등은 상대적으로 제외되어 왔고, 다큐멘터리에서 침묵의 역할에 주로 배치된 것이다.

다른 한편, 다큐멘터리에서 남성의 활동과 그들의 기억이 주로 선택된 것은 여성이 역사에서도 주변적인 존재이기 때문이다. 여성의 기억이 제외된 것은 전쟁사에서 여성의 일상적 경험이나 활동이 중요하게 다루어지지 않음을 반영한다(윤택림, 2003). 남성 중심의 역사에서 주변으로 밀려난 여성의 역사가 전쟁 재현물에서도 주변으로 배치된 것이다. 사건 자체에 대한 설명이 우선적일 때, 해설가, 전문가, 증언자 등 말을 하는 역할을 남성이 거의 독점하게 된다. 반면 사건이후의 일상생활이 역사나 역사 재현물에서 선택되지 않을 때, 여성은 침묵의 자리를 맡을 수밖에 없다.

5. 4·3의 영상 재현과 젠더

이 글은 4·3 영상 다큐멘터리에서 젠더와 관련된 기억 중 어떤 부분이 선택되고, 어떤 의미가 형성되며, 어떻게 스토리가 구성되고 있는가를 분석한 것이다. 먼저 제주여성과 관련된 기억은 폭력과 무관하다는 결백성을 보여주는 것이거나, 피해와 상처, 특히 몸에 각인된 상처를 드러내는 데 집중되어 있다. 여성은 사건 중에는 결백 이미지로, 사건 후에는 상처와 고통의 상징으로 기호화되고 있다. 스토리는 형식적으로도 남성이 주로 주역으로, 여성이 보조역으로 배치되어 있을 뿐만 아니라 내용적으로도 남성이 근대국가의 중심에, 여성이 주변에 배치되어 있다. 남성은 근대국가의 권력이나 이에 대한 저항의 중심부에 배치되어 그들의 활동이 역사로 기록되는 반면, 여성은 모성 등 사적 영역에 한정되어 그들의 경험이 역사에서 제외되어 있다. 더구나 남성은 사건의 배경부터 진상규명운동까지 자신들의 경험을 스스로 재조명하고 증언하는 반면, 여성은 과거를 주체적으로 인식하지 못할 뿐만 아니라 침묵하고 있다.

이러한 표상은 4·3다큐멘터리 담론, 남성의 시선, 근대국가의 형성과 강화, 제주사회의 변화 등과 연결되어 있다. 먼저 4·3다큐멘터리는 과거의 진상, 현재의 상처 등에 주로 초점을 맞추어 왔다. 공산당 폭동이 아닌 하나의 비극적 사태로, 국가폭력에 의한 인권유린 등으로 담론화하면서 집합기억을 재현해 온 것이다. 이 담론하에서 제주인은 결백하며 피해자임을 강조해야 했고, 이에 따라 여성이 이를 표현하는 기호로 선택되었다. 관객의 동감을 얻기 위해서 이미 고정화된 피해자로서의 여성상이 필요했다. 또한 사건 중의 여성들의 활동이 최근에야 관심을 받을 정도로 거의 알려지지 않았다. 그 결과 여성들의 활동이나 진상규명운동 등의 기록은 거의 제외되고, 피해, 상처, 희생 등으로 여성들의 과거와 현재가 정리되고 있다.

다음으로 가부장적 문화와 이데올로기 등이 집합기억의 재현에 영향을 미치고 있다. 여성은 주로 사적 영역에, 남성은 공공영역에 속해 있을 뿐만 아니라 공공영역에서의 경험만이 진상으로 가치가 있다고 보는 것이다. 여성이 기억하고 경험한 실제는 사적인 것으로 주변화되고, 남성이 기억하고 말하는 사실은 진상으로 채택되고 있다. 여기에서 여성이 전쟁과 무관한 존재이며, 전쟁의 피해자라는 이미지가 함께 작용하고 있다. 그러나 여성이 실제로 침묵하고 있는 것이 아니라 다큐멘터리에서 여성의 역사적 경험을 주변화시키고 있는 것이다.

스토리의 전개 과정에서 여성과 남성의 위치 배정 또한 제주사회의 변화와 연관된다. 남성이 국가의 중심에, 여성이 주변에 배치된 것은 분단이후 오늘날까지 강화되어 온 근대국가의 힘과 그에 따른 군사주의, 중앙집권주의, 가부장제의 한 산물이다. 어느 정도 자율적 문화를 갖고 있었던 제주섬이 정치, 경제, 사회, 문화 전반에 걸쳐 중앙에 종속되면서 여성과 남성의 역할이나 위치는 국가를 기준으로 형성되고 강화된다. 여기에서 국가의 주변에 위치한 여성에게 모성은 여성성으로 더욱 바람직한 가치가 된다. 결국 4·3다큐멘터리에서도 다른 전쟁 이미지물처럼 모성의 신화가 재현된 것이다. 그러나 남성의 시선 뿐만 아니라 근대국가의 발전 과정, 제주사회의 성비의 급변과 이에 따른 여성 경제활동의 급증 등에 따른 모성 이데올로기의 표상이다. 분단 전이나 4·3 사건 과정을 다룬 작품에서 모성은 중요하지 않았지만, 현재 시점에서 사건이후를 그린 작품에서 중요하게 처리되었기 때문이다. 한편 남성성은 폭력, 공격 또는 항쟁, 저항 등 국가 중심과 관련되어 드러난다. 미군 소장의 모습, 성조기, 군화 등은 폭력적 남성성을, 제주 민중의 함성과 쓰러짐은 저항적 남성성을 상징하고 있다.

그러므로 4·3 영상에서의 젠더 이미지는 반사적 재현만이 아니라 의도적, 형성적 재현의 결과이다. 여성에게 주어진 결백, 침묵, 한, 모성의 이미지는 본성이나 실제 사실로부터 기인하기보다 제작자와 관객과의 협상에 의해 형성된 것이다. 그 협상의 배경에는 전쟁, 국가, 가부장제가 결탁되고 강화된 사회가 놓여있다. 그 결과 제주여성들의 활동이나 경험이 사실대로 조명받지 못했을 뿐만 아니라 주체적 인식 과정이나 기억의 일정부분마저도 재현되지 못한 것이다. 그리고 사건 과정보다 현재의 상처를 다룰 때 특정 이미지가 상징화되는 경향이 더욱 두드려지고 있다.

이 연구는 4·3 영상을 통해 여성과 전쟁과의 관계를 이해해 보려고 했다. 4·3 영상을 대상으로 한 첫 시도라는 점에서 의의가 있지만,

앞으로 여러 과제를 남기고 있다. 한, 두 작품을 대상으로 하는 집중적인 연구나 작품의 제작시기에 따른 분석 등이 요구된다. 특히 이 글에서 제대로 다루지 못한 다중적인 젠더 이미지에 관한 연구가 필요하다. 5·18 또는 한국전쟁 다큐멘터리와의 비교 연구나 문학, 연극, 미술 등 다른 장르와의 비교 연구도 요청된다. 기타 질적 분석도 지속적으로 필요하지만, 양적 분석도 병행하면 젠더 이미지의 다양성과 다중성을 보다 더 잘 이해할 수 있으리라 본다.

참고문헌

강현아, 「문화적 재현과 젠더 이미지-5월 연극 텍스트 분석을 중심으로」, 『한국여성학』 19, 2003, 149~178쪽.
권귀숙, 「제주 4·3의 사회적 기억」, 『한국사회학』 35, 2001, 199~231쪽.
_____, 「4·3의 대항기억과 영상」, 『제주도연구』 17, 2003, 133~168쪽.
김동만, 「제주 4·3 영상기록의 실태」, 영상심포지움, 2004년 4월 2일(제주시, 2000).
_____, 「역사재현에 있어 영상자료의 재해석과 활용에 관한 연구-영상자료 〈제주도 메이데이〉의 사례를 중심으로」, 세종대학교 영상대학원 석사학위논문(미발간), 2003.
김동춘, 『전쟁과 사회』(돌베개, 2000).
김성례, 「국가폭력과 여성체험-제주 4·3을 중심으로」, 『동아시아의 평화와 인권』(제주 4·3 연구소, 역사비평사, 1999), 154~172쪽.
김영돈, 「제주해녀」, 『제주문화자료총서 2 : 제주의 민속 2』(제주도, 1994), 190~288쪽.
김정숙, 「여명의 눈동자. 4·3 항쟁의 무엇을 보여 주었는가」, 『4·3 장정』 5(제주 4·3 연구소, 1992), 156~160쪽.
박미선, 「4·3 그리고 여성으로 살아가기」, 『제주작가』 7, 2001, 419~429쪽.
송성대, 『제주인의 해민정신』(제주문화, 1996).
아라리연구원 편, 『제주민중항쟁』 I (소나무, 1988).
오금숙, 「4·3을 통해 바라본 여성인권 피해사례」, 『동아시아의평화와 인권』(제주 4·3 연구소, 역사비평사, 1999), 236~258쪽.

윤택림, 『인류학자의 과거 여행 : 한 빨갱이 마을의 역사를 찾아서』(역사비평사, 2003).
월터스, 수잔나 저, 김현미·김주현·신정원·윤자영 역, 『이미지와 현실 사이의 여성들-여성주의 문화 이론을 향해』(또 하나의 문화, 1999).
이임하, 『여성. 전쟁을 넘어 일어서다』(서해문집, 2004).
이정숙, 「제주 4·3 항쟁과 여성의 삶에 관한 연구」, 성균관대학교 교육대학원 석사학위논문(미발간), 2003.
이정주, 「4·3에 관한 생애사로 엮은 제주 '호미' 마을의 역사」, 『제주도 연구』 17, 2000, 51~94쪽.
이종수, 「영상 다큐멘터리 역사재현의 현실성과 표현성 : 한국. 미국. 프랑스. 일본 텔레비전의 21세기 특집기획 다큐멘터리 비교분석」, 『한국언론학보』 44, 2000, 301~341쪽.
이창기, 「제주도의 성별 연령별 인구구성」, 『인구보건논집』 2, 1982, 28~50쪽.
제민일보 4·3 취재반, 『4·3은 말한다』 5(전예원, 1998).
제주 4·3 연구소, 『무덤에서 살아나온 4·3 수형자들』(역사비평사, 2002).
제주 4·3사건 진상규명 및 희생자 명예회복위원회, 『제주 4·3사건 진상조사보고서』(제주도, 2003).
제주도의회, 『제주도 4·3 피해조사보고서』(제주도, 2000).
조혜정, 『한국의 여성과 남성』(문학과 지성사, 1988).
주진숙, 「페미니즘 영화비평의 이론적 전환에 대한 연구」, 『영화연구』 13, 1997, 99~125쪽.
Baker, Joyce, *Images of Women in Films : The War Years, 1941~1945*, Ann Arbor : UMI Research Press, 1980.
Hall, Stuart(ed), *Representation*, London : Sage Publications, 1997.

Hamilton, Peter, "Representing the Social : France and Frenchness in Post-War Humanist Photography", in Hall, Stuart(ed), *Representation*, London : Sage Publications, 1997, pp.75~150.

Gledhill, Christine, "Pleasurable Negotiations", in Bonner, Frances, Lizbeth Goodman, Richard Allen, Linda Janes & Catherine King(eds), *Imagining Women : Cultural Representations and Gender*, Cambridge : Polity Press, 1992, pp.193~209.

Gledhill, Christine, "Genre and Gender : The Case of Soap Opera", in Hall, Stuart(ed), *Representation*, London : Sage Publications, 1997, pp.337~386.

King, Catherine, "The Politics of Representation : A Democracy of the Gaze", in Bonner, Frances, Lizbeth Goodman, Richard Allen, Linda Janes & Catherine King(eds), *Imagining Women : Cultural Representations and Gender*, Cambridge : Polity Press, 1992, pp.131~139.

Kirk, Ilse, "Images of Amazons : Marriage and Matriarchy", in MacDonald, Sharon, Pat Holden & Shirley Ardener(eds), Images of Women in Peace and War : Cross Cultural Historical Perspectives, Madison : University of Wisconsin Press, 1987, pp.27~39.

MacDonald, Sharon. "Drawing the Lines-Gender, Peace and War : An Introduction", in MacDonald, Sharon, Pat Holden & Shirley Ardener(eds), *Images of Women in Peace and War : Cross Cultural Historical Perspectives*, Madison : University of Wisconsin Press, 1987, pp.1~26.

O'Connor, John, *Images as Artifact*, Malabar : Robert E. Krieger

Publishing Company, 1990.
Pierson, Ruth, "'Did Your Mother Wear Army Boots?' Feminist Theory and Women's Relation to War, Peace and Revolution", in MacDonald, Sharon, Pat Holden & Shirley Ardener(eds), *Images of Women in Peace and War : Cross Cultural Historical Perspectives*, Madison : University of Wisconsin Press, 1980, pp.205~227.
Sims, Helen, "Posters and Images of Women in the Great War", in Donald, Moira & Linda Hurcombe(eds), *Representation of Gender from Prehistory to the Present*, Hampshire : Macmillan Press LTD, 1980, pp.168~182.
Wolf, Stacy, "Women Watch Musicals : Challenging the Male Gaze in American Film", The 2nd Asia-Pacific International Symposium on Sexuality and Popular Culture, Seoul, Oct. 10, Presentation, 1998.

5·18 신문사진의 의미구성 :
전국화와 국지화 사이에서

송정민·한 선

1. 5·18담론과 보도사진

　1980년 5월 18일 발생했던 5·18은 1980년대 이후 한국의 정치·사회 변동 과정에서 큰 영향력을 발휘해왔다. 5·18의 성격과 정신 계승 등을 놓고 벌어진 담론투쟁은 각 정치 세력들의 정당성과 헤게모니에 큰 영향을 주었다. 여느 담론투쟁의 역사가 그러하듯, 5·18 담론 투쟁 역시 극적인 변화를 겪었다. '불순분자들의 사주에 의한 국가 전복 기도' '폭도들의 사태'와 같은 국가의 지배 담론으로부터 '민주화·민중항쟁·반(反) 외세 자주'라는 민주화운동세력의 대항담론을 거쳐 결국 '민주화운동' 담론으로 전화되어 왔다.
　최정운(1997)은 5·18 당시 10일 동안 학생들을 중심으로 한 시민세력들의 담론과 이를 전면 부정하고 폭도의 멍에를 씌웠던 계엄군의 담론 등을 날짜순으로 분석한 뒤, 이를 1980년 이후 제기되었던 담론과 연결해 연대기적으로 분석하였다. 그의 연구는 1980년 이후 전개돼온 폭도론·불순 정치집단론·유언비어론 등 국가담론과 이에 맞섰던 과잉진압론·민주화론·민중론·혁명론 등 대항담론의 모태를 5·18 발발 당시 10일 간의 담론에서 찾고 있다는 점이 특징이다.

전재호(1999)는 5·18의 담론의 변화를 정치세력들의 관계 속에서 규명하고 있다는 점에서 최정운의 연구와 차별성을 갖는다. 그는 1980년 이후 시민사회 또는 정치세력들 간의 변화상에 초점을 맞춰 5·18담론의 변화 시기를 구분하고 있다. 그에 따르면, 최초의 국면은 5·18담론을 국가가 독점했던 1980~1983년의 시기까지이다. 이 시기에 5·18은 북한의 사주를 받은 불순분자들에 의한 폭동으로 규정되었고, 지속적으로 좌경·용공적 내용을 담고 있는 담론만을 공식적으로 반복해 사용하였다. 국가는 강력한 언론 통제를 통해 대항 담론을 봉쇄했고 이로 인해 국가의 공식 담론을 광주·전남 지역을 제외한 전 지역에서 그대로 받아들이게 된다.

둘째의 국면은 5·18을 둘러싼 국가와 민주화 운동 세력 사이에 투쟁이 벌어졌던 1984~1987년까지이다. 이 시기는 1983년 말 전두환 정권의 학원 자율화 조치 이후 대학가를 중심으로 형성돼온 '광주의거' '광주민중항쟁' '광주학살' 등의 대항담론들이 대학 밖으로 확산되면서 본격적으로 국가와 민주화 운동 세력들 사이에 담론투쟁이 벌어지던 시기이다.

셋째의 국면은 1987년 6월 항쟁을 계기로 5·18이 국가로부터 승인 받은 후 정치사회가 5·18의 실천과 계승을 둘러싸고 담론을 주도하던 1987~1992년까지이다. 이 시기는 국가가 처음으로 5·18을 민주화운동의 일환으로 규정하기는 했지만 여전히 5·18을 폭동으로 규정하고 있다는 점, 진상조사와 책임자처벌을 거부하고 있다는 점에서 기존의 국가담론이 생명력을 유지하고 있던 시기이다.

넷째의 국면은 민주화운동에서 자신의 정통성을 규정한 김영삼 정권이 이전 정권들과 달리 5·18담론을 적극적으로 실천해나간

1993~1997년까지이다. 특히 1993년에는 5·18특별법이 제정 공포되면서 5·18이 민주화운동이라는 공식적인 국가 담론의 위상을 차지하게 된다.

한편, 정일준(2004)은 여기에서 한 걸음 더 나아가 정치 세력들 간 담론투쟁의 상호 역학을 살펴보고 있다. 이 연구는 정당성과 헤게모니를 장악하기 위해 투쟁하는 역동적 변화를 살피는 변화의 내용적 측면을 강조하고 있는 것이 특징이다. 구체적으로는 1980년 5·18과 그 이후 지금에 이르기까지 국가-정치사회-시민사회-지역사회 각 영역에서의 투쟁과 힘 관계 변화가 5·18담론에 어떤 변화를 가져왔는지를 분석하고 있는데, 국가에 의한 독점/침묵의 시기(1980~1987), 민주화운동/민중항쟁이라는 새로운 5·18담론의 부활 시기(1988~1995), 5·18담론의 국가화 시기(1996년 이후) 등으로 변화해왔다. 각 시기의 담론들은 한 사회 안에서 정당성과 헤게모니를 장악하면 정설(orthodox)의 지위를 얻고 정당성을 잃게 되면 이설(heterodox)이 된다.

그러나 이들 연구는 5·18 관련 담론의 변화상을 추적하면서 언론이라는 막강한 상징투쟁의 도구를 확보하고 있었던 국가와 그렇지 못했던 대학 내 운동세력, 또는 민주화 세력 등의 담론을 동일 선에서 비교함으로써 일반 대중들이 5·18 관련 담론을 인식하고 재구성하는 과정에서 발생하는 구조적 차이를 간과하고 있다는 한계를 보인다. 즉 국가가 독점하고 있던 공적 담론영역과 이에 대한 대항담론이 형성되고 있던 대학이나 그 밖의 담론 장에는 차이가 존재한다.

이에 본 연구는 국가는 물론, 민주화 세력 등 각 정치세력들이 적극적으로 매스미디어를 상징투쟁의 공간으로 삼았던 1987년 6월 항쟁 이후부터 1996년까지 10년 동안 보도사진이 5·18 관련 담론을 어떻게 규정짓고 있는지 살펴보고자 한다. 이 기간에 5·18은 민주화운동으로 정당성을 획득해갔지만, 동시에 5·18기억의 전국화와 지방화(또는 국지화) 사이에서 계속 동요했다. 이를 보다 구체적으로 파악하기 위하여 대중들의 현실인식 과정에 가장 큰 영향력을 갖고 있는 전국지와 지방지를 선택하여 그 차이를 살펴볼 필요가 있다.

2. 사진영상의 사회적 현실구성

언론과 사회적 현실의 관계에 대한 논의는 크게 두 갈래로 나뉘어진다. 첫째는 객관적인 현실이 존재하고 언론은 객관적인 현실을 있는 그대로 반영해준다는 현실 반영론이다. 또 다른 입장은 언론이 적극적인 '현실의 규정자'로 우리가 인식하는 현실은 매스미디어가 규정하는 현실에 영향을 받는다는 시각이다. 이에 따르면 사람들은 자신을 둘러싸고 있는 사물의 존재양식에 대한 상(像)을 갖고 있으며 이에 근거해 행동한다. 이 상은 한편으로는 직접 경험을 통해서, 다른 한편으로는 간접 경험을 통해 형성되고 변화하는데, 미디어는 사람들이 갖고 있는 상을 강화하거나 새롭게 구성한다. 특히 현대사회의 인간은 주변의 현실을 모두 체험할 수 없으며 그 현실마저 다양한 시각에서 해석할 수 있기 때문에 미디어에 대한 의존도가 높을 수밖에 없다. 요컨대, 미디어는 특정 관점과 잣대를 가지고 현실을 해석하고 평가한 뒤 사람들에게 일정한 해석의 프레임을 부과함으로써 사물에 대한 상을 형성하고, 사람들은 미디어가 제시하는 세상 인식틀을 통해 현실을 바라보게 된다는 것이다. 이 때 미디어는 현실을 단지 중개하거나 표현하는 것이 아니라 적극적으로 현실을 만들어내는 기제로 작동한다.

물론, 미디어가 제시하는 현실구성이 모두에게 그대로 실체(reality)가 된다는 가정이 항상 옳은 것은 아니다. 수용자가 처한 위치에 따라 텍스트의 구성력을 그대로 받아들이기도 하며, 나름의 변형을 가하기도 한다. 그러나 이것이 미디어의 현실구성에 관한 영향력을 약화시킬 수는 없다. 사람들은 '중개된 현실'이 어떤 것인지에 대해서 각기 다르게 해석하고 이해하지만, 중개된 현실을 대체로 실제(real)로 받아들임으로써 미디어가 제시하는 창을 통해 세상을 이해하기 때문이다.

따라서 중요한 것은 현실이 얼마나 실제적인가, 현실과 그 중개본이 얼마나 일치하는가의 진위판단 문제가 아니라 미디어가 현실을 어떻게 구성하는가의 문제가 된다. 누구의 관점에서 해석하고 평가하며, 누구의 견해는 받아들이고 누구의 견해는 배제시키는가, 어떤 측면은 부각시키고 어떤 측면은 은폐하거나 차단시키는가 그리고 이 과정에서 미디어가 가지고 있는 이데올로기는 무엇인가 등등이 문제가 되는 것이다.

미디어의 현실구성에 관한 연구는 현실구성이 일어나는 생산과정에 주목했느냐, 아니면 현실구성 과정이 반영된 텍스트 자체에 초점을 맞추었느냐, 또는 해독이라는 수용과정에 주목했느냐에 따라 달라진다. 생산과정에 초점을 둔 연구는 언론사 조직의 관행적 측면부터 언론조직의 매체경제학적 측면에 이르기까지 다양하며 텍스트에 주목한 연구는 주로 메시지 내용에 대한 양적 분석 및 기호학적 분석 등을 꼽을 수 있다.

담론분석은 텍스트 분석에 초점을 맞추고 있으나 사회 문화적 맥락과 행위 주체들 간의 상호작용, 메시지 언어의 복합적이고 중층적인 의미까지 아우르는 생산과정 전반을 밑그림으로 갖고 있다. 텍스트에 담긴 메시지의 상징성은 물론이고 현실 구성자로 참여했던 생산자의 적극적 의미 만들기 과정에 영향을 미치는 요인들을 역으로 추적해볼 수 있기 때문이다. 담론분석은 인간들의 상호작용 과정에서 생겨난 언어적 또는 언어적 의미를 갖는 비언어적 산물을 분석해 그 속에서 사회적·문화적·이념적·심리적으로 구성된 현실을 찾아내는 것을 목표로 삼는다(임태섭·김광수 1993). 따라서 담론분석의 연구 영역은 언어적 메시지는 물론 사진과 영상과 같은 비언어적 메시지를 모두 포함한다.

그럼에도 그동안 담론분석은 주로 언어적 메시지에 대한 연구에 치중돼 왔으며 특히 신문매체에 대한 담론분석은 거의 대부분 기사 내용, 즉 언어적 메시지를 중심으로 이루어져 왔다. 신문 속의 사진을 신문의 내용을 보조하는 것으로 파악해 왔기 때문이다. 신문 속의 사진은 신문의 내용을 돋보이게 하는 부가물이기도 하지만 동시에 신문의 내용을 주도하는 독자적 저널리즘 영역을 구축하기도 한다. 사진은 있는 그대로의 현실을 가장 정확하게 재현하는 매체로써 역사의 기록이자 전달수단이며 그 자체로 하나의 상징도구이기 때문이다.

특히 사진이 신문이라는 매스미디어를 매개로 대중들에게 전달될 경우 사진이 갖는 기록성과 역사성·상징성의 전파력은 클 수밖에 없다. 양종훈(1994)이 매일매일 새롭게 일어나는 뉴스를 보다 강력하고 충격적으로 전달해주고자 할 때 가장 중요한 역할을 차지하는 것은 사진이라며 보도사진의 위력을 강조한 것도 이 때문이다.

보도사진을 담론분석의 대상으로 삼는다는 것은 앞서 언급한 대로 보도사진이 구축하고 있는 문화적·사회적·이념적 가치를 찾아내는 과정이다. 미디어가 사진을 통해 의미를 생산하고, 그것이 독자들의 가치체계와 만나는 과정, 즉 보도사진을 채택하고 제시하며 나아가 수용자들의 의미체계와 만나는 기호의 전체 생산과정에 개입하는 사회적 관계들을 밝히는 작업인 것이다. 여기에는 사진이란 하나의 사회적 실천으로, 사회적 관계 속에서 소비되고 분배되며 생산되는 정교한 문화 실천 행위(Forreser 2000)라는 전제가 깔려 있다.

사진이 하나의 문화적 실천일진대, 뉴스의 기본 속성을 따르고 있는 보도사진은 더욱이 담론 생산자들 사이의 역학관계가 반영된 사회적 실천의 결과물이자 미디어의 적극적인 현실구성력이 반영된 결과물일 수밖에 없다(Carter 2004). 김성민(2004)의 연구는 이런 맥락에서 담론 생산자로서 미디어가 보도사진을 통해 어떻게 자신들만의 색깔로 현실을 재구성해내는지를 보여주고 있다. 그는 장애인과 외국인 노동자 등 소외집단문제를 다루는 데 있어 조선일보와 한겨레신문이 각기 어떤 틀짓기 기제를 통해 소외집단의 이미지를 재구성하고 있으며 그 차이는 무엇인지를 보여주고 있다.

보도사진의 담론을 분석할 때는 사진의 영상적 이미지는 물론, 영상에 연결된 언어적 메시지까지 분석단위로 삼는다. 보도사진은 글이 첨부된 한 장의 사진을 기본단위로 시각적 메시지와 언어적 메시지가 상호 결합돼 일관된 메시지를 창출하는 복합적 구성물이기 때문이다. 특히 캡션(사진설명)은 하나의 의미로 고정되지 않고 다의성을 띤 사진 이미지를 하나의 고정된 해석 프레임으로 이끌어주는 닻과 같은 것으로, 신문사진을 완성하는 중요 구성물이다. 사진이미지의 의미는 본래 불안정하고 부동하는 것이지만 언어 텍스트의 작용에 의해 고정된다고 강조했던 바르뜨의 주장이 가리키는 바가 이것이다(김철권 2004에서 재인용). 바르뜨의 주장은 정홍기(2002)의 연구에서 실증적으로 확인되는데, 그는 동일한 사진에 캡션 내용을 달리하면 수용자들이 이를 어떻게 다르게 해석하는지 역추적했다. 분석결과 캡션은 사진의 다양한 이미지를 특정 방향으로 강화시킴으로써 사진영상이 하나의 담론 구성체가 되도록 작용하는 것으로 밝혀졌다. 바르뜨(1993)는 또 캡션은 물론 보도사진의 제목·본문·편집·디자인·신문 자체의 이름(한겨레냐 조선이냐)에 의해서도 영상의 이미지가 달라진다고 강조했다.

보도사진이 특정 담론을 제시하고 부각시키는 방법 중 하나는 일반대중들이 미디어가 의도했던 대로 메시지를 수용하도록 일정한 해석적 프레임[1]을 지속적으로 제공하는 것이다. 따라서 미디어 프레임 연구는 미디어가 특정 방식으로 일관되게 기사를 제시함으로써 구성하는 '특정 미디어만의 현실 구성 틀'을 탐구하는 것이다.

프레임에 관한 가장 고전적인 논의를 제공한 고프만(Goffman, 1993)은 사회의 각 조직에 고유한 의미부여 방식이 있음을 지적하고 이를 틀(framework)이라는 용어로 개념화했다. 이 때 틀이란 사회적 상황에 참여한 개인들이 그들의 의도나 담화내용과는 별도로 상황을 이해하는 '해석의 틀' 또는 '관점'을 가리킨다. 고프만의 문제의식은 여러 학자들에 의해 발전되었는데, 고프만의 틀 개념을 미디어에 준용했던 기틀린(Gitlin)은 미디어 프레임을 현실에 대한 담론을 체계적으로 조직하고 특수한 의미를 부여하는 지속적인 패턴으로 정의했다. 터크만(Tuchman)은 미디어의 산물 중 일반인들이 대체적인 사실로 받아들이는 뉴스마저 취재나 편집과정 등 일정한 보도관행에 따라 특정 방향으로 의미화된 결과물임을 밝혀낸바 있다. 참여관찰을 통해 입사 초년생이 기자로 성장하는 과정을 추적했던 그는 기자들이 언론 조직의 취재·제작관행을 습득하면서 일정한 스테레오타입을 형성하게 되고 이를 사건에 적용하는 과정이 곧 기사를 작성하는 방식임을 밝혀낸 것이다.

결국 뉴스 프레임이란 기사를 제시하는 방식 혹은 포장하는 방식으로 정보를 선택하고 전달하는 과정에서 특정 측면을 선택·부각시키는 방식을 가리킨다. 프레임 제시는 특정 중심개념을 강조하거나, 은유·상징·시각적 이미지를 일관되게 드러내는 방식으로 이뤄지며 프레임

---

[1] 담론분석의 다양한 연구시각과 정의 그리고 관심사에 대해서는 임태섭·김광수(1993)의 연구를 참조하라.

을 통해 미디어는 특정한 사안에 대한 정의와 도덕적 평가를 내리고 해석하며 해결방안을 제시하게 된다.

아이엔거(Iyengar)는 뉴스 프레임의 차이가 사람들의 여론인식에 영향을 미친다는 사실을 실증적으로 제시해 주었다. 텔러비전 정치뉴스에 대한 보도방식을 주제적(thematic) 프레임과 일화적(episodic) 프레임으로 구분하여 프레임의 종류에 따라 수용자가 현실을 다르게 인식하고 있음을 밝혀낸 것이다.

주제적 프레임의 보도경향은 특정 사건을 사회구조나 역사적 배경 등 일반적이고 큰 맥락 속에서 보도해 어떤 사안을 종합적으로 이해할 수 있는 틀을 제시한다. 반면, 일화적 프레임은 개별행위나 구체적 사례 자체에만 치중하는 보도양식, 즉 시위대의 과격한 행위와 같은 극적인 상황연출 등에 초점을 맞추는 것을 말한다. 이 때문에 사건이나 문제의 본질, 역사적 문화적 맥락에 대한 보도는 결여할 수밖에 없고 결국 수용자들은 현실을 단편적으로 이해하게 된다.

그러나 미디어의 프레임 연구는 수용자의 현실에 대한 인식이나 해석에 영향을 미칠 것이라는 전제를 갖고 있기 때문에, 뉴스 보도의 프레임 뿐 아니라 수용자의 프레임에 대한 이해여부가 뒤따라야 한다. 팬과 코시키(Pan & Kosicki 1993)가 설명한 것처럼, 프레이밍 효과는 뉴스 틀의 이야기 구조와 수용자 지식 가운데 이와 조응하는 이야기가 활성화되어 사건에 대한 해석을 낳는 것이기 때문이다.

3. 연구문제 및 연구방법

이상의 논의를 바탕으로 이 논문은 신문의 보도사진이 5·18이라는 역사적 현실을 어떻게 구성하는지, 매체간 의미구성 방식에 차이가 있는지를 프레임 분석을 통해 살펴보고자 한다. 특히 5·18을 권위주의와 군부독재에 항거한 한국 민주화운동의 원천과 자양분으로 자리매김하려는 전국화 담론과 지역적 사건으로 그 의미를 축소하려는 세력들 사이의 프레이밍 경합에 주목하고자 한다. 이를 위하여 담론투쟁 당사자로서 각 신문의 5·18 보도사진 프레임에는 차이가 있는가, 있다면 그 차이는 형식적·내용적 측면에서 어떻게 제시되고 있는가, 또 주요 정치변동과 이슈에 따라 주로 사용하고 있는 프레임은 어떤 것이며, 이들 프레임 간의 경합과 변화 과정을 통해 형성되는 담론은 무엇인가 등을 질문할 수 있다.

분석대상은 미디어를 통해 정치세력들의 담론 투쟁이 활발하게 벌어졌던 1987년부터 1996년까지 10년 동안 조선일보와 광주일보의 5·18 관련 사진물이다. 분석 시기는 앞서 이론적 논의에서 살펴본 대로, 기존의 5·18 관련 담론 연구처럼 언론이라는 매개체를 염두에 두지 않고 각 정치세력들 간의 담론 변화 등만을 고려한 것은 적절치 않다고 판단해 언론이 5·18담론 형성과 경합에 적극적으로 개입한 10년을 대상으로 삼은 것이다. 구체적인 분석 대상은 5·18 관련 보도사진을 집중적으로 보도한 5월 한달 동안 조선일보와 광주일보에 게재된 보도사진을 대상으로 했다. 5월 이외에도 5·18 관련 보도사진이 게재되고는 있으나 그 수가 미미해 분석대상에서 제외했다.

조선일보를 분석대상으로 선정한 이유는 이 신문이 발행 역사와 발행 부수 측면에서 우리 나라의 대표적인 신문으로 영향력의 도달범위가 넓을 뿐 아니라 분석대상 기간 동안 국가 담론이 통용되었던 창구라고 판단하였기 때문이다. 이 시기 조선일보는 국가권력이 자신들의 정당성을 확산시키기 위해 5·18에 대한 국가적 차원의 담론을 통용시켰을 뿐 아니라 5·18이 민주화운동이라는 새로운 담론을 획득한 이후에는 '지역화 담론'을 주도했던 대표적인 중앙 일간지로 적극 활용

되었다.[2]

광주일보는 지역에서 발행되는 일간지로, 같은 기간 동안 시민단체와 학생 등을 중심으로 펼쳐졌던 대항담론이 가장 활발하게 게재된 신문이라고 판단해 선정하였다. 광주일보는 광주지역에서 발행되는 일간지 중 매체 성격만으로 보자면 보수적 성향이 강한 매체로 평가받지만 5·18 보도에 관한 한, 여타 지역 일간지와 차이가 없을 뿐더러 다른 일간지가 1989년 언론자유화 조치 이후 발행돼 분석대상 기간이 빠져 있다는 점도 광주일보를 연구대상으로 선택한 이유 중의 하나이다. 즉 본 연구의 분석대상은 보수냐 진보냐의 이데올로기적 편향보다 지역과 중앙의 국가담론이냐 대항담론이냐를 기준으로 선정하였다고 보는 것이 적합할 것이다. 이 잣대는 5·18담론의 지역화/전국화를 둘러싼 두 신문의 담론투쟁을 설명하는 것이기도 하다.

분석 시기는 주요 정치변동과 담론 변화 그리고 이런 변화를 일반대중에게 알리는데 적극적으로 개입한 언론의 역할을 고려하여, 1987년부터 1989년까지를 제1기로, 1990년부터 1992년까지가 제2기, 1993년부터 1996년까지가 제3기로 구분하였다. 제1기는 1987년 6월 항쟁 이후 5·18 관련 담론이 언론을 통해 공론화된 것을 시작으로 1989년 5·18이 처음으로 민주화운동으로 규정되는 등 이전에 팽배하던 폭도론 등의 국가담론에 대항담론이 도전을 제기한 시기이다. 비록 이설(heterodox)의 지위이기는 하나, 대항담론이 공론화되기 시작한 때이다. 제2기는 1989년 국회 청문회 가동과 1990년 피해보상 실시 등 대항담론이 이설의 지위를 벗어나 생명력을 얻기 시작한 기간이

---

[2] 조선일보는 분석기간 동안 막강한 영향력을 발휘했던 대표적인 중앙 일간지 중의 하나이다. 참여정부 이후 정부정책과 담론을 견제하고 비판하는 야당적 성격과 달리, 분석기간 동안 조선일보는 국가담론이 통용되는 대표적인 창구로 활용되었다.

며, 제3기는 1993년 특별법 제정 등으로 이설이었던 대항담론이 비로소 정설(orthodox)의 지위를 획득한 시기이다.

분석단위는 사진기호와 캡션, 경우에 따라 기사의 헤드라인까지 포함했다. 엄상빈(2001)의 연구에서도 보도사진의 분석범위는 사진을 포함해 사진의 크기와 같은 전체적인 사진편집의 방향·캡션·헤드라인 등으로 확대한 바 있다.

신문의 제작관행상 신문에 게재되는 보도사진은 크게 두 가지로 나누어 볼 수 있다. 첫째, 사진 단독으로 저널리즘의 기능을 충분히 수행하는 경우이다. 예를 들어, 매년 1월 1일자 신문 1면에 실리는 '해돋이 사진' 등과 같은 경우로 사진과 사진설명 만으로 전달하고자 하는 메시지를 완비한 피처(feature)사진이 대표적이다. 5·18 관련 사진으로는 당시 촬영됐던 사진이나 상황을 재연한 사진 등만으로 지면을 꾸며 제시한 경우가 해당된다. 이 때는 사진의 기호학적 측면과 사진설명을 분석단위에 포함시켰다. 둘째는 사진이 관련 기사와 함께 제시되는 경우이다. 이 때 사진은 기사 내용을 보충하거나 강화시켜주는 역할을 한다. 이 경우에는 헤드라인까지 분석단위에 포함시켰다.

프레임 분석 방법에는 연역적 방법과 귀납적 방법이 있다. 귀납적 방법은 가능한 프레임을 모두 드러내기 위해 프레임에 대한 열린 관점에서 프레임을 선정·분석하는 것이며 연역적 방법은 사전에 명확히 규정된 프레임을 갖고 뉴스에서 해당 프레임이 얼마나 제시되고 있는지를 분석하는 방법이다. 이 연구는 이 두 가지 방법을 모두 활용하였다. 우선, 프레임의 형식적 비교를 위해 아이엔거의 일화적/주제적 프레임 구분에 준거해 광주일보와 조선일보의 보도사진이 제시하고 있는 형식적 차원의 프레임을 분석하였다. 또한 프레임의 내용적 분석을 위해서는 귀납적 방법을 사용해 관련 프레임을 도출하였다.

구체적인 프레임 분석절차는 다음과 같다. 첫째, 5·18 관련 사진을 제시하는 방식, 즉 신문 보도사진 프레임의 형식적 특징을 살펴보았다. 이는 보도사진이 게재된 지면의 종류와 위치, 사진의 크기, 다른 사진이 있는지의 여부 등을 분석하여 사진보도의 기호학적 처리방식에 있어 일관적으로 나타난 특징을 분석한 것이다. 사진의 크기는 가로나 세로 중 긴 쪽을 기준으로 6단 이상은 큼, 3단~5단은 중간, 1~2단은 작음으로 분류했다. 연구기간 동안 연구대상 신문들은 모두 세로 편집으로 발행되었는데, 이 경우 현재의 가로 편집보다 사진이나 시각적 요소의 비중이 작은 편이다. 따라서 현재의 기준으로 보면 6단 정도의 사진은 큰 편에 속하지 않으나 당시의 편집 관행에 비춰볼 때 큰 사진으로 분류했다.

둘째, 앞서 두 번째 연구방식에서 살펴본 보도사진의 기호학적 특성과 캡션의 메시지 등을 토대로 5·18 관련 보도사진이 제시되는 프레임이 일화적 프레임인지 혹은 주제적 프레임인지 분석하였다. 셋째, 보도사진의 함축적 메시지를 종합적으로 재구성해 시기와 쟁점에 따라 사회적 의미를 구성하는 데 일관되게 보여주는 프레임을 도출한 뒤, 각 신문별 프레임간의 경합이나 변화가 있는지 분석하였다. 이는 5·18담론이 정치변동과 맞물려 어떻게 변화돼 왔는지와 보도량의 변화 관계를 통해 살펴보았다. 이러한 분석절차에 따라 연구자가 사전분석을 통해 추출한 프레임은 모두 14개였다.[3] 추출한 프레임 중 유사한 프레임을 통합하여 최종적으로 5개의 프레임 유형으로 재분류하였다. 이를 정리하면 다음과 같다.

---

3 14개의 프레임은 다음과 같다. ①진상규명/책임자 처벌 촉구 ②오월정신의 일반적 계승 ③민주성지, 민주화, 광주정신 ④오월정신의 예술적 승화 ⑤미국의 역할과 책임 규명 ⑥역사적 의미 조명, 역사적 재평가 필요 ⑦과잉진압과 무차별 공격 ⑧일반 집회 ⑨일반인/기관장 참배 ⑩유가족 등 참배 ⑪행사관련 이모저모 ⑫5·18의 전국화 세계화 ⑬배상미흡 명예회복 ⑭통일, 악법철폐 등 다른 프레임과 연결.

| 표 1 | 5·18 보도사진의 뉴스 프레임 유형

프레임 유형	사진영상의 핵심 함축의미
5·18의 성격규정	-민중항쟁, 민주화 등 5·18을 1980년대 이후 민주운동의 정신적 모태로 보는 경우. 광주를 민주성지로, 광주시민을 민주의 넋으로 보는 경우도 포함
5·18의 원인	-과잉진압과 무차별 공격, 신군부의 집권 야욕 등 5·18이 발발한 원인에 초점을 맞춘 경우
진상규명과 책임자 처벌촉구	-미흡한 진상규명에 대한 요구를 비롯해 피해보상과 명예회복, 미국의 역할과 책임규명 촉구, 특별법 제정 촉구를 포함하는 경우
오월정신의 계승 발전	-역사적 재평가를 비롯해 5·18의 전국화·세계화 또한 통일이나 인권 등 다른 프레임들과 연결한 경우. 오월 정신의 예술적 승화 등을 포함하는 경우
집회/시위/ 참배/추모 (일화적 프레임)	-5·18 관련 행사 기간동안 벌어진 집회나 시위, 유가족이나 일반인 참배 등을 특별한 함축의미 없이 제시하는 경우

4. 보도사진 프레임의 차이

이론적 논의에서 살펴본 것처럼, 뉴스가 구성되는 방식에는 일화적 프레임과 주제적 프레임이 있으며, 사회운동단체에 대한 보도태도가 일화적이냐 주제적이냐에 따라 언론에 비쳐지는 운동단체의 모습은 확연히 달라진다. 사회 운동단체는 보통 정부기관 등 공식적인 취재원에 비해 언론에 노출될 기회가 적다. 따라서 이들은 자신들이 펼치는 운동을 성공적으로 대중들에게 전달하기 위해 극적인 요소를 가미하거나 과격한 시위·이벤트 등을 전략적으로 채택해 언론 노출기회를 높이려는 경향이 있다(Kruse 2001). 세계화 반대를 효과적으로 전달하기 위해 분신과 같은 극단적 방법으로 언론의 주목을 끄는 경우가 대표적이다.[4] 그런데 이렇게 언론이 일화적 프레임으로 사건(event) 자체를 보도하는 데서 그친다면 사건 발생 경위나 배경 등 사건을 둘러싼 총체적 맥락은 간과되기 쉽고 일반인들은 대체로 운동단체에 대해 과격하고 부정적인 인식을 갖게 된다. 반면 주제적 프레임은 가능한 사건을 총체적으로 파악하고 이해할 수 있도록 전반적인 이허와 배경, 사회 문화적 맥락 등을 충분히 제공해주는 보도방식이다.

두 신문이 사용한 프레임의 형식적 차이를 알아보기 위해 우선 분석기간 동안 5·18과 관련된 광주일보와 조선일보의 보도사진이 사용하고 있는 프레임이 어떤 것인지를 살펴본 결과는 〈표 2〉와 같다.

광주일보는 전체적으로 일화적 프레임보다 주제적 프레임으로 5·18을 보도해 사건 전반에 대해 충분한 정보를 제공한 반면, 조선일보는 일화적 프레임을 주로 사용해 5·18과 관련된 시위나 집회 등을 나열식으로 보도하거나 부정적으로 제시할 뿐 5·18에 관련된 충분한 정보를 전혀 제공하지 못하고 있었다.

| 표 2 | 5·18 보도사진 프레임의 차이   (단위 : 건, ( ) 안은 %)

구분	시기	일화적 프레임	주제적 프레임
광주일보	1987.5~1989.5	21	38
	1990.5~1992.5	23	49
	1993.5~1996.5	47	87
	총계	91 (34)	174 (66)
조선일보	1987.5~1989.5	15	0
	1990.5~1992.5	12	0
	1993.5~1996.5	13	11
	총계	40 (78)	11 (22)

4 지난해 9월 멕시코 칸쿤에서 세계화 반대시위 도중 할복 자살했던 이경해 씨와 관련된 보도의 경우, 할복자살과 서울대 출신 농민 이경해라는 인물에만 초점을 맞춘 일화적 프레임 보도가 대부분이었다. 반면, 그가 주장했던 세계화 반대의 논거나 세계화 이후 한국 농촌의 문제, 나아가 한국 농업의 문제 등을 종합적으로 다룬 주제적 프레임은 빈약했다.

단순빈도만 살펴보더라도 광주일보는 전체 265건의 보도 사진 중 66%인 174건을 주제적 프레임으로 보도하고 있었고, 일화적 프레임은 34%인 91건이었다. 반면, 조선일보는 주제적 프레임은 전체의 22%인 11건인데 반해, 일화적 프레임은 78%인 40건으로 대부분을 차지했다. 즉 조선일보는 5·18 관련 행사 기간동안 벌어진 집회나 시위, 참배 등을 특별한 함축의미 없이 사건 자체로 보도하는 것이 대부분으로, 5·18 성격 규정과 진상규명 등 전체적인 맥락을 두루 보도하는 데는 미흡하였다. 더구나 조선일보는 1993년 김영삼 대통령이 특별 담화를 통해 5·18을 민주화운동으로 규정짓기 이전까지는 단 한 번도 주제적 프레임을 사용하지 않고 단순 사건 보도에 그치고 있었다.

두 신문이 사용하는 프레임이 주제적 프레임이냐 일화적 프레임이냐는 5·18을 종합적으로 제시하느냐 단편적으로 제시하느냐를 판단하는 기준이 될 뿐 아니라 5·18을 지역적인 사건으로 축소시키는 지역화 담론을 구성하느냐 아니면 한국 현대사의 민주화운동의 모태로 보는 전국화 담론을 형성하느냐를 가르는 핵심 기제로 작동하고 있다.

조선일보의 보도사진이 광주와 5·18을 지역적 사건으로 축소하기 위해 사용한 일화적 프레임은 영상의 기호학적 측면에서나 영상 이미지를 고정하는 언어적 메시지 면에서나 아래 〈사진 1〉과 같이 과격하고 부정적인 이미지를 강조하는 내용을 주로 사용하는 방식이다.

카메라의 시선은 경찰 방향에서 학생들이 던진 돌을 던지는 모습을 잡아 경찰들은 수세적인 반면, 학생들은 돌을 던지며 위협을 가하는 공세적인 모습을 향하고 있다. 이 사진에서 과격하고 공격적인 대상은 학생들이며 경찰들은 학생들의 공격에 노출돼 있을 뿐이다. 같은 시위 사진이라도 학생 쪽에서 진압을 벌이는 경찰을 강조한 사진이나 중립적 입장에서 양쪽의 동선을 모두 보여주는 사진과 다르다. 영상 이미지를 고정하는 사진설명 역시 학생과 노동자들이 돌을 던지며 대치국면을 형성하고 있음을 나타낼 뿐 경찰이 최루탄에 대해서나 강제해산을 시켰다는 언급은 하지 않고 있다.

〈사진 1〉

◇20일 오전 경찰이 조선대구내로 들어가 전노협집회를 해산한 직후, 조선대 정문앞에서 학생과 노동자들이 경찰에 돌을 던지며 대치하고 있다.   〈사진=朴昌淳기자〉

『조선일보』 1990년 5월 21일 15면. 일화적 프레임은 극적인 장면이나 사건 자체에 초점을 맞춤으로써 사건이 일어난 배경이나 사회·역사적 의미 등은 상대적으로 소홀히 다룬다. 사진은 조선일보가 5·18 보도사진 프레임으로 가장 많이 보여주었던 일화적 프레임의 한 예. 5·18을 단순한 사건이나 시위, 행사 정도로 취급하거나 부정적 프레임으로 제시하고 있다.

이렇게 조선일보는 매년 5월 18일을 전후한 3, 4일 가량 5·18 묘역 참배나 관련 집회 등에 관한 보도사진을 역사적 의미부여나 평가 없이 단순히 보도하면서도 광주와 5·18에 대해 부정적이고 과격한 담론을 적극적으로 부여하고 있었다.

이와 달리 광주일보의 보도사진은 지역 내 민주화 세력을 중심으로 한 대항담론을 주체적으로 구성하기 위해 다양한 주제적 프레임을 사용하면서 5·18을 민주화의 모태로 프레임 짓고 있다.

광주일보는 매년 5월이 되면 한달여 동안 5·18의 성격규정과 5·18의 원인, 진상규명과 책임자 처벌, 오월 정신의 계승 발전과 과제 등에 관해 전반적으로 고루 보도하는 기획·특집 보도를 마련하고 있었다. 이로써 광주일보는 5·18을 1980년 5월 18일 광주라는 지역에서 발생했던 하나의 단순한 사건이 아니라 한국 현대사의 민주화 운동의 정신적 토양으로 제시하고 있다.

두 신문은 보도사진의 게재지면과 지면 내에서의 위치나 크기, 1980년 5월 당시의 사진 게재 여부 등에서도 차이를 보이며 5·18에 대한 지역화와 전국화 담론을 적극적으로 구성하고 있었다(〈표 3 참조〉).

| 표 3 | 5·18 보도사진 게재 지면과 보도형식 비교   (단위 : 건, ( ) 안은 %)

구분	사진크기			게재지면					당시 사진
	큼	보통	작음	1면	사회면	기획, 특집	문화면	기타	
조선일보	2(4)	47(92)	2(4)	8(16)	21(41)	2(4)		20(39)	1
광주일보	55(21)	201(76)	9(3)	43(16)	86(33)	71(27)	48(18)	17(6)	51

게재지면의 경우 광주일보는 1면과 사회면, 기획/특집면, 문화면 등에서 골고루 보도하고 있다. 특히 1면은 그날 하루 동안 발생한 주요 뉴스들을 종합적으로 보도하는 신문의 얼굴과 같은 기능을 하고 있기 때문에 중요한 의미를 갖는다. 광주일보는 연구기간 동안 모두 43차례에 걸쳐 5·18 관련 사진을 1면에 싣고 있으며 1988년 이후 매년 5월 18일 1면에 게재되는 사진은 반드시 5·18 관련 사진이었다. 또한 1990년 5·18 발발 10주년 이후 광주일보는 5월 18일이 포함된 '5·18 주간'에는 매일 전 지면에 걸쳐 5·18 관련 보도사진을 게

재, 다양한 보도 프레임을 보여주고 있다.

반면, 조선일보는 지방면이나 인물면 등 기타 지면에서 5·18 보도사진을 다루는 비중이 높았다. 이는 우선 5·18을 민주화운동의 정신적 토대로 인정하지 않고 지역적 사건으로 의미를 축소하고 있는 조선일보의 인식태도에서 비롯된 것으로 판단된다. 다시 말해, 5·18을 전국적 차원에서 의미 있는 역사적 사실로 인정하기보다 광주라는 지역에서 발생한 사건으로 규정하고 있기 때문에 매년 열리는 5·18 관련 행사 역시 지방면과 같은 기타 면에서 다루고 있는 것이다.

조선일보는 5·18 사진을 1면에서 보도해야만 하는 경우 〈사진 2〉처럼 다른 사진들과 동시에 사용하거나 사진의 크기나 위치의 비중을 축소시켜 5·18을 전면에 내세우지 않으면서 희석시키고 있었다. 이는 당시 정치적 상황을 감안해 5·18을 다룰 수밖에 없지만 그 의미와 뉴스가치를 축소하기 위한 전략으로 풀이해 볼 수 있다. 그나마 보도된 사진은 추모제나 관련 시위 등 함축의미를 내포하지 않는 사진이 대부분이었다.

〈사진 2〉　　　　　　〈사진 3〉

〈『조선일보』 1988년 5월 19일 1면〉　　〈『광주일보』 1990년 5월 18일 1면〉

〈사진 2〉는 조선일보 1면에 실린 5·18 관련 보도사진. 3김 회동 사진과 소련 여객선 화재 사진 등이 동일 지면에 실려 있어 전체 지면의 3분의 1가량을 차지하고 있는 〈사진 3〉의 광주일보 보도사진과 형식적 차원에서 큰 차이를 보이고 있다.

사진의 크기 면에서도 광주일보는 6단 크기 이상의 큰 사진을 사용하는 비율이 전체의 21%인 55건에 달해 5·18을 비중 있고 의미 있는 뉴스로 다루고 있었다. 5·18 발발 10주년이었던 1990년 5월 18일의 경우 〈사진 3〉처럼 1면 전체 지면의 3분의 1가량을 차지하는 대형 사진을 게재하기도 했다.

〈사진 4〉

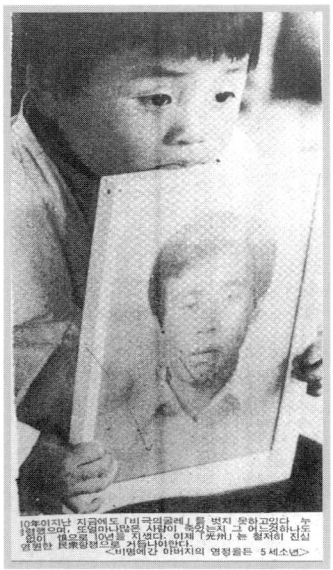

『광주일보』 1990년 5월 28일 5면〉

이와 함께 광주일보는 1980년 당시에 촬영된 보도사진도 적극 활용하고 있다(〈사진 4〉). 이들 사진들은 1980년 5월 당시 외국기자가 촬영했거나, 국내 기자가 촬영했다 하더라도 군부의 언론통제에 따라 보도되지 못했다가 1987년 이후 민주화에 힘입어 일반인들에게 알려지기 시작한 것인데, 광주일보는 총 51회에 걸쳐 당시 사진을 게재한 반면, 조선일보는 단 한 차례 당시 보도사진을 게재했을 뿐이다.

당시의 기록사진은 과잉진압된 5·18이 무고한 시민을 희생시켰음을 알리는 데 활용된 대표적인 5·18 기록 사진 중의 하나다. 광주일보는 매년 각종 시리즈와 특집물을 마련, 5·18을 다양한 시각에서 접근하면서 1980년 당시에 촬영되었던 보도사진을 적극 활용, 5·18의 원인과 성격 규정 등 주제적 프레임을 제시하고 있다.

〈사진4〉는 영문도 모른 채 아버지의 영정을 들고 있는 맑고 순박한 한 소년의 모습을 클로즈업 해 무고한 시민의 희생을 강조하고 있는 사진이다. 금방이라도 눈물을 떨어뜨릴 것 같은 아이, 누가 저 아이의 아버지를 앗아간 것인가를 웅변하고 있는 듯하다. 기록사진들은 〈사진4〉처럼 대부분 광주와 광주시민을 카메라의 선량한 주체로, 군부와 외부세력을 가해적 타자로 보는 것들이었다. 아무런 무기도 들지 않은 시민을 곤봉으로 내리치고 있는 모습이나 속옷 차림의 청년들이 무릎을 꿇고 머리를 숙이고 있는 모습, 그 사이 위압적으로 서있는 장갑차와 완장을 두른 군부의 모습은 마치 선악의 대비와도 같았다.

〈사진 5〉

〈『광주일보』 1994년 5월 19일 1면〉

〈사진 6〉

〈『조선일보』 1994년 5월 18일 31면〉

5·18 신문사진의 의미구성   *391*

이 같은 당시 기록사진을 통해 광주일보는 5·18의 원인과 성격규정을 적극적으로 제시하면서 5·18을 한국 민주화의 모태로 틀지우고 있었다.

또 두 신문이 사용하고 있는 프레임의 차이는 사진의 의미를 고정시키는 언어적 메시지인 캡션의 사용에서 더욱 두드러졌다. 광주일보는 캡션을 통해 당시의 주요 담론과 이슈를 적극적으로 제기하는 함축의미를 충분히 제시하는 반면(〈사진 5〉), 조선일보는 사진물의 묘사와 상황설명에 그치고 있었다(〈사진 6〉). 이 두 사진은 1994년 5·18 14주기를 맞아 전남도청 앞과 금남로 일대에서 벌어진 행사관련 사진이다. 우선 광주의 정신을 계승하기 위해 남녀노소 모두 한자리에 모인 시민들을 근경에서 촬영한 광주일보와 원경으로 처리한 조선일보는 영상이미지 면에서부터 차이를 보인다. 광주일보는 5·18이 학생이나 일부 운동단체의 행사가 아니라 광주 시민 전체의 축제임을 간접적으로 제시하고 있는 반면, 조선일보에서는 이런 영상언어를 찾아볼 수는 없었다. 프레임의 차이는 영상의 이미지를 고정하는 사진설명에서 더욱 두드러졌는데, 〈사진 5〉의 광주일보는 '광주정신 계승, 민주함성'으로 5·18의 성격규정과 의미를 적극적으로 부여하고 있는 반면, 〈사진 6〉의 조선일보는 단순히 '금남로에 모인 군중'으로 표상하고 있을 뿐이었다. 광주일보에게 '민주의 함성'과 '광주의 정신'이 조선일보에게는 그저 '군중'일 뿐이었던 것이다. 때에 따라 광주일보는 단순 집회 사진을 게재하면서도 광주와 광주시민을 민주화운동의 모태로 제시하기 위해 '민주시민', '민주의 넋' 또는 '민주의 성지' 등을 사진 제목으로 뽑아 5·18의 의미를 역사 속으로 확대시키고 있다.

5. 보도사진의 의미구성 변화와 경합

이론적 논의에서 살펴본 것처럼 담론은 고정돼 있는 것이 아니라 주요 정치변동과 맞물려 시기별로 의미구성을 달리하고 있었다(〈표 4〉).

| 표 4 | 정치변동에 따른 주요 프레임 변화 및 보도량   (단위 : 건, ( ) 안은 %)

주요 정치변동	연구대상 시기구분	프레임 유형	보도량 광주일보	보도량 조선일보
-1987년 6월 항쟁 발생 -1988년 2월 민주화합추진위원회 '광주민주화운동' 성격규정 및 해결방안 제시	제1기 1987.5. ~ 1989.5.	5·18 성격규정	13(22)	0
		5·18 원인	9(15)	0
		진상규명과 책임자 처벌	11(19)	0
		오월정신의 계승발전	5(8)	0
		집회/시위/추모/참배	21(36)	15(100)
		소계	59	15
-1989년 국회 청문회 가동 -1990년 5·18 발발 10주기 -1990년 7월 5·18 피해보상법 통과 및 보상시작	제2기 1990.5. ~ 1992.5.	5·18 성격규정	16(22)	0
		5·18 원인	7(10)	0
		진상규명과 책임자 처벌	16(22)	0
		오월정신의 계승발전	10(14)	0
		집회/시위/추모/참배	23(32)	12(100)
		소계	72	12
-1993년 5월 13일 김영삼 대통령 5·18 특별담화 발표 (5·18의 의미와 해결책 제시) -1993년 12월 특별법 제정 -1995년 학살책임자 고소고발 운동	제3기 1993.5 ~ 1996.5	5·18 성격규정	20(15)	3(13)
		5·18 원인	4(3)	1(4)
		진상규명과 책임자 처벌	41(31)	2(8)
		오월정신의 계승발전	22(16)	5(21)
		집회/시위/추모/참배	47(35)	13(54)
		소계	134	24
		총계	265	51

표에서 알 수 있듯이 광주일보는 연구기간 지속적으로 '5·18 성격 규정', '5·18 원인', '진상규명과 책임자 처벌', '오월 정신의 계승 발전', '집회/시위/추모/참배' 등 다양한 프레임의 보도사진을 고루 게재하고 있었다. 또한 해당 시기의 주요 정치적 쟁점의 변동과 연계해 유기적인 변화상도 보여주었는데, 이는 그 시기 활발하게 전개된 담론을 매개하거나 정치세력들의 담론을 집중 선택 보도하는 방식으로 광주일보 스스로 담론투쟁 당사자가 되었기 때문이었다.

우선 제1기 동안 전개된 주요 정치상황을 살펴보면, 1987년 6월 항쟁과 1988년 2월 민주화합추진위원회의 활동을 들 수 있다. 이들의 활동을 계기로 부분적이고 미약하기는 하나 수면 아래서 진행되던 5·18에 대한 '광주민주화운동'이라는 성격 규정이 공론화되기 시작했다. 1987년 이전 국가에 의해 침묵을 강요당했던 민주화세력의 담론이 언론을 매개로 공식적으로 등장하기 시작했다는 것이다. 이전까지 언론에서 보였던 담론은 폭도론, 불순정치 집단론과 같은 국가담론이었다.

이러한 정치상황의 변화에 따라 1987년 이후부터 1989년까지 제1기 동안 광주일보는 민주화세력들의 정치쟁점을 반영하고 주요 의제를 제시하기 위해 '5·18 성격규정'과 관련된 프레임을 적극 사용하는 것을 알 수 있다. 이제 막 5·18에 대한 담론이 공식화되기 시작한 터라 5·18에 대한 성격 규정과 관련 진상규명 등이 우선 이뤄져야 했던 것으로 풀이된다.

광주일보가 구성한 5·18 성격규정은 한국 현대사 민주화운동의 모태이자 원천으로 보는 것이었다. 5·18 관련 보도사진 중 희생자 어머니와 여성 참배객을 특히 강조한 것은 5.18이 민주화의 모태임을 강조하기 위한 영상언어의 기호학적 활용의 한 예로 볼 수 있다. 성격 규정은 영상의 의미를 고정하는 사진설명에서 더욱 두드러졌는데, 예를 들어, 조선일보는 1987년 6월 항쟁이후인 1988년 5월 19일자에

게재된 보도사진까지도 여전히 5·18을 '광주사태'라고 명명하고 있는데 반해, 광주일보는 이미 1986년 5월 17일자 사진부터 이미 '광주의거'라는 표현을 사용하고 있었다. 대항담론이 공론화되기 이전인 1986년 이미 광주의거라는 표현을 사용한 것은 광주일보가 5·18에 대한 성격규정을 주체적으로 이끌어 내고 있음을 보여주는 대목이었다. 광주일보는 이후에도 5·18을 '민중항쟁' 또는 '민주화운동'으로, 광주를 '민주성지' 등으로 규정한 보도를 일관되게 제시함으로써 5·18을 한국 현대사의 민주화의 원동력으로 자리매김 시키는데 앞장서고 있었다. 그러나 제1기는 대항담론의 맹아기였기 때문에 '오월정신 계승이나 역사적 재평가' 프레임은 상대적으로 빈약했다.

1989년 국회 청문회 가동, 1990년 5·18 발발 10주년, 같은 해 7월 5·18 피해보상법 통과 및 보상 시작 등의 정치변동이 있었던 제2기는 대항담론이 이설의 지위를 벗어나 생명력을 얻기 시작한 해이다. 이 기간 동안 광주일보는 '5·18 성격 규정', '5·18 원인', '진상규명과 책임자 처벌', '오월 정신의 계승 발전', '집회/시위/추모/참배' 등 가장 다양한 프레임을 고루 보여주었다. 그 중 5·18의 대동정신과 민주화 원동력을 음악과 연극, 미술 등 다양한 예술장르로 승화시킨 예술적 승화에 대한 보도가 이전 시기에 비해 많아졌다는 점이 주목할 만하다(〈사진 7〉).

〈사진 7〉

〈『광주일보』 1992년 5월 19일 11면〉
제2기 광주일보에는 오월 정신의 예술적 승화에 관한 보도사진이 이전 시기에 비해 많이 늘어났다.

제2기는 5·18이 발발한 지 10년 가까운 시간이 흐른 뒤였기 때문에, 광주 지역사회를 중심으로 5·18에 대한 역사적 재평가와 5·18의 전국화 등의 요구가 대두되었던 시기였다. 여기에 5월 관련 문학 작품과 미술, 음악 등 다양한 예술 장르에서도 5·18을 소재로 한 작품이 만들어져 5·18의 예술적 승화에 대한 관심도 늘어났던 시기였다. 이러한 사회적·문화적 맥락 때문에 광주일보의 보도사진 역시 오월정신의 계승 발전에 대한 보도가 늘어났던 것으로 풀이된다. 다양한 프레임의 궁극적 지향점은 오월정신의 전국화였다.

마지막으로, 제3기는 1993년 5·18특별법이 제정되고 1995년 학살 책임자 고소고발 운동 등이 펼쳐졌던 시기였다. 1993년 5월 13일 김영삼 당시 대통령이 특별담화를 통해 5·18의 의미와 해결책을 제시함으로써 5·18담론은 비로소 민주화운동이라는 정설의 지위를 얻게 되고 이전의 국가담론은 생명력을 잃게 되었다. 이 시기 광주일보와 조선일보는 보도량의 증가는 물론 보도 프레임도 다양한 변화를 보여주고 있다.

먼저 광주일보의 보도사진은 제2기와 마찬가지로 5가지 프레임을 고루 제시하고 있었지만 특히 진상규명과 책임자 처벌에 관련된 보도가 눈에 띄게 증가해 전체 보도의 3분의 1 정도인 41건이나 차지했다.

1993년 5월 13일 김영삼 대통령은 5·18 13주기를 앞두고 특별담화를 발표했다. 그는 "현정권은 광주민주화운동을 계승하고 있으며 진상규명 등 미흡한 부분은 역사에 맡기자"고 전제한 뒤, "5·18민주화운동의 정신을 기리고 그 명예를 높일 수 있는 사업을 적극 지원할 것"이라며 5·18의 의미와 해결책을 제시한 것이다. 특별담화는 국가적 차원에서 5·18담론을 공식적으로 거론해 이른바 대항담론의 국가화를 이루었다는 의미를 갖고 있었지만, 여전히 진상규명과 책임자 문제를 매듭짓지 않았다는 문제점을 안고 있었다. 이 때문에 지역사회와 재야단체, 학생 등은 철저한 진상규명과 책임자 처벌이 이뤄지지 않은 상태에서 미흡한 부분을 역사에 맡기자는 대통령의 제안을 받아들일 수 없다며 반발했고, 5·18 진상규명을 위한 특별 검사제 도입과 특별법 제정 등을 촉구하는 등 오히려 진상 규명을 요구하는 목소리가 커졌다. 이 시기 광주일보가 특히 진상규명에 가장 집중했던 것은 이러한 지역 내 민주화 세력들의 담론과 역학관계 때문으로 해석할 수 있다.

같은 기간 조선일보가 보여준 프레임 변화상은 어떠한가. 광주일보와 달리 조선일보는 5·18을 단순 집회나 시위, 추모행사 대상으로 설정한 일화적 프레임을 일관되게 제시하였기 때문에 시기별 변화상은 거의 없었다. 1993년 김영삼 대통령의 특별 담화 이전까지 단 한 건의 주제적 프레임이 사용되지 않았다는 점이 이를 뒷받침했다. 다만 1993년 특별담화 이후 약간의 변화를 보여 주제적 프레임을 부분적으로 사용하고 있었다. 조선일보의 보도사진이 양적·질적 면에서 가장 다양했던 제3기에는 이전에 볼 수 없었던 '5·18 성격 규정', '5·18 원인', '진상규명과 책임자 처벌', '오월 정신의 계승 발전' 등과 관련된 보도사진을 게재하고 있지만 여전히 집회나 시위/참배와 같은 단순 보도의 비중이 높았고, 당시의 기록사진을 활용하거나 영상의 기호학적 표상방식에 변화를 주는 등 전반적인 함축의미의 변화이기보다 사진설명 부분이 약간 달라지는 정도에 불과했다는 것이 특징이다.

이 시기 조선일보가 활용한 주제적 프레임에서 주돈할 만한 것은 5·18의 원인이나 책임자처벌, 진상 규명에 관한 보도보다는 오월정신의 계승과 발전 프레임을 부각하고 있다는 점이었다. 이는 명확한 진상규명과 책임자 처벌에 관해서는 침묵한 채 5·18의 아픔을 잊고 역사적 평가에 맡기자는 국가 담론을 그대로 반영한 것으로, 이전까지 진상규명이나 5·18 성격규정에 관한 어떤 언급도 없던 조선일보가 갑자기 오월정신의 계승과 발전만을 부각시키는 등 스스로 모순에 빠져있음을 드러내는 대목이었다.

    5·18 관련 담론이 활발해지기 시작했던 제1~2기 동안 5·18의 성격과 진상규명 등에 소홀했던 조선일보는 5·18이 민주화운동으로 자리매김된 뒤에도 광주만의 지역적 사건으로 축소하고 의미를 퇴색하는 국가적 담론을 소통시키는 데 앞장섬으로써, 민주화운동의 모태가 된 5·18이 전국적으로 확산되는 것을 막는 역할을 하고 있었다. 제3기에 접어들면서 조선일보가 5·18을 단순한 집회나 사건으로 취급하지 않고 다른 프레임을 제시하기 시작했던 것은 시대적 변화 때문에 어쩔 수 없이 5·18의 성격과 의미를 인정하되, 기존에 반복해왔던 국가담론을 최소한의 선에서 수정하는 수준에서였다. 조선일보는 각종 대항담론이 공론화되고 생명력을 얻어갈 때조차 5·18이 왜 발생하게 되었는지 그 전모를 제대로 전국적으로 알리지 않았던 것이다.

    이 같은 조선일보의 침묵과 의도적인 담론구성의 왜곡은 결과적으로 5·18의 학살과 참상이 광주시민들의 민주화의지를 압살하려는 신군부의 권력욕 때문이 아니라 폭도나 불순분자들로부터 치안질서를 지키기 위해 국가가 불가피한 국가공권력을 행사한 탓이라고 믿고 있는 사람들이 여전히 남아있게 만들기도 했다(박광주 2000). '국가 공권력의 불가피한 행사' 담론은 5·18이 지역화에 머물게 만드는 담론의 핵심 논거로 작동하는 것이다.

6. 결론

    이 연구는 5·18이라는 역사적 현실을 신문의 보도사진이 어떻게 구성하고 있는지, 또 담론 투쟁자로서 각 신문의 보도사진은 5·18의 의미구성을 둘러싸고 어떤 경합을 벌이고 있는지를 뉴스 프레임 분석을 통해 알아본 것이다.

연구결과를 요약하면, 광주일보는 5·18을 한국 민주화 운동의 모태로 제시하려는 이른바 전국화 담론을 적극적으로 구성하기 위해 다양한 프레임으로 지역사회와 민주화 세력의 대항담론을 매개하고 있었다. 지역사회와 재야 운동단체, 학생 등 5·18에 대한 인식과 평가 면에서 당시의 주류 담론에 저항했던 정치세력들의 담론을 반영하기도 하고, 때로는 직접 5·18에 대한 의미를 구축하기도 했던 광주일보는 5·18과 관련된 5가지 주요 프레임을 고루 활용하며 5·18을 하나의 단순한 사건으로 전락시키지 않고 심층적이고 총체적인 시각을 제시함으로써 5·18을 민주화운동의 모태로 전국화하고 있었다. 반면, 조선일보는 침묵과 최소한의 인정이라는 국가담론을 반영하면서 5·18을 국지화·지역화 시키는 프레임을 형성하고 있었다. 조선일보가 취한 전략은 일화적 프레임을 주로 사용해 5·18을 단순 행사로 취급·보도하는 경향이었다. 이 연구의 시작 시점은 5·18이 발발한 7년 이후부터이다. 이 때문에 5·18을 한국 현대사의 민주화 운동에 전환점을 제공한 역사적 현실로 인식하지 못한다면 뉴스 가치 면에서 5.18은 사소해질 수밖에 없게 된다. 두 신문의 이러한 시각 차이가 결국 5·18의 지역화와 전국화라는 분기점을 형성했을 것이다.

둘째, 미디어의 담론투쟁은 시기와 쟁점에 따라 역동적인 변화를 보여주는 유기적 과정을 보여주었다. 광주일보의 경우, 각 시기 주요 정치변동과 쟁점에 따라 프레임 기제를 달리하며 특정 담론을 부각하고 있었다. 5·18에 대한 논의가 공식적으로 시작되었던 제1기에는 '5·18 성격 규정', '진상규명과 책임자 처벌 프레임'을 강조하고 있었으며, 5·18 발발 10주기 등 5·18을 객관적으로 조명하며 역사적 의의와 평가 작업이 전개되었던 제2기에는 '오월 정신의 계승 발전'이 새로이 증가하는 양상을 보여주었다. 또 제3기에는 5·18이 민주화운동이라는 국가담론을 획득하였지만 여전히 진상규명과 책임자 처벌을 강조하고 있는 것을 알 수 있다. 국가공권력의 불가피한 행사 또는 지역화 담론의 위기에 맞서 5·18의 진상을 규명하고 책임자를 처벌하는 일이 그 어떤 시기보다 중요하였기 때문이었다. 각 시기별로 광주일보 사진보도의 의미구성 변화상을 살펴보면, 5·18 성격규정 → 오월정신의 계승 발전 → 진상규명과 책임자 처벌 등으로 담론이 변화하고 있다는 것을 확인할 수 있었다.

한편, 조선일보는 제 1~2기 동안 5·18을 단순 집회나 시위와 연결시켜 보도하는 일화적 프레임만을 사용하다가 제3기에 들어 비로소 주제적 프레임을 선보이고 있으나, 내용 면에서 진상규명이나 책임자 처벌, 5·18 원인 규명은 간과한 채 오월정신의 계승과 발전만을 강조하는 경향을 보이고 있었다.

두 신문의 프레임 경합은 제3기에서 볼 수 있는데, 광주일보는 진상규명과 책임자 처벌'에 관한 프레임 기제를 많이 사용하고 있는데 반해, 조선일보는 '오월정신의 계승과 발전'만을 주로 사용하고 있었다. 이는 1993년 김영삼 대통령의 특별담화를 계기로 정식 국가담론의 지위를 얻었으니 이제 과거는 역사에 맡기고 오월정신을 계승하는 방향으로 나아가자는 조선일보의 담론구성방식과 민주화운동이라는 공식 국가담론의 지위를 얻었지만, 그 국가담론이 진정한 의미를 갖기 위해서는 진상규명과 책임자 처벌을 전제해야 한다는 광주일보의 담론구성 방식과 선명한 차이를 보였기 때문이다.

언론이 중요한 역사적 사실에 대해 얼마나 다양한 프레임을 가지고 다각적인 시각과 의견을 담아내느냐 하는 것은 수용자의 올바른 현실인식에 매우 중요하다. 이 연구를 통해 5·18이 지역성의 한계를 벗어나 한국 민주화 운동은 물론, 동아시아 민주주의의 역사에서 재평가되어야 한다는 당위적 요구와 언론의 보도사진 선택의 현실이 어느 정도 괴리되어 있었는가를 재인식할 수 있을 것이다.

참고문헌

김기국, 「사진텍스트의 기호학적 연구」, 『한국 프랑스학위논집』 제42집, 2003.
김성민, 「일간지 보도사진의 특정 사회집단에 대한 보도성향 분석」, 『한국사진학회지 아우라』 2004년 11호, 2004.
김승현, 「신문사진에 나타난 인본주의적 가치 : 4·19 혁명 보도사진을 중심으로」, 『커뮤니케이션 과학』 제17호, 2000.
김철권, 『사진의 의미와 사진의 구조』(one & one, 2004).
나경택, 「5·18 광주민중항쟁과 보도사진의 역할에 관한 연구」, 광주대 언론홍보대학원 언론학과 석사학위논문, 2003.
나미수, 「정치적 이슈에 대한 텔레비전 뉴스보도의 의미구성 : 장상·장대환 총리서리」, 『프로그램/텍스트』 제8호, 2003.
박경숙, 「집단갈등 이슈의 방송뉴스 프레임 분석 : 의약분업 뉴스 프레임을 중심으로」, 『한국언론학보』 46(2), 2002.
박광주, 「부마와 광주의 전국화, 세계화」, 한국정치학회 주최, 『한국의 정치변동과 민주주의 기획 학술대회 발표문』, 2000.
박선희, 「언론개혁에 관한 인터넷 뉴스 프레임분석」, 『한국방송학보』 15(2), 2001.
_____, 「언론의 정치적 현실구성에 대한 담론분석 : 5·18B 특별법 제정에 관한 동아일보와 조선일보의 사설을 중심으로」, 『정치 정보연구』 5(1), 2002.
박주석·조대연, 「5·18 광주민주화 운동 관련 기록사진의 발굴 및 분석」, 『한국사진학회지 아우라』 제8호, 2001.
양승목, 「언론과 여론 : 구성주의적 접근」, 『언론과 사회』 제17호, 1997년 가을호.

양정혜, 「사회갈등의 의미구성하기 : 의료분쟁 보도의 프레임 분석」, 『한국언론학보』 46(1), 2001.
양종훈, 「시각적인 대중매체로서의 포토저널리즘」, 『상명대학교 논문집』, 1993.
엄상빈, 「5·18 광주민주화운동에 관한 포토저널리즘 연구 : 조선·동아·한국·중앙일보를 중심으로」, 상명대학교 예술디자인대학원 사진학과 석사학위논문, 2001.
이종수, 「신문 1면 사진에 나타난 한국 포토저널리즘의 변화경향 : 1980년에서 2000년까지 3개 중앙 일간지 1면 사진내용 분석을 중심으로」, 『한국언론학보』 47(2), 2003.
이준웅, 「언론의 틀짓기 기능과 여론의 변화」, 『언론과 사회』 제17호, 1997.
_____, 「프레임, 해석, 그리고 커뮤니케이션 효과」, 『언론과 사회』 제29호, 2000.
임태섭·김광수, 「광고메시지의 질적 접근 : 담론분석을 중심으로」, 『광고연구』 1993년 겨울호.
전재호, 「5·18담론의 변화와 정치운동」, 한국학술단체협의회 편, 『5·18은 끝났는가』(푸른숲, 1999).
정일준, 「5·18담론의 변화와 정치변동」, 5·18 24주년 기념 학술대회, 『5·18 연구 : 회고와 전망』, 2004.
정홍기, 「포토저널리즘 사진과 캡션의 의미작용에 대한 연구」, 『한국언론정보학보』 제18호, 2002년 봄호.
최정운, 「폭력과 언어의 정치 : 5·18담론의 정치사회학」, 한국정치학회 주최, 『5·18 학술심포지엄』 발표문, 1997.
허현주, 「5·18 광주 민주화 운동 관련사진 연구 : 1980~2000년 게재된 사진을 중심으로」, 『한국사진학회지 아우라』, 2002년 9호.
Barthes·Roland, 김인식 편역(1993), 「이미지와 글쓰기 : 롤랑 바르뜨의 이미지론」(서울: 세계사).

Carter·Paul, "Semiotic Analysis of Newspaper Front Page Photographs." http://www.aber.ac.uk/media/students/pmc9601.html.

Forrester·Michael, Psychology of the Image, Routledge, 2000.

Gamson and Wolfsfeld, "Movements and Media Interacting Systems." ANNALS, AAPSS. July 1993.

Gitlin, T. The Whole World Ii Watching, Berkeley & Los Angels : University of California Press, 1980.

Goffman·Erving, The Presentation of Self in Everyday Life, Doubleday Anchor Books, 1959.

Iyenger, S. Is Anyone Responsible? : How Television Frames Political Issues, Chicago : Press of Chicago University, 1991.

Pan, Z. & kosicki, G.M. "Frame Analysis: An Approach to News Discourse", Political Communication 10(1), pp.55~73, 1993.

Kruse, C. R. "The Movement and the Media Framing: the debate over animal experiment." Political Communication 18 : 67-87, 2001.

McAdam, Doug, John D. McCathy, Mayer N. Zald. "Introduction: Opportunities, Mobilizing structures, and Framing Processes-Toward a Synthetic, Comparative Perspective on Social Movements."

Tuchman, G. Making News: A Study in the Construction of Reality, 1978. 박홍수 역(1995), 『메이킹 뉴스 : 현실의 재구성 연구』(서울: 나남).

5·18의 역사적 기억과 신문만평 :
한겨레신문을 중심으로

김종헌

1. 5·18의 기억과 신문만평

역사적 사건은 망각 속에서 사라져버리는 것이 아니라, 우리의 기억 공간에 내재되어 있다. 즉 사건은 우리의 몸속에 침전되어 있는 것이다. 5월 광주의 기억은 결코 사라지지 않으며, 다양한 형태의 재현물 속에서 부활되어 우리의 기억 공간을 차지하고 있다. 회화, 조각, 영화, TV드라마, 사진 속에서 5·18은 재생되어 과거를 응징하며, 미래기억을 만들어가고 있다. 5·18의 재현, 즉 이미지화는 과거의 존재 했음을 알리는 기호이며, 동시에 과거의 시간성을 현실로 불러들이는 작용을 한다. 그래서 이미지는 실재성이 없는 '존재의 부재'이지만, 강하게 현실을 지배하는 '존재의 현현'인 것이다.[1] 다시 말해서 이미지는

---

[1] 여기서 존재의 개념은 실재, 근원, 형이상학적 실체로서의 존재가 아니라, 단순한 '있음'의 양태를 의미한다. 존재는 사건이며, 존재의 현현은 사건의 부활을 의미한다. 그러므로 사건의 이미지화는 우리에게 어떤 사건의 실재성을 알려주며, 근원적 존재를 일깨우는 작용한다[김종헌·원승룡, 『문화이론과 문화읽기』(서광사, 2001), 222쪽 참조].

더 이상 가상이 아니라, 현실의 의미내용을 확장하는 기표인 것이다.

그 동안 우리는 치유되지 않는 5·18의 기억을 문학작품, 회화, 음악을 통해서 되살리며, 망각의 샘으로부터 자신들을 구출해 내고자 하였다. 그런데 우리는 대중매체, 특히 신문만평에 내재된 5·18의 기억과 재현내용 그리고 의미성에 대한 연구를 간과해 왔다. 일반적으로 우리는 '한 칸 만화'를 시사만화(Cartoon)이라 부르기도 한다. 한 칸은 좁은 공간을 의미하기도 하지만, 포괄적·함축적 개념이 담지 되고 있는 재현의 공간이다. 즉 한 칸 만화는 "문자의 길고 짧음에 관계없이 함축이고 자기 완결적인 단위"[2]을 지니고 있다. 이러한 시사만화는 일종의 일간지의 만평(漫評), 혹은 희평(戱評)이라 일컫는 정치만화이다. 정치만화는 대개 등장인물을 희극적으로 묘사하여 정치적 현실을 비꼬거나, 판타지(fantasy)를 형성하는 작용을 한다. 판타지는 둘 혹은 그 이상의 사람들이 어떤 커뮤니케이션 상황 속에서 하나 혹은 일련의 극화시키는 메시지에 함께 참여할 때 형성된다.[3] 그러므로 일간지의 판타지는 단순한 공상적 현실을 묘사하는 것이 아니라, 정치적 사건에 대한 창조적 혹은 상상적 해석이라 할 수 있다.

맥루한(M. McLuhan)에 따르면, 만화란 아주 적은 시각적 정보를 제공하는 저 품위(low definition)매체이기 때문에, 쿨 미디어(cool media)에 속한다고 한다. 이러한 속성 때문에 쿨 미디어는 수용자의 참여와 완성도를 높일 수 있다고 주장한다.[4] 미디어 수용자들은 시사만화의 이미지를 읽거나 들음으로써 사건의 판타지를 공유할 있다. 이미지의 시대에 맞게 요즈음 신문도 읽는 신문에서, 보는 신문으로 인

---

2 최열, 『만화와 시대』1(도서출판 공동체, 1987), 9쪽.
3 박기순, 『언론학의 이론과 연구』(나남출판, 1995), 306쪽.
4 M. McLuhan, *Understanding Media : The Extensions of Man,* New York : Mcgraw-Hill Book Company, 1964, p.36.

식되는 '이미지적 전환'을 이루고 있다. 즉 한편의 글로 된 사설보다 한 컷의 만화가 오히려 의견을 전달하는 효율적 수단이 되기도 한다. 한 컷의 만화는 그 날의 가장 시사적인 사건을 이미지화 한 것으로 우리의 기억을 각인시킨다. 그래서 신문만평은 역사적 사건과 기억을 재현함으로써 사건의 진실을 왜곡시키기도 하고 폭로하는 작용을 한다. 이 장에서는 1980년 5·18이후 2003년까지 한겨레신문에 나타난 5·18 시사만평을 분류 및 해체작업을 시도할 것이다. 즉 신문지상에 5·18 시사만평이 언제부터 등장하기 시작하였으며, 작가들은 5·18에 관한 어떤 기억을 통해서 사건을 풍자하고 있는 것인가를 집중적으로 조명할 것이다.

2. 연구분석의 방법과 범위

만평은 당시의 정치적 사회적 사건과 이슈에 가장 밀접하게 연관되어 있다. 이러한 관점에서 볼 때 5·18만평은 여전히 우리에게 남아있는 5·18의 기억을 밝혀 낼 수 있는 상징이다. 5·18만평은 단순한 작가 한 개인의 기억이 아니라, 일종의 규명되지 않는 보편적 기억이라 할 수 있다. 그래서 현재적 관점에서 5·18만평에 관한 해석과 분석은 5·18에 관한 우리의 몸적 기억을 밝힐 수 있는 귀중한 자료이다. 즉 5·18만평은 5·18에 관한 우리의 치유될 수 없는 트라우마와 동시에 염원을 읽어내는 기호인 것이다. 그래서 필자는 5·18만평에 5·18의 어떤 기억들이 재현되고, 그것을 통해서 그 사건을 어떠한 방식으로 응징하고 있는가를 기호학적으로 밝혀내고자 한다. 만평이 갖는 기호체계는 그림, 지문, 말 풍선으로 구성되어 있다. 화백은 만평에 이 3가지 요소를 조합하면서 자신의 이데올로기를 재현해 내고 있다.

필자는 롤랑 바르트가 이미 말했듯이 '기표(signifiant)'와 '기의(signifié)'에 의해 구성된 기호체계가 지닌 이데올로기적 의미를 읽어내고자 한다.5 만화라는 그림 한 장은 평면코드이고, 그 코드 안에 다시 지문과 말 풍선이라는 선형코드(문자 코드)가 들어 있다. 평면코드와 선형코드에 의해서 1차적 의미가 형성되고, 그것들의 조합에 의해 2차적 의미가 완성된다. 의미작용의 형식적 체계인 만평의 1차적 의미는 다른 요소들과의 조합을 통해서 신화적 의미를 구성한다.6 만화만평은 신화화 작업을 통해서 비판주제를 보다 강하게 전달하고 있다.

만평은 이미지의 무한한 확장과 주제전달의 명료화를 위해서 말 풍선 혹은 지문이라는 문자코드가 동원된다. 만화만평은 바르트의 주장처럼 두 가지 서로 다른 코드를 혼합함으로써 어떤 의미를 메시지 차원에서 신화적 차원으로 승화시킨다.

여기에서는 1988년부터 2003년까지 한겨레신문에 게시된 37편의 만평을 분석대상으로 삼고 있다. 37편의 만평 속에는 박재동에 의해 그려진 것이 30편, 그리고 장봉군에 의해 그려진 만평이 7편이다. 박재동의 만평은 평면코드와 선형코드의 효과적인 긴장관계를 통해서 자신이 전달하고자 하는 주제를 극대화하거나 보다 구체화한다. 즉 박재동은 이미지의 무한한 해석을 지문을 통해서 고정시킴으로써 전달하고자 하는 주제를 선명하게 한다. 그래서 그의 만평 속의 문자와 이미지의 해석은 5월 광주의 기억을 읽어내는 키워드이다. 문자와 이미지의 기호학적 분석은 만평을 해석하는 주된 방법론으로 사용될 수 있다. 즉 작가가 그림과 문자를 통해서 광주의 어떤 기억을 재현하고, 그것을 통해서 무엇을 주장하고 있는가를 질문하는 것은 그때그때 5월 광

---

5   롤랑 바르트, 이화여자대학교 기호학 연구소 옮김, 『현대의 신화』(동문선, 2002), 269쪽 참조
6   롤랑 바르트, 같은 책, 272쪽 참조.

주가 어떠한 방식으로 기억되고 있는가를 살필 수 있는 길잡이이다. 1988년 이후 한겨레 그림판에 게재된 5·18만평을 시기별로 분류하면 다음과 같다.

| 표 1 | 분석대상으로 선정된 만평 게재일, 편수, 그리고 화백

년도	날짜	편수(37편)	작가
1988	5.17, 5.19, 8.4, 8.16, 8.31, 11.18, 11.19, 11.20, 11.25, 11.27, 11.29, 12.8, 12.11, 12.20, 12.22	14편	박재동
1989	1.17, 1.28, 1.29, 2.21, 2.23, 2.24, 2.25, 5.19	8편	박재동
1991	5.18, 5.19	2편	박재동
1993	5.16, 5.18, 5.19	3편	박재동
1994	5.19	1편	장봉군(목요초대그림판)
1995	5.18	1편	박재동
1996	5.19	1편	박재동
1998	5.16, 5.18	2편	장봉군
1999, 2000, 2001	5.18	3편	장봉군
2003	5.17	1편	장봉군

〈표 1〉에서 살펴보듯이 만평이 광주 청문회 기간인 1988년에 집중적으로 그려지고 있으며, 매년 정기적으로 5·18즈음에 그려지고 있음을 알 수 있다. 그러나 1990, 1992, 1997, 2002년에는 전혀 그려지고 있지 않다. 이 점에 대해서 박재동과 장군봉 화백은 신문은 항상 당시의 사건과 이슈에 초점을 맞춰야 하기 때문에, 비록 5·18이 미완의 과제이지만, 당시의 큰 사건들에 의해 묻혀 지날 수밖에 없다고 한다. 즉 신문이 갖는 매체적 속성 때문에 반복적으로 5·18에 관한 만평들을 그릴 수가 없다는 것이다.

필자는 연구범위를 일차적으로 광주 청문회 전후(노태우 정부), 1993년 김영삼 정부(문민정부), 1998년 김대중 정부(국민의 정부)로 구분하여 만평의 속의 광주의 기억을 들추어낼 것이다. 노태우 정부(1988.2~1993.2) 기간에 24편의 5·18 만평이 집중적으로 그려지고, 김영삼 정부(1993.2~1998.2)기간에 6편, 그리고 김대중 정부(1998.2~2003.2)에 5편의 만평이 그려진다. 이러한 방식으로 분류 해제하는 이유는 가설적으로 만평 역시 당시의 정치권력과 역학 관계에 있으며, 동시에 5·18의 직접적 가해자의 집권기와 피해자, 혹은 중간자의 집권기에 따라 5·18에 관한 기억내용과 재현방식이 다르기 때문이다.

3. 신문만평과 5월 기억의 서막

5·18 시사만평은 1985년 5월 19일 『동아일보』에 '눈물의 5월'이라는 만평글귀와 더불어 최초로 등장하게 된다. 백인수 화백은 방패와 투구로 중무장한 군인 앞에서 붓을 꺾을 수밖에 없는 암담한 현실을 다소 모호하게 묘사한 것이다. 우리는 이 만평의 일차적 의미를 중무장한 군인, 방패, 달력, 구름, 힘센 군인 앞에 붓을 들고 있는 한 남자의 모습을 한 기표와 그리고 '눈물의 5월'이라는 문자이미지와 조합을 통해 기의를 파악해낼 수 있다. 기호가 갖는 1차적 의미는 한 컷 만평 속에서 숨겨진 이데올로적 의미, 즉 2차적 의미를 형성해 낸다. 다시 말해서 우리는 이 기호(만평)를 통해 군사정부인 전두환 정권의 강력한 폭력 앞에서 초라하게 떨면서 역사적 사건의 기억들을 지워가야만 하는 당시의 시대상을 읽어낼 수 있다.7 즉 광주의 진실을 밝힐 수 있는 태양은 구름사이에 감춰지고, 지식인은 거대권력을 상징하는 방패

든 군인 앞에 과거를 지워가는 나약한 모습으로 묘사되고 있다. 이 만평은 이미지만 보아서는 광주의 기억을 나타내고 있는 것 같이 보이지 않지만, '눈물의 5월'이라는 지문을 통해 이미지의 무한한 해석을 제한하고 있다.8 즉 이 만평은 광주의 기억을 직접적으로 재현하고 있지는 않지만, 트라우마로 남아있는 5월의 상처를 상징적으로 형상화하고 있는 것이다. 그러나 이 동아희평이 5월 광주의 문제를 최초로 재현한 신문만평이라는 점에서 매우 의미가 크다고 할 수 있다.

〈『동아일보』 1985년 5월 19일〉

〈『광주일보』 1985년 5월 24일〉

7 필자는 기호가 지닌 기표와 기의의 일차적 의미와 이차적 의미를 엄밀하게 구분하지 않고 분석할 것이다. 왜냐하면 때론 만평 속의 1차적 의미를 2차적 의미와 구분하는 것이 무의미하기 때문이다. 그래서 본 논문에서는 단지 상징 이미지 속에 내재된 이차적 의미를 해석하고, 치유되지 않는 광주의 기억이 무엇인가를 규명할 것이다.

8 만화의 본질은 말과 그림의 상호성이라 할 수 있다. 문자 없이 그림만으로는 메시지 전달이 다소 모호해 질 수 있다. 그러므로 좋은 만화는 그림과 문자의 긴장관계라 할 수 있다. 교육만화의 경우는 내용전달을 강조하다보니 말이 너무 많아서 그림을 지배하는 경우가 종종 있다[김용석, 『깊이와 넓이 4막 16장』(휴머니스트, 2002), 175쪽].

광주에서는 광주일보가 1985년 5월 24일 "그리고 싶지 않는 만평"이라는 글귀와 더불어 5월 광주의 기억에 관한 만평을 시작하게 된다. 이 만평 역시 광주의 문제를 직접적으로 그려내고 있지는 않지만, 당시 미문화원 점거 사건을 배경으로 광주의 기억을 조심스럽게 이끌어내고 있다. 이 만평의 제작동기로 작용한 사건은 서울대·고려대·연세대·서강대·성균관대 등 5개 대학 총 73명의 학생들이 1985년 5월 23일 미문화원 정문을 경비하는 전경을 밀치고 2층 도서관에 진입한 사건이다. 이 학생들은 '전국학생총연합 광주학살흉처단투쟁위원회'라는 명의로 1) 광주사태의 진상과 그 책임자를 명백히 국민 앞에 공개할 것, 2) 광주학살 주모자와 관련자들은 책임질 것 3) 광주사태에 대해 책임지고 있는 미국은 한국 국민 앞에 정중히 사과할 것 등을 요구했다. 학생들은 그동안 5·18이 한국 내부의 문제라고 국외자처럼 행동했던 미국에 대해 그 책임을 공개적으로 제기한 것이다.

광주일보 만평은 학생들의 미 문화원 점거사건을 그려내면서, 광주의 문제를 간접적으로 표현하고 있다. 뒷짐을 지고 방황하는 만평 속의 주인공은 '말할 수 없는 진실', 즉 '표현할 수 없는 광주의 진실'에 식은 땀을 흘리며 고민하는 모습으로 묘사되고 있다. 사실상 그 당시가 5월 광주의 직접적인 가해자인 전두환 정권 하에 있었기 때문에, 광주의 문제는 공적 기억 속에서 논의되는 것은 거의 불가능하였다. 즉 정치적 풍자를 근간으로 하는 시사만평에서 함부로 접근할 수 없는 주제가 되었던 것이다. 그래서 그런지 60~70년대 한국 신문만화의 특징 중의 하나인 직설법은 사라지고, 단지 '행간의 의미'를 읽도록 하는 은유적 재현이 등장하기도 하였다. 이러한 정치적 상황 속에서 1988년부터 5·18신문 만평은 본격적으로 주요 일간지에 등장하기 시작하였다. 그러나 우리나라의 시사만평을 단순한 정치적 현실의 풍자를 넘어서 사회 전반적인 문제로까지 확산시킨 사람이 바로 박재동

화백이다.

이미 언급했듯이 신문의 시사만평은 어떤 해설, 논평, 칼럼못지 않게 그 영향력이 크다. 특히 한겨레신문 창간과 함께 시작된 박재동의 시사만평은 이 신문의 대표적인 이미지가 되었고, 박재동은 이 시대의 상징적인 만평가로 자리 매김 할 수 있었다.9 필자가 한겨레신문의 만평을 분석대상으로 선정한 이유는 박재동의 만평이 기존의 신문만평과 달리 말 풍선, 지문, 이미지의 긴장관계 속에서 사회적 현실을 보다 냉철하게 비판하고 있기 때문이다. 즉 그는 서정에 기댄 풍자로 당대의 삶을 드러낸 한국 최초의 시사 만화가다.10 한국의 시사만화가 주로 정치적 색채로 일관되고 있으나, 그는 단순한 정치풍자의 만화 수준을 벗어나 사회·문화적 문제를 다루고 있다. 그는 사회가 우리에게 가하는 폭력을 다양한 방식으로 지적하고 있다. 즉 그는 여성에게 가하는 물리적·제도적 폭력, 권력을 가진 자들이 그들의 기득권을 유지하기 위해 시민에게 가하는 유형무형의 폭력, 그리고 역사적 폭력의 문제까지 날카롭게 비판하고 있다. 특히 5·18에 관한 그의 풍자만화는 시간의 흐름 속에서 잊혀질 수 있는 광주의 기억을 역사적 시각에서 재조명 해 주고 있다. 그래서 그의 시사만평에 대한 분석은 5·18에 대한 트라우마와 기억을 재생산하여 미래기억을 만들어 가는 좋은 지름길이 될 것으로 생각된다.

---

9 박재동은 그 동안 어느 누구도 시도하지 않았던 만평의 면 나누기를 시도하였다. 그는 표현하고자 하는 주제에 따라 한 컷 만화를 2면 혹은 3면으로 나누어 그리기도 하였다. 그래서 길문섭은 박재동을 "상식과 형식의 틀을 깬" 화백이라 평하고 있다[길문섭, 『만화의 문화시대: 개념의 이해와 실제』(도서출판국제, 2000), 54쪽].

10 박인하, 「우리가 한 칸짜리 만화를 만날 때」(창비 웹진 11호, 2003년 5월). 박재동은 정치풍자만화의 수준을 벗어나, 전교조, 노동자, 농민, 종교 등 우리를 둘러싼 다양한 '시사적 관계'를 만화로 끌어들이고 있다.

4. 5월 광주의 기억과 한겨레 만평

1) 5월 광주의 매체 기억 : 한겨레 만평의 시작

5월 광주의 기억은 1987년 6월 항쟁을 통해 어느 정도 정치적 해빙기를 맞이하면서 신문만평에 본격적으로 등장하기 시작한다. 한겨레신문에 5·18만평이 최초로 등장한 것은 1988년 5월 17일 "어차피 한번은 거쳐야 할 길이 아니우?"하는 지문과 더불어 야당이 여당을 광주의 죽음 앞에 밀어대는 이미지로 등장한 것이다. 당시의 정치적 상황은 야권이 정부의 민주화 실현에 대한 불투명성을 비난하는 결의문을 낭독하면서 대립적 갈등이 첨예화되고 있었다. 1988년 5월 15일 창간된 한겨레신문이 창간 이틀 만에 5월 광주의 어두운 죽음의 시신을 '매체적 기억' 속으로 형상화한 것이다.[11] 박재동은 이 만평에서 한 사건의 주인공이 되는 인물을 변형 강조하여 5월 광주의 본질을 보여주려고 한다.[12] 그는 여당의 핵심 인물의 턱을 과장되게 표현함으로써 악역의 상징적 모델을 만들어내고, 그를 광주의 눈감지 못한 주검 앞으로 내 몰고 있다. 다시 말해서 박재동 화백은 광주의 죽은 시신들이

---

11 여기서 필자가 사용하는 '매체 기억'은 매체, 즉 신문만평이 기억의 주체라는 말이 아니라, 기억을 재현하는 도구, 방식을 의미한다. 즉 매체를 통한 기억을 말한다.

12 유홍준은 박재동의 만평을 세 가지 유형으로 분류하고 있다. 첫째, 한 사건의 주인공이 되는 인물을 변형, 강조하여 사건의 본질을 보여주며 둘째, 대화방식으로 엮어진 서술적 구성, 셋째, 민중의 생활감정을 담담하게 그려낸 것이다. 그는 노태우 대통령, 국회 청문회에 출석한 사람들을 캐리커쳐의 과장법에 따라 국민들이 느끼고 있는 끔찍한 사람, 음흉한 사람, 노련한 사람, 측은한 사람 등으로 정확하게 그 의미를 전달하고 있다. 두 번째로 대화체를 사용한 만평에서는 대화의 상대자를 가진 자, 노동자, 학생, 농민, 시민으로 구성하고 있다. 마지막으로 그는 민중의 생활감정이 고스란히 담긴 '회화적 만평'을 그려내고 있다[유홍준, 「서문」, 박재동, 『환상의 콤비』(친구출판사, 1989)].

두 눈을 제대로 감지 못하고 있음을 보여주고, 도망치고자 하는 여당을 시신 앞으로 밀어붙이는 야당의 모습을 재현하고 있는 것이다. 여소야대의 정치 현실 속에서 여당인사는 야3당에 의해 떠밀려 분노 속에 잠들고 있는 광주의 주검을 바라보고 있는 것이다. 즉 이것은 광주의 기억에 대한 부활과 5월 광주의 상처에 대한 치유의 필요성을 제기한 것이다. 박재동의 만평은 편히 잠들지 못한 5월 광주의 시신을 직접적으로 묘사하면서, 5월 광주의 기억을 충격적인 방식으로 재현하고 있다. 즉 그는 당시의 집권 여당에게 5월 광주의 책임을 물으며 동시에 어둠 속에 갇혀 있는 검은 시신을 그려냄으로써 그날의 비극을 재현해 내고 있는 것이다.

그림에서 볼 수 있듯이 박재동의 만평은 다른 일간지의 이미지와 다른 방식으로 구성되고 그려지고 있다. 뚜렷한 주인공의 인물상, 정치적 상황, 피해자의 죽음을 이분법적으로 묘사함으로써 사건의 진상규명을 강하고 나타내고 있다. 아래 한겨레, 동아, 조선 만평을 비교해 보면 그림의 형태, 주인공의 인물묘사, 스케치의 방식들이 전혀 다름을 알 수 있다. 조선과 동아 만평이 이미지의 유사성을 보여 주고 있지만, 한겨레 만평은 그림의 형태가 전혀 다르다. 박재동은 만평에 애니메이션의 기법을 사용하여 독자에게 친근한 방식으로 접근하면서, 동시에 정치적 주제에 보다 선명한 방식으로 다가가고 있다. 우리가 동아, 조선, 한겨레의 만평을 평면적으로 비교해 보더라도, 한겨레 만평에 비해 두 신문사의 만평은 주제 전달이 훨씬 약함을 알 수 있다.

한겨레 만평을 시발로 5월 18일에 조선만평에서는 "정당한 재평가를 …", 동아희평에는 "파고 … 얼버무리는" 그리고 광주일보 만평에는 "아직도 메아리 없는 …"이라는 문자이미지와 더불어 5월 광주의 문제가 전면적으로 제기되기 시작한다. 동아일보는 광주 문제를 파헤치려는 야당의 삽을 구덩이 속에 집어넣고 청문회라는 흙으로 덮어버리려는 여당의 태도를 비판하고 있다. 조선일보는 5·18 유령제를 지내면 광주의 기억을 조심스럽게 이끌어내고 있다. 광주일보 만평에서는 망월동 묘지를 배경으로 하여 죽은 자들의 영혼에 슬퍼하며 광주 사태에 대한 진상규명을 통곡하고 있는 모습이 등장한다. 즉 5월 광주 사태의 진상규명의 움직임 사회 곳곳에서 서서히 제기되고, 1988년 5월 19일 한겨레만평은 진상규명 문제를 본격적으로 제기하기 시작한다.

〈『한겨레』, 1988년 5월 17일〉

〈『동아일보』 1988년 5월 18일〉

〈『조선일보』 1988년 5월 18일〉

〈『한겨레』 1988년 5월 19일〉

5월 19일 한겨레 그림판은 부천경찰서 성 고문 경장 문귀동이 인천지방 법원에 구속되어, 징역 5년 자격 정지 3년형을 선고한 내용을 이미지화하여 대비시키며 80년 5월 광주의 진상규명을 촉구하고 있다. 1986년 6월 문귀동 경장은 서울대학생 권○○을 붙잡아 5·3인천사태에 관련된 수배자의 소재를 밝히라고 추궁하면서 변태적으로 성폭행한 것이다. 문귀동은 고소 고발된 후 1년 9개월 만에 실형선고를 받았으며, 부천 성 고문 사건의 진상은 전국적으로 그 실체가 폭로된 것이다. 한겨레 그림판은 이 문귀동의 사건과 아직도 어둠 손에 갇혀 있는 5월 광주의 문제를 대조적으로 조명하면서 진실규명을 촉구하고 있다. 성 고문사건의 주범인 문귀동은 한 낮의 태양 빛 아래서 엉덩이가 들추어져 모든 것이 폭로되었음을 의미하지만, 광주의 주검은 작고 초라하게 어두움 저편에 웅크리고 있는 것이다. 이것은 박재동이 즐겨 사용하는 이분법적 대립구도를 통해서 자신이 재현하고자 하는 주장을 선명하게 하는 방식이다. 그러나 이 만평은 뜨거운 태양 아래서 언젠가는 광주를 덮고 있는 두꺼운 옷들이 하나 둘씩 벗겨질 것을 암시하고 있다. 즉 뜨거운 태양빛 아래서 언제가 진실을 밝혀질 수밖에 없다는 것을 메타포적으로 표현하고 있는 것이다.

　1988년 5월, 각 언론사의 시사만평은 광주사태의 진상규명문제를 뜨겁게 제기하기 시작한다. 80년 5월 광주의 지울 수 없는 상처는 매체기억의 중심에 위치하게 된다. 박재동 만평에서 알 수 있듯이, 만평은 단순히 한 컷 만화이지만, 촌철살인의 날카로움을 보여주고 있는 것이다. 비로소 88년 6월 15일에 '5월의 광주'의 문제가 국회에서 합법적이고 공식적인 논의되기 시작한다. 당시의 시민운동은 4·13 호헌 반대운동, 6·29 선언을 이끌어내고, 여소야대라는 정치적 구조를 만들어낸 것이다. 이러한 시대정신 앞에서, 5월 광주의 직접적인 가해자인 노태우 정부는 어쩔 수 없이 청문회라는 공식적 진상조사를 실시하게 된다. 즉 여소야대의 정치구조는 5월 광주의 역사적 재평가와 진상규명이라는 시대적 과제를 국민의 관심사로 가져오게 한다.

박재동은 광주청문회 이전까지 6개월간 6편의 5월 광주의 문제를 그려내고 있는데, 이것을 지문, 말 풍선, 이미지 구성, 주장의 구성방식으로 분석하면 다음과 같이 도식화 할 수 있다.

| 표 2 | 광주 청문회 이전 : 1988.5.17~1988.11.18.

날짜	지문	말 풍선	이미지 구성	주장
5.17	어차피 한번은 거쳐야 할 길이 아니우?		여, 야, 광주의 주검	광주의 죽음을 규명해야함
5.19	문귀동, 광주 진상	난 꼭꼭 숨었어	태양, 벌거벗은 문귀동, 어둠 속의 광주	광주의 진상규명
8.4	광주진상, 특위	이 나라는 어른도 없느냐?	철모, 최규하, 전두환	군사정부의 실체, 광주진상
8.16	5공특위, 광주특위	내 귀에 개헌장치가 돼 있습니다	총무처장관, TV	광주문제를 내각제 개헌으로 돌파하려는 정부의도 비판
8.31	네윈, 르윈, 광주	함께 떠날 분 안 계세요?	비행기, 광주책임자	정치적 망명을 비꼬임
11.18	광주청문회 전야		여, 야 청문회 준비사항	청문회에 임하는 여야의 정치적 전략 비판

〈표 2〉에서 알 수 있듯이 광주 청문회이전 만평은 주로 진상규명을 촉구하는 만평과 책임자 처벌 그리고 각 당의 정치적 입장에 관한 것들이다. 신문만평이 당시의 정치적 문화적 상황과 밀접한 연관성을 갖고 있기 때문에, 먼저 광주 청문회의 정치적 상황을 살펴볼 필요가 있다.

2) 광주 청문회와 5월 만평

　제5공화국의 정치적 무게를 벗어나려는 노태우 정부는 국민과 야당의 정치적 공세에 밀려 80년 5월 광주의 진상규명을 위한 특별위원회를 구성한다. 국회는 1988년 6월 27일 본회의에서 「5·18 광주민주화 운동 진상조사 특별위원회(광주특위)」구성을 결의하고, 민정 12명, 평민 7명, 민주 5명, 공화 3명 그리고 무소속 1명 등 28명의 위원을 선임하게 한다. 광주특위의 임무는 5·18의 철저한 진상규명과 광주시민의 명예회복, 피해자배상 및 사후처리, 민족적 비극의 재발 방지를 위한 제도적 장치강구, 책임자처벌 등 5개항이었다. 광주특위는 1988년 7월 8일 평민당의 문동환 의원을 위원장으로 선임하고, 12월 30일까지 모두 32회 전체회의를 갖고 7월 18일부터 1990년 1월 9일까지 47회의 간사회의를 가졌다. 광주 청문회는 1988년 11월 18일부터 1989년 12월 31일 전두환의 증언을 듣는 것을 끝으로, 모두 19차에 걸쳐 70명의 증인으로부터 증언을 청취했다. 특위는 청문회 증인을 5·18민주화운동의 발발동기, 전개과정, 사후대책 등 크게 3개 범주로 나누어 선정했으며, 불출석 증인은 최규하 등 13명이었다. 또한 최대의 관심사항인 미국 측의 개입여부는 글라이스틴 前주한대사, 위컴 前주한미군사령관에게 서면 질의방식으로 답변을 받아내기도 했다. 특위는 이 기간동안 정부 측에 모두 3백62건의 자료를 요구하여 1백65건을 제출 받았고, 자료검증소위, 현장검증소위, 한미관계소위, 특별법 제정 및 사후대책소위원회를 구성해 청문회, 문서검증, 유골감정의뢰, 미국 측의 개입여부 조사 등 활동을 폈다.

　이러한 정치적 상황 속에서 박재동은 한겨레그림판에 30편의 만평을 그리면서 광주문제를 피해가고자 하는 정부와 가해자, 그리고 광주의 직접적 피해자 등을 묘사해 내고 있다. 1988년 11월 18일 한겨레 광주청문회의 전야를 그려내고 있는 있는데, 이 만평은 각 당들이 청문회를 어떻게 정치적으로 이용하고 있는가를 보다 분명하게 보여주고 있다. 즉 이 만평은 한 컷 만화를 두 면으로 나누는 기존의 한국 시사만평에서는 볼 수 없었던 방식으로, 아주 효과적으로 여야의 대립적 시각을 제시하고 있다. 여당 측에서는 광주사태 진압이라는 무공 훈장을 감추고, 밤을 밝히며 축소은폐, 왜곡조작을 공부하고 있다. 여당인사는 스탠드의 불빛아래서 5·18명분론, 증거 인멸법, 소설 오리무중 등을 학습하며 청문회를 준비하고 있다. 그와 대조적으로 야당인사는 청문회의 전야를 당홍보전략, 말하는 법, 범죄심리학, 몰이법을 학습하면서 지새우고 있다. 박재동은 전 국민의 시선이 광주 청문회를 계기로 TV에 집중되고 있음을 강조하기 위해서, 만평의 방식을 TV 카메라의 시선으로 재현하고 있다. 만평은 카메라의 3인칭 관찰자적 시점을 통해서 5·18에 대한 각 당의 정치적 입장을 통렬하게 꼬집고 있는 것이다.

⟨『한겨레』 1988년 11월 18일⟩

⟨『한겨레』 1988년 11월 19일⟩

광주특위는 '5·17은 구체화된 정권찬탈행위였다'고 검증해 내는 등 크게 8개의 진상을 밝혀내는 성과를 거뒀다. 1) 신군부세력의 12·12 쿠데타와 광주항쟁의 관계 2) 80년초 전군에 걸쳐 실시된 폭동진압훈련 3) 5·17은 구체화된 정권찬탈행위 4) 소위 '김대중 내란음모 사건'의 조작 5) 항쟁초기 계엄군의 과잉진압실상 6) 계엄군의 집단발포와 양민학살의 진상 7) 계엄군의 퇴각이후 광주 상황 8) 광주항쟁의 유혈진압과 미국의 역할 등에 대한 진상조사를 실시한 것이다. 요약하면 신군부는 12·12에서 5·17로 이어지는 정권찬탈과정에서 무고한 양민을 학살하고, 미국은 이를 방조한 의혹이 짙다고 결론지은 것이다.

그러나 당시의 집권 세력이 5·18의 직접적인 가해자였기 때문에, 조사가 순조롭게 진행된 것은 아니었다. 문동환 위원장은 보고서의 권두언에서 출석 거부, 정부의 자료제출 거부, 제출된 자료의 조작, 위증 혹은 궤변으로 조사는 계속 난관에 봉착할 수밖에 없다"고 말하고 있다. 무엇보다 어려운 점은 가해자의 핵심을 이루고 있는 여당의 양비론이다. 다시 말해서 여당은 군인들의 과잉진압을 인정하면서 동시에 광주시민들의 폭력시위가 과잉진압을 촉발했다며, 가해자들에게 면죄부를 주려고 시도한 것이다.

이러한 정치 구조의 문제점 때문에, 발포 명령자의 책임 문제가 철저히 은폐되고 밝혀지지 않았던 것이다. 다시 말해서 5월 광주의 진상규명은 특위구성의 태생적 한계 때문인지, 더 이상 진전을 이루지 못했다. 광주 청문회 정국에는 여전히 가해자들이 권력의 핵심에 존재해 있기에, 사법부가 한국 현대사의 가장 큰 비극이라 할 수 있는 광주의 진상을 밝히기에는 사실상 무리였다.

그래서 박재동은 광주 청문회 기간 동안 총 17편의 만평에서 5월 광주의 상처와 기억 그리고 가해자들의 이중적인 태도들을 집중적으로 비판하고 있는 것이다. 즉 청문회 기간에는 가해자들인 전두환, 노태우, 정호용, 안기부 등들이 5월 광주의 문제를 적당히 덮고 가려는 태도에 대해 집중적으로 꼬집고 있다.

박재동 만평의 일반적 특징에서 알 수 있듯이, 그는 비평의 대상으로 삼고 있는 악인의 턱을 과장되게 표현하여 간접적으로 비판하기도 한다. 그러나 때론 직접적인 인물 묘사도 서슴치 않는다. 즉 그는 광주 문제에 관련된 정치인과 군 관련 책임자 총 8명을 직접적으로 만평에 그려내고 있다. 이들은 전두환, 노태우, 최규하, 김대중, 김영삼, 정호용, 주영복, 이희성 등이다.13 전두환과 최규하는 청문회 불참과 연관하여 광주의 유령들과 더불어 김대중의 광주 청문회 증언을 시청하고 있는 모습으로 그려지고 있다. 당시 최규하, 전두환씨는 5월 광주 사건의 열쇠를 지고 있는 자로 청문회 참석이 최대의 이슈로 등장하고 있었다. 이 점을 놓치지 않고 박재동은 한 컷 만화 속에서 그들의 왜곡된 현실인식과 무책임성을 날카롭게 제기하고 있는 것이다. 그는 두 전직 대통령을 둘러싸고 있는 광주 유령들의 원한 감정을 "어째 우리만 보는 것 같지 않은 데"라는 지문을 통해서 보여주며, 동시에 그들의 청문회 증언을 압박하고 있다. 박재동은 이들의 시선을 카메라에 고정시

---

13 한겨레 그림판에 등장한 정치인의 날짜와 편수를 대략적으로 정리하면 다음과 같다.

정치인	날 짜	편수	주 장
전두환	88년(8.4・11.19), 89년(1.29)	3편	광주책임, 청문회 불참석비판
최규하	88년(8.04・11.19)	2편	청문회 불참석비판
노태우	88년(11.27・11.29・12.20), 89년(2.21・2.25), 91년(5.19)	6편	축소은폐, 광주책임, 탄압
주영복・이희성	88년(11.20)	1편	자위권발동 주장비판
정호용	88년(12.08)	1편	청문회 시청과 책임
김대중	88년(11.19)	1편	청문회 출연
김영삼	88년(08.04)	1편	광주특위

키고, 청문회 증언에 직접적인 피해자인 김대중을 출연시킴으로 그들의 책임성을 다시 한번 강조하고 있는 것이다. 광주 청문회는 죽은 자와 산 자 모두의 관심사이며, 지하 동굴 속에서도 관찰되는 역사적 사건임을 암시하고 있다.

〈『한겨레』 1988년 11월 27일〉

〈『한겨레』 1988년 12월 11일〉

특히 박재동은 24편의 만평 중 6편의 만평에서 노태우를 직접적으로 풍자하여 비꼬고 있다. 왜냐하면 청문회 정국은 노태우 정권하에서 시작되었지만, 여전히 그가 광주의 문제를 축소 은폐하여 그냥 스쳐 지나가고자 하기 때문이다. 1988년 11월 27일 한겨레그림판을 보면 노태우는 "과거의 잘못에 매달려 있을 수만은 없지 않습니까?" 라는 지문과 더불어 원숭이처럼 그려지고 있다. 노태우는 진상구명, 정치 자금에 연계된 넝쿨을 잘라내고 동시에 전두환을 구해내고 있다. 군화, 톱 등은 군부 독재를 상징하는 기표이다. 군화와 톱날 아래서 5월 광주의 기억은 과거사의 일로 취급되고 버려져야 할 것으로 간주되고 있다. 박재동은 노태우의 정치적 이데올로기를 만평을 통해서 통렬하게 비판하고 있다. 그런데 여기서 흥미로운 것은 광주사태의 실질적 가해자인 전두환을 나무 가지에 매달려 있는 열매 모양으로 그려내고 있는 점이다. 전두환의 운명은 노태우의 톱날에 달려 있음을 풍자한 것이다.

1988년 12월 11일 만평은 청문회 당시 평민당 이해찬 의원이 제시한 사진에 관한 것이다. 이해찬 의원은 월간중앙에 게재된 광주 학살 주범인 공수부대 사진을 증거물로 제시하였으나, 이것이 다음날 잘못 게재된 사진으로 판명되었다. 그러자 여당 측이 야당에 공식적인 사과를 요구하며, 광주청문회를 흐지부지 하려고 하였다. 그래서 박재동은 여당 측과 안기부, 검찰이 합세하여 빈대잡기 위해 초가삼간을 태우듯이, 5월 광주의 진상규명을 무마시키려는 태도를 통렬하게 비판하였다. 이 만평에서도 5·18진상규명이 가장 핵심적인 문제임을 다시 한번 확인시키고 있다.

광주 청문회 기간인 일 여년 동안 총 17편의 만평이 그려지는데, 주된 내용이 책임자 처벌, 진상규명, 노태우 비판, 양심선언, 이에 대응하는 안기부의 태도로 요약될 수 있다.

| 표 3 | 광주 청문회 기간 만평 1988.11.19~1989.12.31.

날짜	지문	말풍선	이미지 구성	주장
11.19	광주청문회	어째 우리만 보는 것 같지 않는데	유령, 전두환, 최규하	청문회 불참하는 전직 대통령비난
11.20	헌법, 자위권	국가가 위태로 왔던 것 말고는 모릅니다.	주영복, 이희성, 유령	주영복, 이희성 자위권 주장비판
11.25	신문의 용도		광주청문회, 시청자들, 신문	국민의 시선이 신문보다 TV시청에 집중되고 있음
11.27	진상규명	과거의 잘못에 매달려 있을 수만은 없지 않습니까?	노태우, 전두환, 칡넝쿨	과거사를 넘어가려는 노태우 비판
11.29	광주진상규명	골라! 골라! 다 털었다 다 털었어	장사꾼 노태우	모든 것을 밝혔다고 주장한 노태우 비판

날짜	지문	말풍선	이미지 구성	주장
12.08	광주항쟁사	청문회는 우선 기초부터 익혀야 돼	정호용, TV, 부상자	정호용의 책임강조
12.11	가짜사진	빈대가 나타났다. 초가를 없애자	초가집, 안기부요원	이하찬의 청문회 가짜사진을 역이용한 사안에 비판
12.20	광주진상	우리 이 지뢰 밝지 말자 응?	노태우 지뢰	광주문제에 노태우를 끌어들이지 않으려는 태도 비판
12.22		광주시민여러분 제가 책임지겠습니다! 라는 지휘관 없음	도청앞 분수대	책임회피 지휘관 비난
1989.1.17	광주청문회 가는 길	걱정 마 죽은 자가 말하는 거 봤어	양심선언 중사, 악인	양심선언중사의 발언에 대한 침묵강요 비난
1.28		글쎄 이 사람들이 왜 죽었을까	군인, 시신, 악인	책임자 처벌 강조
1.29	광주평정최고책임자, 금남로 상회	아니야! 난 도의적 책임으로 만족하겠어	전두환, 박정희, 기념비	책임자 처벌
2.21	과연 노태우		노동자, 기자, 노태우	탄압하는 노태우 이미지
2.23	광주청문회	꼼짝 말고 있어! 곧 지나간다!	안기부요원, 총탄, 주검	지나가기만 바라는 청문회 비판
2.24		도대체 과거에만 매달려서 어떡하자는 겁니까?	학살TV방송	지나가기만 바라는 청문회비판
2.25	이 사람과 함께 민주화로 통일로!	어지간히 덮어두고 빨리 가자!	노태우, 안기부요원	그냥 지나가고 픈 광주 비판
5.19	좌경폭력 소탕 정신을	되살리자! 되살리자! 되살리자!	시민과 안기부요원	5월 정신의 이중성 묘사

| 표 4 | 광주 청문회 이후 만평 1991.5.18, 1991.5.19.

날짜	지문	말풍선	이미지 구성	주장
1991.5.18	80년5월, 91년5월	시민 여러분 좌익세력에 의해 조종되고 있습니다	두 면 만평 등장 (80년5월, 91년5월)	색깔론으로 몰아가는 태도비판
5.19	퇴진노태우	여기 모인 40만을 뺀 나머지 국민 3960만은 우리 편입니다	군중 속의 노태우	노태우 탄압정치 비판

〈표 2, 3, 4〉에서 살펴 볼 수 있듯이, 1988년 11월 19일 광주 청문회 이전 한겨레 만평은 5월 광주 특위 구성과 진상규명의 문제들을 주로 제기하고 있다. 청문회기간에는 5월 광주의 가해자들의 책임회피성 태도에 대해 집중적으로 비판하고 있다. 그리고 청문회 이후에 2편의 만평에서는 5·18문제가 좌익세력에 의해 조종되고 있다고 조작하는 노태우 정권을 꼬집고 있다. 결국 노태우 정부기간에 5·18만평은 당시 집권층, 즉 5월 광주의 직접적 가해자들에 대한 처벌문제와 이것을 회피하려는 태도에 비판을 가하고 있다. 노태우 정부는 5·18을 양비론으로 몰아가면서, 한편으론 좌경세력의 배후조종을 주장하면서 책임을 모면하려고 한 것이다. 박재동은 이 점을 놓치지 않고 제기하면서, 5월 광주의 기억을 재현하여 '대항기억'을 형성한 것이다. 여기서 대항기억은 5·18을 자연스러운 역사적 사건으로 무마하고 희석시키려는 노태우 정부의 이데올로기를 폭로하는 작업을 의미한다. 즉 박재동 만평은 노태우 정부가 갖는 5·18에 대한 근본적인 인식태도 속에 숨겨진 이데올로기를 들추어내는 일종의 '탈신화화' 작업인 것이다.

그런데 박재동의 그림판에서는 광주항쟁과 미군과의 관계성에 대해서는 전혀 언급되고 있지 않다. 이에 대해 박재동은 미군의 개입문제는 정확한 물증이 없는 상태에서 만평으로 제기한다는 것은 다소 무리라고 주장한다.

> 만평은 항상 그 당시의 신문기사와 어느 정도 초점을 맞추고 있어야 합니다. 그 때 사실상 미군의 개입 문제는 군 작전권 통제 때문에 어떤 측면에서 예상은 할 수 있었으나, 확실한 물증이 없는 상태였죠. 그래서 심증적인 추측만으로 미군 문제를 직접적으로 언급하기는 어려웠습니다(박재동 인터뷰).

이 점에서 대해서 장봉군 화백도 "5월 광주에서 미군의 책임은 분명히 언급되어야 하지만, 만평을 그리고자 한 당시의 사건이나 사회적 이슈에 직접적으로 연관이 되지 않았기 때문에 그리지 못했다"고 주장한다. 아무튼 노태우 정부 기간에는 80년 5월 광주에 관한 신문만평을 통해서 광주사태가 우리의 공적 기억 속에서 활발히 논의되는 계기가 되었으며, 새로운 미래기억을 만들어 가는 지표가 되었다. 그러나 여전히 5월 광주의 실체적 진실은 규명되지 못하고, 그 과제는 '신한국 창조'라는 김영삼 정부의 부채로 대물림된다.

3) 문민정부와 5·18 시사만평

김영삼 정부(문민정부)는 3당 합당을 통해서 탄생했지만, 집권 초기에 대대적인 개혁 프로그램을 단행한다. 그는 문민대통령이라는 이미지를 최대한 활용하여, 과거 정권의 부패를 과감히 털어 내려고 하였다. 그러나 김영삼 정부의 태생적 한계 때문인지, 광주 문제는 쉽게 풀 수 없는 민감한 정치적 사안이었다. 5월 광주문제의 해결 없이는 김영삼 정부가 추구하는 '신한국 건설'이 내용 없는 허구일 수밖에 없었다. 김영삼 대통령의 인기와 상관없이 광주시민과 야당에서는 여전히 진상규명과 책임자 처벌, 명예회복을 주장하며 대통령의 결단을 강력히 촉구하고 있었다.

1993년 김영삼 대통령의 망월동 묘역 참배를 앞두고 광주는 들끓기 시작하였다. 비록 현직 대통령으로서 최초의 망월동 묘역 참배였지만, 광주시민 내부에서 반대흐름이 형성되었다. 5월 단체·광주시의회 의원 등은 대통령의 망월 묘역 참배가 광주문제해결 차원이라면 굳이 이를 막을 필요가 없다는 다소 전향적인 태도를 보였지만, 남총련과 민주주의 민족통일 광주전남연합의 묘역점거로 참배는 불가능하게 되었다.

5월 13일 오후 5시, 김영삼 대통령은 TV 생중계를 통해 「5·18

광주민주화운동과 관련하여 국민여러분께 드리는 말씀」이라는 특별담화를 발표했다. "오늘의 정부는 5·18광주민주화운동의 연장선상에 서 있는 민주정부"라고 5·18의 역사적 정당성을 밝히면서, 앞으로 관련 피해자의 명예회복 및 정신계승을 위해 최선을 다하겠다는 다짐을 하였다. 5·18정신을 기리기 위한 방안으로 1) 기념일 제정 2) 망월동 묘역의 민주 성지화 3) 현 전남 도청위치에 기념공원조성과 기념탑 건립 4) 상무대 부지의 시민공원화 등이 발표됐다. 그러나 진상규명은 훗날의 역사에 맡기자는 것이 특별 담화의 골자였다. 간추리면 다음과 같다.

> "지금 이 시점에서 중요한 것은 우리 국민 모두가 5·18광주민주화운동의 명예를 높이 세우는 일입니다. 진상규명과 관련하여 미흡한 부분이 있다면 이는 훗날의 역사에 맡기는 것이 도리라고 믿습니다. 진실은 역사 속에서 반드시 밝혀지고 만다는 것이 저의 확신입니다."

그러나 광주시민들은 명예회복은 반기면서도 진상규명을 역사의 뒤편으로 돌린 데 대해 강력 반발했다. 광주전남 연합은 곧바로 기자회견을 갖고, "5월 문제 해결의 첫 단추가 진상규명임에도 현 정부가 이를 기피하는 것은 직무유기"라고 비난했다. 남총련도 "진상규명 없는 해결책은 허구"라며 진상규명 투쟁에 나설 것임을 분명히 했다. 1993년 5월 18일 광주에서는 시민 10만명이 진상규명을 촉구하는 국민대회를 개최한 것이다. 최초의 문민정부에 대한 광주 시민의 기대는 5월 광주에 대한 역사적 재평가와 진상규명, 책임자 처벌이었다. 5월 18일 한겨레 만평은 여전히 5월 광주를 짓밟은 군인들이 영관급에서 장성으로 초고속으로 진급하고 있음을 은유적으로 비판하고 있다. 서론-본론-결론의 서사적 체계를 지닌 만평은 "오늘은 누나에게 신기한 얘기를 들었다"-"무궁화가 피를 먹으며 훨씬 빨리 자라"-"별이 된다는 애기를"로 끝을 맺는다. 이 만평은 문학적이면서 동시에 광주의 아픔과 문제점들을 통렬히 들추어내고 있는 것이다. 누나를 통해서 들었다는 80년 5월 광주이야기는 당시 진압군들의 책임자였던 영관급 장교(무궁화)들이 광주 시민의 피를 통해서 장군이 되었다는 파격적인 스토리이다. 이것은 형식에 있어서도 대단히 파격이다. 박재동은 이러한 정치적 과제와 사회적 분위기를 한 컷 만평을 3단으로 구성하여 사건의 시간적 구성을 재현하고 있다. 그는 당시 '장군(스타)'이 되어 버린 5월 광주의 직접적인 가해자, 즉 군부세력의 처벌을 강력하게 희망한 것이다. 이것이 직접적인 계기라고 말할 수는 없지만, 김영삼 정부에 의한 육사 출신 '하나회'의 제거가 시작된 것이다. 19일 만평은 광주 시민 대 집회와 이를 통한 정호용, 노태우, 전두환의 근심을 그려내고 있다. 이것 역시 3단 구성의 형식을 취하고 있다.

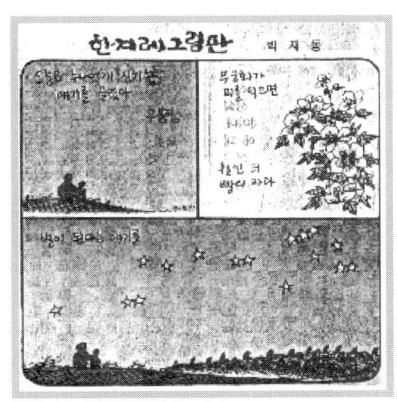
〈『한겨레』 1993년 5월 18일〉

〈『한겨레』 1993년 5월 19일〉

"꽃잎처럼 금남로에 뿌려진 너의 붉은 피"-"오월 그날이 다시 오면"-"우리 가슴에 근심 치솟네"(전두환, 노태우, 정호용)로 구성된 만평은 5월 광주 시민의 민주화 열망과 군부권력핵심부의 고뇌를 대비시켜 고스라니 재현하고 있는 것이다. 이 만평에서 알 수 있듯이, 문민정부의 과제는 군부세력 청산과 두 전직 대통령에 대한 처벌이었다. 이후 1994년 5월 13일 정동년 5·18광주 민주항쟁연합 상임의장을 비롯한 616명이 전두환, 노태우 전직 대통령을 고소 고발하였다. 10월 28일에는 장기욱 민주당 의원 등 민주개혁 정치모임 관계자 29명이 80년 당시 국가보위비상대책위원 23명에 대한 고발장을 접수하였다. 그러나 1995년 7월 18일 검찰은 '전원 공소권 없음' 결정을 내리고 만다. 이러한 상황 속에서 5·18 책임자 처벌 문제는 국민의 최대 관심사로 등장하고, 동시에 김영삼 정부가 해결해야 할 책무가 된 것이다. 여기서 재미있는 것은 1994년 5월 19일 한겨레 목요 초대 그림판이다.

〈『한겨레』 1994년 5월19일〉 〈『한겨레』 1996년 5월 19일〉

이 날은 장봉군 화백이 초대작가로 만평을 그렸는데, 5·18 책임자 처벌문제를 풍자해서 그린 것이다. 목욕탕에서 김영삼 대통령이 '때수건'을 손에 들고 있으며, 국민은 등을 밀어주기를 원한다. 국민의 등에서 커다란 검은 얼룩이 있는 데, 이것이 5·18 책임자라고 지문이 가리킨다. 국민은 5·18책임자가 국민을 더럽히는 때이기 때문에 닦아내라고 김영삼 대통령에게 화를 내지만, 김영삼 대통령은 그것이 "점인 것 같은데 …"라고 머뭇거린다. 이 만평은 당시의 시대적 분위기와 국민의 염원을 다른 어떤 칼럼이나 사설보다 보다 분명하게 나타내고 있다. 규명되어야할 광주의 과거를 김영삼 대통령은 머뭇거리자, 시민과 만평은 분노하고 있는 것이다. 왜냐하면 책임자 처벌 문제는 5월 광주를 기억하는 모든 사람에게 '원형적 기억'으로 내재되어 있기 때문이다.

그러나 우습게도 1995년 박계동 의원에 의해서 노태우 비자금 사건이 폭로되면서, 11월 6일 노씨가 뇌물수수혐의로 구속 수감된 뒤 12월 3일 전씨 역시 구속되게 된다. 이른바 김영삼의 '역사 바로 세우기' 열풍이 시작된 것이다. 1996년 1월 23일 검찰은 두 전직 대통령과 5·18 핵심관련자 8명을 내란 수괴 및 내란 주요 임무종사 등의 혐의로 기소한다. 1심에서 전두환 피고인에게 사형을, 노태우 피고인에게는 징역 22년 6월을 선고하였지만, 국민들은 여전히 이들을 의구심의 눈길로 바라본다. 1996년 5월 19일 박재동의 만평을 보면 그 당시의 국민들의 기억을 보다 분명히 파악할 수 있다. 방송3사가 5·18생중계를 외면하고, 교도소에 있는 전두환, 노태우씨는 "아직도 곳곳에 건재한 우리 편들을 위하여!"하면서 건배를 하는 모습이 그려져 있다. 어느 정도 과거 청산이 이루어졌다고 5·18 생중계를 외면하는 방송 3사와 5월 광주의 비극에 반성의 태도를 보이고 있지 않는 두 전직 대통령의 모습은 치유될 수 없는 기억으로 재생되고 있다. 결국 김영삼 정부 기간의 5·18만평은 두 전직 대통령의 처벌까지 그려내고 있으나, 청산되지 못한 기억들이 내재되어 있음을 암시하고 있다.

| 표 5 | 문민정부 만평, 1993.5.16~1996.5.19.

날짜	지문	말풍선	이미지 구성	주장
93년(5.16)	신군부	두 전직 대통령 5·18때 광주 갔었지? 빨리 자백하라!	정호용, 전두환, 노태우	두 전직 대통령의 처벌
5.18	누나를 통해 무궁화가 피를 먹고 별이 되었다는 얘기		누이, 무궁화, 별 (3단 구성의 만평)	광주진압 군인이 장성이 된 얘기(초고속 진급)
5.19	전.노 체포 결사대	우리 가슴에 근심이 치솟네	정호용, 전두환, 노태우 (3단 구성)	광주의 넋, 진상규명, 책임자 처벌
94년(5.19)	국민, 5·18책임자	졺인 것 같은데, 때라니까?	김영삼, 국민, 목욕탕 (장봉군 초대그림판)	김영삼대통령에게 5·18 책임자 처벌 압박
95년(5.18)	명령내린 사람, 명령받은 사람	으아아 내 총이 아닐 거야	가족, 명령자, 추종자	명령받은 자의 양심적 고뇌
96년(5.19)	방송3사 5·18생중계 외면	아직도 곳곳에 건재한 우리 편들을 위하여	교도소(전두환, 노태우) 방송3사(2단 구성)	방송사들의 외면, 책임자들의 건재함

4) 국민의 정부 시기이후

'국민의 정부(김대중 정부)' 이후의 5·18에 관한 한겨레만평은 전부 장봉군 화백에 의해 그려진 것이다. 1998년부터 2003년까지 총 6편의 만평이 등장하는데, 여기에는 언론의 이중적 태도에 대한 비판이 2건 제시되고 있다. 즉 5·18 당시는 여론조작을 일삼으며, 광주의 항거를 좌경화로 몰아갔던 언론이 국민의 정부에 들어와서는 '이제는 말할 수 있다' 하며 폭로전을 펴는 기만적 태도를 비판하고 있다. 또한 2001년 5·18 만평은 '운동권 죽음의 굿판 걷어치워라' 라는 칼럼을 쓴 김지하에 대한 비판을 하고 있다. 동시에 이 만평은 5공화국 정부에 기생하며 아첨하던 지식인에 대해 반성적 태도를 지닐 것을 촉구하고 있다. 즉 장봉군 화백은 5·18의 직·간접 가해자인 군인, 정치인, 지식인들의 참회와 반성을 강조하며, 동시에 과거청산이 제대로 되지 못한 우리의 현실을 비판하고 있다.

〈『한겨레』 1998년 5월 18일〉

〈『한겨레』 2000년 5월 18일〉

장봉군 화백의 거의 모든 만평은 진상 규명에 관한 내용을 담고 있다. 그러나 현실의 다양한 정치적 권력적 기제에 의해 매몰되고 있는 광주의 진실을 그는 부활의 방식으로 재현하고 있다. 그의 만평에서는 5·18 묘역과 그 중심에 있는 기념탑이 두 번 등장하고 있다. 수직적으로 하늘로 상승하면서 두 손으로 부활을 상징하는 알을 잉태하고 있는 기념탑은 5·18의 부활, 기억의 재생을 갈망하는 표현방식이라 할 수 있다. 이러한 그의 기억방식은 1998년 5월 18일 그림판에도 유사하게 나타나고 있다. 이 만평은 2단으로 구성되어 있는데, 1단에서 타이거우즈와 박세리의 세기의 골프대결을 벌이고 있다. 그런데 박세리가 벙커에 빠진 공을 걷어올린 일화에 빗대고 있다. 2단에는 검찰이 골프공을 호수 아래로 빠뜨리는 장면이 등장하는 데, 여기에는 북풍진상, 환란진상, 그리고 수면 아래에 깊게 박혀 있는 5·18진상이 있다. "습관이죠? 답답~하네요"하는 검찰의 태도는 국가 권력기관에 대한 시민의 불신을 그대로 그려내고 있다. 장봉군은 5·18의 실체적 진실을 밝히지 않고 있고, 여전히 그와 연관된 군인, 정치인, 학자들은 역사적 책임의식도 없이 돌아다니는 태도를 비판하고 있다. 또한 그는 5·18이 20주년을 맞이했지만, 5·18진상이 지역주의에 얽매여 밝혀지지 않음을 케익 촛불 앞에 멍하니 앉아있는 광주 시민의 비참함에 빗대어 제시하고 있다. 장봉군은 이 만평을 자신이 그린 5·18만평 가운데, 가장 의미 있는 만평으로 제시하고 있다. 왜냐하면 그는 5·18진상규명을 가로막고 있는 가장 핵심적인 이유를 지역주의로 보고 있기 때문이다. 결국 5·18의 직접적인 피해자이고, 그 사건을 가장 잘 규명할 수 있는 국민의 정부(김대중)기간에도 5·18은 '지역주의'에 묶여 밝혀질 수 없는 진실로 감춰지게 된 것이다.

| 표 6 | 국민의 정부 이후, 1998.5.16~2003.5.17.

날짜	지문	말풍선	이미지 구성	주장
98년(5.16)	KBS개혁프로 '이제는 말한다' 전부 꼭 틀어야!	과격한 폭도들이 시를 장악했습니다(5·18당시 신문).	진압군인, 기자, 시민	5·18당시와 현재 언론의 모순적 태도 비판
98년(5.18)	북풍진상, 환란진상, 5·18진상, 박세리, 타이거우즈	시원하죠? 습관이죠? 답답하네요.	박세리, 골프, 검찰, 물, 골프공(2단 구성)	박세리 골프 공이 물에 빠진 것처럼, 5·18이 검찰에 의해 수면에 미궁 속에 있음을 강조
99년(5.18)	5·18 19주년	단 한번의 청산도 없는 우리나라	5·18 묘역, 군인, 정치인	5·18의 주범들이 여전히 활기차게 돌아다님을 비판
2000(5.18)	5·18 20돌, 5·18진상, 지역주의		케익, 의자에 묶인 5·18	5·18 20주년이 되었지만, 지역주의에 묶여 진상파악이 되지 않음을 비판
2001(5.18)	반성해야 될 지식인들 한둘인가	지금 생각하니 이 칼럼 유감(김지하)	김지하, 전두환 추종세력, 조선일보칼럼, 5·18묘역	5·18을 기해서 기회주의적 지식인(김지하, 전두환 추종세력)에 대한 비판
2003(5.17)	5·18 23주년, 연희 부동산	돈 없단 말이다!	전두환, 연희 부동산,	전두환 은닉재판 비판

5. 만평의 또 다른 기억을 위해서

이상에서 1988년 5월 15일 한겨레신문이 창간된 이래로 그림판에 게재된 5·18에 관한 만평 총 37편을 가해자인 노태우 정부, 중간자적인 김영삼 정부, 그리고 직접적 피해자인 김대중 정부기간으로 분류하여 정치적 상황과 만평을 비교하여 살펴보았다. 대략적으로 요약해 볼 때, 노태우 정부 기간에는 주로 노태우 현직 대통령, 국가권력(안기부, 검찰), 청문회, 색깔론 등에 관한 비평적 만평이 주로 등장하고 있음을 알 수 있다. 김영삼 정부기간에는 문민정부라는 국민적 기대가 5월 광주의 책임자 처벌에 집중되면서, 동시에 광주의 기억이 서서히 공적 기억에서 사라져 가고 있음을 알 수 있다. 그리고 국민의 정부에서는 5·18의 직접적 피해자인 김대중 대통령의 기분을 맞추듯이 '이제는 말할 수 있다' 등 언론의 이중적 태도를 비판하면서, 5월 광주의 문제가 지역주의에 묶여서 해결되지 못함을 개탄하고 있다. 37편의 5월 광주에 관한 만평에서 주장되는 내용들은 5가지 형태로 분류될 수 있다. 5·18진상규명, 책임자 처벌, 축소 은폐, 폭도·좌경화, 언론의 태도 비판 등이다.

| 표 7 | 분석대상 37편에 관한 주장 유형별 분류

주장유형	게재 날짜	편수
진상규명	88년(5.17, 5.19, 8.4, 11.27, 11.29, 12.11, 12.20), 98년(5.16, 5.18), 2000년(5.18)	10편
책임자 처벌	88년(8.31, 11.20, 11.29, 12.8, 12.22), 89년(1.28, 1.29, 2.21), 91년(5.19), 93년(5.16, 5.18), 94년(5.19), 95년(5.18), 96년(5.19), 99년(5.18)	15편
축소은폐조작	88년(11.27, 11.29, 12.11), 89년(1.17, 2.23, 2.24, 2.25)	7편
광주청문회관련	88년(8.16, 11.18, 11.19, 11.25)	4편
폭도·좌경화	89년(5.19), 91년(5.18), 98년(5.16)	3편
언론태도비판	96년(5.19), 98년(5.16), 2001년(5.18)	3편

한겨레 광주 만평이 총 37편이나 주장의 유형별 분류에서 42편으로 나온 것은 일부 만평의 경우 2가지 이상의 주장을 담고 있기 때문이다. 〈표 7〉에서와 같이 5월 광주 트라우마에 대한 치유는 책임자 처벌과 진상규명을 집중되고 있음을 알 수 있다. 진상규명의 문제는 5·18의 직접적인 가해자인 노태우 정부기간에 집중적으로 제기됨을 알 수 있다.

5·18은 26주년을 맞이하고 시간의 흐름 속에 사라질 수밖에 없는 역사적 기억이지만, 우리는 광주의 기억을 한국의 민주주의를 위한 미래 기억으로 정초하기 위해서 다양한 문화적 재현을 시도한다. 그래서 우리는 기념탑, 동상, 서적, 음악, 만화, 그림 등을 통해서 망각의 샘에 빠져 버릴 수 있는 기억을 무한기억으로 재생하기 위한 끝없는 기억투쟁을 실시한다. 시사만평은 작가의 개인 기억에 의존하지만, 이것은 공적 기억의 형성에 커다란 영향력을 행사한다. 이미지로서 한 컷 만화는 단순한 현실의 풍자나 묘사만이 아니라, 또 다른 현실과 미래 기억을 만들어내는 "파생실재(hyperreality)"[14]의 역할을 한다. 즉 한 컷의 만평은 과거의 사건을 현재의 시간성에서 만나게 하는 지점이며, 영원 기억을 향한 기록이다.

5월 광주에 관한 기억은 다양한 문화적 매체 속에서 재현되고 있지만, 시사만평은 당시의 사회적 정치적 분위기를 가장 분명하게 그려내고 있다. 풍자와 은유, 때론 사건에 대한 직접적인 묘사를 통해 사건을 기억하게 하고, 청산하지 못한 과거를 현재의 시간 속에서 재현하고

---

[14] J. 보드리야르, 하태환 옮김, 『시뮬라시옹 : 포스트모던 사회문화론』(민음사, 1999), 12쪽. 파생실재는 시뮬라시옹과 플라톤적인 실재의 구분이 내파되는 현상이다. 즉 이미지는 더 이상 가상이 아니라, 실재를 만들어내는 매개이며, 원본인 것이다. 다시 말해서 만평은 단순한 현실의 반영이 아니라, 새로운 현실과 기억을 만들어 가는 또 다른 실재인 것이다.

비판한 것이다. 그래서 만평의 문화사는 역사의 기록이며, 동시에 기억의 부활과 재기억을 가져다주는 상징인 것이다.

참고문헌

길문섭,『만화의 문화시대 : 개념의 이해와 실제』(도서출판국제, 2000).
김용석,『깊이와 넓이 4막 16장』(휴머니스트, 2002).
김종헌·원승룡,『문화이론과 문화읽기』(서광사, 2001).
박기순,『언론학의 이론과 연구』(나남출판, 1995).
박인하,「우리가 한 칸 짜리 만화를 만날 때」, 창비 웹진 11호, 2003년 5월.
박재동,『환상의 콤비』(친구출판사, 1989).
보드리야르, J. 하태환 옮김,『시뮬라시옹 : 포스트모던 사회문화론』(민음사, 1999).
롤랑 바르트, 이화여자대학교 기호학 연구소 옮김,『현대의 신화』(동문선, 2002).
오수성,『광주 5월 민중항쟁의 심리적 충격』(광주현대사료 연구소, 1990).
최정기·박영주·정호기,『5·18트라우마티즘 실태파악을 위한 기초조사』(5·18기념재단, 2001).
최 열,『만화와 시대』1(도서출판 공동체, 1987).
McLuhan, M. *Understanding Media : The Extensions of Man*, New York : Mcgraw-Hill Book Company, 1964.

비교와 종합을 향하여

정근식

　우리는 지금까지 5월 문화운동과 4·3문화운동이라는 두 영역에서 역사적 기억이 어떤 방식으로 재현되는가를 살펴보았다. 증언프로젝트, 의례, 의례음악, 소설, 연극, 다큐멘터리, 보도사진과 신문만평 등의 장르에서 중요한 텍스트들을 선택하여 기억의 재현방식을 분석하면서, 광주와 제주라는 지역적 차이가 어떻게 반영되고 있는지를 간접 비교하는 방식으로 논의를 전개하였다.

　증언프로젝트에 관한 연구는 나간채와 박찬식에 의해 이루어졌다. 나간채는 지금까지 이루어진 5·18항쟁에 관한 증언채록 프로젝트 10개 사례를 정리하고, 각각이 이루어진 시기, 조사방법과 증언자 구성을 소개하고 있다. 특히 역사적 사건에 대한 기억이 사회적으로 구성된다는 점에 착안하여, 여러 증언집에서 반복증언사례를 추출하여 시간과 맥락에 따라 과연 증언이 얼마나 달라지는지를 검토하고 있는데 기본적인 사실의 증언은 시간적 차이에도 불구하고 그대로 유지되고 있음을 밝혔다. 박찬식은 지금까지 이루어진 세 가지 중요 4·3 증언채록사업들을 소개하면서, 증언들이 해방과 자치, 탄압과 저항이라는 두 축으로 이루어졌으며, 그들의 밑바탕에 자치의식이 짙게 깔려 있다고 주장하였다.

　의례는 역사적 사건을 상기하고 새로운 기억을 만들어내는 사회적 장치인 바, 정근식은 5월행사와 전야제에 초점을 맞춰 의례체제의 구성요소와 함께 5·18의 기억을 재현하는 방식을 유형화하려고 한다. 5·18 전야제는 텍스트와 수행성이 유기적으로 결합된 것으로, 재현에 중점을 두는 방식과 체험에 중점을 두는 방식으로 구분된다고 주장한다. 강창일과 현혜경은 4·3항쟁의 기억은 오랫동안 억압되어 왔는데 이런 상태에서 그 기억이 굿을 통해 사적인 방식으로 보존되고 유지되어 왔다고 본다. 그런 굿은 크게 치병굿, 무혼굿, 추모굿으로 구분되며, 기억의 주체는 각각 가족공동체, 유족공동체, 지역공동체에 상응하는 것이다. 굿을 통해 보존되던 4·3기억이 민주화와 함께 비로소 공적 의례의 영역에서 표현되고 있다.

의례에는 항상 음악적 요소가 결합되어 있다. 정유하는 5·18의례음악의 변화를 추모제와 기념식에서 사용된 음악의 치밀한 추적을 통하여 분석하고 있다. 아울러 전야제나 거리음악제, 기념음악회 등에서 사용된 음악 및 노래 텍스트를 자세히 소개하였다. 5·18의례음악에 비하면 4·3의례음악은 자료의 부족으로 좀더 추적하기 어렵다. 이은나는 4·3사건 희생자 범도민 위령제를 중심으로 여기에서 사용된 음악을 꼼꼼하게 추적하여 그 전모를 밝혔다.

역사적 사건의 기억을 재현하는 중요한 영역이 문학이며, 그 중에서도 소설은 이를 보다 구체적으로 드러낸다. 역사적 사건에 대한 작가체험의 세대적 차이는 재현양상을 뚜렷하게 변화시키고 있다. 김동윤은 4·3소설의 재현방식을 서로 구별되는 세 가지 작품을 통해 검토하였다. 이 세 작품의 출간시기나 작가의 4·3체험과 이로부터 유래하는 시선, 작품 속의 초점주체간 비교를 통해 우리는 4·3문학의 기억투쟁의 변화양상을 이해할 수 있다. 정명중은 5·18소설들에서 공통적으로 나타나는 작가들의 부채의식을 확인하고, 5·18의 체험이 재구성되는 방식을 유형화하였다. 5·18소설들은 그런 부채의식 때문에 다양한 소설적 기법을 실험하는 것보다는 충실한 사건의 기술에 치중하고 있으며, 민주화 이행기에는 정치적 이념에 치우쳐 관념적 스토리 구성이 많았다고 주장하였다.

　문화적 재현에서 한 가지 쟁점은 여성성의 문제이다. 강현아는 5월 연극 중 여성이 주인공으로 등장하는 '모란꽃'이라는 작품을 자세히 분석하였다. 이 연극에서 여성의 이미지는 주체, 피해자, 모성 등 세 가지로 나타나지만, 그럼에도 불구하고 연극의 기본틀이 남성중심성을 완전히 탈각한 것은 아니라고 보았다. 권귀숙은 4·3 영상 다큐멘터리의 영역에서 젠더이미지가 어떤 방식으로 나타나는지를 탐구하였다. 여성은 결백과 상처의 기호이며, 스토리 구성상에서 주변, 침묵의 장소에 위치하고 있다. 이것은 4·3다큐멘터리가 남성의 시선에서 만들어진 경우가 많기 때문이며, 아울러 근대국가와 지역사회의 변동에 종속되고 있다는 것을 보여주는 것이다.

　이상과 같은 5개의 영역에서 각각 5·18과 4·3기억의 재현에 관해 검토했다면, 보도사진과 신문만평은 5월문화운동의 영역에서만 다루어졌다. 송정민과 한선은 5·18의 전국화/지역화를 둘러싼 광주일보와 조선일보의 의미구성 방식을 보도사진의 프레임 연구를 통해 분석하였다. 지난 1980~90년대의 민주화과정에서 5·18에 관한 담론화전략은 전국화와 지방화 또는 국지화가 서로 부딪치고 있었고, 이것이 각각 주제적 프레임과 일화적 프레임에 상응하면서 지방지와 전국지의 차이로 나타난다고 보았다. 김종헌은 신문만평이 역사적 사건의 기억화방식을 잘 나타내는 지표일 수 있다는 점에 착안하여 한겨레신문의 박재동 및 장봉군의 신문만평을 지문, 말 풍선, 이미지 구성으로 나누어 분석하였다. 그는 시사만평이 글과 시각적 이미지의 결합을 통해 정치적 메시지를 간략하게 요약하여 전달하는 효과를 가지고 있으며, 연구사례가 풍자와 은유를 통한 비판을 행함으로써 한국의 민주화과정에서 중요한 기능을 수행했다고 보았다.

　한국의 현대사에서 분단과 권위주의정권에 의해 강요된 침묵과 금기의 역사를 극복하는 데 있어서 이들 문화운동은 매우 중요한 역할을 했다. 우리는 5월 문화운동과 4·3문화운동에 아로새겨진 몇가지 특징을 객관적으로 포착하기 위하여 이들을 비교의 맥락에 놓을 필요가 있다. 4·3의 경우 1970년대 후반기부터 권위주의 정권의 기억통제에 대한 대항담론을 형성하는 데 가장 선도적이고 핵심적인 역할을 담당한 것이 문학이었고, 5·18의 경우도 1980년부터 시와 노래, 판화 등은 국가권력이 설정한 금기를 깨고 국가폭력의 부당성과 인간적 존엄성, 공동체적 가치의 중요성을 전국적 이슈로 만드는데 중요한 역할을 담당했다. 금기의 역사를 극복하는 데 있어서 이들 문화운동이 중요한 역할을 담당한 것은, 문화예술이 상징적 체계라는 점, 표현의 자유라는 기본권을 무기로 할 수 있었다는 점, 그리고 작가들이 예술가로서만이 아니라 지식인으로서의 책임의식을 갖는 경향이 많았다는 점 등과 관련이 있다.

5월 문화운동은 4·3문화운동과 비교할 때 상당한 차이를 갖는다. 이런 차이는 원래의 사건들이 놓인 역사적 정치적 맥락, 원초적 사건과 문화운동이 전개되는 시점간의 물리적 거리, 그리고 각각의 문화운동을 배태한 지역의 문화적 지반이 다르기 때문이다. 4·3은 항쟁 주도세력의 입장에서 보면 5·10선거로 상징되는 단독정부 수립 정책을 부정하면서 통일민족국가를 설립하기 위한 무장항쟁이지만, 민중들의 입장에서 보면 생존권 투쟁이요 고립적 자치의식의 구현인 반면, 5·18은 군부독재에 반대하는 민주화운동이면서 인간의 존엄성을 지키려는 공동체적 시민투쟁이었다.

체제투쟁과 체제내 민주항쟁이라는 차이는 기억을 드러내는 방식을 근본적으로 다르게 한다. 은유를 통한 암시와 모호한 추상성인가 직접적인 설명과 명확한 구체성인가의 차이도 여기서 비롯된다. 현재의 시점과 원초적 사건과의 시간적 거리도 결정적인 변수의 하나이다. 사건이 발생한 후 수십년을 경과한 이후에야 비로소 기억을 드러낼 수 있는 기회가 주어지는 경우와 사건 직후부터 정당성을 둘러싼 기억투쟁이 전개되는 경우는 재현 방식이 다를 수밖에 없다. 가장 큰 차이는 체험의 직접성, 그리고 체험자의 생애사적 주기의 상이성일 것이다. 5월 문화운동은 사건의 직접체험자이고 동시대인이 청중이라면, 4·3문화운동은 한 세대가 경과한 후에 시작되었기 때문에 간접체험의 비중이 커지며, 후시대인을 청중으로 한다. 우리는 이로부터 원초적 사건으로부터 떨어져 거리를 두고 말할 수 있는 가능성은 두 가지 변수, 즉 정치적 차원의 반체제/반독재의 문제와 물리적인 시간적 경과가 어떻게 조합되느냐에 따라 달라진다는 것을 인식하게 된다.

이와 함께 1980년의 도시투쟁과 1940년대 후반의 산악투쟁의 차이에서 기인하는 집합적 기억의 집약성, 그리고 지역문화의 차이가 문화운동의 틀과 재현의 방식을 다르게 한다는 점도 주목해야 한다. 제주도의 경우 방언이나 굿과 같은 민속적 신앙의 문화적 자원들은 기억을 드러내는 통로나 의례의 형식을 광주모델과 다르게 한다. 각 지역의 문화운동은 이런 요인들이 상호작용하여 서로 다른 양상을 보이는 것이다.

이를 각 장르별로 좀더 구체적으로 살펴보자. 4·3과 5·18증언프로젝트를 비교할 경우 우선 비교의 기준은 그것이 이루어진 시기와 주체, 목적 등 외면적인 것과 기록 및 편집방식 등 내적인 것이 될 수 있다. 시기적으로 보면, 공공성을 갖는 증언조사는 4·3이나 5·18에서 공히 1988년 이후에 본격적으로 추진되었다. 이는 6월항쟁 등으로 군사정권의 억압체제가 무너지는 정치사회적 구조변동의 효과로 이해된다. 특히 1988년 국회의 광주청문회가 생방송되면서 제주도민은 자신들도 자신들의 경험을 증언할 필요가 있다는 것을 자극받았다. 제주도민들은 광주의 피해가 자기들에 비하면 아무것도 아님에도 불구하고 정치적·사회적 쟁점이 되고 있는 현실을 보면서, 장기간 강요된 침묵을 깰 수 있는 가능성을 인식한 것으로 보인다. 그러나 초기 증언채록은 과거의 사실 그 자체에 맞추어졌고, 진실규명을 위한 수단으로 인식되었다. 체계적 증언채록의 필요성, 그리고 증언자체의 표출적 의의는 매우 늦게 인식되었다.

증언채록의 주체의 측면에서 살펴본다면, 두 사례 공히 민간연구소가 선도했다. 4·3보다도 5·18의 증언프로젝트들에서 추진 주체의 상대적 다양성이 확인된다. 이것은 지역사회의 커뮤니티 구성과 규모 및 자원의 차이가 작용한 결과로 보아야 한다. 목적의 측면에서 본다면, 역사적 사건의 진상규명, 즉, 왜곡되고 은폐된 역사를 폭로하고, 새로운 역사쓰기를 겨냥한다는 점, 그리고 사회운동으로서의 증언채록이라는 점이 공통적이다. 다만, 2000년 이후 광주에서의 증언은 사건의 진상규명이라는 일반적인 목적보다는 보다 세분화된 목적에 의해 수행되었다. 부상자회나 여성단체의 증언채록 등이 대표적인 사례이다.

방법론적 측면에서 본다면, 조사대상에서 초기에는 공히 피해자 중심이고, 표본추출에서도 임의적이었다. 생애사조사의 방법과 절차가 체계적으로 이루어졌다고 보기 어렵다. 응답자의 태도로 보면, 1980년대 후반기에는 응답자의 기피현상이 공통적으로 컸다. 비록 2000년대의 조사에서 응답자의 기피현상은 사라졌지만, 그 이전에는 제주에서 체질화된 침묵의 관성이 많이 작용했다. 기록의 측면에서 보면 광주의 증언채록은 증언자를 실명으로 기재하지만, 제주의 경우에는 익명처리가 많다. 증언자가 말한 그대로의 방언으로 기록하는가, 표준어로 바꾸어 기록하는가는 조사의 성격에 따라 다르다.

증언채록사업은 억압적 권위주의정권하에서는 진실규명운동차원에서 이루어졌고, 한국의 역사적 증언운동을 선도했다. 그러나 점차 증언 자체가 특정 목적에 종속되는 것이 아닌 그 자체로써 역사적 자원이라는 인식이 확산되었다. 증언의 이론적·방법론적 탐구는 진상규명 중심의 증언채록사업의 부산물이다.

의례의 영역에서 말한다면, 5·18의례의 경우 공적 의례의 장이 발달한 반면, 4·3의례의 경우 사적 의례와 공적 의례의 장이 같이 병존하고 있다. 4·3의례의 경우 오랫동안의 정치적 억압과 배제를 거치면서 당시의 가족구성원의 죽음은 그 죽음의 맥락을 드러내기 어려운, 그래서 사적인 의례의 대상으로만 존재하여왔다. 이들에게 민주화는 공적 의례의 출현을 의미했다. 그러나 반체제적 활동의 경우 여전히 개별적 담론장에 갇혀 있다. 이에 비해 5·18의례는 처음부터 공적 영역에서 투쟁을 통해 형성되었다. 우리는 여기에서 전통적 문화 형식과 진보적 정치이념의 친화성을 질문할 수 있을 것이다.

오월 노래운동과 4·3 노래운동의 경우는 어떠한가. 우리는 이들을 노래운동의 발생배경, 주체, 양식상의 특징 등을 기준으로 비교할 수 있을 것이다. 한국의 노래운동은 1970년대 말 노동현장에서 부분적인 목소리로 성립했으나, 1980년을 겪으면서 근본적으로 전환을 경험했고, 대중화되었다. 이 중심에 5월 노래운동이 있다. 5월 음악의 경우 패배의식이 비교적 빨리 극복되었다. 1980년대 초반의 5월 노래들은 학생운동 및 노동운동과 결합하여 진상규명을 촉구하는 매우 유용한 매체로 기능하였다. 1980년대 중반에 민요운동이 시작되고 창작민요가 보급되었으며, 또 단조행진곡과 단조서정가요 중심에서 장조 서정가요가 부가되었다.

제주의 경우, 5·18진상규명에 영향을 받아 1989년 제1회 4·3추모제를 시작으로 노래패들의 본격적인 활동이 시작되었다. 이들은 모두 대학내 노래 동아리를 근거로 하여 확산되었는데, 제주의 경우 이 노래들이 4·3예술제의 주축을 이룬다. 물론 양자 모두에서 정치적 상황에 따라 노래의 내용과 양식에 변화를 보인다. 여기에서는 전반적으로 운동가요가 갖는 선동성보다는 서정적이고 개인의 고백적인 내용이 담겨져 있다. 5월 노래들은 광주와 서울을 중심으로 창작되었지만, 제주의 경우 안치환의 "잠들지 않는 남도"를 제외하고는 거의 모든 노래들이 제주도내에서 만들어져 지역적으로만 소비되는 한계를 갖는다.

이런 차이는 의례음악에도 투영되었다. 광주에서 추모제가 격식을 갖추기 시작하면서 애국가 대신 민중가요인 "임을 위한 행진곡"이 대표적인 의례음악의 자리를 차지하였다. 이것은 점차 지역적 한계를 넘어 전국적으로 확산되었다. 음악운동의 민족주의는 의례에도 영향을 미쳐 1997년 정부의 주도하에 5·18기념식이 치러질 때까지 국악단이 추모제의 음악을 담당하였다. 5월운동의 결과로 의례가 공식화되어가자 5월과 관계없는 서양의례음악이 5·18기념식에 연주되기 시작했다. 제주의 경우에는 '임을 위한 행진곡'이나 '오월의 노래'에 버금가는 음악이 없었으므로, 4·3의례음악으로 주로 군대 의례에서 사용되는 서양음악이 빈 자리를 메꾸었다. 다만, 2002년부터 일반적인 국민의례에 사용되는 음악 이외에 '4월의 님 앞에'라는 조가가 불려졌다.

문학의 영역에서 재현의 방식이나 원리를 좀더 구체적으로 비교 검토할 수 있다. 우선 초기에 전개된 문학운동에서 보여주는 차이가 있다. 5·18문학은 초기부터 운동문학의 성격을 많이 지녔다. 항쟁 직후에 결성된 '5월시' 동인이 그 대표적인 경우인데, 그들은 한국 근현대사의 역사적 맥락 위에 광주의 비극적 정서를 올려놓기 위한 실천 행위에 주력했다. 반면에 4·3문학의 초기 단계에서는 사태에 대한 편중되거나 왜곡된 기억과 차단된 기억에 따른 '비본질적·추상적 형상화'의 양상을 띠고 있었다. 이렇게 두 문학의 초기 양상이 다른 것은 반공이데올로기가 미치는 효과 때문이다. 공식역사에서 4·3은 '공산폭동'이라고 뚜렷이 못박았던 반면, 5·18에 대해서는 정치적으로 불행한 사태라고 상대적으로 쉽게 후퇴하였다. 4·3은 정부수립에 대한 찬반의 경계에 걸려 있다면, 5·18은 민주주의의 문제여서 체제 내부에 위치한다. 한국전쟁후에 강고하게 작동한 '반공규율사회'에서 이념적 사건의 쟁점화는 그것이 문학이라고 하더라도 쉬운 일이 아니었기에 4·3담론이 문학에서 본격적으로 전개되기에는 상당한 세월이 필요했던 것이다.

한편, 4·3문학은 소설이 그 비중이나 영향력 면에서 역할이 컸다고 한다면, 5·18문학은 상대적으로 시의 역할이 컸다고 할 수 있다. 특히 6월항쟁 이전까지의 전개 양상을 볼 때 더욱 그렇다고 할 수 있는데,

4·3문학의 경우 6월항쟁 이전까지는 현기영·현길언·오성찬 등이 의미 있는 소설들을 발표함으로써 4·3에 대한 관심을 촉발하는 계기를 만들었지만, 시에서는 주목할 만한 작품이 많지 않았다. 반면에 5·18문학에서에서는 오월시동인을 비롯해서 김준태·김남주 등의 작품이 큰 파장을 일으켰지만, 소설의 경우 침체 현상을 보였던 것이다. 4·3문학에서는, 4·3이 너무나 오랫동안 왜곡과 금기에 묶여 있었기에, 그 진실에 대해 복원하고 증언하는 일에 더 비중을 둘 수밖에 없었고, 그런 방식에는 장르의 성격상 시보다는 소설양식이 더 적합했다. 5·18문학운동의 경우 대상 사건이 오래된 기억이 아니고 항쟁 직후의 울분과 영탄을 시에 실었고 곧바로 진행된 진상규명운동과 거의 동시에 진행되는 것이었기에, 80년대 이념투쟁에 작품이 종속되거나 사실주의적 재현에 몰두하였다. 또한 5월시 동인의 시에서는 장시와 연작시를 통해 이야기화 혹은 서사구조화를 지향함으로써, 소설의 영역을 일부 담당해 내기도 했다. 양자 모두 트라우마가 컸고 이에 따라 치유적 장치가 필요했지만, 침묵의 기간이 긴 제주의 경우 이런 치유적 장치를 더 절실하게 필요로 했다.

    미술적 양식에서도 광주와 제주는 상당한 차이를 보인다. 판화의 발전은 광주에서 두드러졌으며, 극의 경우에도 제주에서는 마당굿 형식이 오랫동안 유지된 반면, 광주에서는 체험당사자의 존재로 인하여 쉽게 마당극으로부터 무대극으로 옮겨 갔다. 4·3문화운동은 전통적 굿의 형식에 많이 의존하는 반면 5월 문화운동에서는 무대극에서의 현실적 재현, 그리고 심리적 치유의 장치로 사용된다. 4·3문화운동의 경우 광주문화운동에 비해 적극적 투쟁보다는 억울한 희생이 더 강조되며, 이 때문에 재현의 방식은 더 은유적이고 추상적이며 서정적이다. 대규모 희생으로부터 평화이념이 도출되지만 그 매개항이 뚜렷하지 않기 때문에 이 평화는 매우 관념적이다. 광주문화운동의 경우 민주주의로부터 인권이나 통일로의 전환이 대동세상으로 표현되는 공동체주의와 함께 제시되는데, 이 역시 체험적 직관에 많이 의존하며, 논리적 전환의 매개항은 결여되어 있다.

그러나 이런 차이에도 불구하고 양자는 문화적 재현의 기회를 거의 동일한 정치적 지형에서 갖는다는 점에서 공통적이다. 물론 4·3문화운동의 경우 훨씬 더 오랫동안 억압과 침묵의 기간을 거쳤지만, 양자모두 1987년 민주화대투쟁기 이후 보다 완전한 표현의 자유를 누렸다. 또한 원초적 사건이 모두 국가폭력에 대한 공동체적 저항의 양상으로 전개되었다. 이 때문에 문화운동은 공동체주의적 지향을 갖는 지역운동의 양상으로 전개된다. 두 문화운동 모두 지역차원에서의 기억의 재현을 통해 원래의 사건에 대한 재평가와 희생자들의 명예회복을 요구하였다. 이는 한국 문화운동이 역사적 상상력과 긴밀한 관계 속에서 전개되도록 하는 요인이었다. 한편, 문학적 상상력 속에 부유하는 '화해'와 '테러리즘'은 재현의 시대에 부딪치는 딜레마를 잘 보여준다. 제주나 광주 모두에서 화해와 평화는 지식인들에 의해 선취된 반면, 희생자들에게는 강요되는 측면이 없지 않다. 분노와 응징, 엄숙주의와 전망주의도 5월 문화운동의 특징을 잡아내는 개념적 도구이다.

우리는 5월 문화운동과 4·3문화운동의 공통점과 차이만을 논하는 비교의 관점에 머무를 수 없다. 양자는 서로를 의식하며 의존하였고, 일정한 단계에 이르면 상호교류를 통해 영향을 주고받았다. 물론 사건의 성격상 5월 문화운동이 먼저 정치적 억압의 경계를 건드리고 넘나드는 실험을 했고, 이를 통해 성취한 영역과 지평에서 4·3문화운동이 좀더 편안하게 숨쉴 수 있는 측면이 있었지만, 기본적으로 양자는 한국 문화운동의 지평을 확산해가는 두 견인차였다. 이들은 1980년대와 1990년대 중반기까지 서로를 의식하는 단계에 머물러 있었다면, 1990년대 후반기부터는 상호 교류의 단계로 접어들었다.

어쩌면 우리가 다룬 문화운동과 여기에서의 재현의 방식에 관한 논의는 민주화 이행기의 특징을 포착한 것에 지나지 않을지도 모른다. 민주화가 어느 정도 달성되면서 문화운동이 가졌던 목적지향성, 집합적 작업

방식은 크게 약화되었고, 이십년 가까이 유지된 문화예술인들의 조직도 해체되는 경우가 많아졌다. 작가들은 광주나 제주에서 모두 집단적 창작보다는 개인적 창작에 몰두하고 있다. 이제 민주화 이후의 민주주의를 생각하면서 문화적 재현이 어떤 방식으로 이루어질 것인가를 예측하고 때때로 어떤 방향으로 전개되어야 하는가를 묻지 않을 수 없다. 그것은 4·3이 60주년을 맞이하고 5·18이 30주년을 맞이하는 즈음에 다시 한 번 활성화될 것이다.

찾아보기

(가) …

가부장제 275, 313, 340, 355, 357, 358, 359, 364
가족공동체 440
간접체험 443
감상주의 331
강제결혼 350
거리굿 100, 158, 159, 160, 161, 163, 200, 356
거리음악제 137, 138, 139, 152, 158, 159, 160, 162, 168, 180, 440
거리투쟁 86
결백 이미지 345, 347, 351, 356, 362
고문치사 69, 70
고아의식 275, 279
공동체의식 5, 137, 169, 206
공동체주의 447, 448
공산폭동론 114, 116, 211, 222, 224, 233, 247, 257, 258, 260, 262
공식기억 224, 225, 228, 229, 230, 231, 257, 258, 259, 261
공화주의 4, 100
과도입법의원 62, 63
광대 170
광주 청문회 409, 410, 418, 419, 420, 421, 422, 423, 424, 425, 426
광주전남여성회 21
교차검토 57

교환증여 의례 81
구성모델 102
구성주의 82
구술생애사 311, 312, 313, 314, 317, 330
구술증언 19, 20, 21, 22, 38, 274
구전문학 225
국가기념일 25, 78, 83, 87, 89, 95, 180
국가폭력 7, 77, 91, 122, 205, 323, 325, 329, 338, 343, 351, 357, 363, 442, 448
국립묘지 25, 83, 89
국민대회 86, 93, 95, 100, 144, 173, 428
국민의례 82, 83, 100, 142, 145, 147, 193, 194, 197, 201, 203, 204, 446
국지화 371, 374, 399, 441
군대주의 357
군사주의 364
군정중대 60
극우-반공체제 43
기념 7, 38, 48, 53, 79, 87, 90, 126, 137, 139, 147, 163, 164, 165, 168, 174, 184
기념론적 패러다임 78
기념사업 16, 25, 138, 162, 163
기념음악회 137, 138, 139, 162, 165, 166, 167, 168, 174, 179, 180,

찾아보기 *451*

440
기념의례 77, 81, 87, 179, 203, 337
기록문학 225
기억투쟁 6, 7, 15, 18, 86, 87, 88, 94, 113, 192, 259, 436, 440, 442
꿈뮤 7, 91

(나) …

낙관주의 270, 290
남성중심이데올로기 329, 331
내용분석 84, 344
노동자주의 290

(다) …

단초공간 93, 94
담론분석 375, 376, 378
담론투쟁 371, 372, 373, 380, 381, 394, 399
대역기법 316
대항기억 18, 37, 224, 231, 257, 258, 259, 262, 426
독백기법 316, 320

(라) …

레드콤플렉스 231

(마) …

마당굿 129, 447
마당극 102, 129, 163, 165, 170, 192, 330, 356, 447
만가 166, 174
매체 기억 414
명예회복 4, 15, 16, 45, 87, 194, 205, 207, 383, 384, 419, 427, 428, 448
무기력증 269, 298
무속의례 111, 114, 119, 191, 199
무장대 50, 51, 52, 54, 55, 58, 70, 71, 72, 73, 115, 116, 124, 136, 251, 346, 347
문화운동 4, 5, 6, 19, 104, 125, 128, 129, 192, 356, 442, 443, 447, 448
문화적 접근모델 88
미곡수집 61
미군정 5, 43, 44, 48, 51, 60, 61, 62, 64, 65, 66, 67, 68, 73, 76, 205, 229, 234
민족모순 285
민족해방운동사 158
민주기사의 날 79, 92, 93, 94, 95
민주주의 4, 46, 70, 99, 100, 101, 105, 288, 400, 427, 436, 446, 447, 449
민주화운동 4, 24, 32, 77, 82, 87, 118, 124, 125, 145, 155, 171, 172, 206, 257, 259, 262, 380, 381, 386, 389, 392, 394, 395, 396, 398, 399, 400, 419
민주화합추진위원회 36, 394
민중의례 82, 83, 142, 169, 173, 174, 195
민중항쟁 21, 27, 32, 77, 82, 87, 136, 138, 140, 144, 156, 163, 165, 173, 288, 290, 295, 338, 343, 346, 371, 384, 395
민중항쟁론 114, 116, 257

(바) …

반공규율사회 256, 259, 261, 446
반공이데올로기 50, 120, 446
반미투쟁론 78
반복증언 31, 32, 36, 37, 39, 439
반사적 재현 341, 351, 364
반영론 82, 374
반영이론 267
반탁운동 62
보도사진 6, 371, 373, 376, 377, 379, 380, 384, 389, 390, 393, 394, 395, 396, 397, 439, 441
보상 15, 16, 21, 23, 25, 31, 205, 305, 381, 384, 393, 395
보안대 36, 59
福市丸 사건 61
부채의식 4, 121, 172, 254, 268, 269, 270, 271, 272, 274, 440
부활제 92, 93, 94, 95, 106
분단모순 285
분리주의 233, 240, 242, 247, 258, 260
빙의 102, 119, 120, 121

(사) …

4·3다큐멘터리 342, 348, 349, 350, 358, 359, 360, 361, 363, 364, 441
4·3문화예술제 200
4·3문화운동 4, 5, 6, 356, 439, 442, 443, 447, 448
4·3민중항쟁 46
4·3복원운동 79, 192
4·3봉기 45, 49, 68, 69, 71, 73, 74
4·3연구소 5, 6, 7, 47, 48, 49, 50, 52, 57, 58, 114, 191, 193, 255
4·3위령공원 201
4·3위령제 130, 184, 185, 203
4·3위원회 48, 54, 55, 56, 57, 58, 70
4·3진상규명위원회 47, 194
4·3추모제 125, 185, 190, 191, 192, 445
4·3특별법 57, 191, 201, 202, 213, 214, 262
4·3항쟁 4, 13, 18, 45, 46, 136, 184, 189, 190, 193, 197, 198, 440
사실주의 102, 103, 317, 447
사이코드라마 315
사전검열 309
사회과학주의 289
3·1사건 43, 44, 62, 65, 66, 67, 68, 72, 76, 227
삼청교육대 36
상흔 14, 227, 243, 254, 256, 315, 317, 326, 331
생존권투쟁 65
서북청년단 126, 235, 241
서북청년회 67, 76
서사적 경제성 294
서청 51, 68, 70, 127, 220, 225, 227, 228, 229, 235, 250
선형코드 408
성역할분담체계 328, 329
성추행 316, 322, 329
성폭력 322
세시의례 80
속물주의 300
수난의례 81
수행성 83, 84, 105, 107, 440
스펙타클 104

시각적 재현 103
시국 116, 118, 120, 231
시민 공동체 77
시사만화 406, 413
신뢰성 31, 55
신체적 체험 103
신촌회의 56, 70
신탁통치 62, 63
씻김굿 141, 143

(아) …

아비부재 279
애국적 모성 357
액자소설 233
여성주의 310, 311, 312, 313, 331, 332
여순사건 235, 276
역할전환법 316
연유닦음 120, 129, 131
열명 128, 129, 130, 131
영게울림 120, 121, 128, 129, 131
영상언어 392, 394
영상증언 20, 21
5·18기념재단 22, 25, 138, 154
5·18만평 407, 409, 414, 426, 431, 434
5·18묘지 89, 93, 100, 102, 145
5·18연구소 5, 7, 22, 25, 26, 28, 30, 32, 34, 38, 138, 152, 314
5·18재단 78, 85, 86, 88, 89, 90, 91, 92, 97, 103
5·18특별법 152, 373, 396
5·18행사위원회 78
5월 문화운동 4, 5, 6, 439, 442, 443, 447, 448
5월 연극운동 315

5월소설 265, 268, 275, 283, 290, 291, 296, 297, 299, 305, 306
5월여성연구회 21, 22
오월여성회 21, 22, 34
5월운동 7, 23, 24, 25, 26, 36, 79, 89, 94, 97, 136, 140, 446
5월의 노래 99, 103
5월정신 91, 157
5월행사 77, 78, 79, 83, 85, 86, 87, 88, 90, 91, 93, 103, 106, 439
운동론적 패러다임 78
원혼굿 117, 118, 126, 127
위령제 125, 130, 140, 184, 185, 190, 191, 198, 199, 203, 204, 205, 440
위령탑 140, 144
유교의례 111, 204
유족공동체 122, 440
음악제 137, 138, 139, 152, 154, 158, 159, 160, 161, 162, 163, 164, 165, 166, 168, 180, 200, 356, 440
의도론 82
의도적 재현 341, 351
의례공동체 124
의례음악 135, 137, 138, 142, 168, 169, 189, 190, 195, 196, 197
의례체제 86, 90, 91, 92, 93, 95, 103, 105, 106, 439
이라크 전쟁 17
인권평화론 78
인민위원회 43, 44, 45, 52, 59, 60, 61, 62, 66, 75, 353
인민주의 285, 286
인상관리론 83

일화적 프레임 379, 383, 384, 385, 386, 387, 397, 399, 400, 441
임을 위한 행진곡 99, 101, 195, 206, 445, 446

(자) …

자원동원모델 88
자치주의 240, 242, 247, 258, 260
자학증 298
장기전 70
장례음악 149, 179
재현 5, 79, 91, 100, 128, 214, 267, 310, 337, 362, 439, 449
재현의 시대 5, 448
재현체계 82, 312, 313, 321, 327, 330, 344, 347
저항의례 83, 203
전국화 89, 92, 94, 155, 168, 371, 374, 380, 381, 383, 384, 386, 388, 441
전망주 268, 271, 274, 291, 448
전야제 94, 95, 100, 139, 151, 154, 440
절대공동체 36
정신분석학 339, 340
정신분열증 297
정치만화 406
정치의례 81
제민일보 45, 47, 53, 127, 205, 346, 357
제주4·3연구소 51
제주공동체 46, 73
제주명예회복 57
제주신문 53, 357
제주신보 51, 347, 357
젠더 이미지 337, 339, 352, 364, 365

조선공산당 63
종합예술극 158, 179
주변공간 93
주제적 프레임 379, 382, 383, 384, 385, 386, 387, 391, 397, 400, 441
중심공간 93, 94
증언 7, 13, 22, 30, 224, 231, 304, 338, 344, 350, 354, 355, 359, 360, 361, 419, 422, 423, 439, 443, 444
증언문학 225
증언운동 14, 24
증언의 시대 5, 14, 26
증언채록 13, 15, 16, 27, 38, 39, 48, 55, 56, 58, 439, 443, 444
지방화 374, 441
지역공동체 125, 440
지역주의 434, 435
진상규명 16, 45, 113, 125, 129, 130, 138, 140, 144, 192, 196, 207, 229, 232, 246, 255, 337, 342, 355, 400, 427, 444, 445
진상조사보고서 45, 48, 54, 57, 262
진혼음악제 163, 168
집단적 감수성 79
집단학살 233, 248, 251, 260, 348, 360
집체극 154
집합기억 17, 188, 211, 214, 233, 242, 253, 258, 259, 260, 261, 363

(차) …

차남의식 277
참여관찰 85, 378, 384, 385
체험 작가 213, 256

초감제 120, 125, 192
초점주체 243, 244, 248, 261, 440
초토화 119, 124, 126, 218, 221, 231, 256
초혼모델 102
추모굿 113, 118, 123, 125, 128, 129, 440
추모제 92, 93, 94, 95, 125, 128, 129, 136, 137, 144, 147, 152, 168, 171, 173, 176, 178, 179, 185, 190, 192, 446
추체험 255, 256, 258
축제 7, 85, 87, 90, 93, 95, 96, 101, 103, 105, 106, 139, 152, 153, 154, 156, 158, 161, 163, 392
축제공학 87
축제의례 81
치병굿 113, 116, 117, 118, 120, 440
치유 22, 32, 113, 117, 119, 121, 245, 298, 301, 303, 328, 329, 331, 332, 406, 407, 411, 415, 431, 436, 447
침묵의 시대 5

(타) …

탐라공화국 235, 237, 247, 260
테러리즘 304, 448
토벌대 54, 68, 119, 120, 124, 214, 215, 219, 220, 221, 224, 229, 240, 246, 248, 249, 250, 251, 260, 261, 346, 353, 354
통과의례 80
통일음악회 164, 165
트라우마 227, 297, 299, 301, 407, 411, 413, 436, 447
특별법 25, 194, 382, 384, 393, 397, 419

(파) …

파생실재 436
퍼레이드 98
퍼포먼스 79, 83, 84, 85, 93, 97, 104, 105, 107
페미니즘 339, 359
편집증 297, 301
평면코드 408
평양축전 158

(하) …

합동위령제 190, 191, 193, 196, 197, 198, 203, 204, 205
항쟁기억 39, 77, 79
항쟁의 시대 14
해독 375
해원 117, 119, 121, 126, 127, 128, 129, 190, 198
해원상생 92, 95, 198
해원상생굿 118, 126, 127, 128, 129, 198, 199
혁명축제 77, 87, 90
현대사사료연구소 25, 27
형성적 재현 341, 351
화해 50, 130, 287, 303, 304, 448
희생양 245, 358